华大学人研究书系

熊铁基的学术人生

◎范军 主编

熊铁基，华中师范大学历史文化学院教授。他教书育人七十载，桃李芬芳满天下，为华中师范大学的学科发展做出了重要贡献。熊先生在秦汉史研究与道家道教研究领域成果丰硕，享誉学林。他撰写的多部秦汉文化史、制度史、学术史等方面的著作，素为秦汉史学界所推重。从秦汉新道家的提出，到老庄学的开拓，再到对道教起源问题的关注，他无不精研覃思，为中国哲学与道家道教研究开辟了一片新天地。

CENTRAL CHINA NORMAL UNIVERSITY PRESS
華中師範大學出版社

新出图证（鄂）字 10 号

图书在版编目（CIP）数据

熊铁基的学术人生 / 范军主编. —武汉：华中师范大学出版社，2021. 12
ISBN 978-7-5622-9536-5

Ⅰ. ① 熊…　Ⅱ. ① 范…　Ⅲ. ①熊铁基—生平事迹
Ⅳ. ①K825. 81

中国版本图书馆 CIP 数据核字（2021）第 218247 号

熊铁基的学术人生
©范军　主编

责任编辑：李宗奇　　责任校对：骆　宏
编辑室：学术出版中心　　电话：027-67867792/3220
出版发行：华中师范大学出版社　　封面设计：罗明波
社址：湖北省武汉市洪山区珞喻路 152 号
电话：027-67863426（发行部）
网址：http://press. ccnu. edu. cn　　电子信箱：press@mail. ccnu. edu. cn
印刷：湖北恒泰印务有限公司　　督印：刘　敏
开本：787mm×960mm　1/16　　字数：480 千字
版次：2021 年 12 月第 1 版　　印次：2021 年 12 月第 1 次印刷
印张：33　　定价：98. 00 元
欢迎上网查询、购书

熊铁基幼年与父母合影

熊铁基全家人合影（左一女儿、左二妻子、左四儿子）

本科同班同学合影（二排右一为熊铁基）

熊铁基与研究生导师吴泽（中）、同学郭惠青（右）合影

研究生同学合影（前排左一为熊铁基）

第一届博士生论文答辩会合影
（含第二、三届的博士生，前排右三为熊铁基）

熊铁基八十华诞合影（前排右四为熊铁基）

学／术／著／作

《秦汉文化志》

《秦汉文化史》

《汉唐文化史》

《秦汉新道家》

《中国老学史》

《汉代学术史论》

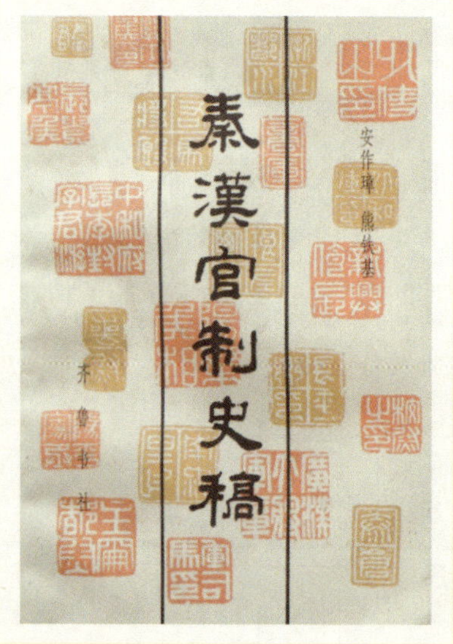

《秦汉官制史稿》

《中国庄学史》

我眼中的熊老师

——写在熊铁基先生米寿之际（代序）

彭南生

我虽然不是熊铁基先生的入室弟子，但却是先生永远的学生！

1981年，我考入华中师范学院历史系。那时的历史系，在桂子山上称得上是“豪华”配置，既有张舜徽、章开沅、涂厚善这样的大师，也有吴量恺、熊铁基、邹贤俊、陈辉、刘望龄、戴绪恭、谭克绳、董方奎、苏中立、黄震、高明振等知名专家，还有一批年富力强的中青年学者。但是，坦率地讲，对一个刚刚迈入大学校门的高中毕业生来说，我确实有些“有眼不识泰山”。这些在学术界听起来如雷贯耳的专家，当时并未使我感到多么幸福与自豪。记得拿到华中师范学院的录取通知书时，我的内心颇有些五味杂陈，有跳出农门的兴奋，毕竟当时能考上大学的只是凤毛麟角，据说当年的高考升学率只有4%，经过预考后的录取率也只有8%左右；也有被师范学院历史系录取的失落，当时认为大学毕业后只能当一个中学历史老师，且不说中学老师处在“臭老九”行列，历史在中学也只能算是“副科”。直到进校一个多月后的某一天，在6102阶梯教室，章开沅先生从辛亥革命70周年国际学术研讨会的间隙回来给全系师生做学术报告，我才为历史系盛大的学术场面所震撼。那时的桂子山上，汇聚了从七七级到八一级五个年级的学生，可谓“五代同堂”。不过，历史系五个年级的学生加在一起有290人左右，把整个教室坐得满满当当。历史系的老师坐在前两排，作为资历最浅的八一级，我们只能自带小板凳（通常是在周末时到露天电影场看电影时使用）坐在过道上。章先生先一步来到教室，而当张舜徽先生走进教室时，章先生立即迎上去与张先生热情握手。当两双手紧紧地握在一起时，全场响起了长时间的热烈掌声（其实应使用“经久不息”，但“经久不息”似乎已经被领导报告所专用）。随后，章先生在学术报告会上介绍了辛亥革命研究的最新进展，穿插了会议间隙的若干“花絮”。章先生的语言生动、风趣、幽默，不仅深深地吸引了我，也给我留下了从未磨灭的记忆。从这场报告会开始，我才感受到历史系深厚的学术魅力。

我并不清楚熊老师是否参加了那场报告会，但随后不久，熊老师就开始给八一级本科生上通史课。我们年级的中古史分为三段，熊老师讲授汉唐那一段，先秦由徐俊老师主讲，宋至明清由戴成兴老师讲授。从外表上看，熊老师个头不高，头发不长，留着平头，十分精神和干练，走起路来总是脚下生风，步履匆匆。课堂上，三位老师各有风格，其中，徐俊老师颇具随意性，讲到哪里算哪里。徐老师本业考古，有时一个字可以讲一节课，使我们充分领略了汉字文化的博大精深。戴成兴老师上课的条理性特别强，一口浓厚的湖南口音，尤其是用地道的湖南普通话讲“土木堡事变”时，给同学们留下了深刻的印象，以至于几十年后我们同学聚在一起时，还会以“土木堡事变”作为戴成兴老师的特有符号。熊老师在课堂上语速较快，富有激情，在我印象中，他讲稿用得不多，但板书较多，常常引经据典，并将关键的文献史料在黑板上写出来。在今天看来，这应该属于研究型教学。但当时，我们并不理解他的良苦用心，反而觉得上熊老师的课很累，也不好做笔记。当然，我不知道，这个“我们”，除了我之外，还有多少和我一样的同学。课程结束时，我的古代史考试成绩不算突出，可能还拖了总成绩的后腿。后来，熊老师开设“秦汉新道家”选修课，“心有余悸”的我，没有选修这门课程，但却去“蹭”了几次课，发现他的板书更多了，甚至整块黑板都写满了粉笔字。不过，我却慢慢听出了“研究”的味道。当时，熊老师五十出头，正当壮年，精力旺盛，教学工作很投入。他在我们年级付出的精力也很多，不仅时常参加我们年级的活动，而且还经常深入班级和宿舍，是最受我们年级喜爱的任课老师之一。那时，文科学生都住在西区学生宿舍楼六栋，宿舍楼建于 20 世纪 50 年代，楼高三层，青砖灰瓦、古色古香，后来被武汉市政府列为优秀历史建筑。那时，男女生都住在同一栋楼里，通常是女生住在三层，男生住在一、二层。熊老师在一、二层几个男生宿舍匆匆忙忙地晃一晃，然后直接“深入”女生宿舍。女生不到三分之一，都被他视为掌上“宝贝”。以至于毕业十年后，在同学会上，男生们还没有忘怀当年对熊老师偏爱女生的“忌妒”。

1985 年 7 月，我本科如期毕业，并留校任教。于是，我和熊老师又多了一层同事关系。

一个本科生留校任教，在今天看来似乎不可思议，但在 20 世纪 80 年代前中期，人才断档、青黄不接时，像我一样直接留校任教的同学不在少数。我被分配在中国近代史教研室，熊老师所在的古代史教研室就在我们隔壁。虽然荣幸地与昔日的老师成为同事，但接触却反而少了。无他，那时留校的青年教师大多兼任辅导员，我一留校便被安排兼任八五级辅导员，并且于当年暑假随同分管学生工作的李金权副书记一起参与招生工作。我做了一年半的辅导员，同时，教研室安排我给董方奎老师当助教，其实就是全程跟班聆听董老师给八四级开设的中国近代史课，并在董老师的指导下备课，为站稳三尺讲台做好准备。

就这样，转眼到了 1989 年，历史系也迎来了行政班子换届（虽然在历史系工作了四年多时间，但是，说实话，作为一位年轻教师，我对“大人们”的故事知之甚少），到了宣布的时候，熊老师突然站起来，当众表达不满。当然，学校党委的决定是不可更改的，历史系随后几年的状况也比较稳定。熊老师也并非对继任班子有什么意见，或许只是对老班子更为留恋。但熊老师那个举动，却将他不畏权位、敢于直言的学者品格淋漓尽致地展现在我们面前，这也使年轻教师们对他多了一分敬畏！

我并非他的入室弟子，在我眼里，熊老师或许并没有弟子们所说的那么严厉。他总是笑眯眯的，笑起来眼睛眯成一条缝，和蔼可亲，而且他不注重衣着，年纪越大越不修边幅，一辆自行车骑了大半辈子，一顶帽子随意搭在头上，一件破棉袄年复一年地陪伴他过冬，连他最喜爱的乒乓球运动，也舍不得给拍子换一块胶皮。他每天下午总会定时出现在历史文化学院活动室，打上几盘球，无论输赢，他总是笑呵呵的。他甘为人梯，但从不服输，历史系很多年轻老师的搓球技术都是在他的辅导下进步的。我也常常向他学习，起初他赢得多，慢慢地他输多赢少，但他嘴上总会说，“你这点技术超不过我，在我躺倒之前，你打不过我”。他的平易近人，还体现在他既没有名家的架子，也没有老师的威严，有时和他开个玩笑，哪怕过一点，他也不在意。比如说，熊老师有个习惯，隔三岔五地，他会从家里出发，先到校医院的每个科室巡走一遍，然后到行政楼的每个处室“巡视”一番，偶尔敲开校领导的办公室，问问一些无关紧要的事，最后到历史文化学院办公室，先是挨个翻检当天的信件，接着逐一询问办公室工作人员，有时事涉教学科研，有时嘘寒问暖，有时也没话找话，这已经成为桂子山上的一道“风景”！坊间传说，他的“三点一线”，不仅是为了健步，也是为了养眼，有时我们说他是为了看美女，他也不在意“美女养眼”论，还说这样既养身又养心。熊老师就是这样子的一位“真人”。现在熊老师年纪大了，看到他来行政楼的次数也越来越少了，心里有所失落的同时，也在默默地祝福他健康长寿！

熊老师是一位纯粹的学者，他这辈子没有做过“官”，甚至连教研室主任也没有做过，但这不等于说他不关心学科建设、不关心院系发展。他在学术界的知名度很高，1993 年就成为“国评博导”（这是国务院组织全国专家评审的最后一批博导）。他热心助人，许多年轻教师都得到过他的提携和帮助，在学位点建设、人才评审、项目申报等方面，他有求必应，热心地向学界介绍、推荐。2008 年，我接替王玉德教授出任历史文化学院院长，章开沅先生、熊铁基先生等老一辈学者对我寄予厚望。上任之初，我专程赴熊先生家里求教，请他指点迷津。在管理工作中，他大力支持我，并不时鼓励和肯定。说实话，并不是自己做得有多好，而是在老师们的眼中，更多的是用鼓励作为鞭策的手段，甚至宽容学生可能出现的失误。华中师大的历史学科正是有这样一批又一批德高望重的学者一代一代地传承，才有了今天的兴旺。桂子山上的学术薪火不辍，也得益于一代又一代学者奉献自己的青春和毕生精力。走上学校管理工作岗位以来，我常常想，我们应该善待、厚待那些为学校事业发展做出过突出贡献的老教师。在学校党委安排我分管人事人才工作期间，我不仅大力推动实施了“学者名师计划”，而且推出了“桂岳计划”，从已退休的老教师中礼聘一批道德文章好、为学科建设做出过重大贡献，同时队伍建设有需要、个人身体健康的老教授、老专家担任“桂岳计划”卓越教授，熊老师自然名列其中。学校于2018年11月22日为第一批“桂岳计划”卓越教授举行了简朴但不失隆重的聘任仪式，时任校党委书记的黄晓玫同志出席了这次活动，熊铁基、王先霈、张耀灿、李家荣、樊恽等十余位教授出席聘任仪式并发言。熊先生第一个讲话，他讲得最多的还是感谢学校给予的崇高荣誉，他还回顾了自己的主要学术经历，并表示自己身体很好，还可以继续为学校的发展发挥余热。

从风华正茂到耄耋之年，熊老师为华中师范大学奉献了一辈子！他的身上写着一个大大的“忠”字，忠诚于党和人民的教育事业，忠诚于他学于斯、成长于斯的华中师范大学。伴随他一辈子的是著作等身的学问，是桃李满园的学生，是直面问题的品格，也是他敢于直言的风骨和豁达开朗的性格！他用一辈子写在桂子山上的故事将永久留存在华中师范大学的记忆中！我不是先生的入室弟子，难以将先生的学问发扬光大，但他直面问题的品格和敢于直言的风骨，却将使我终身受益。无论是在指导研究生论文的过程中对学生近乎严苛的批评，还是在管理工作中直白表明个人的不同意见，无不在传承先生的风骨。在这一点上，我是先生永远的学生！

值先生八十八高寿，写上这点不成系统的文字，算是对先生米寿的纪念，唯愿先生健康长寿！

庚子年冬至日

（作者单位：华中师范大学中国近代史研究所）

MU LU

目录

上篇　学术春秋：熊铁基与史学研究

中篇　师友漫话：熊铁基的教书育人

下篇　师门忆旧：熊铁基与研究生培养

附　录

上　篇

学术春秋：
熊铁基与史学研究

熊铁基先生秦汉史研究的“纵与横”

王子今

熊铁基先生学术成就卓著。他发表的诸多论著，体现出宽广的学术视野、深刻的学术实践和新异的创新精神。其成果涉猎多种学术主题，兼及各个研究方向，跨越不同历史时期，秦汉史研究只是其中之一。限于个人识见，这里只能就秦汉史研究方面学习熊铁基先生论著所受教益，介绍点滴心得。

熊铁基先生曾经著文《秦汉历史在世界和中国历史上的地位》《秦汉时期的历史特点》《秦汉时期的统治思想和思想统治》《简帛在秦汉史研究中的地位》① 等，就秦汉史研究的学术意义及若干重要问题和基本学术方法都有透彻的论述。他在《秦汉历史的纵与横》一文中，从“纵”和“横”两个方面概说秦汉历史。他写道：“纵是指秦汉历史的发展阶段，横是指当时社会政治、经济、文化等各方面的发展及其互动关系。”熊铁基先生指出：“纵、横之间有着密切的联系。”熊铁基先生自己说过，《秦汉历史的纵与横》“是综论性质的，是我对秦汉史的总体把握”。他写道：“前几年主编《中国大通史·秦汉》② 的岳庆平同志（北京大学教授）约我写‘综论’，说我可以把握总体，我就只好勉为其难了，《秦汉史的纵与横》就是其中一部分。”③《中国大通史·秦汉》经历多年周折，终于面世，使得我们可以看到

---

① 收入熊铁基：《熊铁基学术论著选》，华中师范大学出版社，2012 年。

② 曹大为、商传、王和等总主编，岳庆平本卷主编：《中国大通史·秦汉》，学苑出版社，2018 年。

③ 熊铁基：《熊铁基学术论著选·自序》，华中师范大学出版社，2012 年，第 3 页。

熊铁基先生综述四个部分的内容："一、秦汉历史在世界和中国历史上的地位；二、秦汉历史的总特点；三、秦汉历史纵向与横向发展之相互影响；四、秦汉史上的几个问题。"所论得体，是当得起"可以把握总体"的肯定评断的。

对于有人以为立足于"秦汉史研究领域的制高点"的评价，熊铁基先生出于谦逊之心，表示"我个人感到有点不安"①。其实，有关"制高点"的说法是允当的。

一、"艺术深博，议论纵横"：熊铁基先生秦汉史论著的风格

总结熊铁基先生对我们这些晚辈学人的学术引导，本来也可以从"总特点"及若干具体"问题"，或者"广度与深度""宏观与微观""点与面"这样的角度有所说明。但是细心思索，似未必能够畅所欲言。这篇小文，窃用熊铁基先生"纵与横"语为题，却并不欲取"纵向与横向"之义。《文选》卷十一王延寿《鲁灵光殿赋》："纵横骆驿，各有所趣。"李善注："纵横，四散也。骆驿，不绝。"② 吕向注："骆驿，相连不绝。""纵横相连，各有趣向。"③ 这样的说法，究其原始，似乎也有"纵向与横向"的意思。但是拙文借用，更倾向于多方面"各有所趣"的含义。唐人李商隐"艺术深博，议论纵横"语④，颇为切近熊铁基先生的学术风格。

宋人习用"议论纵横"语。如洪适《先君述》说到"上曰：卿议论纵

---

① 熊铁基：《熊铁基学术论著选·自序》，华中师范大学出版社，2012 年，第 4 页。

② ［梁］萧统编，［唐］李善注：《文选》，中华书局据胡克家刻本 1977 年 11 月缩小影印版，第 170 页。

③ ［梁］萧统编，［唐］李善、吕延济、刘良等注：《六臣注文选》，中华书局，1987 年，第 218 页。

④ ［唐］李商隐：《樊南文集补编》卷七，《为荥阳公上宣州裴尚书启》，清同治望三益斋刻本，第 158 页。

横，熟于史传，有专对之才”[①]。陈棣诗“形模奇古每起予，议论纵横时夺席”[②]。又读宋人戴复古《访张元德》诗，再体会同样的“议论纵横”说，更以为适宜评价熊铁基先生的秦汉史论著。《访张元德》题注：“号主一道学中人。”诗云：“今宵何幸宿书林，议论纵横感慨深。黄卷具传千古意，青灯照破几人心。狂夫嗜饮夜偷酒，污吏容私昼攫金。尧舜君民旧风俗，凡经几变到于今。”[③] 其中“议论纵横感慨深”句，“纵横”语接近本文“纵与横”意。“感慨深”者，正切合我回忆往年旧事的心情。在一个特殊年份，同窗好友彭卫有一次武汉之行，熊铁基先生以其为自己学生而予以关照、爱重和保护。每念于此，确实感慨至深！而“狂夫嗜饮夜偷酒”，近似我们晚辈不才学人的不良习态，说来自觉惭愧。至于“污吏容私昼攫金”，则是学术史之外的社会史景象，古今其实如一。

熊铁基先生的秦汉史论著，从选题方向、论说内容、研究路径、辩议方式诸方面说来，都堪称“艺术深博，议论纵横”的杰作，其所表现的鲜明、生动的风格，值得我们学习。

二、思想史文化史的“根基”

熊铁基先生曾经回顾“学史的经历和体会”，首先说到“基础和传统”。他写道：“基础，有的学者说是‘根基’，有的人是根深叶茂，有的人则根底浅薄，我属于后者，但总归有根。”[④] 说“浅薄”，当然是过于自谦了。至于“根”，熊铁基先生在有关“历史与现实”“史论关系”“博览与精读”“学·问·思”等问题的回顾中[⑤]，都说到“理论”学习奠定的史学基础。

---

① ［宋］洪适：《盘洲集》卷七十四，《四部丛刊》景宋刊本，第418页。

② ［宋］陈棣：《蒙隐集》卷一，《次韵张尧文梅花》，民国《宋人集》本，第6页。

③ ［宋］戴复古：《石屏诗集》卷六，《四部丛刊续编》景明弘治刻本，第66页。

④ 熊铁基：《我学史的经历和体会》，见《熊铁基学术论著选》，华中师范大学出版社，2012年，第788—789页。

⑤ 熊铁基：《我学史的经历和体会》，见《熊铁基学术论著选》，华中师范大学出版社，2012年，第795—814页。

熊铁基先生是思想史研究的大家。他对老学、庄学研究的成就，学界众所周知。对《鹖冠子》《吕氏春秋》《淮南子》等文献，他也进行了深入的研究。就道家、道教、道学，熊铁基先生均进行了认真的考察和全面的说明。

百卷本《中华文化通志》编撰计划中，熊铁基先生承担了《秦汉文化志》的编写任务。《秦汉文化志》问世，学界普遍肯定其成功，给予了积极的评价。

《秦汉新道家略论稿》是熊铁基先生在一系列对道家思想源流予以认真探索的论著的基础上完成的新的学术成果[①]。这部著作的出版，在秦汉史学界和中国古代思想史学界都有积极的反响。赵吉惠先生以为“立论有据，自成一说，见解新颖”，是“近年秦汉思想史研究的新成果”[②]。在《秦汉新道家略论稿》的基础上，又有《秦汉新道家》一书推出[③]。

《秦汉新道家》分列“历史篇”和“思想篇”。“历史篇”计7章：从“稷下黄老”到“家人之言”——新道家问题的提出；《文子》《经法》及其他——黄老之学的著作；诸子“文篇俱在”与“秦圣”自谓“真人”——秦代的道家思潮；“学老子者则绌儒学”——汉初的儒道之争；从《吕氏春秋》到《淮南子》——论秦汉之际的新道家；从吕不韦到诸葛——新道家的发展；黄老·老庄·道教·玄学——道家名与实的演变。“思想篇”则有12章：秦汉新道家与先秦道家思想之比较；《吕氏春秋》两论；陆贾是汉初新道家的突出代表；司马迁父子的道家思想；《淮南子》集黄老道论之大成；《淮南子》的政治思想及其与《吕氏春秋》的比较；严遵的《老子指归》；论扬雄的道家思想；《老子河上公章句》；略论刘秀为政的指导思想；“合黄老之义”的王充；秦汉新道家之“殿军”诸葛亮。书末又有附录一：氾蠡其人其事及其思想；附录二：从“存天理，灭人欲”看朱熹的道家思

---

① 熊铁基：《秦汉新道家略论稿》，上海人民出版社，1984年。

② 赵吉惠：《秦汉思想史研究的新成果——评熊铁基著〈秦汉新道家略论稿〉》，《华中师院学报（哲学社会科学版）》1985年第4期。

③ 熊铁基：《秦汉新道家》，上海人民出版社，2001年。

想；附录三：关于古书目录中的“杂家”类。“历史篇”和“思想篇”的设置，有意从纵和横两种角度说明秦汉时期道家思想的性质和面貌。这一努力是成功的。读者通过书中的论述，可以得到有关这一主题的接近全景式的历史文化知识。应当说，这是一部全面总结道家在秦汉时期发展成熟并且实现新的时代变化之思想史过程的深层次的专著。

人们又可以看到，全书的篇目设计并不像有些著作那样力图结构完整、覆盖全面，以致为了撑起其形式，不得不充涨某些部分，若干内容不免空疏，甚至有“注水”之嫌。熊铁基先生的这部专著，其实每一章都可以看作能够独立成说的精彩的学术论文，各有透辟之说，因而显著提升了全书的学术质量，瞻览各篇章，使人心生珠零锦粲之感。这是因为，作者二十多年前已经推出《秦汉新道家略论稿》一书，其中许多观点已经历年反复锤炼，逐步深化，其中研究心得，用作者自己的话“深思熟虑”来形容，是确当的。也许这种精益求精的学术态度，对于一味求“新”而往往“见异思迁”的倾向，也是一种教育。

熊铁基先生对“秦汉新道家”的学术定义，应当说是明确的。不同的思想流派在不同的历史时期，自有“新”的时代特征。前有“秦汉”的时代规定，自然是可以成立的。不像现今常见的所谓“后某某”的时代判定或以历史特征为标准的风格判定，随着历史的延续，就丧失了指代的明确性。也许有的学者对熊铁基先生《秦汉新道家》中的若干学术判断存在异议，但是对这部书的总体学术价值，无疑应当肯定。作者对诸多学术源流中的具有特殊文化影响的一脉进行清理其渊源、分析其流变的工作，不仅表现在对各主要思想家和体现道家思想的主要论著以及相关重大问题均已论及，各陈新见，而且已阐明其间相互联系，有内在的学术逻辑联系。

作者提出的一些理论问题或者说思想方法问题，也会引起读者的兴趣。比如，关于古代学术思想有没有派别之分，作者认为，答案是肯定的。有的代表人物的学术派别意识还很强，如儒、墨就比较突出，司马谈归纳阴阳、儒、墨、名、法、道德六家，是对学术派别客观存在的一种总结，没有必要否认。但是，是否也有某些人物“学术派别意识”不很强，或者比较微弱，甚至几乎不易察觉的情形？作者说到的“具体情况也很复杂”，可能就包括这样的情形。对这样的情形，如果我们一定要贴上某一“派别”的标签，就有可能会偏离历史真实。此外，对于“古代有没有‘指导思想’”，作者认为应该是有的，虽然不会以什么纲领性文件来体现，但指导思想的存在是客观事实。作者说，古代指导思想大多是通过对具体事的处理表现出来的，通过许多具体表现，集中看到一种主要起作用的思想，就是指导思想。马克思、恩格斯在《德意志意识形态》中写道：“统治阶级的思想在每一个时代都是占统治地位的思想。这就是说，一个阶级是社会上占统治地位的物质力量，同时也是社会上占统治地位的精神力量。支配着物质生产资料的阶级，同时也支配着精神生产资料，因此，那些没有精神生产资料的人的思想，一般地是隶属这个阶级的。”① 怎样理解马克思、恩格斯的这段话，各个时代“统治阶级的思想”在怎样的层次、以什么方式、在何种程度上“占统治地位”，其实都还值得深思。更何况“统治阶级”自身的“思想”也有复杂性和不确定性。有关“纯任德教”还是“霸王道杂之”的异议②，就是实例之一。“指导思想”的说法之所以可疑，还在于判定何种思想是“指导思想”的定义之不确定。“指导思想”是“指导”什么的“思想”？是“指导”政治管理，“指导”经济操作，“指导”文化走向，还是指导社会生活中的一切价值判断？谁提出这种“指导”？谁认可这种“指导”？如果我们把“指导思想”的认识绝对化、简单化，或许也有偏离历史真实的危险。应当说，《秦汉新道家》的作者引导大家思考这些问题，也可以看作学术探索的推进，可以理解为学术工作的成功③。

---

① 马克思、恩格斯还写道：“占统治地位的思想不过是占统治地位的物质关系在观念上的表现，不过是以思想的形式表现出来的占统治地位的物质关系；因而，这就是那些使某一个阶级成为统治阶级的关系在观念上的表现，因而这也就是这个阶级的统治的思想。”见中共中央马克思恩格斯列宁斯大林著作编译局编译：《马克思恩格斯选集》（第 1 卷），人民出版社，2012 年，第 178 页。

② 《汉书》卷九《元帝纪》载汉宣帝语：“汉家自有制度，本以霸王道杂之，奈何纯任德教，用周政乎！”中华书局，1962 年，第 277 页。

③ 王子今：《熊铁基著〈秦汉新道家〉述评》，《中国史研究动态》2004 年第 5 期。

作为后学者，我虽然也有论著片段涉及秦汉思想史，但是在理论方面的缺失，承张岂之老师、林甘泉老师、田昌五老师指出，深心愧怍。后来补救的努力，承熊铁基先生大著的导引，受益颇多。

三、秦汉军事史研究的比较史学方法

熊铁基先生的《秦汉军事制度史》，是较全面地研究秦汉时期军事制度史的重要著作。他秦汉军事史研究学术先行者的身份，为学界所敬仰。对于秦汉时期军人服役的年龄，我在进行秦汉时期未成年人生活研究时曾经予以关注[①]。熊铁基先生据《编年记》指出，“直到秦统一之前，秦的起役年龄是十五岁”，“十五‘始傅’”，“是战国以来秦的制度”，“秦和西汉初，起役年龄是十五”[②]。这样的意见，成为我们相关考察的学术基点。

在学术方法方面的启示，应当说熊铁基先生在对“起役年龄”进行考察时，将秦汉制度与其他文化系统的相关现象进行了跨文化的比较。就“秦汉时期人们服兵役的年龄”，即“役龄”“服役年龄”的讨论，熊铁基先生引录《周礼》“十五受兵”制度，又言：“《后汉书·班超传》记载班昭曾说：‘窃闻古者十五受兵，六十还之。’”作为可资比较与对照的信息，他又引用了恩格斯《军队》一文的相关内容：“在雅典，每一自由民出身的男子都必须服兵役。只有那些担任公职的人，而在较早的时期，则还有第四等级即最贫穷的自由民，才能免服兵役。这是以奴隶制为基础的民兵制度。凡是年满 18 岁的青年都必须服兵役两年，特别是要担任边防勤务。在这个时期内，他们完成军事训练，以后一直到 60 岁都有服兵役的义务。战争爆发时，公民大会决定应征人数，只有在极端紧急的情况下才实行 Ievés en masse［全民武装］。”（第 9 页）“在斯巴达，每一自由公民从 20 到 60 岁都列入军队的花名册。监察官确定应征的人数，通常是从 30 到 40 岁的中年人

---

① 王子今：《秦“小子军”考议》，《人文杂志》2009 年第 5 期。

② 熊铁基：《秦汉军事制度史》，广西人民出版社，1990 年，第 10、12、16 页。

中募集。”（第 12 页）“在罗马，凡年龄在 17 到 45 或 50 岁的公民，只要不是属于最低一级或者还没有参加过 20 次步兵战斗或 10 次骑兵战斗，就都有服兵役的义务。但是通常选入军队的只是比较年轻的人。”（第 18 页）[①]

熊铁基先生写道：“这些关于兵役的具体情况，对下面要谈的问题，是有参考价值的。”[②] 根据恩格斯《军队》中说到的情形，可知男子“服兵役”年龄为：罗马，17 岁；雅典，18 岁；斯巴达，20 岁（通常为 30 岁）。

以西方制度对照秦汉时期“十五受兵”的情形，差异是鲜明的。

我在课堂讲授时曾经引用熊铁基先生《秦汉军事制度史》中介绍恩格斯《军队》对罗马、雅典、斯巴达服役年龄的论述。但是在教育部人文社会科学研究 2006 年度一般项目“秦汉时期未成年人生活研究”（项目批准号：06JA770004）的最终成果《秦汉儿童的世界》第九章“未成年人的赋役责任与身份继承”中“秦‘小子军’”一节[③]，及后续成果《插图秦汉儿童史》第八章“‘小子军’与少年吏”中“秦兵制‘小子军’”一节[④]，都没有如同熊铁基先生《秦汉军事制度史》这样介绍恩格斯《军队》中的相关文字。这主要是因为当时我曾经希望寻找更为具体的第一手历史资料。由于我世界史知识贫乏，也因为成稿匆忙，这一想法最终未能实现。不过，熊铁基先生进行历史文化比较的学术方法，已经对我的研究产生了启示和向导的作用。

四、出土文献的史料发掘

官制研究对于考察、理解与说明中国古代历史文化诸多现象的意义，已经众所周知。秦汉时期是帝制时代官僚体制奠基、成熟并固定化的重要

① 中共中央马克思恩格斯列宁斯大林著作编译局编译：《马克思恩格斯全集》（第 14 卷），人民出版社，2012 年。

② 熊铁基：《秦汉军事制度史》，广西人民出版社，1990 年，第 7—9 页。

③ 王子今：《秦汉儿童的世界》，中华书局，2018 年。

④ 王子今：《插图秦汉儿童史》，未来出版社，2020 年。

历史阶段。相关研究以安作璋、熊铁基著的《秦汉官制史稿》为典范，属于全面完整亦有学术深度的高水准的成果。如果说《秦汉官制史稿》占据了秦汉官制研究的“制高点”，甚至中国古代官制研究的“制高点”，应当并非虚夸之辞。《秦汉官制史稿》于 1985 年面世①，几乎治秦汉史学者人手一册。2007 年修订重印②，又达到了新的学术高度。如作者所说，作为“主要参考书”的有“陶希圣、沈巨尘著的《秦汉政治制度》，曾资生著的《中国政治制度史》，严耕望著的《中国地方行政制度史》等一些研究性的著作”，读者一加比较就可以得知，安作璋、熊铁基著的《秦汉官制史稿》已经对这些著作实现了明显的超越。

关于《秦汉官制史稿》的撰著方式，熊铁基先生给我做过比较具体的介绍。我们不能不对前辈学者的辛苦努力与成功合作深心感佩。我这里想要说明的，重点在于《秦汉官制史稿》在研究方法和资料搜集方面的重要启示。

宋代金石学以来即重视官印、封泥等资料对说明官制的意义。除了继承这一传统，并沿袭杨树达先生、陈直先生等学者采用文物资料说明秦汉官制问题的方法之外③，其他考古收获与文物信息，也为安作璋先生和熊铁基先生所及时利用。例如有关“闾左”的讨论，以里耶秦简简文作为文物证明。

《史记》卷四十八《陈涉世家》记述陈胜、吴广首义大泽乡，天下云合响应，最终推翻了秦王朝的统治，其直接因由是“发闾左谪戍渔阳”。汉代人总结秦亡的原因，多将“发闾左之戍”与“收太半之赋”并称④。“闾左”

---

① 安作璋、熊铁基：《秦汉官制史稿》，齐鲁书社，1985 年。

② 安作璋、熊铁基：《秦汉官制史稿》，齐鲁书社，2007 年。

③ 杨树达：《汉书窥管》，上海古籍出版社，1984 年；陈直：《史记新证》，天津人民出版社，1979 年；陈直：《汉书新证》，天津人民出版社，1979 年。

④ 《史记》卷一百一十八《淮南衡山列传》载伍被曰：“收太半之赋，发闾左之戍。”《汉书》卷十五《伍被传》：“收太半之赋，发闾左之戍。”《淮南子·兵略》：“发闾左之戍，收大半之赋。”《汉书》卷二十四上《食货志上》：“收泰半之赋，发闾左之戍。”《抱朴子外篇·用刑》：“大半之赋，闾左之戍。”

之戍，被看作导致秦王朝灭亡的直接原因。于是，“闾左”的意义，成为秦汉史研究中的一个重要问题，尤其对于秦末历史的认识至为关键。然而对“闾左”的认识，长期以来存在着分歧。《汉书》卷二十四上《食货志上》言“始皇……收泰半之赋，发闾左之戍”，“海内愁怨，遂用溃畔”。颜师古注引应劭曰：“秦时以谪发之……戍者曹辈尽，复入闾，取其左发之，未及取右而秦亡。”应劭说应是较早对“闾左”的具体解释。然而“复入闾，取其左”，“左”的文义依然不明朗。《汉书》卷四十九《晁错传》颜师古注引孟康说：“秦时复除者居闾之左，后发役不供，复役之也。或云直先发取其左也。”孟康说大概是较早提出“居闾之左”理解的意见。在关于“闾左”身份的讨论中，有的学者认为，“闾左”是束缚在军功贵族领地上的依附农民，是不得跻身于平民（即黔首）之列的一个特殊的社会阶层①。林剑鸣虽沿袭“闾左”即“住在闾里左边”者的说法，但是他正确地指出，讨论“闾左”的身份，“不回答闾左和‘复除’之间的关系是不解决问题的”，“发闾左之戍”所以促成秦灭亡，“只能用闾左原是在‘复除’之列，才能得到圆满的解释”②。王彦辉认同“闾左”为“秦时复除者”的解释，他写道：“秦末征发闾左服徭役，成为引发农民大起义的导火索。依王子今、张汉东等学者考证，‘闾左’即‘里佐’，乃里正之副。秦二世对闾左的征发，直接动摇了基层乡里政权的支柱，从而导致了地方社会的土崩瓦解。”③ 已有多位学者在对“闾左”称谓的理解提出新见的同时进行过综合评述“闾左”研究的工作④。臧知非《“闾左”新证——以秦汉基层社会结构为中心》写道：“只有王子今先生认为闾左是‘里佐’的别称，参见王子今：《‘闾

① 田人隆：《“闾左”试探》，《中国史研究》1979 年第 2 期。

② 林剑鸣：《秦史稿》，上海人民出版社，1981 年，第 416、439 页。

③ 王彦辉：《汉代豪民研究》，东北师范大学出版社，2001 年，第 226 页。原注：“参见王子今：《“闾左”为“里佐”说》，载《西北大学学报》1985 年第 1 期；张汉东：《闾左新解》，载中国社会科学杂志社《未定稿》1984 年第 27 期。”

④ 如蒋非非：《秦代谪戍、赘婿、闾左新考》，《北京大学学报（哲学社会科学版）》1995 年 5 期；何晋：《“闾左”考释》，《国学研究》（第 13 卷），北京大学出版社，2004 年。

左’为‘里佐’说》，《西北大学学报》1985 年 1 期。”[①] 其实，这样的说法并不准确。较早有张汉东文发表[②]，庄春波也发表过类似的见解[③]。安作璋、孟祥才《秦始皇帝大传》写道：“我们认为闾左即闾佐或里佐[④]，为里正（典）之副，是一种职役。秦时征及闾左，即连基层负责征发服役的人也征发了，说明成年男子已全部被征发，无人可征，故晁错认为‘发之不顺，行者深怨，有背畔之心’。”[⑤] 他们在《汉高帝大传》中提出了同样的看法，随即又写道：“参见张汉东《‘闾左’新解》，载《中国社会科学》（未定稿）1984 年第 27 期。2002 年湖南龙山里耶古城一号井出土的秦简中，在‘里典’（里正）之下，即有‘里佐’为其副职。”[⑥] 安作璋、熊铁基《秦汉官制史稿》增订重印本也写道：“据近年出土的里耶秦简，里正之下，还有里佐，是里正的副职。《史记》《汉书》均提到秦时‘发闾左之戍’，以形容徭役之繁重，历来注释家对此解释不一。今据里耶秦简，闾左即里左。这句话的意思是说，当时国家规定应服役的人都征发完了，‘后入闾，取其左’。即在基层工作的直接负责征发徭役的里佐也被征发了，所以汉人以为‘发之不顺，行者深怨，有背叛之心’，秦遂以亡。”[⑦]

里耶秦简提供了有关“里佐”的简文，这一说法见于安作璋、熊铁基、孟祥才的两种论著，但是都没有提示更进一步的信息。我在向 2012 年 6 月台北举行的第四届国际汉学大会提交的论文《秦汉基层社会单元“里”的结构与功能》中写道：“安作璋、熊铁基先生《秦汉官制史稿》言‘据近年

---

① 臧知非：《“闾左”新证——以秦汉基层社会结构为中心》，《史学集刊》2012 年第 2 期。

② 张汉东：《闾左新解》，中国社会科学杂志社《未定稿》1984 年第 27 期。

③ 庄春波：《“闾左”钩沉》，《社会科学辑刊》1991 年第 4 期。

④ 原注据张汉东：《闾左新解》，中国社会科学杂志社《未定稿》1984 年第 27 期。

⑤ 安作璋、孟祥才：《秦始皇帝大传》，中华书局，2005 年，第 355 页。

⑥ 安作璋、孟祥才：《汉高帝大传》，中华书局，2006 年，第 35 页。今按：张汉东文“载《中国社会科学》（未定稿）”，应如前引王彦辉说，作“载中国社会科学杂志社《未定稿》1984 年第 27 期”。

⑦ 安作璋、熊铁基：《秦汉官制史稿》，齐鲁书社，2007 年，第 708 页。

出土的里耶秦简，里正之下，还有里佐，是里正的副职'，未知所据。"① 承安作璋先生2014年4月19日来函教示，他们所依据的是黄海烈在论文《里耶秦简与秦地方官制》中发表的意见。黄海烈写道："秦时里的长官，即非称里正，又非称里魁，而称为里典。并有佐官……"所举里耶秦简例证为："里典（J1［8］157正）；典（J1［8］157背）；里佐（J1［16］2）。"② 对于论者举列的简例，有必要研读分析。承主持里耶秦简发掘与整理工作的张春龙研究员见告，里耶秦简已经整理的内容中并没有出现"里佐"或"里左"简文。黄海烈文以为出现"里佐"简文的J1［16］2简，应即《里耶发掘报告》中发表的如下简例："卅年三月已未平邑乡泾下佐昌与平邑故乡守士五虽、中、哀，佐涅，童禺□□不备十三真钱百九十五，负童分钱□卌八。"（16—2）注："平邑，乡名。""泾下，村邑名。"③ 如果"泾下"确是"村邑名"，则"泾下佐昌"的身份是"村邑"之"佐"，可以联系"里佐"理解。

里耶秦简可以看到"乡守""乡佐"身份④。不过，"乡守"有省写"守"字的情形，即只写作"乡"。例如"☑贰春乡要常Ⅰ"，"☑乡樛佐筈得Ⅱ"（8—1943），按照鲁家亮的校释，"樛、筈得"可能是"人名"⑤。也就是说，"乡樛佐筈得"的"樛"，并非"村邑"名或"里"名。"佐筈得"只是"乡佐"，并不是"里佐"⑥。前例"平邑乡泾下佐昌"的"泾下"，可能也同样只是人名。按照李学勤先生的思路，即"平邑乡负责人泾下"。这样

---

① 王子今：《秦汉基层社会单元"里"的结构与功能》，《古代庶民社会》，台湾中央研究院，2013年。

② 黄海烈：《里耶秦简与秦地方官制》，《北方论丛》2005年第6期。今按："即非称里正，又非称里魁"，"即"应作"既"。

③ 湖南省文物考古研究所编著：《里耶发掘报告》，岳麓书社，2007年，第192页。

④ 李学勤《初读里耶秦简》对"乡守"的解释是乡的"代理负责人"，见《文物》2003年第1期。"乡守"也有可能就是乡的负责人。

⑤ 陈伟主编：《里耶秦简牍校释》，武汉大学出版社，2012年，第409页。

⑥ 又如简16—9可见"……启陵乡应敢言之：……"，其中"启陵乡应"，李学勤先生解释为"启陵乡负责人应"，见李学勤：《初读里耶秦简》，《文物》2003年第1期。这一负责启陵乡行政事务的人物的职名也省略了，情形与"乡樛"相同。

说来，黄海烈文提出的有关“里佐”的“里耶秦简例证”，即简“J1［16］2”，并不能理解为能够证实秦基层行政结构“有‘里佐’”的文物确证。安作璋、熊铁基、孟祥才等学者以为“据近年出土的里耶秦简，里正之下，还有里佐”的意见，似尚未能得到现有考古文物资料的证明。

关于“闾左”地位、职任和作用的继续讨论，也应当有益于深化对“里”的结构和功能的理解。我们期待认识的推进和问题的解决，当然，最基本的条件是新的考古文物资料的出土。对于可能澄清相关认识的新资料的发现，我们予以乐观的期待①。安作璋、熊铁基先生的《秦汉官制史稿》增订重印本有关秦基层行政结构“有‘里佐’”的说法，虽然还需要可靠文物资料的证明，但是这种及时发现出土文献中有意义的信息以说明秦汉社会管理体系重要结构特征的思路，如同熊铁基先生在其他论著中坚持实证原则的研究方法一样，是值得我们认真学习的。

（作者单位：中国人民大学国学院）

① 王子今：《里耶秦简与“闾左”为“里佐”说》，《湖南大学学报（社会科学版）》2014年第4期。

熊铁基先生与秦汉史研究

赵国华　贺科伟

伴随着改革开放的步伐，秦汉史学界相关研究日趋活跃，学术领域不断拓展，研究方法不断更新，涌现出一批学术成果。其中，熊铁基先生通过辛勤的耕耘，在秦汉史领域撰写出版了一系列学术专著，发表了数十篇学术论文，在秦汉制度史、思想文化史、学术史研究诸方面，取得了突出的学术成就，受到同行的广泛关注。

一

秦汉制度史研究是熊铁基先生较早关注的学术领域。他在这一领域的学术成果，包括《秦汉官制史稿》（与安作璋先生合著）、《秦汉军事制度史》等。《秦汉官制史稿》在前人研究成果的基础上，系统地论述了秦汉官吏制度的基本构架和发展变化。这部著作共分三编，第一编为“中央官制”，分为三公和丞相、诸卿、中朝官、宫官等四章，对秦汉中央官制进行了详细的叙述，就其中一些重要问题做出了必要的论证。第二编为“地方官制”，分为州、郡、县、王国、侯国、少数民族地区等六章，对秦汉地方官制进行了全面的叙述，说明每个官职的设立、演变、职掌和属官。第三编为“官吏的选用、考课及其他各项制度”，分为选官制度，任用制度，考课制度，赐爵制度，秩俸和朝位制度，印绶、符、节与舆服制度，休假和致仕制度等七章，对上述制度分别进行了详细的论述。

《秦汉官制史稿》的编撰所希望达到的目标是：“官制本身及其来龙去脉要努力搞清楚，主要问题的材料尽可能翔实，并结合内容进行必要的分析，一方面求温故而知新，另一方面也为国家问题的理论研究、为整个秦汉史的研究提供一些经过整理的比较可靠的资料。”① 从实际研究情况来看，这部著作体例完整、内容宏富，用70万字的篇幅对秦汉中央和地方官制的设立及演变、职掌、属官以及选举用人制度等问题，都进行了系统而详细的论述，从而揭示了秦汉官吏制度的主要特点及其在中国古代官制史中的特殊意义。同时，这部著作资料翔实、考订细致，收录了大量有关秦汉官制的文献资料，如《汉书·百官公卿表》《续汉书·百官志》《汉官六种》《秦会要订补》《西汉会要》《东汉会要》《三国会要》《汉官答问》《通典》《文献通考》《太平御览》《历代职官表》《玉海》等，并充分利用了考古出土文物资料，如秦汉简牍、碑刻、金石、封泥、陶器、汉官印及秦汉瓦当等。因此，《秦汉官制史稿》达到了预期的目标，具有较高的学术价值，备受学界同行的重视，成为20世纪中国秦汉史研究的一部代表作。《光明日报》《史学史研究》《社会科学评论》等报刊相继发表评论，给予该书较高的评价，认为它“不仅填补了断代官制史方面的空白，而且在许多方面又有新的开拓，它的出版在中国官制史研究的漫长进程中树立了又一块新的里程碑”②。

《秦汉军事制度史》是《秦汉官制史稿》的姊妹篇。中国古代军事制度经过春秋战国时期的发展，到秦汉时期进一步系统化和规范化，成为秦汉史研究的重要内容。熊铁基先生选择秦汉军事制度作为研究对象，正是把秦汉军事制度放在当时整个社会的发展中进行考察，特别关注秦汉军事制度所表现出的不同发展阶段。《秦汉军事制度史》分为兵士、军队、装备、军马、给养、营垒、军法、兵法等十一章，对秦汉时期的兵役制度、军队的构成和编制、武器装备与马政、后勤保障制度、军营和壁垒设施以及军事法律、作战方法等问题，都进行了较为详细的论述，是中国军事史研究的一项重要成果。

---

① 安作璋、熊铁基：《秦汉官制史稿·绪论》，齐鲁书社，1984年。

② 袁祖亮：《秦汉史研究中的一项丰硕成果——〈秦汉官制史稿〉读后》，《社会科学评论》1986年第8期。

因为时代的久远和资料的残缺，秦汉军事制度史研究困难重重。熊铁基先生从恢复历史本来面目出发，通过对零碎的史料进行梳理和研究，并尽可能与出土文献相结合，大量征引秦汉简牍，如云梦秦简、居延汉简、敦煌汉简等，力图向人们展示秦汉军事制度的发展脉络。基于这样的学术探索，《秦汉军事制度史》改变了中国军事制度史研究的薄弱环节，并为广大史学工作者提供了一个研究方式。

二

秦汉思想文化史研究，是熊铁基先生用力最深的学术领域。他在这个领域的学术著作有《秦汉新道家略论稿》《汉唐文化史》《秦汉文化志》《秦汉新道家》等，其中先生对秦汉思想文化的见解，有着鲜明的学术个性和创新特色，曾经引起学界的广泛关注。

《秦汉新道家略论稿》以论文集的形式，对秦汉新道家的代表人物、思想特点进行了专题讨论。熊铁基先生通过排比史料、甄别真伪、考镜源流，认为秦汉新道家的“新”内容主要包括：第一，“由批判儒墨变成了兼儒墨、合名法，当然，从战国后期开始，各家各派都在相互吸收、相互融合，只不过各自站在不同的基点上吸收，各自所标榜和强调的不同罢了。新道家是站在道家立场来‘采儒墨之善，撮名法之要’的”[①]；第二，“由逃世变成了入世。新道家不回避现实矛盾，也不轻率地对待矛盾，他们的代表作都认真地讨论现实问题，这些代表作可以说都是政论书”[②]；第三，“发展了老子天道无为的思想，把它创造性地运用到人生和政治上去”，从而把《老子》消极的“无为”变成积极的“无不为”[③]。在这一认识基础上，他运用历史比较研究方法，在纵向上将秦汉新道家与先秦道家相比较，发现秦汉

① 熊铁基：《秦汉新道家略论稿》，上海人民出版社，1984 年，第 6 页。
② 熊铁基：《秦汉新道家略论稿》，上海人民出版社，1984 年，第 6 页。
③ 熊铁基：《秦汉新道家略论稿》，上海人民出版社，1984 年，第 7 页。

新道家在承认《老子》所推崇的“道”的同时，又与以老庄为代表的先秦道家有所差异，进而揭示了秦汉新道家与先秦道家“相因而实不同”的特征；在横向上对《吕氏春秋》《文子》《经法》《新语》《淮南子》《论六家要旨》《汉书·艺文志》等相关历史文献进行比较，如紧扣“道家”或“新道家”政治思想中的核心概念“无为”，比较《淮南子》与《吕氏春秋》有关“无为政治”的异同，进一步揭示了“秦汉新道家”的思想特征。经过反复比较研究，他认为秦汉新道家的“君主无为”与“仁义”相结合，主张“宁民”“利民”“顺民心”，这种“无为而治”是“贤人政治”，有别于以老庄为代表的先秦道家。正如张舜徽先生在该书《题辞》中写道：“（熊君铁基）始治本国古代史实，多所辨证；后乃廓其封域，以及周秦两汉诸子。于《吕览》《淮南》，治之三反。持以上衡先秦百家言，时有不合，比其异同，校其趣向，始悟秦汉道家之论与先秦道家之论，相因而实不同。因揭橥‘新道家’之义，扬榷古今，论说益广。”①

熊铁基先生研究秦汉新道家，前后持续了二十年时间。在这一段时间里，国内“文化热”的勃兴，引起了学术界的普遍关注。他站在时代的高度，认识到汉唐文化博大精深、包罗万象，在中国传统文化形成和发展过程中具有承先启后的重要作用，因而选择汉唐文化为研究对象，撰写出版了《汉唐文化史》。这部著作分为“综论”和“分论”两篇，分别从宏观和微观两方面论述了汉唐文化的发展历程及其历史地位。“综论”篇着眼于宏观和整体性，把制度文化的建设到精神文化的发展作为汉唐文化的核心进行阐释，认为经过汉唐时期制度文化的建设到精神文化的发展，中国传统文化的体系基本确定下来，并且为唐以后文化的发展奠定了基础。汉唐文化相对于先秦时期来说是中国文化发展的“流”，相对于唐以后来说又有不少“源”的成分。正是在文化的源和流共生中，他发现了汉唐文化发展的轨迹，即中国传统文化是呈波浪式前进，进一步指出汉唐文化发展的特点

---

① 熊铁基：《秦汉新道家略论稿》，上海人民出版社，1984 年，第 1 页。

“在实际发展过程中是结合在一起的，汉唐文化是在不断地统一化（整合），在统一发展中既包括各种文化的矛盾、斗争，也包括它们之间的相互影响和吸取，同时，整个过程又是一个继承和创新不断前进的连续过程”[①]。“分论”篇则侧重于家庭、经学、社会思潮、文学艺术、风俗习惯等方面，做出多角度、多侧面的重点阐发，既论证了这些思想文化的源流和背景，阐释了它们的时代特征及其对社会思潮形成的影响作用，又能够站在历史的高度，注意到各个时期思想文化发展的相关联性和独特性，揭示出它们共同的特点和规律。其中对汉唐文化乃至中国传统文化研究提出的若干问题，如怎样具体看待传统文化、传统文化的老翻新与推陈出新、文化的统一性、文化的交流与交融、精神文化所反映的人的个性、经学与文化等等，都促进了汉唐文化史研究的发展。

值得一提的是，在撰写《汉唐文化史》的时候，为了全面地论述中国传统文化的基本内容和特点，熊铁基先生组织一批青年学人，编撰出版了《传统文化与中国社会》。这部著作分国家、政府、经济、礼法、学术、教育、文艺、宗教、家庭、人生、衣食住行、民间信仰等专题，“主要是研讨文化成果形成发展的过程，并给以一定的规律性的认识和总结”[②]，以求从不同方面和角度对中国传统文化有一个比较深刻的认识。从总体上来看，这部著作带有较强的学术性和可读性，给人们提供了一种特色鲜明的文化读本。

《秦汉文化志》作为《中国文化通志》的“历代文化沿革典”的一种，与其余各种著作合在一起，成为中国当代学术重点工程的一个组成部分[③]。在这部著作里面，熊铁基先生概括地介绍了秦汉文化的历史背景，分析了与文化发展相关的政治、文化与教育制度，对秦汉文化的几个重要方面，如学术、文学与艺术、衣食住行与工艺等，都进行了较系统的论述；在“社会思潮”“礼仪与风俗”“文化的地域性”等章节，提出了一些独到的学

① 熊铁基：《汉唐文化史》，湖南出版社，1992 年，第 38 页。
② 熊铁基：《传统文化与中国社会·前言》，华中师范大学出版社，1993 年。
③ 2007 年，上海东方出版中心将该书纳入“断代文化史系列”，改名为《秦汉文化史》。

术见解。为便于人们深入了解和研究秦汉文化的发展状况，书末附《文献与考古》一章，对有关资料进行了重点介绍。和其他文化史相比较来看，我们显然不难发现其异同，“体例的变化，结构更新，其实质乃在于内容的丰富与疆域的拓展，还有文化方面局部的内在勾连”[①]。令人感兴趣的是，这部著作从新的视角来认识文化，力图从文化的视角观察秦汉社会，避免以文化为名义而写秦汉史的偏颇，将秦汉史与秦汉文化严格区别开来，这可以说是对文化的深刻理解和认识。

经过近二十年的思考，熊铁基先生对秦汉新道家的研究，产生了许多新的认识，撰写出版了《秦汉新道家》。这部著作是《秦汉新道家略论稿》的增订本，较之前者篇目增加了一倍，字数增加了两倍，在论述的角度和深度上，都比以往有较大的进展。如果说前者只是对秦汉新道家的形成和特点做出理论概括的话，那么，后者则是对秦汉时期道家思想的源流及其与现实政治关系的系统论述。用作者自己的话说，这部著作“初步具备了比较完整严密的体系，分‘历史’和‘思想’两篇，是从纵横两个方面进行论述，也力求向历史和逻辑的统一方向上努力”[②]。诚如评论者所说，《秦汉新道家》在对秦汉时期道家代表人物和著作的属性做出深入的探讨并补充以往不足的同时，注重对秦汉新道家演变的历史进程及其原因、特点进行分析，从而构成了一个完整的学术体系。这在近二十年秦汉思想史研究中有着鲜明的个性特点和学术创新特色[③]。

三

秦汉学术史研究是熊铁基先生近三十年来关注的学术领域。在这一研

---

① 范军：《自为经纬 成一家言——评熊铁基教授著〈秦汉文化志〉》，《华中师范大学学报（人文社会科学版）》1999年第3期。

② 熊铁基：《秦汉新道家》，上海人民出版社，2001年，第4页。

③ 臧知非：《道家·黄老·秦汉政治实践与学术发展——重读熊铁基先生〈秦汉新道家〉》，《史学月刊》2004年第7期。

究领域，熊铁基先生发表了一系列论文阐述其学术观点，引起了学界的广泛关注。

2002 年 12 月 24 日，熊铁基先生在《光明日报》发表了《重新认识古书辨疑》一文，目的在于重新认识“古史辨”，强调学术研究“仍需有点辨疑精神”，认为充分准确地利用新出土的文献资料，都要面临考辨的问题，“无论是历史问题，还是学术思想问题都是如此”①。由此进一步认识汉代学术，他发现以往学者对一些古书所记的细节问题不够重视，如从先秦典籍到汉代大都不是原来的模样，这一点未被充分注意。究其原因，一是经过秦的禁私藏书令和焚书，一是传播方式本身所致，因为在书写条件较困难的情况下，口耳相传者较多，即便是著于竹帛，也往往是单篇流传，自然会使古籍传播走样。这种带着辨疑的态度和精神阅读古籍，释读出土文献资料，对深入地研究秦汉学术史，应该是一个重要的提示。

基于对汉代学术的深入思考，熊铁基先生发表了《汉代学术的历史地位》②，其中明确地指出，中国学术史上经学时代的形成，既有社会政治方面的原因，也有学术自身的内在逻辑，即各个学派从“同源异流”“其务为治”到“相生相灭”“相反相成”，再到“兼综”他家的自我调适，最后形成新的学术整合。群经诸子的传世文本，大多经过汉人不同程度的整理和改造，汉代学术可以称为新学术，是中国传统学术的实际源头。秦朝建立统一的中央集权的郡县制，社会实现了一次巨大的转型，传统学术亦随之转向。先秦那种诸子百家争鸣的态势，转变为法、道、儒家的意识形态。汉初总结秦亡的教训以及恢复战争创伤的需要，采取清静无为、与民休息的黄老学说。然而“长治久安”的一个不可忽视的问题是思想统治。统治思想会体现在政策、法令之中，最后会集中到学术思想上面。统一思想就必定落脚到统一学术中。汉武帝想使汉朝统治稳固长久，“罢黜百家，独尊儒术”，立五经博士，开弟子员，设科射策，把经学作为主流学术。整个两

---

① 熊铁基：《重新认识古书辨疑》，《光明日报》2002 年 12 月 24 日。

② 熊铁基：《汉代学术的历史地位》，《华中师范大学学报（人文社会科学版）》2003 年第 5 期。

汉时期，无论是典章制度、文学艺术、理论思维，还是经学、史学、天文、历算、农学、医药等，都有着辉煌的成就，为中国学术奠定了基本规模和范式。

图书作为传统学术的主要载体，直接影响着传统学术的发展，又是学术史研究的基本依据。熊铁基先生从汉代文献整理的角度，分析中国传统学术的载体，撰写成《刘向校书详析》一文①，对刘向、刘歆父子的校书群体、校书时间、校书方法、指导思想、校书结果等方面，进行了多方面的考释和举证，从中国学术史的角度重新审视刘向校书的意义。他认为西汉末年由刘向、刘歆父子组织一批专家学者，花费二十多年时间，对当时留存的图书逐本予以定著，并且分类编目和保存，不仅仅是对书籍进行简单的集中和抄录。刘向等人适应当时的主流思潮，按照他们自己的认识和理解，对几乎所有的图书进行了整理和改造。他们的主观校定在所校古籍上必然要留下时代的痕迹，后世流传乃至今日看到的西汉及先秦典籍都经过了他们的理解、认定乃至改造，当然免不了打上时代的烙印。

熊铁基先生特别关注对汉代学术的整体认识，全面地呈现汉代学术的历史面貌及其演变的内在思路。他把汉代学术的各派各宗尽数地分源别流，进而归结出殊途同归、百虑一致之理；把汉代学术放在中国学术史的大框架内进行探讨，显示出学术整体的关联性，凸显中国学术“一以贯之”的内在逻辑的联系性。在《再论秦汉新道家》《论汉代新儒家》《试论中国传统学术的综合性》《汉代经学垄断地位的确立及影响》等文章中，他主要探讨了学术思想的趋同与整合问题。先秦（主要是春秋战国）为“子学时代”，诸子百家“争鸣”十分突出，甚至是水火不容，但不难看出诸子的言论、思想又是“你中有我，我中有你”。他把百家争鸣概括为同源异流、殊途同归、相生相灭、相反相成、求同存异与齐万不同，这反映出学术思想的趋同与整合的必然趋势。诸子思想在发展过程中，每一派都会采取他者之善要，取长补短，以发展完善自己的特色。各派学者在实践、传播和发

① 熊铁基：《刘向校书详析》，《史学月刊》2006 年第 7 期。

展的过程中，自然向综合的方向发展，但又有各自的基本立场。这样在汉代就出现了以黄老为特色的新道家，“其为术也，因阴阳之大顺，采儒墨之善，撮名法之要，与时迁移，应物变化，立俗施事，无所不宜，指约而易操，事少而功多”[①]。《太史公自序》对其他各家学说采取吸收其长的“整合”办法。经过叔孙通、公孙弘和董仲舒发展的汉代新儒家，理论上继承了先秦儒家学说，以从政、为政为主要目标，在政治实践中能够与时俱进。汉代新儒家适应政治统治的需要，大量吸收和运用阴阳五行学说，兼采各家思想，构造儒家思想的新体系，倡导大一统、君权神授、三纲五常等思想，把先秦儒家思想系统化、理论化、神圣化。这明显是学术思想整合的突出表现和结果。这种整合是历史发展的自然结果，有内外两方面的因素：外因就是种种客观的条件和原因，特别是统治者的有关举措与重大活动和事件的影响，统治阶级有意识的统一；内因就是学术各派自动的调整。新道家、新儒家的外因的整合与内因的趋同，形成了新的学术思想体系。

熊铁基先生用五年的时间，将秦汉学术史领域相关研究整合提升，撰成《汉代学术史论》一书，并于2013年正式出版。其中，他对学术史的写法做了新的探索，提出了许多新颖的学术见解，惠及学林。首先，他明确地提出了汉人对先秦学术的改造问题，认为当前我们能看到的传世先秦文献典籍都是经过汉人整理而流传下来的，而在汉人整理先秦文献典籍的过程中，对其进行了某种程度的改造。李振宏教授在其《论“先秦学术体系”的汉代生成》[②] 一文中，开篇就直接引用了熊铁基先生的学术观点。李振宏教授还强调：“在认识先秦文献的汉代属性问题上，熊铁基先生是有重要的开拓之功的。这体现了熊先生敏锐的思想和犀利的目光，体现了先生对待历史文献的历史批判精神。”[③] 其次，他对中国传统学术特点进行了总结，

① 司马迁：《史记》，中华书局，1959年，第3289页。

② 李振宏：《论“先秦学术体系”的汉代生成》，《河南大学学报（社会科学版）》2008年第2期。

③ 李振宏：《汉代学术史研究的新探索——读熊铁基先生著〈汉代学术史论〉》，《史学月刊》2015年第5期。

把中国传统学术的特点归纳为“道不离器的综合性”“经世致用的政治性”“解读诠释的连续性”三个方面，这是对中国传统学术创造性的总结。再次，他提出了“中国解释学”的概念，把中国传统的注疏之学、训诂之学、传注之学统一命名为“中国解释学”，并展开了具体的探讨。自汉代“罢黜百家，表彰六经”之后，儒学逐步走向经学化。纵观两千年来中国传统学术研究历程，几乎就是一部解经注经的历史。随着历代学者不断将解经释经研究推向深入，训诂疏注、音义章句、校勘阐释等方法和理论也随着发展提升，经典诠释成为中国传统学术的重要特色。正如汤一介教授在其《再论创建中国解释学问题》中提出：“‘解释问题’对中国文化、哲学、宗教、文学等等都有十分重要的意义。”[①] 熊铁基先生将中国传统的注疏之学、训诂之学、传注之学，命名为“中国解释学”，并提出在汉代“中国解释学”就已经形成，是对中国传统学术研究的有益探索。

四

除上述成果之外，熊铁基先生对秦汉时期的法律制度、邮传制度、社会基层组织、历史人物评价等问题也做过一些研究，提出了个人的见解。

在秦朝法律制度问题上，熊铁基先生依据云梦秦简，认为秦自商鞅变法以后制定的刑法制度，不仅唐人所谓商鞅“改法为律”得到了证实，更重要的是突破了《法经》的体系和框架，立法的范围不断扩大，法律制度逐步发展和完善，提出了严格的执法要求。秦始皇的立法思想，集中体现在“事皆决于法”的原则，与君主专制中央集权体制相一致，其具体的立法包括有关维护君主地位的法规、巩固国家统一的法律、禁绝百家的法令以及制定和编纂成文法典。秦始皇全面实行法治，充分发挥了法的功用，秦朝因“繁刑严诛”而亡，应该归咎于秦二世。

关于秦代的邮传制度，熊铁基先生分析有关的出土文献，认为秦代的

① 汤一介：《再论创建中国解释学问题》，《中国社会科学》2000 年第 1 期。

邮传有封泥、检署等手续，具体操办者在边区是燧卒、燧长，在内地则是所谓“邮人”，设置办法大致是“五里一邮”，邮传工具有驿马、牛车等，主要作用包括传达政令和军令、传递消息和奏疏、为公差提供食宿等。对于秦汉时期的社会基层组织，熊铁基先生综合前人论述，指出里是一个基层组织，乡、亭、里的关系是“十里一亭”和“十里一乡”，亭、乡都是县以下的行政机构，乡管理乡村居民，亭则管理城镇居民，两者的行政职能不同。

在历史人物评价方面，熊铁基先生论述了秦始皇、项羽、汉武帝、汉光武帝等人的历史功绩，如他认为秦始皇最后十年出巡全国各地，明显是为了巩固国家统一，应该说是颇有建树的；项羽活动于历史舞台，只有短短的八年时间，前三年是坚持反秦斗争的农民起义领袖，后五年是封建统治权争夺战中的失败者，其失败的原因不在于分封，主要在于不得人心；汉武帝在开发边疆方面有着突出的贡献，主要是加强了北方的边防建设，开始有计划地开发大西北，完成了对南方和东南地区的统一，进一步地开发了西南地区，从而巩固了统一多民族国家。这些都是较中肯的评价。

（原载《邯郸学院学报》2008年第2期，作者单位：华中师范大学历史文化学院；河南师范大学历史文化学院）

熊铁基先生与老庄学研究

刘固盛

老庄学研究是熊铁基先生继秦汉制度史、秦汉思想文化史研究以后，于20世纪90年代以来从事的一个新的学术研究领域。熊先生对这一学术领域的辛勤耕耘，既是他一如既往的求实创新精神的具体反映，同时也集中体现了他在道家文化研究方面的最新成就。

一

老庄学是历代学者对《老子》《庄子》进行诠释和发挥而形成的一门学问，它涉及史学、哲学、宗教学、文学等各大学科门类，是道家文化的核心组成部分。老庄学不仅自身形成了一个十分浩繁博大的学术系统，而且跟中国文化史、中国思想史密切相关。老庄学是与汉代经学、魏晋玄学、隋唐佛学、宋明理学、清代朴学、近代西学的发展交融共进的，它与儒、道、释三教的关系盘根错节，十分复杂。

尽管老庄学蕴含重大的学术价值，然而有关老庄学的研究却长期被忽视了。20世纪90年代以前，只有一些零星的研究，如王明先生提出的“老学三变”，较早注意到了老学发展与时代的关系；蒙文通先生曾在20世纪三四十年代提示从老庄学的角度研究道教哲学的发展演变，并提出了从唐代老庄学出发研究道教重玄学的观点，但前辈学者的这些卓见长期以来没有得到应有的重视。到20世纪90年代，在一些道家文化的研讨会上，朱伯崑、汤一介、钟肇鹏、熊铁基等先生一致呼吁要加强老庄学的研究。例如

90 年代初张岂之先生在西安连续组织主办了两届老子思想研讨会，在第一届老子思想研讨会上，朱伯崑、钟肇鹏等先生呼吁要重视老学的研究；在第二届老子思想研讨会上，熊铁基先生则指出，应该从中国学术文化史的角度去关注老子思想的价值，他从秦汉至隋唐兼及宋元明清以及近代魏源等人的解老著作的分析中得出结论，每个时代的老学研究都有不同特点，都有时代特色，而从学术史的角度，可以看出老子思想在今天的价值。熊先生的发言在大会上得到了很多学者的呼应，所以会议结束以后，他即着手组织《中国老学史》的撰写。很快，熊先生主持撰写的《中国老学史》由福建人民出版社出版①，该书出版后在学术界产生了较大的影响，被称为“见解卓特”，“开掘了《老子》与老学的深度价值”②；“使学术思想史上的一片空白得以填补”③；“是中国哲学史及道家道教哲学诸科师生都应阅读的一个范本，不单因它是首本老学史，且因它取材恰切，参考资料丰富，言论可靠”④。的确，《中国老学史》作为我国研究老学发展的第一部系统专门之作，在道家学术领域的开拓以及奠定老学研究的基本方法与范式方面，都是有重要贡献的。

熊铁基先生撰写完《中国老学史》以后，其老学研究并没有就此停下来，而是规划了一个长期的研究计划，诚如他在《中国老学史》的后记中所指出的，对于老学史的研究，可以从更加广阔的方面展开，如分政治、哲学、伦理等专题对老子思想进行阐释；分儒、佛、道等不同宗派研究老学史；也可以进行断代研究，侧重阐明老子思想与不同时代的社会、老子思想与社会现实的关系等；还可以断代与专题结合研究，以及进行《老子》书的文献学研究等。此外，熊先生还指出，《中国老学史》截止于清末，那

---

① 熊铁基、马良怀、刘韶军：《中国老学史》，福建人民出版社，1995 年。

② 郭齐勇：《展现老子学术发展的历程——〈中国老学史〉评介》，《出版广场》1996 年第 6 期。

③ 王葆玹：《读〈中国老学史〉》，《中国哲学史》1996 年第 3 期。

④ 王煜：《评〈中国老学史〉》，《中国文化研究》1997 年夏之卷。

么总结20世纪一百年来的老学发展情况，又是一个很有意义的题目，应该形成另一本专著。可以看出，熊先生对老学研究的规划是很全面的。从1997年开始，熊先生一方面指导他的博士生进行老学的断代研究，同时又开始组织《二十世纪中国老学》的撰写。经过几年的努力，该书于2000年完成初稿，2002年正式出版[①]。与此同时，熊先生指导的断代老学研究的博士论文陆续完成，有的已正式出版，如刘固盛的《宋元老学研究》、董恩林的《唐代老学：重玄思辨中的理身理国之道》、韦东超的《明代老学研究》、刘玲娣的《汉魏六朝老学研究》等等，老学研究逐渐形成了规模。

除继续老学研究以外，从2000年起，熊先生又开始了对庄学的研究，他与刘固盛、刘韶军合著的《中国庄学史》作为国家社科基金项目的最终成果，由湖南人民出版社于2003年出版。该著作运用历史文献与哲学思辨相互结合的研究方法，在充分利用原始材料的基础上，对中国庄学从先秦至清代两千余年的发展情况进行了较为系统的总结，不仅用简要的笔触勾勒出了庄学发展的主要线索，而且用点面结合的立体式结构，分为庄子其人其书及其思想、秦汉时期的庄学、魏晋南北朝时期的庄学、隋唐时期的庄学、宋元时期的庄学、明清时期的庄学等几个大的部分，对各阶段有代表性的《庄子》注本做了较深入的阐发，指出了其对庄子思想有所创见的地方。与《中国老学史》一样，《中国庄学史》出版后即得到了学术界的好评，被认为是“一部真正意义上的专门思想史”，“对我们把握中国经典的诠释特性，极有价值”[②]，“它为中国哲学与道家文化的研究不仅仅开拓出了新的天地，而且打下了良好的基础”[③]。

从《中国老学史》问世到《中国庄学史》的完成，熊铁基先生奠定了老庄学研究这一新的学术领域在道家文化研究中的重要地位。目前，老庄

---

① 熊铁基、刘韶军、刘筱红等：《二十世纪中国老学》，福建人民出版社，2002年。

② 郭齐勇、秦平：《连续性与时代性的贯通——读熊铁基等著〈中国庄学史〉》，《江汉论坛》2005年第2期。

③ 陆建华：《创新中见功夫——〈中国庄学史〉读后》，《学术界》2004年第5期。

学研究越来越受到学术界的关注，其研究态势可谓方兴未艾。

二

熊铁基先生以历史学家的学术眼光研究老庄学，其研究的角度、方法都有自己的特点，具体表现在以下几个方面。

（一）注重老庄学发展的时代背景

中国老庄学的发展，离不开特定的时代条件。这一点，也是熊铁基先生反复加以强调的，所以他在《中国老学史》中明确指出，该书对老学演进的时代条件、发展过程特别注意，认为老学发展与时代特点分不开，“老学发展的过程，实际上紧密地联系着社会历史发展的过程”①；同时，他在撰写《中国庄学史》时进一步强调，“仍然坚持注意各个历史时期的时代条件……而特别注重学术文化的背景与条件”②。因此，熊先生的老庄学研究，并没有囿于老庄学本身，而是通过对各个时期社会历史状况的具体考察，力图探究老庄学衍变、转化的政治基础和经济基础，以及不同文化政策对老庄学所产生的重大影响，由此展开老庄学发展历史进程的分析。

例如写到战国时期“老学的初兴”，熊先生首先提示“急剧变化”的时代特点，然后对当时百家争鸣的学术特点分四个方面即“殊途同归”“相生相灭”“同源异流”“求同存异与齐万不同”进行了精到的总结，在此基础上，再展开老学发展的叙述。如总结老庄与黄老的不同分化，肯定杨朱是“从老子到庄子思想演变过程中的一个中间人物”③，追溯法家代表人物韩非子与老子的关系，对《文子》一书的重新研究，等等，这些叙述既透露出

① 熊铁基、马良怀、刘韶军：《中国老学史·前言》，福建人民出版社，1995 年。
② 熊铁基、刘固盛、刘韶军：《中国庄学史·后记》，湖南人民出版社，2003 年。
③ 熊铁基、马良怀、刘韶军：《中国老学史》，福建人民出版社，1995 年，第 101 页。

历史的客观与准确，又不乏真知灼见。

（二）将老庄学与中国思想史研究结合起来

熊铁基先生的老庄学研究既是学术史的研究，更是思想史的研究，将老庄学与中国思想史研究结合起来，这不仅是对老庄学研究的深入发掘，同时也是对思想史研究领域的新的开拓。

由于老子之道具有高度的普遍性、多义性和抽象性，因此，不同的时代，不同的学者，都可以对《老子》进行主旨不同的解释。唐代的赵志坚云："以文属身，节解之意也；飞炼上药，丹经之祖也；远说虚无，王弼之类也；以事明理，孙登之辈也；存诸法象，阴阳之流也；安存戒亡，韩非之喻也；溺心灭质，严遵之博也；加文取悟，儒学之宗也。"① 宋元之际的杜道坚更从时代的高度加以概括："道与世降，时有不同，注者多随时代所尚，各自其成心而师之。故汉人注者为'汉老子'，晋人注者为'晋老子'，唐人、宋人注者为'唐老子'、'宋老子'。"② 不同时代有不同的"老子"，每一个注释研究者也有其各自所理解的"老子"，这是老学发展的共同规律和重要特征。因此，韩非、严遵、王弼、孙登……历代注家总能从《老子》中解读出不同的宗趣，阐发出不同的新义，从而保证了老学发展的长盛不衰。对此，熊铁基先生总结说："这如此众多的'老子'与作为原典的《老子》之间，可以说既有联系，又有区别；既有继承，又有发展。而正是这种联系与区别、继承与发展的长久交织、演进，组成了老学发展的历史，且赋予了它极为丰富的内容。"③ 熊先生的这一总结可谓画龙点睛，《庄子》

① 赵志坚：《道德真经疏义》卷六，见《道藏》，文物出版社、上海书店、天津古籍出版社，1988年。

② 杜道坚：《玄经原旨发挥》卷下，见《道藏》，文物出版社、上海书店、天津古籍出版社，1988年。

③ 熊铁基、马良怀、刘韶军：《中国老学史·前言》，福建人民出版社，1995年。

与对《庄子》的诠释，其关系与此相同。也就是说，老庄学发展的历史，即各个时代的学者们根据政治、道德、思想领域的时代变化，不断地对《老子》《庄子》做出创造性解释的历史。据此，我们可以从思想史的高度重新认识和研究各历史时期的老庄学著作。

如果从思想史的角度对老庄学进行考察，大致可以分为三个层面的内容：其一，作注者对《老子》《庄子》文本的领会与掌握情况；其二，作注者本人的理论建树及其思想特点；其三，老庄学的时代特色，即老庄学思想所折射出来的一定历史时期某些哲学思潮的特征以及思想文化的发展规律。

仅以对《老子》哲学思想的解释为例，汉代的学者大都从宇宙生成的角度来理解老子的道论，到王弼注释《老子》时，则融进了新的时代精神，他通过本末体用等范畴的运用，将老子之道本体化，从而建构了他的玄学思想体系。到唐代时，老学研究者对《老子》本体论的探索又进入了一个新的阶段，其标志便是重玄学的出现。重玄之学是成玄英、李荣、杜光庭等一批道教学者在注释《老子》时发展起来的，其建立和发展，既是对魏晋玄学的超越，又是援佛入道、佛道相激的结果。宋代以后，心性之学作为一个时代课题而为儒、道、释三教一起讨论，于是，以心性解《老子》成为宋代以后老庄学发展中一个极为普遍的现象。我们可以看出，老学旨趣的这种变化，实际上构成了道家思想发展史上的重要脉络。

（三）注重综合性的研究

由于老庄学著作众多，内容极其丰富广博，所以熊铁基先生的老庄学研究注意以史学、哲学、宗教学等学科交叉研究的方法，对其主体内容进行综合性的阐析。文献、义理、宗教诸方面内容，无不涉及。

例如《中国庄学史》谈到《庄子》一书的版本，指出其书经历了一个从古本到今本的演变过程，认为古本《庄子》52 篇为刘向选定，并有内篇、外篇之分，这种可能性很大，此本曾流传到魏晋南北朝，后为郭象删定的33篇本所代替。而“隋唐以后长期流传，我们今天能看到《庄子》，基本上是郭象所编的本子，隋唐及其以后的庄学史，主要是以这个本子为基础而展开的”[①]。又如论及庄子的思想内容，认为他阐述了一种完整的以人为本位、以社会为归宿的思想，其要点在于“逍遥游、齐物论、养生主所说的精神自由、万物齐平、顺乎自然，这是庄子思想的三个基本支点。掌握了这三点，就可进而讨论人间世、德充符、大宗师和应帝王的问题。而这四者又可以说是庄子思想的目的：处世的修养，人性的德充，社会的宗师，帝王的责任”[②]，这样的归纳十分恰切。

由于老庄之道的抽象性与开放性，使得儒、道、释各家思想都能够与之联系起来，那么，通过老庄学这一特殊的窗口，便可以看到儒、道、释是如何在《老子》《庄子》这两部不朽的经典中找到互相对话与沟通的共同支点，他们又是如何交融与碰撞的。因此，就研究儒、道、释三教思想来说，老庄学都是一个极好的角度。对此，熊铁基先生也是十分注意的。试以道教对《老子》的诠释为例。《老子》作为道教的最高经典，教中人士对其进行富有时代精神的新的诠释，乃是理所当然的事。例如东汉张道陵创立五斗米道，借《老子》五千文以弘道阐教，所传《老子想尔注》，乃通过对《老子》的创造性诠释，建立起了其道教神学理论体系；又如唐代道教学者借《老子》《庄子》之注而阐发重玄思想，由此使得道教哲学实现重大突破；再如宋代的道教学者一般不再将《老子》《庄子》往神仙法术方面发挥，而是把它们与道教内丹心性论联系起来，以内丹心性释《老子》《庄子》，或者说借《老子》《庄子》而谈道教性命之学，成为此一时期老庄学发展的主要内容之一。

总之，对老庄学展开综合性的研究，是推进老庄学研究走向深入的必

① 熊铁基、刘固盛、刘韶军：《中国庄学史》，湖南人民出版社，2003年，第25页。
② 熊铁基、刘固盛、刘韶军：《中国庄学史》，湖南人民出版社，2003年，第29页。

然选择，而“深入全面地进行老（庄）学研究，是大有可为的”①。

三

熊铁基先生《中国老学史》《中国庄学史》的先后问世，学术界总是用“开拓”“拓荒”等词语来形容其“填补空白”的学术意义，认为是“开辟了道家文化乃至传统文化的新天地”②。的确，熊先生的老庄学研究，无论是对中国思想史研究领域的开拓，还是对道家道教文化研究的深化，都是有学术贡献的，下面略谈三点。

（一）确立了老庄学在中国思想文化史上的重要地位

《老子》《庄子》在中国思想文化史上的重要影响众所共知，但老庄学的地位却长期没有得到学术界的足够重视。通过《中国老学史》《中国庄学史》的研究，我们可以对老庄学的价值进行重新认识。首先，老庄学是中国思想文化特别是道家文化的重要组成部分。从道家的角度看，一部老庄学史，实际上相当于一部道家思想史；而从儒、佛人士对《老子》《庄子》的诠释来说，其内容往往可以反映出儒、佛思想发展的时代特色以及儒、佛、道三者之间的彼此影响与互相融摄。其次，通过老庄学研究的独特视角，中国思想文化史上许多过去模糊不清的问题可以得到有效的解决。如老庄学在佛教中国化过程中的具体作用、老庄学对道教重玄学的意义、老庄学与宋明理学的关系、老庄学与中西文化的交融与碰撞等等，对这些问题的深入研究，有助于我们获得对中国思想文化史准确清楚的认识。再次，《老子》《庄子》对中国古代的思想传统、民族心理、价值取向、思维方式、审美情趣等多方面之所以产生重大影响，实有赖于老庄学，即各个历史时

① 熊铁基、马良怀、刘韶军：《中国老学史·前言》，福建人民出版社，1995 年。
② 昕旸：《老学：拓荒者的世界——评〈中国老学史〉》，《中华道学》1996 年第 1 期。

期学者们对《老子》《庄子》的诠释与发挥。如果没有这种诠释与发挥，《老子》《庄子》的各种影响都是难以想象的。

（二）有助于深化现当代的老庄研究

在 20 世纪 80 年代以来思想解放与“文化热”这一大的背景之下，道家文化研究也日益引起了学术界的重视，作为其核心内容的老庄研究，更是广受关注的重点，其研究不仅在方法上取得了新的突破，而且成果十分丰富，呈现出一派盎然的生机。然而，其中也存在着研究不够深入、某些理解较为牵强以及凭空发挥等弊端。于是，如何克服不足之处、更深入地开展老庄研究，便成为广大道家文化研究者共同思考的问题。熊铁基先生与有关学者一致认为，要想促使老庄研究走向深入，就必须同时展开老庄学发展历史的研究。

对历代老庄学文献加以清理和总结，其于现今和以后的老庄研究至少有以下几方面的重要意义：其一，有助于正确理解中国古代两千余年以来的老庄学著作。今天研究老庄，不可能完全脱离过去的传统，不过，在古代数量众多、异说纷纭的老庄学文献面前，人们往往无所适从，不知所取。而熊铁基先生倡导的老庄学研究，正是致力于老庄学发展主要线索的勾勒以及各个历史时期有代表性的老庄学著作的分析，并指出其对老庄思想有所创造和发挥的地方，这对今人正确把握这些老庄学著作是大有裨益的。其二，有助于正确甄别现当代的老庄研究成果。不同时代有不同的“老子”“庄子”，这一老庄学发展规律既适用于古代，同时也适用于现当代。虽然现当代的经济、政治、思想、文化等各方面与古代相比都发生了质的变化，古今老庄学也显示出了巨大的差别，但老庄学与时代发展的相互制约关系，古今是一致的，当今的老庄研究，同样离不开相应的时代特点与时代需要。根据这一点，人们便可以区分那些日益增多的老庄研究成果的价值大小，并有意识地促使老庄研究朝符合时代主流的方向发展。其三，有助于正确领会《老子》《庄子》思想的原意，以致深化当代的老庄研究。虽说《老子》《庄子》文本的诠释空间很大，但也并非可以如天马行空，任意发挥。从老庄学研究中可以发现，研究《老子》《庄子》应该有广阔的视野，将《老子》《庄子》置于其形成与发展的具体历史过程中来加以理解和把握，也只有这样，才有可能真正阐发出《老子》《庄子》思想的实际内涵，从而促进老庄研究的深入发展。

（三）为发掘老庄思想的现代价值提供启示

老庄学发展的特点告诉我们，衡量《老子》《庄子》注释价值大小的一个重要标准，就是看是否在老庄原有思想的基础上做出了符合时代要求的创新，诚如伽达默尔所言，在具体的解释活动中，“理解就不只是一种复制的行为，而始终是一种创造性的行为”①。因此，我们今天的老庄研究，就必须将老庄思想的强大生命力与时代需要紧密结合起来，力图把《老子》《庄子》研究切入现代社会，用实事求是的科学态度去发掘老庄思想的现代价值。

以《老子》为例，20 世纪 80 年代以来，学界对它的研究，完全可以用“多元化”来形容，所涉及的领域极为广泛，包括哲学、宗教、政治、美学、史学、气功、养生、管理、谋略、处世、自然科学、环境保护、建筑、军事、经济、法律、教育、伦理、医学、心理学、语言学、逻辑、文学、文献学等二十多个方面②，其中不乏传统的研究领域，如哲学、宗教、政治、养生等，但相当一部分都是 80 年代以后才出现的新课题，这充分反映了《老子》研究者的开拓创新意识。在研究的过程中，学者们还发现，《老子》这部两千多年前产生的经典，与当今社会并非格格不入，相反，它具

① 伽达默尔：《真理与方法》，上海译文出版社，1999 年，第 380 页。

② 熊铁基、刘韶军、刘筱红等：《二十世纪中国老学》，福建人民出版社，2002 年，第 338 页。

有超越历史、超越宗教、超越民族、超越国界的品质，在许多领域，我们都可以从《老子》中获得启迪。例如《老子》思想与现代科学的关系，《老子》中的管理思想、老子思想与生态智慧等方面，我们都可以阐发出可资借鉴的现代价值来。

上面的分析显示，对《老子》的诠释，主要在于注者的思想创新和时代特色，这当然是应该加以重视的，但不能忘了，任何创造性的诠释都不能离开《老子》文本的基本规定以及道家哲学的基本精神，否则，就会出现任意曲解乃至歪曲《老子》的不良倾向。这一点同样适用于对《庄子》的研究。

（原载《邯郸学院学报》2008 年第 2 期，作者单位：华中师范大学道家道教研究中心）

熊铁基先生的道家研究

刘固盛

道家研究是熊铁基先生学术事业中的重要组成部分，从秦汉新道家的提出到老庄学的开拓，从有关道学的析辨到对道教的关注，无不精研覃思，敷畅大义。熊先生的道家研究，三十余年一以贯之，具有宏大的规模和前瞻的规划，注重理论建构和思想提炼，这在历史学界并不多见。熊先生在道家学术领域取得的成就是多方面的，其成果产生了广泛的影响，对道家文化研究具有重要的推动作用。本文立足于当代道家学术史的视野，拟分三个方面对熊先生的道家研究择要介绍。

一、“成一家之言”的秦汉新道家

在20世纪80年代初，我国的学术研究开始进入新的历史阶段，但作为中华传统文化主干之一的道家文化，由于历史与现实的多种原因，其研究的广度、深度与热度仍远不能与其他领域相比。因此，熊先生秦汉新道家的提出与研究，不仅抓住了秦汉思想史上一个十分关键的问题，于道家学术的研究更是难得的创新。秦汉新道家也成了熊先生最重要的、标志性的学术成果。

1. 秦汉新道家的提出

熊先生秦汉新道家的酝酿与提出，是从关注《汉书·艺文志》中的杂家问题开始的。他认为“杂家”之名本不恰当，而归入杂家类的两部重要著作《吕氏春秋》与《淮南子》，不应该是杂家，而属于道家[①]。基于这一认识，熊先生开始了对《吕氏春秋》与《淮南子》的重点研究，并在1981年所撰论文《从〈吕氏春秋〉到〈淮南子〉——论秦汉之际的新道家》中，正式提出了秦汉新道家的观点，认为“秦汉之际的道家，应该被称为‘新道家’，《吕氏春秋》和《淮南子》这两部书是‘新道家’的代表作”[②]，此后进一步展开系列论述，最终形成《秦汉新道家略论稿》的著作，1984年由上海人民出版社出版。该书出版后即受到海内外学术界的关注，赵吉惠先生撰文认为这是秦汉思想史研究的重要创获[③]，台湾师范大学陈丽桂教授在《八十年来的淮南子研究目录》中指出，《秦汉新道家略论稿》“指吕览与淮南为新道家而非杂家，从而论述新道家的特质与成败，两书的异同。析论精赡剀切而深入，屡发他人所未发”。

新道家乃相对于老庄道家或曰原始的道家而提出，“这种道家和老庄那样的道家，既有密切的联系，又有很大的区别”[④]。其“新”的特点，主要表现在：其一，由批判儒墨变为兼综各学派之长；其二，具有鲜明的入世精神；其三，发展了老子天道自然无为的思想，把它创造性地运用到人生与政治上[⑤]。为了进一步阐明上述特点，熊先生把秦汉新道家与先秦老庄道家进行了具体比较，比较的内容十分全面，分为对道的解释、出世与入世的问题、人生观、无为、理想政治、关于尚贤使能、关于仁义礼法、知识论八个方面。相对于老庄道家而言，新道家对道的解释更加全面，更注重与政治、人事的结合，更加具有入世精神，强调用道化解社会矛盾；在对

① 见熊铁基：《秦汉新道家》附录三《关于古书目录中的“杂家”类》，上海人民出版社，2001年。

② 熊铁基：《秦汉新道家略论稿》，上海人民出版社，1984年，第3页。

③ 赵吉惠：《秦汉思想史研究的新成果——评熊铁基著〈秦汉新道家略论稿〉》，《华中师院学报（哲学社会科学版）》1985年第4期。

④ 熊铁基：《秦汉新道家略论稿》，上海人民出版社，1984年，第3页。

⑤ 熊铁基：《秦汉新道家略论稿》，上海人民出版社，1984年，第6—7页。

待人生的态度上，新道家发展了“长生久视之道”；关于无为的理解，新道家阐明了无为的内涵以及如何无为，提出了“因”的思想和君臣异道；新道家的理想政治主张统一，与老子的“小国寡民”思想不同；新道家还主张任用贤能，并努力把仁义与道德结合起来；在知识论上，新道家更加重知重学。总之，秦汉新道家是在对老庄之道加以继承的基础上建构起来的一个更加系统、更加理论化的思想体系，发挥了老庄思想中的积极因素，克服了其不足①。

以新道家的特点为衡量，熊先生认为除《吕氏春秋》与《淮南子》外，《新语》《论六家之要旨》等都属于新道家的著作。司马迁的思想虽然比较复杂，但把他列入儒家是不恰当的，“无论从他明显的言论看，或从其寓论断于叙事的意图看，都不能说他的思想是儒家思想。和其父司马谈一样，他基本上还是属于新道家”②。东汉著名思想家王充也是新道家的代表人物。这样，秦汉新道家历史的发展过程得以清晰地勾勒和呈现。

2. 秦汉新道家的进一步研究

《秦汉新道家略论稿》出版以后，不仅在史学界产生了广泛的影响，同时被哲学、宗教界所重视。在进行广泛的学术交流的同时，熊先生对新道家的思考没有停止，通过进一步的深入研究，比《秦汉新道家略论稿》更加成熟的《秦汉新道家》于2001年问世③。该书前言指出：“本书与原《秦汉新道家略论稿》相比，无疑要完善得多，初步具备了比较完整严密的体系，分‘历史’和‘思想’两篇，是从纵横两个方面进行论述，也力求向历史和逻辑的统一方向上努力。”的确，《秦汉新道家》与《秦汉新道家略论稿》相比，不仅仅是“篇目增加了几近一倍，字数超过了两倍”，而且具有完整的理论体系，论述的角度与深度都有很大进展，每一个观点，都是

① 熊铁基：《秦汉新道家略论稿》，上海人民出版社，1984年，第20—29页。
② 熊铁基：《秦汉新道家略论稿》，上海人民出版社，1984年，第118页。
③ 熊铁基：《秦汉新道家》，上海人民出版社，2001年。

在钻研原材料的基础上经多年反复锤炼、深思熟虑的结果，因此“这是一部全面总结道家在秦汉时期发展成熟并且实现新的时代变化之思想史过程的深层次的专著”①。

《秦汉新道家》“历史篇”从学派的界说开始，先论战国黄老之学，再到秦代道家思潮、汉初儒道之争，由此提出秦汉之际的新道家；继而以吕不韦，汉初君臣，武帝时期、两汉之际、东汉中后期的黄老人物，诸葛亮等为例述论新道家的发展；最后以黄老、老庄、道教、玄学之分辨展示道家名实的演变以及新道家的历史命运。“思想篇”重点论述《吕氏春秋》、陆贾、司马迁父子、《淮南子》、严遵、扬雄、《老子河上公章句》、刘秀、王充、诸葛亮等代表人物与著作的主要思想，由此揭示出秦汉新道家的理论体系与主要特点，并阐明其思想贡献与历史地位。许多问题论析透彻，既具史家的谨严，又富精辟的哲思。以关于学派的论述为例。该书首先指出古代学派客观存在，如先秦儒、墨的派别就很突出，司马谈把学术派别归为阴阳、儒、墨、名、法、道德六家，是对学派的客观总结。而对学派的把握需注意四点：从思想起源看，同源异流；从主张的最后目的看，殊途同归；从学派的互相影响看，相生相灭；从发展趋势和规律看，求同存异与“齐万不同”。接着论及道家的形成，指出其与儒、墨有明显不同，它之成为一家有一个较长的酝酿、发展过程，并且在形成过程中先后出现了黄老与老庄两个各自独立的派别。关于黄老，虽然打着黄帝的旗号，但落到实处仍然是老子。黄老之学发生并流行于战国时期，不过当时并未形成学派，黄老道家学派的形成则在秦汉之际，这就是司马谈《论六家之要旨》中的“道家”或“道德家”。熊先生称之为“新道家”，并总结说：“一个学派的形成应有相对独立的、比较全面系统的思想理论。可以代表黄老道家学派思想理论的第一部大型的著作，那就是《吕氏春秋》，而最后集大成者则是《淮南子》。”② 通过这样的分析，新道家的来龙去脉就十分清楚了。又

① 王子今：《熊铁基著〈秦汉新道家〉述评》，《中国史研究动态》2004 年第 5 期。

② 熊铁基：《秦汉新道家》，上海人民出版社，2001 年，第 12 页。

如关于新道家特点的归纳，《秦汉新道家略论稿》曾援用班固的“兼儒墨，合名法”以说明对其他各家各派思想的吸收融合，而到《秦汉新道家》书中改为“由批判儒墨变成了‘采儒墨之善，撮名法之要’”[①]，采纳了司马谈的说法。熊先生指出，这两个表述是有区别的，班固之说没有讲兼、合什么，如何兼、合，而司马谈之说明确是采善、撮要，表明的是一种“综合”趋向，其对于道家特征的描述比较全面、准确。道家在发展过程中吸收了阴阳、儒、墨、名、法各家的重要思想，吸取各家之长，这正是战国以来学术综合性发展的反映[②]。这一变化，充分反映出熊先生作为历史学家的严谨与睿智。

熊先生秦汉新道家的提出与确立，力求恢复道家学说发展的历史“本来面目”，不仅弥补了秦汉思想史研究的重要一环，也为道家文化研究提供了新的视角。秦汉新道家的学术观点，反映了熊先生研治秦汉史和道家学术的真知，该观点已经过逾三十年的学术检验，堪称“成一家之言”。

二、道家领域的新开拓：老庄学研究

老庄学研究是熊先生继秦汉新道家之后在道家领域的另一重要开拓，自1993年开始关注并撰写《中国老学史》，至今亦已近二十年。老庄学涉及历史、哲学、宗教、文学等各大学科门类，是道家文化的重要组成部分。对于这一领域，熊先生倾注了极大的热情，不仅全面规划，而且培养、组织学术团队合作研究，从而不断推出新成果，令学术界为之瞩目。

1. 中国老学史研究

在中国文化上，《周易》与《老子》这两部经典具有特殊的地位，其对中国文化的影响也至深至巨。作为儒家六经之首的《周易》，历代都有人注解诠释，由此形成了易学；作为道家元典的《老子》，自战国时期的韩非开

① 熊铁基：《秦汉新道家》，上海人民出版社，2001年，第111页。

② 参见熊铁基：《再论秦汉新道家》，《哲学研究》2007年第1期。

始，历代也有大量人士为之诠疏笺注，阐发玄旨，由此形成了老学。易、老之学各以其丰富精深的内容和思想创见，构成了中国思想史、哲学史上的重要篇章。然而，与易学历来受到学界与社会的重视不同，老学长期以来罕有人关注，是一门客观存在却又长期被忽视的学问，这种现象一直持续到 20 世纪 90 年代初。此后，在一些道家文化的研讨会上，朱伯崑、熊铁基等先生一致呼吁要加强老庄学的研究。1995 年，熊先生主持撰著的《中国老学史》，由福建人民出版社出版[①]。全书在对老子其人其书进行辨析以后，论述老学的初兴以及在秦汉、魏晋、隋唐、宋元、明清不同历史时期的发展演变，对不同时期老学研究的特点、总体情况、代表人物与代表作进行较系统的阐述，既有宏观的总结，又有微观的分析，脉络清晰，重点突出。关于熊先生老学研究的学术贡献，笔者已有专文论述[②]，这里再强调三点：

其一，关于老学研究的目的与价值追求。熊先生在组织撰写《中国老学史》时，明确指出其目标是“揭示老学的历史进程，找出老学发展的内在规律，了解老学对中国文化的影响，从而确立老学的历史地位”[③]。为实现这一目标，老学史的撰写便不仅仅是学术史层面的梳理，还应该有更高的追求，那就是学术史与思想史的结合。熊先生在《中国老学史》中强调了一个观点，即不同时代有不同的“老子”，也就是说，不同时代的学者总是根据政治、道德、思想领域的时代变化，不断地对《老子》做出新的解释。因此，老学研究的主要任务，即是要找出不同时代老学著作中的新的思想内容，由此分析一定历史时期哲学思潮的特征以及思想文化的发展规律。这样，便可以从思想史的高度重新认识和研究各历史时期的老学著作。以汉代老子的研究为例，汉代人的《老子注》，虽然都是围绕“道论”展开，但注者的理解和发挥各不相同，由此形成了“汉老子”。“汉老子”既

① 熊铁基、马良怀、刘韶军：《中国老学史》，福建人民出版社，1995 年。
② 刘固盛：《熊铁基先生与老庄学研究》，《邯郸学院学报》2008 年第 2 期。
③ 熊铁基、马良怀、刘韶军：《中国老学史·前言》，福建人民出版社，1995 年。

有传统思想作为依据，又受到时代思潮发展的影响。当时的道家传统思想主要有两个大的系统，一个是可以称为“黄老之学”的系统，一个是以《庄子》为代表的庄学系统。汉注《老子》中保留了这两种思想的痕迹。汉代人所注《老子》及其阐释，又直接影响了后世各种思想理论的发展。此后的各种发挥，都是在汉代人阐释的基础上进行的。例如，魏晋玄学倡导虚无，王弼之注《老子》是其突出表现，他倡导“以无为本”，正是得到汉代人论述的启发和影响①。

其二，关于老学研究的进一步深化。熊先生在《中国老学史》的结束语中指出：“对于老学史的研究，可以从更加广阔的方面展开。例如分专题对老子思想进行阐释，如政治的、哲学的、伦理的等方面的专题；分宗派研究老学史，如道家、儒家、佛家对老子思想的不同解释，以及老子思想与三教思想的汇通、与三教人士的关系，在道家文化中的地位等；也可以断代进行研究，侧重阐明老子思想与不同时代的社会、老子思想与社会现实的关系等；还可以断代与专题结合研究，如唐、宋、明、清四个皇帝的《老子注》就是一个题目；此外，《老子》书的文献学的研究也是不可忽视的课题，如《老子》的版本、校勘、训诂、考证等研究。总之，深入、全面地进行老学研究，是大有可为的。”熊先生所言，既是对如何深化老学进行的思考，实际上也指明了老学研究的方向。从 1997 年开始，他又组织撰写《二十世纪中国老学》②，并指导博士生进行断代老学的研究，先后完成的博士论文有刘固盛的《宋元老学研究》③、董恩林的《唐代老学：重玄思辨中的理身理国之道》④、韦东超的《明代老学研究》、刘玲娣的《汉魏六朝老学研究》。按照熊先生的思路与提示，刘固盛又撰写了《道教老学史》⑤，

① 参熊铁基：《从〈老子〉到〈道德经〉》，《光明日报》2007 年 6 月 1 日；《论“汉老子”》，《哲学研究》2004 年第 4 期。

② 熊铁基、刘韶军、刘筱红等：《二十世纪中国老学》，福建人民出版社，2002 年。

③ 刘固盛：《宋元老学研究》，巴蜀书社，2001 年。

④ 董恩林：《唐代老学：重玄思辨中的理身理国之道》，中国社会科学出版社，2002 年。

⑤ 刘固盛：《道教老学史》，华中师范大学出版社，2008 年。

合著《近代中国老庄学》[①]，主持完成了国家社科基金重大项目《中国老学通史》（五卷本，300万字），指导博士生完成的相关博士论文有李程的《近代老学研究》、吴雪萌的《英语世界老学研究》、王闯的《清代老学研究》、涂立贤的《明代官员群体老学研究》等，其对老学的研究逐渐形成了规模并走向深化。

其三，关于老学文献的整理。历代《老子》注疏是老学史研究的基本材料，台湾严灵峰编有《无求备斋老子集成初编》《无求备斋老子集成续编》，但所收不全，一些版本也不清晰，已不能满足当前学术文化发展的需要。2007年4月“国际道德经论坛”在西安与香港举行，论坛结束后，熊先生便致电当时国家宗教局副局长齐晓飞，提出编纂《老子集成》事宜。这一建议得到国家宗教局的认可和重视，并正式行文启动这一工作，由中华宗教文化交流协会和中国道教协会主办，华中师范大学道家道教研究中心承担。熊先生组织了十多名学者参与整理，花了三年时间完成了点校。《老子集成》共收集、标点整理了自战国至民国时期265种历代的《老子》注疏，其中有80多种是严灵峰所编《无求备斋老子集成初编》《无求备斋老子集成续编》中没有的，包括50余种难得一见的孤本或善本。《老子集成》于2011年8月由宗教文化出版社出版，熊先生担任主编，共计15卷，1100万字。在首发式上，国家宗教局局长王作安对该书的学术水平和文化意义给予了高度评价，指出这套丛书从内容到形式都达到了前所未有的高度，对于推动道家学说的研究和道教文化的传承意义重大。它是老子文化的集大成，是老学发展的里程碑式标志，是中国道教文化扩大影响、持续发展的重要助推，也是中华文化走出国门、走向世界、推动文化交流的重要介质。熊铁基先生在发言中亦从三个方面强调了《老子集成》的价值。首先，《老子集成》有利于正确地理解中华传统文化，有利于更好地发扬优良的文化传统。《老子》作为内容丰富、影响深远的“元典”之一，对中华文化的薪火相传起到了极为重要的作用。当前倡导国学，提倡读《道德经》，然而面对众多的版本，应该如何选择？我们要提供比较正确的读本，这是专家、研究者的责任。其次，《老子集成》对道教文化的发展与提升大有裨益。道

① 刘固盛、刘韶军、肖海燕：《近代中国老庄学》，福建人民出版社，2014年。

教创建之后，《老子》的经典地位进一步确立，以后众多道经的出现，大都与之相关，尤其是历代道教学者、高道对《老子》的阐释形成了一部“道教老学”的发展史。因此，《老子集成》对《老子》传本和注疏本所做的全面搜罗和整理，进一步彰显了道教文化的丰富内涵以及老子思想的重大历史影响。再次，《老子集成》对历代“老学”文献的编纂与整理，不仅能够为“老学”研究提供基本的资料，同时也是一项有益于中国思想文化史、哲学史的文献工程。这项成果在当代学术文化事业发展中，一定会长久地发挥应有的作用①。

2. 中国庄学史研究

鉴于老、庄之间的密切联系，熊先生在继续老学研究的同时，又把目光投向了庄学，由他主持撰写的《中国庄学史》于2003年问世②。由于有了《中国老学史》的写作经验，熊先生对庄学史的研究更加得心应手了，如他所总结的：“我们仍然坚持注意各个历史时期的时代条件，但努力克服写《老学史》某些泛的毛病，而特别注重学术文化的背景和条件。又例如，在写各个时期庄学概貌时，更加注意其全面性和系统性，注意前后照应和比较。或者《庄学史》比《老学史》略胜一筹，这不是自夸，而是一点自信。”③《中国庄学史》仍然援用《老学史》的基本体例，在概述庄子其人其书及其思想的基础上，分秦汉、魏晋、隋唐、宋元、明清庄学等几个大的部分，用点面结合的立体式结构，对中国庄学从先秦至清代二千余年来的发展情况进行了较为系统的总结。与《中国老学史》一样，《中国庄学史》出版后即得到了学术界的好评，被认为是“一部真正意义上的专门思想史”，“对我们把握中国经典的诠释特性，极有价值”④，“它为中国哲学与道家文化的研究不仅仅开拓出了新的天地，而且打下了良好的基础”⑤。

---

① 首发式讲话内容参见国家宗教事务局网页（www.sara.gov.cn）以及新华网、光明网等。

② 熊铁基等：《中国庄学史》，湖南人民出版社，2003年。

③ 熊铁基等：《中国庄学史·后记》，湖南人民出版社，2003年。

④ 郭齐勇、秦平：《连续性与时代性的贯通——读熊铁基等著〈中国庄学史〉》，《江汉论坛》2005年第2期。

⑤ 陆建华：《创新中见功夫——〈中国庄学史〉读后》，《学术界》2004年第5期。

《中国庄学史》认为，《庄子》的文本经历了一个从古本到今本的演变过程，古本《庄子》五十二篇为刘向选定的可能性很大，此本曾流传到魏晋南北朝，后为郭象删定的三十三篇本所代替。隋唐及以后的庄学史，主要是以郭象本为基础而展开的。庄子思想的要点在于逍遥游、齐物论、养生主，其所说的精神自由、万物齐平、顺乎自然，是庄子思想的三个基本支点。掌握了这三点，就可进而讨论人间世、德充符、大宗师和应帝王的问题。秦汉时期是“庄子影响的潜行期”。《吕氏春秋》多引《庄子》，并对其思想加以强化；《淮南子》“考验乎老、庄之术”，其中《齐俗》《人间》《俶真》《道应》诸篇发挥庄子的思想颇为明显。《庄子》对儒学也有渗透，如其中的天人“相类”“相通”思想、气的思想，都对汉代儒学的代表人物董仲舒有所影响，庄子与汉代经学的关系亦相当密切。到东汉时期，《庄子》的影响渐渐增大，开始渗入社会生活的诸多方面。魏晋南北朝时期，《庄子》成为“三玄”之一，读庄成风，注庄成学，庄学得以勃兴。当时无论是玄学重要人物的思想和学说，或者玄学的一些主要论题，往往通过注解《庄子》而得以阐发，可以说，此一时期人们对《庄子》的运用和发挥超过了《老子》。阮籍、向秀、郭象等人的庄学思想可为代表，特别是郭象的《庄子注》，不仅裁定《庄子》为三十三篇，而且借注庄发挥他的玄学思想，既阐发了“独化于玄冥”的哲学本体论，亦论定“名教即自然”，玄学在他那里达到了一个新的高度。这一时期佛学亦与《庄子》发生了密切的关联，无论其“格义”之法，还是般若学，都有借助《庄子》之处。《庄子》思想丰富了般若学，般若学也对庄学的发展产生了影响。隋唐时期，庄学继续发展。由于李唐王朝推崇老子与道教，道教教义在这一时期得到了重要的创发，其具体表现则是重玄学的阐扬。重玄学的兴起，不但依靠于老学，而且借助于庄学，成玄英的《南华真经疏》即是代表。除了对道教的影响以外，唐代庄学对文学的影响亦很大，李白的诗歌，韩愈、柳宗元的散文，都可以从《庄子》那里寻到踪迹。宋元时期，庄学研究出现了一个高峰。该时期庄学作品的形式多种多样，并注重阐发《庄子》的义理，一方面注意庄子本身的主要思想，但更为重要的是注者对庄子思想加以创造性的发挥。如王雱以儒家道德性命之学解《庄子》，陈景元将《庄子》与道教的炼养方法联系起来，林希逸援理入庄、庄禅并用，褚伯秀把“性命双修”思想与《庄子》会通，等等，充分显示出了宋元庄学多姿多彩的时代风貌。明清时期，庄学发展到一个总结性阶段。该时期庄学成果众多，如陆西星的《南华真经副墨》欲合老庄与释氏于一家；释性通的《南华发覆》以道德二字概括庄子内、外篇之大旨；方以智的《药地炮庄》诠以佛理，借汪洋恣肆之谈，以自摅己意；王夫之作《庄子解》《庄子通》，以为“庄生之说，皆可因以通君子之道”，故就庄子思想“因而通之”，大大丰富了自己的思想学术体系；等等。明清庄学在总结中又有发展。

作为学术界第一部梳理庄学发展历史及其影响的著作，《中国庄学史》同样具有“填补空白”的意义，它与《中国老学史》一起成为熊先生老庄学研究的“双璧”。其运用历史文献与哲学思辨相互结合的研究思路，注重庄学发展时代背景的分析方法，将庄学研究与中国古代思想发展联系起来的学术理念，都成了老庄学研究的基本范式。当然，相对于庄学浩繁博大的学术体系，《中国庄学史》尚不足以穷尽其所有内容，因此，2009 年熊先生又主持了该著的修订，在保持原来框架和体例不变的基础上，对庄学发展的学术背景进行了进一步的提炼，增加了 20 余个新的个案分析，并附上了庄学文献提要，全书字数由原来的 50 万增加到近 100 万，分上下两册，由福建人民出版社出版[①]。新版庄学史体现了目前庄学研究的最新成就。

三、从道家到道教

从 20 世纪 90 年代开始，熊先生开始关注道教，随着他和道教界人士以及道教学术界接触的增多，近年来对道教的直接研究也多起来，对道家道

① 熊铁基等：《中国庄学史》（修订版），福建人民出版社，2009 年。

教与道学的关系、全真道教义、道教的文化意义及现代价值等诸问题都有论述，很多观点切中肯綮，具有新义，富含启迪。

1. 道学的名与实

道学之名，来自道家，本无疑问，但宋元时期，儒家亦称其学为道学，《宋史》还专设《道学传》，专载具有儒家思想的人物，于是，道学的概念变得模糊起来，儒、道各自称呼，存在歧义。随着道家道教文化日益受到重视，一些学者又打出了“道学”的旗帜，举办有关刊物①，弘扬道家道教文化。熊先生肯定了这一做法，并撰《道家·道教·道学》② 一文予以辨析。该文发表后，又收入牟钟鉴先生主编的《当代中国宗教研究精选丛书·道教卷》③，是熊先生的一篇力作。论文指出，“公开倡导作为道家道教文化的道学，应该是没有什么问题的。而且，从历史上看，称道家之学为‘道学’，也是渊源有自的”。从名称来看，虽然周秦诸子、儒佛之学都言“道”，但都没有道家道教那样的深刻意义。“对于道家、道教来说，这个‘道’字就有根本的、全面的、深刻的意义了。道家、道教离不开‘道’，名实相符，‘道’也在道家、道教思想文化中得到充分的发展，由此而形成中国所特有的‘道学’”。从历史发展情况来看，东晋葛洪所撰《神仙传》已经把道教法术称为“道学”，《隋书·经籍志》则将道家著作称为“道学”，总之不离道家道教。从涉及的内容亦即研究的对象来看，主要包括以下四个方面：第一，关于《老子》《庄子》的研究，我们称之为老学、庄学，或者老庄学；第二，关于黄老之学的研究；第三，其他道家诸子的研究；第四，道教研究，包括道教历史、道教经典、道教思想等的研究。论文特别强调了老庄学在道学研究中的重要地位，认为“包括老子、庄子其人其书的再研究，历代对《老子》《庄子》的改造和诠释，《老子》《庄子》的现代价值，等等。《老子》《庄子》的思想对诸子百家有很大的影响，

① 以詹石窗主编的《道学研究》为代表。

② 熊铁基：《道家·道教·道学》，《华中师范大学学报（人文社会科学版）》2005 年第 6 期。

③ 牟钟鉴主编：《当代中国宗教研究精选丛书·道教卷》，民族出版社，2008 年。

《老子》《庄子》及其注释在道教经典中分量不小，无论在道家或道教的研究中，都是最重要的内容之一”。

熊先生辨析道学的名实，由此注意到老庄学在道家道教、道学研究中的重要性，可谓抓住了问题的核心。特别是在道教文化的研究中，这一点显得尤为关键。例如他论及朱熹的道家思想时指出，朱熹对道教与老学的看法是有区别的，即一方面不遗余力批评道教，另一方面又对正宗的老子道家之学加以肯定、称赞。关于此点，熊先生指出：“自唐以来就有一个儒家排斥佛老的问题，说朱熹‘抗衡释道’也是有根据的，他既痛恨佛教、道教发展之影响国计民生，也反对人们‘溺于老佛之说’。但应该具体分析，首先他抗衡释道重点在释，所谓‘辟佛’，而道又主要是道教。其对于老子、老学，倒是另眼相看的。”① 为什么会这样呢？因为在朱熹看来，道教本以老子为立教之祖，但当时的做法却已经偏离了老庄思想，因而出现了问题。熊先生继而指出，王重阳创建全真道，似乎是有意无意地针对朱熹对道教的批评，振兴道教，创立了全真道，保全老子、庄子之真，从《老子》《庄子》书中寻求真理、真义②，这就是熊先生阐述“全真三义”之一的“全老庄之真”③。王重阳抓住老子思想的要点“无为”和“清静”，庄子思想的要点“逍遥”“心斋”等，革新了道教的教义与思想，“这对道教的振兴具有重大意义”④。可以看出，“全老庄之真”的实质就是道教的发展从教义上必须回到老庄思想上面来，其宗教追求从根本上符合老庄思想的精神实质。从道教发展的历史经验来说，“全真道的兴起，以及道教发展史上的几次振兴，大都与道教的回归老庄有密切关系”⑤；从现实的角度看，

---

① 熊铁基：《从“存天理，灭人欲”看朱熹的道家思想》，《史学月刊》1999 年第 5 期。

② 熊铁基：《试论王重阳的“全真”思想》，《世界宗教研究》2007 年第 2 期。

③ 熊先生在《试论王重阳的“全真”思想》一文中指出“全真”有三义：全三教之真，全老庄之真，全心性之真。

④ 熊铁基：《试论王重阳的“全真”思想》，《世界宗教研究》2007 年第 2 期。

⑤ 熊铁基：《全真道与老庄学国际学术研讨会论文集・前言》，华中师范大学出版社，2009 年。

这一认识有助于道教在新的时代健康发展。正如国家宗教事务局前副局长齐晓飞所言："老子的思想对道教的存在和发展，起着根本性的作用；背离之，道教就容易产生'神仙有术而黄老不彰'的流弊。……在当今改革开放的条件下，道教与时代同行，在自身建设方面得到了加强。这是主流，应当肯定。但毋庸讳言的是，道教发展中'神仙有术而黄老不彰'的状况，仍然严重存在，道教的社会形象很受伤。我认为，道教只有返璞归真，回到其主体文化源流，从老子那里挖掘思想内涵提升文化品格，才能振衰除弊，与时俱进，发扬光大。"①

2．人皆可以为神仙

熊先生对道教的关注与研究，有一个明显的特点，那就是坚持历史与现实的结合，例如关于道教神仙信仰的阐释即是如此。神仙信仰是道教的基本信仰，通过修道成仙是道教的宗教理想。世间是否有神仙？神仙信仰具有现代价值吗？熊先生通过对葛洪神仙思想的解读回答了这些问题。在2003年宁波举行的首届"葛洪与中国文化国际学术研讨会"上，熊先生发言指出，葛洪研究除了站在道教的角度，还应该在更加广阔的视野下展开，例如思想、文学、科技等各个领域，多方面展现葛洪对中国文化的贡献及其在中国文化史上的重要地位。当然，对于葛洪的神仙理论，熊先生尤其重视，先后撰写《人皆可以为神仙——葛洪神仙论现代诠释》②（以下简称《人皆可以为神仙》）和《再论葛洪的神仙思想》③ 两文以释之。

在《人皆可以为神仙》一文中，熊先生总结了葛洪的神仙理论和学仙之法，指出其"道教神仙理论中的长生、功德二事，事实上在当今现实生活中不仅是有用的，而且是存在的"。而葛洪坚信世间有长生不死之神仙，并在《抱朴子内篇》中反复从不同角度阐述神仙的存在，这又该怎样理解呢？熊先生用"人皆可以为神仙"加以说明。"人皆可以为神仙"关键在于

---

① 齐晓飞：《国际道德经论坛与〈老子集成〉》，《中国宗教》2011年第5期。

② 熊铁基：《人皆可以为神仙——葛洪神仙论的现代诠释》，《中国道教》2003年第6期。

③ 熊铁基、肖海燕：《再论葛洪的神仙思想》，《中国道教》2011年第2期。

一个“为”字，即把神仙之事当作一种理想去追求、去实践，“修道、修仙关键在于立志、诚心、勤求，你要去‘为之’”①。葛洪所言长生之术，其中包含一些合理因素，具有积极的影响，而对延年益寿之方的探索，至今仍然有人在孜孜以求；至于葛洪把行善积德视为成仙的基本要素，更有指导意义，如果大家争先为善，自然有利于当今社会的发展。与孟子肯定“人皆可为尧舜”同理，“人皆可以为神仙”也是可行的。

与《人皆可以为神仙》主要论述葛洪神仙思想的现代意义相比，《再论葛洪的神仙思想》重点在于探讨其历史价值。论文认为，葛洪对神仙之道的总结和阐述，在道教发展史上，具有里程碑的意义。《抱朴子内篇》对其以前的神仙思想做了一次比较全面的总结，并把道教神仙信仰进行理论提升，从而使道教真正具有了自己的宗教理论体系。该文从两个方面进行了阐述：其一，葛洪把道教的最高信仰道和核心信仰神仙进行了有机的沟通，对二者之间的关系做了极有启发意义的阐述。“葛洪参考总结多种仙经、道书的记述，把本体‘道’的基本精神与‘神仙’的神秘特征结合在一起了，既讲了道的基本特性，又描述了神仙的神采，似乎把道与神仙联系起来了。”② 自此，修道成仙成为道教的最高理想，如黄帝、老子，既是圣人，也是神仙，他们通过体道宝德而升仙，是得道成仙的典型榜样。其二，葛洪阐明了求仙修道的具体方法。具体修炼可以归纳为心性修炼和身体修炼两个主要方面，其中体现出来的养生思想、理论和方法，影响后世，甚至现今仍值得参考。最后，熊先生列举了葛洪对虚假浅薄道士以及“妖道”“淫祀”的批评，并语重心长地总结说：“列举这些，对于我们研究道教的兴衰、道教的历次整顿、复兴，对于当今真正道士的自律，对于当今道教的发展，应该说都有参考乃至警示作用，更有利于为神仙之道正名。是所愿也。”③ 熊先生虽论神仙信仰的历史意义，但对当代道教发展的关切之情

---

① 熊铁基：《人皆可以为神仙——葛洪神仙论的现代诠释》，《中国道教》2003 年第 6 期。

② 熊铁基、肖海燕：《再论葛洪的神仙思想》，《中国道教》2011 年第 2 期。

③ 熊铁基、肖海燕：《再论葛洪的神仙思想》，《中国道教》2011 年第 2 期。

溢于言表。

葛洪《抱朴子内篇·微旨》云："黄老玄圣，深识独见，开秘文于名山，受仙经于神人，蹶埃尘以遣累，凌大遐以高跻，金石不能与之齐坚，龟鹤不足与之等寿，念有志于将来，愍信者之无文，垂以方法，炳然著明。小修则小得，大为则大验。"仙道能学，贵之在心；神仙可为，勤求不远。衷心祝愿熊先生精神"快活似神仙"，身体赛过"活神仙"！

（原载《熊铁基八十华诞纪念文集》，作者单位：华中师范大学道家道教研究中心）

熊铁基先生的道教研究

刘固盛

道家道教文化是熊铁基先生长期以来致力耕耘的学术领域，他的秦汉新道家研究、老庄学研究都具有开拓性，为海内外学界推重。自熊先生2002年创建华中师范大学道家道教研究中心以来，他的学术研究重心渐渐转移到道教研究上，并发表了系列有关道教的研究论文①，在学术界引起了较大的反响。笔者曾撰写《熊铁基先生与老庄学研究》②《熊铁基先生的道家研究》③两文以述熊先生在道家文化研究上所取得的学术成就，本文则试论先生在道教研究领域的主要学术贡献。

---

① 代表性论文有：《人皆可以为神仙——葛洪神仙论的现代诠释》，《中国道教》2003年第6期；《再论葛洪的神仙思想》，《中国道教》2011年第4期；《道家·道教·道学》，《华中师范大学学报（人文社会科学版）》2005年第6期；《试论王重阳的“全真”思想》，《世界宗教研究》2008年第2期；《道教的产生及其文化意蕴》，《弘道》2012年第2期；《关于道教产生几个问题的再探讨》，《华中师范大学学报（人文社会科学版）》2012年第2期；《略论道教历史上的改革》，《学术界》2014年第5期；《东汉末张鲁“政教合一”之治新论》，《中国高校社会科学》2015年第5期；《略论道教的名与实——再论道教的产生问题》，《世界宗教研究》2015年第5期；《略论道教的“杂而多端”——道教史新思考之一》，《学术界》2016年第6期；《神仙起源考论》，《学术界》2017年第7期；《黄老道及其源于齐地初考》，《世界宗教研究》2018年第3期；《重新研讨道教起源和产生问题》，《宗教学研究》2018年第1期；《西汉时期的道教——黄老道再考》，《华中师范大学学报（人文社会科学版）》2019年第3期；等等。

② 刘固盛：《熊铁基先生与老庄学研究》，《邯郸学院学报》2008年第2期。

③ 刘固盛：《熊铁基先生的道家研究》《熊铁基先生八十华诞纪念文集》，华中师范大学出版社，2012年。

一、道教起源问题探索

道教形成于何时？这是一个十分复杂的问题，学术界比较公认的看法是，道教形成于东汉顺帝（126—144 年）时期，以张道陵于四川大邑鹤鸣山创立“五斗米道”为标志。当然，也有学者提出了不同的观点，或以为道教的起源当从黄帝开始，或以为道教应从老子开篇，或以为道教形成于周秦，还有日本学者提出到南北朝才有正规的道教。对此，熊铁基先生发表了自己的看法，认为道教形成于战国时期。

为了重新探讨道教到底在什么时候形成这一问题，熊先生借鉴了原生性宗教和创生性宗教的有关理论，指出在中国古代历史上，“道教”和“道家”“老教”等一样，是一种泛称、总称，实际的道教皆为“某某道”。“方仙道”“黄老道”都是道教，开始没有创教的教主，反映出鲜明的原生性宗教的特点。不过，在历史演变中出现的各种道派又多半具有开创之祖，宗派林立，体现出创生性宗教的某些因素。可见，道教是一种原生性宗教和创生性宗教特点共存的宗教，如果两者比较，则原生性宗教的特点更加突出和明显。就道教的原生性而言，在“鬼—神—仙”及“巫—方—道”的演变中能够清楚地得到印证。从现有的甲骨文、金文等文字学材料来看，“鬼”字甲骨、金文中都有，“神”字甲骨文中没有但金文中有，“仙”字则甲骨、金文中都没有发现。从文字发明上考证，“鬼”字的出现比“神”字早，“仙”字则出现得更晚一些。“人死为鬼”的“鬼”，原本从原始的祖先崇拜发展而来，对祖先首先是尊敬，因而祭奠，所以很早就引入古代的礼仪之中，从有文字记载可考的夏、商、周时代即是如此。人们不想死，不想为“鬼”，这就创造出了“仙”“神仙”。神仙信仰起源很早，至少可以追溯到西周时期，战国时期比较流行则是完全可以肯定的。《史记·封禅书》既有“鬼神”的记载，也有“神仙”联称。仅此两个词本身而言，都有一个形成发展的过程。“鬼”“神”连用，最后归结为对“神”的信仰，乃至排除对鬼的崇拜祭祀。“神”“仙”连用，实际上主要是讲对“仙”的追求和信仰。“鬼神”讲的是信仰内容及其演变，“神仙”则是以“仙”为主，并且将“仙”的信仰和道术神圣化。可见，从单一的鬼神信仰到神与仙的结合，神仙信仰成为道教的核心信仰，是一个形成、发展、变化的过程。与“鬼”“神”“仙”相关的另一个问题则是“巫”“方”“道”的演变，这是一个与道教产生、形成有关的最重要的问题。中外古今都有“巫”“巫师”，都讲“巫术”。人类早期由自然崇拜、祖先崇拜发展而出的鬼神崇拜、神灵崇拜，对天神、地祇、万物精灵既崇敬又害怕，于是对祖先加以怀念并祈求其保护。如何实现这种人与鬼神的沟通，这就产生了“巫”。人类有了社会组织、国家，巫就成了一种职业乃至官职。巫在社会生活、国家政治中起很大的作用，从而有很高的地位。这在“尚鬼”的殷商时代特别突出。中国殷商及其以前可以说是“巫术时代”。殷商以后巫从来没有断过，时至近代乃至今日仍然存在，但作为一个“时代”，周以后就可以说“结束”了，战国时已有方士之称，“巫师”变为了“方士”。与“鬼”“神”“仙”相对应，中国的“巫”“方”“道”也有一个比较明显的发展和演变过程。周人敬鬼神而远之，“尊礼尚施”，更注重社会政治诸问题。在政教上，神鬼逐渐淡出人们的政治视野。但是，神鬼之事不可避免，因而就有“方士”之兴起，“方士”渐渐取代“巫师”，周代后期春秋战国开始，神仙学说流行，方仙道兴起。战国秦汉时期是方士方术的时代，“道士”“道术”也同时出现。“道士之称始于汉”，至少可以说有一大部分“方士”即是“道士”。道士之术自然是“道术”，也可以说“道术”即是“方术”。总结起来，人神沟通的职能周代以后巫师被方士取代，汉代以后又被道士取代，这就是道教产生的历史脉络。“鬼—神—仙”与“巫—方—道”的关联和论述，是熊先生关于道教起源问题的新见和重要发现。“鬼—神—仙”反映的是信仰变化，“巫—方—道”则为信仰的主体，两者的关联与演变，很好地说明了道教形成的思想渊源。

熊先生不仅认为道教形成于战国，而且指出道教在战国时期产生了三个主要道派，分别是王母道、方仙道、黄老道。其中，方仙道和黄老道主要在燕齐地区流行，而王母道则流行于西北地区。

西王母信仰起源于殷商时期的西部地区，到了战国时期，逐渐传入中原，向东、向南不断扩散，更广泛更多的人崇拜西王母。王母道以西王母信仰为核心发展成为影响深远的道教派别，其信众以西王母信仰为基础，囊括了西北大部分地区。王母道作为一个独立的道教教派，从战国时代到西汉再到东汉一直在发展，并且在东汉时期发展到顶峰，较之六朝时兴起的道派也并不逊色。然而，王母道在经历了东汉的盛行之后，作为独立道派的存在感逐渐减弱，被上清派、灵宝派等魏晋时期后起之道派所吸收融合，西王母则被奉为各派“授经者”和女仙首领，成为地位崇高的女仙，可以说是无所不在，影响深远。没有王母道的盛行与传播，西王母在后世道派中的神仙地位就不会如此之高。

方仙道至少从春秋时期就有明确的记载了，到战国十分盛行，当时的方仙道已经是相当完备的道教。方仙道有信仰，就是道教的核心信仰——神仙。有方术、仪式，方术有“望气”“祀灶”“谷道”“却老”（后二者当为养生之术）等，各种各样。仪式，《史记·封禅书》中许多祭祀仪式都与方术有关。派别师传、派别如何区分等问题值得探讨，数以万计的方士，自然会有不少派别，不同的师父所传不同，自然会形成派别，而师传也是自然有的，如栾大拜少翁为师，李少君自称师从安期生，等等。有众多信徒也是显然的，能上疏献方者都以万数，信徒自然不是少数，方仙道在当时社会影响是不小的。

黄老道也是早期道教的一个派别，黄老道之名出现于东汉后期，其渊源则要追溯到战国时期。黄老道从战国到秦汉一直绵延不断，其形成与齐国关系十分密切。首先，田齐以黄帝为始祖。其次，齐国的稷下学宫与黄老道关系密切。再次，大量的与“老子相似”的黄帝书是稷下学人制造的。最后，神仙、方术的传播者大多是齐人。到了西汉，黄老道发展进入了一个鼎盛时期，主要有以下几个方面的表现：其一，黄老道与西汉国家祀典关系紧密。一方面，两者主神敬祀相同，都崇奉“太一”。而对“太一”的敬祀，也是战国至东汉黄老道的特点。另一方面，黄老道教徒参与了国家祀典，并且是主力。其二，众多的庙祠与方士。关于庙祠，《汉书·郊祀志》中有几个统计数字，均数以千、百计，这些都只是官方的，未入官方统计数字的当然更多。祠庙是宗教场所，是宗教人员活动、生活之处。当时的宗教只能是道教（包括黄老、方仙等派）。《汉书·郊祀志》记载说，汉武帝一而再再而三地重用方士。数以万计的“方士”到底是什么人？我们认为就是道教之教徒，也就是道士，至少大部分是。这些道士大多属于早期道教的黄老道派。其三，黄老道经典的出现。《汉书·艺文志》中已有了后世“道经”的内容，其中《数术略》《方技略》中最多，《方技略》的“房中”“神仙”以及《数术略》的部分内容，只是几乎全都亡佚了。可喜的是前些年发现西汉一些墓葬出土的文书中有一些导引、辟谷之类的道书，可做一些补充。淮南王刘安也主持编撰了一批道书。另一个值得特别提出的经典，就是甘忠可的《包元太平经》。最后，道教在丧葬礼俗中的普遍存在。已发掘的汉墓中出土的墓室、棺椁画像，是令人瞩目的内容。这些壁画和一些出土的画像石中，仙境和神仙是突出的主题。神仙信仰是道教的核心信仰，汉画像石反映的正是道教的这一核心信仰。这种带有普遍性的神仙信仰，说明了当时道教的存在和发展情况①。

熊先生关于战国道教三派的划分，其中的一些具体问题例如王母道、方仙道与老子的关系等或可以进一步论证，但这一观点的提出，对深化早期道教史的研究是有重要意义的。

二、道教教义阐微

道教以道家哲学为其核心教义，因此，熊先生首先对道家、道教、道学三者进行了辨析。他指出，“道”字原本并非道家之“专利”，周秦诸子“道论”之作很多，汉以后的儒者讲“道统”“原道”，也使用这个“道”字。到了宋代，从周敦颐、二程至朱熹一批被称为理学家的大儒，他们以

① 相关详细论述，另参见熊铁基先生《关于道教起源问题的思考》一文，王闯整理，见《全真道研究》（第九辑），山东大学出版社，2020 年。

儒家为主，兼容佛、道二家思想的某些内容，再一次改造儒学，被认为是继承道统之学。不过，和儒、佛二家相比，道家以“道”为主要特点，名实相符，一目了然。佛教的“道”字，主要只是名词的借用以及相近梵言的意译，没有道家道教那样的深刻含意。对于道家道教来说，这个“道”字就有根本的、全面的、深刻的意义了。道家道教离不开“道”，“道”也在道家道教思想文化中得到充分的发展，由此而形成中国所特有的“道学”。

因此，公开倡导作为道家道教文化的“道学”，应该是没有什么问题的。而且，从历史上看，称道家之学为“道学”，也是渊源有自的。熊先生进而指出，道学研究的内容应该包括：第一，关于《老子》《庄子》的研究，我们称之为“老学”“庄学”，或者“老庄学”，包括对老子、庄子其人其书的再研究，历代对《老子》《庄子》的改造和诠释，《老子》《庄子》的现代价值，等等。第二，关于黄老之学的研究。第三，其他道家诸子的研究。如《汉书·艺文志》和《隋书·经籍志》中所著录的道家诸子。第四，道教研究，包括对道教历史、道教经典、道教思想等的研究。对道教史的深入研究，不仅是回顾过去，更重要的是正确理解现在和更好地展望未来。可以看出，熊先生一方面强调了老子在道教发展史上的特殊意义，认为“整个道教、道经发展的事实，反映了老子其人（太上老君）其书（《道德经》）在道教和道经中的突出地位”。另一方面，他呼吁学术界要更加重视对道教的研究：“道教经典很多，也可以用汗牛充栋来形容，一部五千余卷的《道藏》就是一个尚未充分开发的大矿。道教思想可以从多方面展开研究，道教信仰、道教戒律的研究都将很有意义，道教醮仪和法术、符箓的研究对道教的发展也是重要的。道教文化的研究、道学研究理应包括这些内容。”总之，熊先生关于道家、道教、道学的辨析，不仅有助于深入理解道教的教义，而且有益于提高道教思想的学术品位。

葛洪是道教史上一位杰出的思想家，为道教神学理论体系的建构做出了关键性的贡献。对此，熊先生先后撰写《人皆可以为神仙——葛洪神仙论的现代诠释》《再论葛洪的神仙思想》两文进行论述。熊先生分析了葛洪神仙论的具体特点：第一，葛洪相信和肯定有长生不死之神仙。但在肯定世有神仙的同时，他也指出，成仙并非易事，“学仙之事，万未有一”，他不仅要人们相信有神仙，而且是“仙可学致”的，所以葛洪讲得更多的是如何学仙的问题。第二，对于学仙之法，葛洪把积善立功与长生、求仙紧密联系起来，认为修道、修仙关键在于立志、诚心、勤求，你要去“为之”。如果说孟子主张人皆可为尧舜，那么，葛洪则提倡“人皆可以为神仙”。这个“为”字，反映出道教“仙道贵生”的思想理念和积极的人生态度，而葛洪的学仙、修道思想，是心性和身体并重的，甚至为善积功更为重要。第三，葛洪的神仙论奠定了道教的根本性教义，即道与仙的结合。熊先生指出，道教的最高信仰是道，核心信仰是神仙。这种思想在葛洪那里已基本形成。葛洪参考总结多种仙经、道书的记述，把本体之道的基本精神与神仙的神秘特征结合在一起，既讲了道的基本特性，又描述了神仙的神采，这就把道与神仙联系起来了。熊先生认为葛洪在前人论述的基础上，对神仙之道的总结和阐述，在道教发展史上，应该是有里程碑意义的。他对于道教的最高信仰——道和核心信仰——神仙，特别是二者之间的关系，做了极有启发意义的阐述。其关于养生的思想、理论和方法，影响后世，甚至现今仍值得参考。此外，葛洪对“诸虚名道士”“凡庸道士”“杂散道士”以及“妖道”“淫祀”等进行了批判，熊先生认为这对学术界研究道教史乃至当今振兴道教都是有参考意义的，对于我们研究道教的兴衰、道教的历次整顿、复兴，对于当今真正道士的自律，对于当今道教的发展，应该说都有参考乃至警示作用，更有利于为神仙之道正名。

针对道教教义的一个突出特点，即元人马端临所言“杂而多端”，熊先生也提出了自己的新思考。“杂而多端”首先体现在道教的神灵信仰上。古老的开天辟地宇宙学说，成了道教文化思想的一个重要源头。其他天神、地神、山神、水神等等莫不如此。然而各种各样的神灵崇拜和信仰，在中国社会中除了在道教中有明显反映之外，也会长期在社会的民俗中有不同形式的存在。民间信仰和道教的信仰长期并存，两者如何区别呢？道教之所以成为道教，就在于它形成了自己的核心信仰——神仙信仰。道教神仙信仰的基本思想是：神灵是应该被敬仰的，但是人皆可以成神仙，即人可以通过修炼得道成仙。其次，道教的宗派发展，有自己不同于基督教、佛教的特点。道教宗派的分分合合、传衍和发展比较自然、和谐，不像基督教那样有派别的大分裂，有尖锐的对立和斗争，甚至宗教战争。佛教派别之间也有争正统和权威的“教相判释”。而道教宗派的发展有自己的特点，可以归纳为：共祖、共生。所谓“共祖”，即道教的各宗派，共同承认的道祖是老子——太上老君。从总的发展看，共认老子为道祖是道教之所以成为道教的主要特征之一，道教的各派别都是要认祖归宗的。凡属道教，必以老子为道祖。历史上乃至现今，还有许多民间宗教分别受佛教、道教的影响，有些在法术、科仪上多采用道教的内容，但它们不尊奉老子，没有神仙信仰，虽有时用“道”字，但不是道教，不应归入道教，这与道教内部的派别不同。所谓“共生”，主要讲道教内派别的关系。道教内部虽然派别林立，但彼此之间，和谐相处、交融互补，无论在教理教义上、科仪法术上、修仙炼养方面都是如此。从以上的论述可以看到，道教很多方面的确都有“杂而多端”的特点。但是“杂而多端”并非“杂乱无章”，各种“杂”的发展是有序可循的，在各种复杂的情况下，或有“核心”，或有“共性”，或有“主导”，或有“整合改造”，这样才使得道教成为一个有影响的正规的宗教。同时，“杂”的发展又能充分反映道教的包容性，与其他宗教相比颇有不同，这是难能可贵的，是其特点，也是优点。熊先生的这些阐述，既是为道教正名，也是对道教真精神的弘扬。

三、全真道新论

由王重阳创立的全真道，是与正一道相并立的重要道派，但如何理解“全真”的含义，全真道的最重要特点是什么，熊先生在《试论王重阳的“全真”思想》一文中予以了回答，并进行了新的阐释。熊先生认为，王重阳所谓的“全真”，主要包括全三教之真、全老庄之真和全心性之真三个方面，其核心则是回归老庄的思想，这在道教发展史上具有重要的意义。

全三教之真是指儒、释、道相通。王重阳把儒、释、道比喻为一树的三枝，熊先生则指出：第一，虽然讲儒、释、道三教，重点却是讲释、道相通。第二，虽然是“一家”“一树三枝”“一祖风”，但归根结底是“不离真道”，“真道”就是王重阳的全真之道。王重阳有他自己的创意，形成了自己的“家风”，全真“乃纯正之家风，是重阳之活计”。王重阳在“全真”二字上下功夫，教名全真，堂亦名全真。把儒、释、道看成一个整体，这是“全”；他的释道相通理论十分完备，这也是“全”；更重要的是在三教之中保全了道教、大道之真，这是更重要的“全”。把三教之理看作完整统一，都统一到玄妙之道。熊先生强调王重阳之全三教之真，实际是融合三教之理，从思想理论上振兴道教，全道教之真，有非常重要的历史意义。他认为道教符箓派在发展过程中出现一些问题，社会影响不好，受到一些批评，而王重阳尽力保全道家、道教之真，创立具有自己“家风”的全真道教，这在道教史上有重大的历史意义。

全老庄之真指王重阳为了振兴道教，创立全真道，从《老子》《庄子》书中寻求真理、真义，以老氏之学立教。王重阳对《老子》书有自己的“意”“悟”“搜通”和理解，这是难能可贵的，也正因为如此，王重阳就是王重阳，能够独创自己的家风。王重阳抓住《老子》思想的要点是“无为”和“清静”，并旁及阴阳、玄妙、有无关系等，加以重新阐述和运用。他的“全真”思想，又可以说是直接从《庄子》中来的。如“全真”二字最早应该是见于《庄子·盗跖》篇：“子之道狂狂汲汲诈巧虚伪事也，非可以全真也，奚足论哉!”保持全真性或者保持本性，就是“全真”之原意，王重阳借用过来，加以运用和发挥，显然，“全真”之名是从《庄子》中来的。再说“真”字，《老子》中有“其精甚真”的说法，但《庄子·秋水》中的说法更明确：“谨守而勿失，是谓反其真。”这更是直接启发王重阳的说法，反其真当即全其真。而王重阳真人之“真人”称号，也在《庄子·大宗师》中有明确论述。王重阳对《庄子》的体悟和发挥，另一个明显的表现，则是对“逍遥”进行了广泛的运用。

全心性之真指全真道的修炼特点。道教追求长生、成仙，如何实现?

如何使人能够长生而且成仙？这就要靠修炼或者说修行。人有形体和精神两个大方面，也就是身与心、形与神、命与性两个方面。全真道提倡性命双修，而王重阳注重的是心性之修真，他认为这既是修行的根本，也是修行的捷径。王重阳全心性之真的原则、方法是自成体系、相当详备的。其全心性之真，或者吸收了禅宗明心见性的思想，但绝对有他自己独特的内容和形式，老庄思想仍为其主导思想。熊先生还指出，王重阳也是讲真功、真行的，二者兼备才是全真。真功讲的是"澄心定意""存神固气"的性命修养，真行则"须是修仁蕴德，济贫救苦，见人患难，常行拯救之心，或化诱善人，入道修行。所行之事，先人后己，与万物无事，乃真行也"。王重阳对这样的真功、真行是赞成的。总之，王重阳倡导的心性修炼方法以及"自然清静永恬然"的精神，直到今日，无论对教内教外，亦都有可参考、借鉴之处。

熊先生对王重阳全真思想的论述，准确地抓住了全真道立教精神回归老庄这一根本性的特点，不仅有助于深入理解全真道的教义教理，而且对道教在当今新时代的发展亦有重要的启示作用。

熊先生不仅自己重视对全真道教义的阐发，而且积极推动学术界深入研究全真道。香港青松观向来重视全真道的研究，而华中师范大学道家道教研究中心以老庄学研究见称，于是，由熊先生促成，香港青松观和华中师范大学道家道教研究中心先后在华中师范大学联合主办了三届"全真道与老庄学国际学术研讨会"。三届会议的论文集都已经正式出版，每届会议论文集前都有熊先生的题辞，如第一届："把全真道与老庄学联系起来，还真是一个很好的联系，全真道的兴起以及道教发展史上的几次振兴，大都与道教的回归老庄有密切关系，而老庄学史上多位高道对老庄的研究有极其重要和特殊的意义。"第二届："全真道的兴起及其宗旨、教义与老庄学的关系非常密切，应该得到进一步的重视和认真的研究。"第三届："全真道与老庄学是个很有意义的大课题，全真道文献的收集与考释，老庄学对全真道教义教理的贡献及其现代启示等，仍然是未来若干年研究的大问题。"可以说，熊先生的这些论述，对全真道与老庄学的研究具有指导性和引领性的意义。

葛洪《抱朴子·论仙》述及道教的生命境界云："含醇守朴，无欲无忧，全真虚器，居平味澹。恢恢荡荡，与浑成等其自然；浩浩茫茫，与造化钧其符契。"这种自由快乐的人生境界，不正是熊先生的精神写照吗？衷心祝愿恩师道气长存，耆英望重，生命之树常青，学术事业不老！

（作者单位：华中师范大学道家道教研究中心）

露洗还同铸出新

——熊铁基先生的学术创新精神

刘玲娣

在许多人眼里，业师熊铁基先生身上最显著的身份是秦汉史老专家。熊老师不仅参与了秦汉史研究会1979年的筹备工作和1981年在西安召开的成立大会，也是研究会历次年会最积极的参与者。如果秦汉史学会策划一个“优秀会员”或者“积极分子”“骨干分子”评选活动，熊老师必然毫无悬念地高居光荣榜榜首，四顾天下无敌手。秦汉史研究会成立以来的近四十年里，已经累计召开了十五届年会，熊老师是秦汉史会员中唯一一位全程参与了所有年会的会员，他是“文化大革命”结束后秦汉史研究全部发展过程的真正见证者。

十年动乱对学术的破坏众所周知，熊老师也说自己“真正开始做秦汉史研究则是在‘文化大革命’之后”。学术方向的选择，既与一定的历史契机息息相关，也与学者自身的学术眼光有着极大的关系。1975年底，湖北云梦睡虎地秦墓出土大批秦简，引起学界震动。云梦秦简内容十分丰富，极大地弥补了传世文献的不足，对秦制特别是秦法律制度的研究具有划时代意义。熊老师说他之所以走上研究秦汉史的道路，就是因为读云梦秦简。在这之前，熊老师原本打算研究明清史，并曾在隋唐史领域里摸索数年。

大约从20世纪90年代开始，在进行秦汉历史政治、经济、社会、文化等诸多方面学术探索的同时，熊老师逐步开辟了一块新的学术园地——道家道教研究。2002年，经熊老师多方努力，道家道教研究中心（以下简称中心）在华中师范大学历史文化学院正式成立，熊老师出任中心主任。中心下设老庄学研究室、全真道研究室和地方道教研究室等专门研究机构。经过几年的快速发展，2009 年中心成功获批为湖北省人文社会科学重点研究基地。在近二十年的历程中，熊老师领导中心研究人员，不仅组织召开了多次重要的国际学术会议，还承担了“老子集成”“中国老学通史”等多项国家重大科研项目，策划出版了道家道教研究丛书等大量高质量学术著作。如果以 1995 年与刘韶军教授等人合著的《中国老学史》的出版为标志，熊老师在老庄学和道家道教研究领域的耕耘也有二十六年了。

在半个多世纪的学术生涯中，熊老师在秦汉制度史、秦汉文化史、汉代学术史、老庄学以及早期道教等方面均有大量学术收获。其中秦汉制度史是熊老师最早涉猎且取得了骄人成绩的领域，他在这方面的代表作有《秦汉官制史稿》(与安作璋先生合著，齐鲁书社，1984 年)、《秦汉军事制度史》(广西人民出版社，1990 年)。而秦汉思想文化和道家道教史则是熊老师用力最深、成果也最为丰硕的领域。熊老师智力超群，思维活跃，在《秦汉官制史稿》和《秦汉军事制度史》完成后，略显枯燥的制度史已不能满足其学术兴味，因此，与秦汉制度史研究几乎同时开始的秦汉思想文化史后来逐步成为熊老师学术研究的重心所在。在 2019 年的一次访谈中，熊老师表达了这样的认识：“在传统文化中有影响的、真正值得研究的是学术和思想。”[①] 这是熊老师在半个多世纪的学术研究中总结出的肺腑之言，或许可以用来解释熊老师的学术方向何以会从制度史“转移”到思想文化史上来。

截至目前，熊老师独立或合作撰写的思想文化史专著有《秦汉新道家略论稿》(上海人民出版社，1984 年)、《汉唐文化史》(湖南出版社，1992 年)、《中国老学史》(与刘韶军等合著，福建人民出版社，1995 年)、《秦汉文化志》(上海人民出版社，1998 年)、《秦汉新道家》(上海人民出版社，2001 年)、《二十世纪中国老学》(与刘固盛等合著，福建人民出版社，2002

① 叶秋菊、占勇光：《勤治史与时俱进　著文章历久弥新——访熊铁基先生》，《中国史研究动态》2019 年第 5 期。

年)、《中国庄学史》(与刘固盛、刘韶军合著，湖南人民出版社，2003年)、《道教文化十二讲》(与刘固盛等合著，安徽教育出版社，2004年)、《秦汉文化史》(东方出版社，2007年)、《熊铁基学术论著选》(华中师范大学出版社，2012年)、《汉代学术史论》(高等教育出版社，2013年)等。另外还有由熊老师担任主编，由华中师范大学李宝红、中南财经政法大学康庆两位主笔的《二十世纪中国庄学》(湖南人民出版社，2006年)，列入华中师范大学道家道教研究中心老庄学研究系列。

熊老师研究学术史、思想史，最不喜落入俗套，也极力避免拾人牙慧，这一点他自己曾多次谈到并反复强调。一些选题看起来是老题目，材料也是老材料，似乎没有什么文章可做，但熊老师却常常能发人所未发，无论切入问题的视角，还是对材料的深入解读，乃至最后的结论，往往令人耳目一新，富有启发性。比如20世纪80年代提出并逐步形成系统认识的秦汉新道家研究，近年来提出的道教的产生应当提前到战国时期等观点，均属此类。“在史学研究中，真正的新东西，真正的创新，我觉得应该有几种情况，即新材料的发现与研究，或者旧材料的新解释与新运用，新问题的提出和探讨，以及新观点和方法的运用，等等。”① 熊老师是这样说的，也是这样做的。他的学术创新，在上述几方面均有表现，例如新材料的发现与研究，收入《熊铁基学术论著选》(入选华中师范大学桂岳书系，华中师范大学出版社，2012年)的《秦代赋税徭役制度初探》《秦代的邮传制度——读云梦秦简札记》《释〈南郡守腾文书〉——读云梦秦简札记》《啬夫考——读云梦秦简札记》等代表性论文，都是1975年云梦睡虎地秦简出土后，熊老师及时研读这批最新出土文献的直接成果。但是熊老师的学术创新，笔者以为表现最突出的还是在旧材料的新解释与新运用上。

熊老师论汉代学术的特点、周秦诸子、秦汉新道家、道教神仙思想以及道教起源等老问题，使用的材料大多数属于严耕望先生所说的“普通史

① 叶秋菊、占勇光：《勤治史与时俱进　著文章历久弥新——访熊铁基先生》，《中国史研究动态》2019年第5期。

料”。“普通史料”相当于熊老师说的“旧材料”，是相对于“新史料”而言的。在著名的《治史三书》中，严耕望先生多次强调治史者要“看人人所能看到的书，说人人所未说过的话”①。所谓“人人所能看到的书”，是“普通史料”“旧史料”或者“传统史料”的另一种说法，比如历代正史和各类政书，均属“人人所能看到的书”（当然在 21 世纪这样一个网络时代，“新史料”出现后，“人人能看到”的可能性大大增加了）。在“新史料”与“普通史料”之间，严耕望先生更强调“普通史料”的核心地位，更看重学者理解和把握传统史料的基本能力，“新的稀有难得的史料当然极可贵，但基本功夫仍在精研普通史料”。那么为何要强调这一点？除了对当时学界部分人将新资料“占为己有”的“自私恶劣”现象表达不满外，严耕望先生还认为，如果一个学者“能有机会运用新的史料，自然能得出新的结论，创造新的成绩，这是人人所能做得到的，不是本事、不算高明”，而“真正高明的研究者，是要能从人人能看得到、人人已阅读过的旧的普通史料中研究出新的成果，这就不是人人所能做得到了”②。他推重的“前辈史学四大家”吕思勉、陈垣、陈寅恪、钱穆，无不是运用“普通史料”的高手，他们或专深，或博赡，均在各自的研究领域取得了巨大的学术成就。严耕望先生关于新旧史料的使用与学者个人是否“高明”的论说，其实也是他个人治史取经“从一般普通史料入手”“真正基础仍然建筑在正史上”③ 的经验总结。他的名作《两汉太守刺史表》《唐仆尚丞郎表》《唐代交通图考》等都是从“普通史料”中研究出的“新的成果”。

但是重视“普通史料”并不表明“新史料”就不重要，陈寅恪先生在《陈垣敦煌劫余录序》中有关“新史料”的史学价值的论说多为学界称引：“一时代之学术，必有其新材料与新问题。取用此材料，以研究问题，则为此时代学术之新潮流。治学之士，得预于此潮流者，谓之预流（借用佛教

---

① 严耕望：《治史三书》，辽宁教育出版社，1998 年，第 23 页。
② 严耕望：《治史三书》，辽宁教育出版社，1998 年，第 23 页。
③ 严耕望：《治史三书》，辽宁教育出版社，1998 年，第 23 页。

初果之名)。其未得预者，谓之未入流。”然而陈寅恪先生本人的主要学术成就均以传统史料为依托，这也是人尽皆知的事实。这说明一个学人选择什么样的治史路径，不必千篇一律。“新史料”和传统史料能够充分结合，合理利用，自然最好。但假如某些关键问题的持续研究缺乏足够的“新史料”可资利用，那么传统史料的再研究和再利用，就更能检验一个史学研究者的功底。

20世纪以来，汉晋简帛不断问世，熊老师也十分关注出土文献，他提出汉代对先秦典籍进行了全面改造的观点，这一认识的形成，就与他对马王堆汉墓帛书、郭店楚简、上博简、清华简等战国秦汉出土简帛文献的研读有关。但是熊老师治秦汉史、思想文化史，最注重的还是精读普通史料的基本功夫，这是对前辈学人朴素、务实学风的自觉继承。在对传统史料的重新解读上，或者用严耕望先生的话讲，从“普通史料中研究出新的成果”，熊老师堪称高明。这一点，的确“不是人人所能做得到”的。

熊老师有关秦汉新道家的研究，就是高明的最好例证。他说：“2002年，我完成《中国庄学史》后，就开始思考‘秦汉学术史’的问题。学术史是秦汉史领域的一个老问题，我在写作的时候，一直考虑如何将这个老问题写出新见解。起初的想法是接续顾颉刚先生的《汉代学术史略》(后名《秦汉的方士与儒生》)，写顾先生未写到的内容。后来在写作过程中，得知学界也有相似著作，所以一直考虑如何与已有的学术史有所不同。对于一些老问题，我努力从新的角度进行解释。”① 先秦诸子的学派问题就是战国秦汉学术史中的众多“老问题”之一，熊老师对这个问题的思考远在2002年之前。笔者以为，秦汉新道家的系统思考是熊老师处理这类“老问题”时最具创新精神的表现。

20世纪70年代末，熊老师在研究秦汉子书《吕氏春秋》和《淮南子》的过程中，对班固《汉书·艺文志》著录的“诸子略”中的诸子特别道家

---

① 叶秋菊、占勇光：《勤治史与时俱进　著文章历久弥新——访熊铁基先生》，《中国史研究动态》2019年第5期。

的思想及其发展脉络产生了一些新认识。1981 年，他将思考所得撰写成文，以《从〈吕氏春秋〉到〈淮南子〉——论秦汉新道家》为题，发表在《文史哲》上，正式标举“秦汉新道家”概念。这篇文章对熊老师未来的学术取向产生了重大影响，用他自己的话说，文章发表后，他“从此由政治史、经济史的研究转向思想文化史的研究”①。这篇文章和《重评〈吕氏春秋〉》（《江汉论坛》1979 年第 4 期）都收入了《熊铁基学术论著选》（所有文章都由熊老师自选）。

20 世纪 90 年代之前，熊老师用力最深的其实是秦汉制度史，1984 年和 1990 年先后出版了《秦汉官制史稿》（与安作璋先生合著）和《秦汉军事制度史》。熊老师说他“研究思想史从《吕氏春秋》开始，与制度史的研究（从官制史开始）差不多同时进行，都是在 20 世纪 80 年代初”②。既然是“同时”，那么前面说到的“转向”，大概指的是他在探究秦汉制度史的同时，逐渐将主要兴趣“转移”到秦汉思想文化史上。作为政治制度史的《秦汉官制史稿》和作为思想文化史的《秦汉新道家略论稿》都在 1984 年问世，就是最好的说明。在 2019 年的访谈中，熊老师也以秦汉新道家的研究为例，用“发展”解释了“转移”：“所以我的兴趣不是在转移，而是不断在发展，是随着我学习和研究过程中遇到的问题而产生的。比如对‘秦汉新道家’的研究，别人都认为《吕氏春秋》《淮南子》是杂家，但我读后发现他们的思想体系是一样的，所以提出‘秦汉新道家’的观点。这不是兴趣转移，而是随着研究的深入而提出的问题。”③

学界对熊老师《秦汉新道家》的创新性早已给予了充分肯定，如臧知非先生评价说，《秦汉新道家》“从学理上对秦汉时期新道家代表人物和著作的属性深入探讨并补充前者不足的同时，注重从‘变’的角度，对新道

---

① 熊铁基：《熊铁基学术论著选·自序》，华中师范大学出版社，2012 年，第 4 页。

② 叶秋菊、占勇光：《勤治史与时俱进　著文章历久弥新——访熊铁基先生》，《中国史研究动态》2019 年第 5 期。

③ 叶秋菊、占勇光：《勤治史与时俱进　著文章历久弥新——访熊铁基先生》，《中国史研究动态》2019 年第 5 期。

家演变的历史进程及其原因、特点进行分析，从而构成了一个完整的学术体系。这在近20年的秦汉思想史研究中是有着鲜明的个性特点和学术创新特色的"①。秦汉新道家作为一个新提法，有两点最值得注意。首先，它是一个现代词汇，被用来总括秦汉之际的主要社会思潮。在历史典籍中，只有"道家""黄老""黄老术""黄老之学""黄帝老子之学"等说法。提出"秦汉新道家"这个概念，其目标并非取代"黄老道家""黄老之学"等已有概念，而是深化对它们的认识。事实上，学术界至今仍然在普遍使用这两个旧有概念，与使用秦汉新道家的提法并行不悖。其次，《汉书·艺文志》归类为"杂家"的著作《吕氏春秋》和《淮南子》，被熊老师视为反映秦汉新道家思想的代表作。总的来说，秦汉新道家是对《汉志》"杂家"陈说的推翻，也是对战国秦汉时期"道家"作为一个学派的系统性建构。笔者认为，正是在这两点上，熊老师的秦汉学术史研究体现了鲜明的创新意识。

《秦汉新道家》集中体现了熊老师对战国秦汉以学术流派为核心内容的学术史的深入认识。众所周知，《汉志》对诸子的论说，在中国历史上具有深远的影响。《汉志》的说法被作为定论，不仅诸子皆出于王官说被普遍接受，九流十家的类别划分也多为后人论学所继承。司马谈论先秦思想学术止于六家，班固以刘向、刘歆父子的《别录》《七略》为基础，在六家之外，增加了纵横、杂、农、小说几家，称为"九流十家"，其中最特别的是"杂家"。"杂家"这一说法，最早见于《汉志》。根据班固的概述，"杂家"最显著的特点似乎是"杂"："杂家者流，盖出于议官。兼儒、墨，合名、法，知国体之有此，见王治之无不贯，此其所长也。及荡者为之，则漫羡而无所归心。"可见列入"杂家"的书籍，之所以被认为"杂"，是由于它"兼""合"儒、墨、名、法等多种思想，不专主一家。《汉志》共著录"杂家"类书籍二十家，四百零三篇，其中最后两种书叫《推杂书》和《杂家

---

① 臧知非：《道家·黄老·秦汉政治实践与学术发展——重读熊铁基先生〈秦汉新道家〉》，《史学月刊》2004年第7期。

言》，书名中即有“杂”字，“杂家”之“杂”可想而知。

《汉志》以分类为手段，达到图书著录的目的，其直接目的并非学术流派的分类。班固在《汉志》结尾处说：“大凡书，六略三十八种，五百九十六家，万三千二百六十九卷。”明确指出“种”“家”“卷”都是“书”的分类。但是《汉志》是否存在图书分类与学派划分的重叠呢？对此，熊老师是持肯定态度的，他结合司马谈《论六家之要旨》，认为“学派的划分是客观存在的，是汉人对先秦诸子客观情况的总结和分析。这种学派的划分客观上有利于学术发展史的研究”。他还强调研究者应该注意的一个“显然的问题是，汉代以后直至今日，我们仍沿用儒家、道家之类的划分法，就因为客观上始终存在一个学术思想的分歧问题”[①]。笔者以为，强调这一点很有必要。大概由于过去过分夸大了儒道、儒墨等不同思想之间的分歧，过分强调诸子之间的门户壁垒，在出土文献的刺激下，有学者为了纠正错误，曲解胡适先生对诸子的论述，提出先秦无学派的观点，甚至认为思想研究应该抛弃学派思维。熊老师从历史事实和历史研究两个方面肯定学派存在的客观性以及学派研究的价值，其学术意义应该充分肯定。《汉代学术的历史地位》《汉代对先秦典籍的全面改造》等文章是概述性的高屋建瓴的大文章，熊老师在这些文章中都强调了学派问题。或许他提出的某些具体观点并非人人都赞同，但是一些关于学派研究的整体性认识都是多年思考的总结，深具启发性。比如强调在动态中把握“学派”问题，不能胶柱鼓瑟，“事实上不可能有一个一成不变的孔子、老子，也决没有一个一成不变的儒家、道家”[②]。这样的认识，应该是熊老师多年研究“秦汉新道家”的心得。

就图书分类来说，《汉志》的分类原则并不是一以贯之的，比如“兵家”也名之为“家”，与儒家、道家、墨家、法家之“家”用法一样，且班固认为“兵家”与九流十家同出于王官（“盖出古司马之职，王官之武备也”）。但是在《汉志》中，“兵家”并未列入“诸子略”，而是著录在“兵

① 熊铁基：《再论“秦汉新道家”》，《哲学研究》2007年第1期。
② 熊铁基：《再论“秦汉新道家”》，《哲学研究》2007年第1期。

书略”中，“兵书略”下面再细分为兵权谋、兵形势、兵阴阳和兵技巧四种。那么《汉志》为何不将与九流十家同出于王官的“兵家”也列入诸子呢？《汉书》对此并无解释。或许是因为如李零先生所说，兵书略、数术略、方技略所涵盖的书籍，皆属于古代的“实用书籍”[①]，记载的是实用技术，相当于我们今天说的职业技术类书籍。而“古代的实用知识是学科而不是学派”，“它们不像诸子之书可以追溯其‘家法’于某个实在的人物”[②]。也就是说，《汉志》虽然没有交代具体的划分标准，但实际分类可能蕴含着一定的原则。另外，诸子“皆起于王道既微，诸侯力政，时君世主，好恶殊方”，“各引一端，崇其所善，以此驰说，取合诸侯”，偏重思想论说，与实用技术类存在明显的区别。以“兵家”为例，《汉志》著录的兵书种类和篇卷数量远超“诸子”之书的总和，说明兵书历代积累十分可观。无论是书籍的内涵和性质，还是种类和数量，兵家入“诸子”都显得不甚融洽。但是话说回来，既然都出于王官，也都是有助于王道，“兵家”入“诸子”，也未尝不可。熊老师甚至认为，《汉志》除了《诸子略》的九流十家属于“诸子”，《兵书略》《数术略》《方技略》的书籍，均可算作“诸子”[③]。

熊老师也认识到《汉志》分类不尽合理，并且敏锐地注意到《汉志》中呈现的“杂家”与司马谈《论六家要旨》中提到的“道家”在内涵和特点上都十分接近。仔细辨别后，他认为司马谈“没有看到道家的发展变化”，只是笼统地谈道家，没有对老庄道家与秦汉时期的道家做出区分，而“班固（也许本于刘向）……发现了比较重大的不同，才列出了一个杂家”。由此他进一步认为，《汉志》诸子略中的“道家”是“老、庄那样的‘道家’”，不是“司马谈所说的‘道家’”。由于“老、庄那样的‘道家’”和司马谈所说的“道家”存在明显的不同，班固（或刘向）就将“司马谈所说的道家”放进了“杂家”这个“不伦不类”的分类之中。用熊老师的话

---

① 李零：《中国方术考》（修订本），东方出版社，2001年，第28页。

② 李零：《中国方术考》（修订本），东方出版社，2001年，第28页。

③ 熊铁基：《熊铁基学术论著选》，华中师范大学出版社，2012年，第462页。

说，班固“把司马谈所说的‘道家’放在杂家类，以区别于老、庄那样的道家”[①]。班固是否有这样的主观意识无法证实，但这一说法符合合理推测的原则。换言之，《汉志》中的“杂家”即便不完全等同于司马谈所说的“道家”，也应该包含了这个“道家”。那么“司马谈所说的‘道家’”就只能是“老、庄那样的‘道家’”发展到秦汉时期的新形式。为了凸显“司马谈所说‘道家’”的发展性，熊老师郑重地给了它另外一个名称——秦汉新道家。

《汉志》著录的“杂家”类二十家，幸存下来的只有《吕氏春秋》和《淮南子》，“道家”类则有《老子》《庄子》和有伪书之嫌的《鹖冠子》。熊老师充分论证《吕氏春秋》和《淮南子》既充分吸收了诸子之长，又条理分明，杂而不杂，其思想以道家为归宗。两书不再背负“漫羡而无所归心”的“杂家”之名，而是以老庄道家在后世的发展形态即秦汉新道家的新面貌出现。可见，新道家之“新”，必须置于和先秦老庄道家的对比中去理解，只有这样，秦汉新道家的意义才能彰显——“新”字起着连接道家历史脉络的作用。

发表于1979年的《重评〈吕氏春秋〉》主要观点是《吕氏春秋》不是杂凑，也不是折中主义，“而是一个正在形成的新的思想体系”。这个体系是什么，在这篇文章中还不够明确。发表于1981年《从〈吕氏春秋〉到〈淮南子〉——论秦汉新道家》则全面论证了两书实际上并“不杂”，或者说“杂家不杂”。这篇文章明确了前文中所说的“一个正在形成的新的思想体系”就是秦汉新道家。

当时正值十年浩劫结束后不久，这两篇文章的观点令读者耳目一新，很快就引起了秦汉史学界和哲学界不少学者的关注和讨论。三年之后的1984年，熊老师将后续撰写的一些相关论文结集为《秦汉新道家略论稿》，由上海人民出版社出版。《秦汉新道家略论稿》篇幅不长，和七年以后出版的修订版《秦汉新道家》相比，篇幅要小很多。熊老师也没有为《秦汉新

① 熊铁基：《熊铁基学术论著选》，华中师范大学出版社，2012年，第640页。

道家略论稿》自撰前言，仅有千余字的后记略做交代。这一缺憾在修订版《秦汉新道家》中得以弥补，《秦汉新道家》的前言不仅详细交代了熊先生思考秦汉新道家问题的缘起、过程以及他与哲学界、思想界和道教界的因缘，也详细阐述了《秦汉新道家》与《秦汉新道家略论稿》的区别以及他对由新道家研究引发的相关问题的进一步思考。《秦汉新道家》从历史和思想两个大的角度对秦汉新道家进行了全面、系统、深入的论述。作为《秦汉新道家略论稿》的增订本，《秦汉新道家》篇幅几乎是旧版的两倍，熊老师也认为《秦汉新道家》在"角度和深度方面都有较大的进展"，将其视为自己研究秦汉道家二十年的总结性论述。

在过去近四十年间，秦汉新道家的提法在学术界引起了一些有意义的讨论。肯定者有之，质疑者有之。王子今先生评论："《秦汉新道家》是一部全面总结道家在秦汉时期发展成熟并且实现新的时代变化之思想史过程的深层次的专著。"[①] 臧知非先生则从学术观点和方法论两方面充分肯定《秦汉新道家》的创新性："就学术观点来说，注意到道家学派在秦汉时代演变和作用的不始于熊铁基先生，但从新的视角，用'新道家'之名代替传统的黄老观念，系统说明秦汉道家与先秦道家的区别与联系，揭示道家之学在秦汉社会发展中的作用，据笔者所见，熊铁基先生则是第一人。……从方法论的层面看，作者是在全面把握秦汉社会变迁及其与思想文化的关系的基础之上，从思想与政治实践互动的角度探讨思想变迁的深层动因的。"[②]

质疑者要么质疑某一具体观点，比如熊老师认为诸葛亮是"秦汉新道家的殿军"，有人不同意，认为不符合事实；要么从整体上质疑秦汉新道家作为一个学派成立的真实性和合理性，认为没有必要或存在误解。就具体观点而言，的确存在言人人殊的情况，这是学术研究中的正常现象。熊老

① 王子今：《熊铁基著〈秦汉新道家〉述评》，《中国史研究动态》2004 年第 5 期。

② 臧知非：《道家·黄老·秦汉政治实践与学术发展——重读熊铁基先生〈秦汉新道家〉》，《史学月刊》2004 年第 7 期。

师遵循学派发展具有历史线索性、系统性和继承性等普遍性规律，努力挖掘和呈现秦汉新道家作为一个学派的线索。在这样的学术努力中，首先涉及的一个问题是古代学术思想有没有派别之分，这一点前面已经论及，熊老师是充分肯定的。其次则涉及如何界定某一学派的问题。后一问题以前一问题为前提，但后者显然更重要，也是思想史上众所周知的理论性难题。正因为有难度，熊老师对这个问题的梳理和论证引起的争议也最多。熊老师认为历史上有些人物的学术派别意识比较强，如儒、墨二家，司马谈论六家，六家是"对学术派别客观存在的一种总结"。在学派思维的逻辑下，熊老师继续提出问题："但是，是否也有些人物'学术派别意识'不很强，或者比较微弱，甚至几乎不易察觉的情形?"在承认"具体情况也很复杂"的情况下，熊老师竭尽史料之可能，在周秦汉魏历史中勾勒出了一个"黄老新道家"的脉络，过去一些不曾予以明确的学派归类，或者被认为是儒家或儒道兼具的人物及其作品被明确置于这一脉络中，这一做法必然引起争议。的确，"对这样的情形，如果我们一定要贴上某一'派别'的标签，就有可能会偏离历史真实"①。不过即便如此，《秦汉新道家》的学术创新性仍然是毋庸置疑的。

在这些质疑中，秦汉新道家这一提法的必要性显得至关重要。熊老师也承认，司马迁父子生活在汉初，当时"黄老"备受统治阶级推崇，考之于窦太后等人所好"黄老"，实际上就是司马谈《论六家之要旨》中说的"道家"（"道德家"），"'黄老之言'就是道家言"。那么，既然司马谈所说的"道家"本质上就是"黄老之学"，又有何必要提出秦汉新道家这一概念呢?

笔者以为，秦汉新道家的提法，并不是有意标新立异。秦汉新道家看起来似乎只是"黄老之学"的另一个名称而已，但如果我们深入阅读熊老师的相关论述就会发现，以秦汉新道家这样一个"新"名称指称，学术目的在于揭示道家思想的动态"发展"过程，弥补过去学术界对道家思想缺

① 王子今：《熊铁基著〈秦汉新道家〉述评》，《中国史研究动态》2004 年第 5 期。

乏系统认识的不足。只有把握这一学术创新精神，我们才能更好地理解秦汉新道家。熊老师在他的论著中和针对学界质疑的回应中多次阐述过这个问题。比如他说："为了对历史上并非一成不变的儒家、道家作更具体的分析，为了说明不同时期的儒家、道家，给予一定的界定应该也是可以的。这就是我提出'秦汉新道家'的主要原因……用一个'新'字来区分，也就是表明发展变化。"①

的确，学术界并非所有人都认同熊老师的新见，有一些争议是细节性的，也有一些是整体性的，但这无损于熊老师作为一位真正学者所体现的创新精神和开拓意识。学术争鸣本来就是学界常态，只有不断地进行思想交锋才能真正推动学术的进步。诚如臧知非先生所说："无论学术界对'秦汉新道家'之说及其具体问题的分析存在什么样的分歧，作者的思考和探索精神，《秦汉新道家》对深化这一课题研究的意义是不可忽视的。"②

以上是笔者以秦汉新道家为例，说明熊老师治学富有怀疑和创新精神。这种精神是我们每一位学人应该具备的宝贵品格，熊老师为我们树立了榜样。宋人邵清甫曾以"也无棱郭也无神，露洗还同铸出新"的诗句，赞叹普普通通的金钱花一经露水洗刷，就会焕发出崭新的面貌。熊老师善于利用"普通史料"研究"老问题"，往往使那些看起来毫无生机的题目获得蓬勃的生命力，这与"露洗还同铸出新"何其相似。

黄老学研究的科学研究始于20世纪70年代马王堆帛书的出土，至今仍是海内外学术研究的热点之一，《老子》乙本卷前古佚书的发现是其重要推动力。熊老师的秦汉新道家研究，在某种程度上回应了这一学术热点，也在一定程度上推动了黄老学、黄老道家研究的深入。近年来，随着更多战国秦汉简牍文献问世，更加细致的黄老学文本和思想研究正在持续展开。期待熊老师在这方面能有更多创新性成果问世。

---

① 熊铁基：《再论秦汉新道家》，《哲学研究》2007年第1期。

② 臧知非：《道家·黄老·秦汉政治实践与学术发展——重读熊铁基先生〈秦汉新道家〉》，《史学月刊》2004年第7期。

孔子曾说他自己是“其为人也，发愤忘食，乐以忘忧，不知老之将至”。熊老师岂止不知老之将至，在学术追求上可谓老而弥坚、老而弥笃。他不服老，说“80 岁以前，我从没有顾虑过‘老’和是否继续工作这一类的问题”[①]。即便是 80 岁以后，熊老师也从未间断过学术研究，几乎每年都有数篇学术文章发表。特别是近两年来他对道教起源问题的思考，再次体现了熊老师善于利用“普通史料”，在“老问题”上推陈出新、别开生面的学术创新精神。衷心希望熊老师生命之树常青，学术生命常新！

（作者单位：华南农业大学人文学院历史系）

① 叶秋菊、占勇光：《勤治史与时俱进　著文章历久弥新——访熊铁基先生》，《中国史研究动态》2019 年第 5 期。

桂子山上的写意人生

——记熊铁基先生

李云华

华中师范大学坐落于武汉市洪山区南湖之滨，其地势起伏，桂花满园，因校园内栽种着2万余株桂花树，又名“桂子山”。桂子山上的大树，大多有三十年以上树龄。然而，谁曾想到，这里还有一位“居龄”长达六十四年的老人，他就是当代著名历史学家、秦汉史学的集大成者、中国老庄学研究的奠基人——熊铁基先生。

熊先生于1933年出生，湖南常德人。新中国成立不久，上大学还是件凤毛麟角的稀罕事，而当时的熊先生却立志要学习考古学。几经周折，这个矢志不渝的倔强少年，终于在1952年考入了华中大学师范学院（今日的华中师范大学前身）历史系。那一年，他19岁。从此以后，熊先生便和华中师大结下了一辈子的不解之缘，将毕生的智慧和血汗奉献于这片桂香浸润的土地上。

如今，这位年逾八旬的老人，作为华中师大历史文化学院享受国务院政府特殊津贴的教授、博士生导师，仍然坚持在教学工作第一线上，带学生、写文章、著书立说、演讲授课、出席学术会议……在他的世界里，岁月似乎不曾留痕，年龄似乎没有域限，有的只是对中国古代史和道家道教思想研究的学术积淀和历史责任。

一、秦汉思想文化史的研究

中国古代思想文化史，特别是秦汉史，是熊铁基先生的主攻领域。从事教学和研究的六十多年里，熊先生硕果累累，引领着秦汉史学的研究方向，占据着秦汉史学研究领域的制高点。他主要著有《秦汉官制史稿》（合著）、《秦汉军事制度史》、《秦汉文化史》、《汉唐文化史》等；主编《传统文化与中国社会》《中国将相辞典》《中国历史五千年》《中国帝王百传》《宰相百传》等，在《哲学研究》《中国史学研究》《光明日报》《中国哲学史》《文史哲》等报刊发表论文百余篇。

熊先生用了近二十年的时间研究秦汉新道家，他精益求精的治学态度，在史学界传为佳话。1984 年，熊先生的著作《秦汉新道家略论稿》由上海人民出版社出版，这是熊先生的第一本著作，引发了学术界对秦汉道家思想的极大兴趣和热情。但熊先生自己认为，这本书还没有把一些问题弄清楚，所以，在此后的很长时间里，他仍致力于这方面的研究，大幅度地修改文稿，不断吸收新的史料和观点。终于在 2001 年，上海人民出版社出版了《秦汉新道家》。新书和《秦汉新道家略论稿》相比，篇目增加一倍，字数增加两倍。如果单看每一篇章，大多不是什么新题目，但是，在论述的广度和深度上，都有了较大进展。熊先生指出，其每一章的写作和修改，都经过深入的思考，他进一步查阅原始史料，借鉴和考量其他学者的论著，使这本书能从“历史”和“思想”纵横两个方面，进行全面的论述，力求达到历史和逻辑的统一。一个方向、一个题目、一本书，历时近二十年孜孜以求，无有疲厌，直到自己满意为止，这就是熊先生的治学态度。

二、对道家道教思想文化发展的理论与实践探索

从 20 世纪 90 年代开始，熊先生开始关注道家和道教文化，从秦汉史转向老学拓展。熊先生组织他所在的历史文化学院完成了《中国老学史》《中国庄学史》两部历史巨著，确定了老学的历史地位，开庄学研究之先河。

对于《中国老学史》，学术界评价“它是中国哲学史及道家道教哲学诸科师生都应阅读的一个范本”，“是我国研究老学发展的第一部系统专门之作，在道家老学领域的开拓及奠定老学研究的基本方法与范式方面，都有

重要贡献”。但熊先生自己评价这本书时却十分谦虚，他说：“我只是为老学研究抛了一块引玉之砖，尽了一份责任。”作为老学史的续篇，熊先生又带领团队完成了《二十世纪中国老学》一书，对近百年老学发展的历程，分不同阶段和专题进行了系统总结。

2000年，熊先生带领他的团队开始专注于庄学的研究，2003年《中国庄学史》作为国家社科基金项目成果得以出版，被学术界认为“对我们把握中国经典的诠释特性，极有价值”，“为中国哲学及道家文化的研究开拓了新的天地，打下了良好的基础”。从《中国老学史》的问世，到《中国庄学史》的完成，熊先生奠定了老庄学研究这一新的学术领域在道家文化研究中的重要地位。

进入21世纪，如何培养一批怀着虔诚信道之心、能为道教的发展尽责尽力的道教界人士和学者，是近年来熊先生苦思冥想的心头隐忧。

得益于扎实的道家思想文化研究功底，熊先生开始着力于道教文化实践。在他的全力推动下，2002年10月，华中师范大学道家道教研究中心成立，中心拥有专、兼职研究人员数十人，其中不乏博士、教授，是一支科研实力雄厚的专业研究队伍。2009年，中心获批为湖北省人文社会科学重点研究基地，熊先生为名誉主任。

除了开展道家道教学术研究之外，熊先生还通过举办培训班，开展讲座、电视教学等途径，积极培养道教人才，引导学术界与道教界开展广泛的交流与合作。如与江苏省茅山道院共同主办出版“道家道教文化研究书系”；与湖北省道教协会联合编撰了《湖北道教》，并组织举办了“湖北省首届道教文化高级研究班”。从2008年开始，与香港青松观联合举办“全真道与老庄学国际学术研讨会”，如今已成功办了三届，在学术界和社会上产生了广泛的影响。用熊先生的话说：“设立华中师范大学道家道教研究中心，目标是建设一个在国内外有较大影响的道家道教文化研究基地和人才培养基地。……如今道教的发展不尽如人意，我很想为道教的发展尽一点绵薄之力。”

三、新编《老子集成》的贡献

道教创建之后，奉老子为道祖，《老子》一书被称为《道德经》。以后众多道经的出现，大都与之相关。道教学者，尤其是历代高道对《老子》的阐释也就形成了一部“道教老学”的发展史。熊先生认为，不同时代有不同的“老子”，每一个注释研究者也有其各自所理解的“老子”。20世纪六七十年代，台湾严灵峰曾有《无求备斋老子集成初编》和《无求备斋老子集成续编》出版，搜集了流传于世的不少关于《老子》的著作。但此书由于印数不多，流传也不广，不能满足日益发展的研究的需要，不少学者一直想重新做好这一基础工作。

2007年，中华宗教文化交流协会和中国道教协会举办了“国际道德经论坛”。陈鼓应、牟钟鉴教授向时任中华宗教文化交流协会副会长兼秘书长的齐晓飞先生提出新编《老子集成》的建议，希望中华宗教文化交流协会主持这一重要工程。建议一经提出，呼声四溢，但是应者无人，毕竟这样一个世纪工程不是什么人都敢尝试的。经过审慎思考，熊先生接过了这一重任，由华中师范大学道家道教研究中心和宗教文化出版社承担。前后历时五个年头，数十位学者夜以继日地工作，2011年，熊先生担任主编的新编《老子集成》终于问世了。新编《老子集成》共15卷，1100万字，收录了《老子》战国楚简本、马王堆帛书本、傅奕校定古本、敦煌本、道藏本等重要版本，以及保留至今的自战国至1949年中国学者关于《老子》的各种注疏文献共计265种，其中有80余种是严灵峰所编《无求备斋老子集成初编》及《无求备斋老子集成续编》中没有的，包括50余种难得一见的孤本或善本，堪称老学文献之集大成。有多个本子由于版本特别珍贵，所在图书馆不准复印拍照，是专门派人抄录出来加以整理的。

国家宗教局局长王作安在首发式上对新编《老子集成》的学术水平和文化意义给予了高度评价。他说，新编《老子集成》，可谓“盛世修典”，是一笔巨大的精神财富，对道教和整个中华文化来说，都有着重要的意义，是老学发展的里程碑式标志，是中国道教文化扩大影响、持续发展的重要助推，也是中华文化走出国门、走向世界、推动文化交流的重要介质。

四、至真至善的人生境界

回想六十多年的治学经历，熊先生由衷地说："我觉得要做好学问，首先要学会做人。"要"适乎社会潮流、合乎人群需要"，这是熊先生做人的原则。在日常生活中，无论男女老少，他都能和大家"玩"在一起，广受尊重和喜爱。几十年来，他的热心快肠、助人为乐尽人皆知。在他的培养和带领下，华中师大历史文化学院一大批在学术界享有盛誉的年轻学者成长起来，成为不同岗位的骨干和中坚力量。

说到做人和治学，熊先生特别推崇"道德文章"的说法。他认为，做人，特别是做一个文人，要把两者统一起来。说得具体一点，一个人对自己思想品德的要求，和他的学术成果的质量是有关系的，很难设想一个名利思想极重而又不思改正的人，会严肃认真地对待学问，会有高度的责任感去写文章和著作。熊先生常常教导学生："粗制滥造的做法往往和急功近利联系在一起。"他认为，做学问也要讲"实"，一个是功夫问题——扎实，一个是态度问题——老实。

对于学术和政治的关系，熊先生从不避讳。他认为，无古不成今。研究历史要为现实服务，是不应该也无法回避的问题。自古以来，学习和研究历史，都是为现实服务的，司马迁写《史记》，"究天人之际，通古今之变"，说得就很明白。直到今天，我们讲不忘历史，讲传统文化，都是为了现实，也是为了将来。正因为此，在社会的发展、文化的传承上，史学始终有它特殊的地位和作用。

2015年，《人民日报》发表了熊先生的《研究合为现实而行》的文章，再次明确阐述了他的"学术研究要为现实服务"的主张。熊先生说，"任何历史学的研究，都需要表明自己的政治倾向，关键是要站在人民群众的立场上"，"随着时代的发展，为现实服务中必将产生更多的研究成果，更好的上乘之作”。常有人问熊先生，几十年来最满意的著作是什么，熊先生总是谦虚地说：“已发表的著作或论文，过一段时间看，总会发现一些遗憾或不足。像球王贝利的下一个球最好一样，我的下一本、下一篇才最好。”

熊先生的学术之真、生活之真，令人叹服。如今，八十多岁高龄的他，仍坚持每天打乒乓球，和年轻的学生们攀谈交流、微信聊天。

“清风一日来天阙，世上龙涎不敢香”，闻名遐迩的桂子山，成长起了一株又一株枝繁叶茂的桂花树，也培养着一代又一代奔赴祖国四方的栋梁之材。有多少像熊先生一样的园丁，深深地扎根在这里，无论春夏秋冬、斗转星移，不变的是一生的守候。

（原载《中国宗教》2016年第8期，作者单位：国家宗教局）

秦汉思想史研究的新成果
——评熊铁基著《秦汉新道家略论稿》

赵吉惠

华中师范学院历史系副教授熊铁基，治秦汉史及秦汉思想史有年，所著《秦汉新道家略论稿》一书，是我国近年研究秦汉思想史的新成果。

秦汉乃我国古代具有承前启后之功的重要历史转折时期，它在经济、政治、思想、文化等方面，都为中华民族创造了光辉灿烂的业绩。这一时期所提供的历史经验，深深地影响着中国社会的发展和演变。因而，整理、研究这一历史阶段的思想文化就不能不有其特殊的意义。侯外庐主编的《中国思想通史》、任继愈主编的《中国哲学史》，以及萧萐父、李锦全主编的《中国哲学史》等书都设专章叙述这一时期的思想文化。日本东京大学治中国思想史学者金谷治教授也著有《秦汉思想史研究》一书。熊铁基将近年论著的有关秦汉思想文化的十余篇论文合为一体，汇成专著问世。其立论有据，自成一说，见解新颖，引起了颇多同行的注意。笔者读后，很受启发，感思良多，今书之以文，以便广为就教。

一、立论有据，推陈出新

提出并论证秦汉时期的主要社会思潮“新道家”，是本书的核心内容。而作为这一时期“新道家”思潮的主要代表作品，作者认为是《吕氏春秋》和《淮南子》，因此本书即从评论《吕氏春秋》和《淮南子》开始，其第一篇论文即为《从〈吕氏春秋〉到〈淮南子〉——论秦汉之际的新道家》。自《汉书·艺文志》以降，都把先秦至汉初的诸子百家划分所谓十家九流。这十家为儒、道、阴阳、法、名、墨、纵横、杂、农、小说。班固把《吕氏春秋》《淮南子》二书列入“杂家”类。这在历史上曾引起一些学者的怀疑。章学诚对《尉缭子》《尸子》《吕氏春秋》等列入“杂家”之书，也提出异议，江瑔更作《论杂家非驳杂不纯章》（见《读子卮言》）以辩证“杂家不杂”。然而莫得所终。20 世纪 70 年代，在中国的大地上，又掀起所谓“评法批儒”浪潮，在极左思潮的影响下有人又以“革命”的面目重新提出《吕氏春秋》《淮南子》“非杂家”的问题，但是别有用心，说《吕氏春秋》攻击法家，《淮南子》反对黄老，为其“批儒”服务。打倒“四人帮”后，熊铁基在前人研究的基础之上进行了新的探索，他十分明确地肯定，“不应该把《吕氏春秋》和《淮南子》当作‘杂家’，而应该把它们看作‘新道家’”[①]。自此，在秦汉思想史研究领域，提出了“新道家”概念，以概括秦汉之际社会主要思潮之实质。何谓新道家？该书指出，新道家，实际上就是“司马谈所说的‘道家’或者叫作‘道德家’，也就是盛行于汉初的‘黄老之学’”[②]。该书指出，《汉书·艺文志》所列“杂家”的主要特点“兼儒墨、合名法，知国体之有此，见王治之无不贯”，正是司马谈在《论六家要旨》中所说的主要特点：“因阴阳之大顺，采儒墨之善，撮名法之要，与时迁移，应物变化，立俗施事，无所不宜，指约而易操，事少而功多。”（引《史记·太史公自序》）然后，作者又进一步以大量史料证明这两部书，仍然“具有道家的基本特色”，以“自然无为而不为”的“道”作为中心指导思想，因而“应该属于道家”。但是“这种‘道家’和老、庄那样的‘道家’，既有密切的联系，又有很大的区别，所以我们称之曰‘新道家’”[③]。这是有说服

① 熊铁基：《秦汉新道家略论稿》，上海人民出版社，1984 年，第 2 页。
② 熊铁基：《秦汉新道家略论稿》，上海人民出版社，1984 年，第 3 页。
③ 熊铁基：《秦汉新道家略论稿》，上海人民出版社，1984 年，第 2—3 页。

力的。为了论证新道家的存在及其主要的特点，作者专门以《秦汉新道家与先秦道家之主要比较》为题，列举八条理由（八个问题）说明新道家与先秦道家之异同。这八个问题是：第一，关于“道”的解释；第二，关于出世与入世的问题；第三，关于人生问题；第四，关于无为；第五，关于理想政治；第六，关于尚贤使能；第七，关于仁义礼法；第八，关于知识论。通过对上述八个问题之分析，说明新道家虽然也和先秦道家一样，“始终注意一个‘道’字”，把它作为“宇宙的本体，万物的成因”，注意继承先秦道家的思想，“发挥其积极的东西”；但是，“另一方面又克服其消极因素，如消极隐退、绝仁弃义、绝圣弃知等”。因而，新道家又不同于先秦以老庄为代表的道家。经过这样的论证，就为秦汉时期新道家的存在，提供了客观的根据[①]。精通先秦及汉初学术发展的司马谈在《论六家要旨》一文中钩玄提要、画龙点睛地叙述了道家之要旨，但他并未指出秦汉道家与先秦道家的区别和变化。本书以新道家之名，既点出了道家的历史发展，秦汉之际道家与先秦道家之间的源流与继承关系，又明确了道家思想在发展过程中所显现的历史阶段性，以及其后期与前期的重大差异。由此而论，我们说本书之功在于“推陈出新”。

新道家学派（或称“黄老学派”）究竟何时产生、以何为标志、其成员为谁等诸多问题，向为治古代思想史者所疑，众说纷纭，莫之能一。熊铁基同志说：“新道家学派的酝酿和形成，当是‘稷下之学’那一批‘发明黄老道德学’的人物的功绩，如田骈、慎到、环渊、接子、宋钘、尹文等人。……这些人虽然有共同的思想倾向，但并不是一个学派，而且大多没有可靠的著作留下来，但黄老道德之学是经过他们‘发明’、传播的，到吕不韦修《吕氏春秋》时，这种黄老道德之学就被大量吸收进去，集中了正在形成的一个新学派的思想和主张，所以我认为，《吕氏春秋》不是所谓

① 熊铁基：《秦汉新道家略论稿》，上海人民出版社，1984 年，第 20—29 页。

‘杂家’之始，而是‘新道家’（黄老学派）的最早代表作。”[①] 此亦有关“黄老学派”形成问题之一新说。

二、方法不俗，同中求异

读铁基同志所著，启发颇多，时有耳目一新之感，其所用研究方法就颇为不俗。前人治史，多用传统考证方法，辨别真伪，排比史料，考镜源流，实属必要。然而现代国外（特别是美国、苏联、日本）历史学者，常常热衷于运用比较研究法探讨问题，这对于开启思路、扩充研究领域、增广观察视野，确有较好的效果。我国史学界自80年代来，逐渐重视此法之运用。本书在研究方法方面亦不落俗套，志在探新，其特点和优点在于，恰当地结合运用中国传统的考证方法与历史比较研究的科学新方法。它对史料的考据、古文献的辨正，仍不忽视兼用，而对于历史比较法之运用，也颇具匠心。历史比较研究方法之主要作用在于克服了经常治史的狭隘性，进行超越时间和空间的对比研究，以求同异，探讨历史规律。铁基为立新说，以证新道家之“新”，必然进行两方面的对比。首先，就纵向角度，他展开了秦汉新道家与先秦道家之主要对比研究，结果找出八方面问题之异同，以确定新道家仍然“承认《老子》所崇敬的‘道’是宇宙的本体，是万物的成因”。有完整的道论，而归属于道家。但是经过对比，发现同中有异，它与先秦以老庄为代表的道家有所不同[②]。其次，就横向角度，他展开了“《淮南子》的政治思想及其与《吕氏春秋》的比较”研究，“汉初儒道之争”的比较研究。这里既有对于诸子百家（儒、道、名、法等）各学派之间的比较研究，又有对于有关古代历史文献（《吕氏春秋》《经法》《文

---

① 熊铁基：《秦汉新道家略论稿》，上海人民出版社，1984年，第13页。

② 熊铁基：《秦汉新道家略论稿》，上海人民出版社，1984年，第19页。

子》《新语》《淮南子》《六家要旨》《汉书·艺文志》等）的比较研究，从而达到求同求异。比如他在《〈淮南子〉的政治思想及其与〈吕氏春秋〉的比较》一文中，抓住了道家或新道家政治思想中的核心概念“无为”，展开了广泛的比较研究，求出了《淮南子》与《吕氏春秋》在“无为政治”这一问题上的同异，进一步揭示了“秦汉新道家”的思想特色。他说：“如果‘道’是《淮南子》一书的出发点，并且是贯串始终的，那么另一贯串始终的就是‘无为’，而且论述‘无为’是该书主要目的。……《时则训》和《吕氏春秋》的‘十二月纪’一样，是‘使君人者知所以从事’，顺应天时，什么时候干什么事，‘因循仿依，以知祸福，操舍开塞，各有龙忌，发号施余，以时教期’（《要略》），这些，仍然是与‘无为’有关的。”[①] 又说：“在主张君主无为这一点上，《淮南子》基本上因袭了《吕氏春秋》，所不同的是，《吕氏春秋》提出的这种主张是一种理论创造，其现实依据主要是反面的教训……《淮南子》继承《吕氏春秋》的主张，又总结了正反两方面的实践经验和教训，正面的是西汉初年的‘无为而治’，反面的除了秦始皇之外，也包括当时日益明显的‘君主有为’的种种迹象。所以，《淮南子》论君主无为就更加系统，更加深化。”[②] 本书经过纵横反复对比研究，最后得出结论，即新道家与以老庄为代表的先秦道家不同，新道家的“君主无为”是与仁、义相结合的，主张“宁民”“利民”“顺民心”。因此，这种“无为而治”是“贤人政治”。此即作者通过广泛的历史考虑、纵横交错的比较研究，对于“无为而治”这个重要的思想史范畴所求得的新结论。

本书在研究方法方面的另一特点和优点是尽可能地利用考古出土新资料，论证问题，推陈出新。1973 年，在中国的南方和北方先后两批出土大量的竹简和帛书。其中包括在湖南长沙马王堆三号汉墓出土的古帛书《老

① 熊铁基：《秦汉新道家略论稿》，上海人民出版社，1984 年，第 123 页。
② 熊铁基：《秦汉新道家略论稿》，上海人民出版社，1984 年，第 126—127 页。

子》甲乙本和《黄帝四经》四篇，在河北定县汉墓出土的《文子》一书，是为20世纪70年代震惊中外的人类文化史上的重大发现，它将为中国历史学、历史文献学、中国思想史研究开拓新的领域，提出新的课题。铁基同志及时地注意到这一学术发展的新动向，将古帛书《黄帝四经》与汉简《文子》等新史料运用于秦汉思想史研究，为秦汉新道家的创说提供了佐证。作者收于本书者，有《对〈文子〉的初步探讨》《〈经法〉四篇的再研究——兼论新道家的发展》二文。作者把古本《文子》成书的年代定在“战国末年，或者秦末汉初”①，认为它对于秦汉新道家的形成起了重要作用。他认为《文子》一书，从总的体系上看，是一部完整的著作，在一定意义上比《淮南子》还要严密、精练，“它着重于基本理论的阐述，可以说把新道家的基本理论都包括进来了。据此，我们认为，《文子》的思想和理论是新道家的理论基础”②。这是作者把《文子》一书所提供的新史料运用于新道家研究所得出的又一新结论。关于《经法》等四种佚书，作者亦同意定为《汉书·艺文志》所著录的《黄帝四经》，然而对其成书的年代，诸文均未具确见，作者仅着笔于对古帛书《黄帝四经》的思想内容的考虑与分析，认为：“首先，《经法》等四种佚书和《老子》合抄在一起，证明汉初确实有一个以黄老为名的新道家存在。”又说：“黄帝之言和《老子》抄在一起，这样黄老合卷，对于历来所说的汉初的黄老之学是太有典型意义了。”③ 最后，作者估计《黄帝四经》的出土对于研究“黄老之学”的学术价值时又说：“《黄帝四经》，是黄学的经典，黄学的代表作。可见，汉初人所说的‘黄帝老子之言’，黄帝言不是空的，有物为证，解决了历史上长期存在的一个疑难问题。”④

---

① 熊铁基：《秦汉新道家略论稿》，上海人民出版社，1984年，第54页。
② 熊铁基：《秦汉新道家略论稿》，上海人民出版社，1984年，第68页。
③ 熊铁基：《秦汉新道家略论稿》，上海人民出版社，1984年，第83—84页。
④ 熊铁基：《秦汉新道家略论稿》，上海人民出版社，1984年，第97页。

再从本书的结构方面赘述片言。本书虽系“文集”书体，然而却有其内在的逻辑结构。首篇《〈从吕氏春秋〉到〈淮南子〉——论秦汉之际的新道家》一文，开宗明义，从否定“杂家”一说起笔，建立新说，提出新道家的概念，有破有立，以立为主，推陈出新，表现了思想史研究者的大胆创新和科学开拓精神，为全书的展开设计了方案，竖起了骨架。同时，本篇对新道家产生的时代问题也进行了考证和探索。第二步，作者则分若干层次对于新道家的基本特征、基本政治主张和政治理论以及新道家的主要影响和历史作用（由盛而衰，由成功到失败）做了有史有论的研究叙述，以完成对新道家理论体系的整体研究、系统研究。本书从第二篇论文《秦汉新道家与先秦道家之主要比较》至《汉初儒道之争》一文，均属这一结构。第三步，作者以《王充的思想也属于新道家》以及附录《魏晋时期道家思想的流行》二文，以阐述新道家在发展后期的历史影响，思想余音及其“质变”。使全书有始有终，条分缕析。正如作者所云：“作为一种学术思想，在历史上的发展总不会一成不变，而必然呈现出一些不同的发展阶段。……先秦自然是道家思想的原生阶段，秦和汉初当是次生阶段，魏晋则是再生阶段了。我们认为秦汉之际的道家是新道家，那么魏晋时的道家是什么道家呢？用侯外庐先生所著《中国思想通史》中的说法是：变质的道家。”①

三、相互切磋，继续探讨

《诗经》曰：“如切如磋，如琢如磨。”（《卫风·淇奥》）任何学术研究总是在相互讨论、取长补短、彼此启迪的环境中发展的。关于秦汉之际的社会思想，由于史料不足，长期以来一直是中国古代思想史研究领域中的

① 熊铁基：《秦汉新道家略论稿》，上海人民出版社，1984 年，第 191 页。

薄弱环节，存在问题较多。自1973年长沙马王堆三号汉墓出土古帛书《黄帝四经》以及河北省定县汉墓出土竹简《文子》以来，各派学者纷纷创说，议论非一，此即为先秦和秦汉思想史研究增加了新的难点与疑点。笔者近年亦在从事这方面的研究，现仅就本书所及而又为当前中国古代思想史研究者关注的几个问题提出商榷，并向铁基同志请教。

首先，关于《文子》产生的年代问题。

《文子》一书，向存两说，或谓之真，或谓之伪。《汉书·艺文志》谓：“《文子》九篇。”班固自注：“老子弟子，与孔子并时，而称周平王问，似依托者也。”自此以降直至梁启超也认为此书为“实伪中出伪也，其大半剿自《淮南子》”（《汉书艺文志诸子略考释》）。可是，另有一派人，如王充，直至清人孙星衍、洪亮吉、王念孙等却以为是真本古书，述“黄老”之意者。自1981年《文物》第8期公布，1973年河北定县汉墓出土竹简《文子》，经整理研究，其内容与文字大体与《汉志》所记相符，其中有六章与今本《文子》相同。由此，其为先秦古籍明矣，证明《诸子略》记载可靠，王充等人所见正确。然其书年代尚待考证。铁基同志定为：“战国末年，或者秦末汉初。”① 其理由是：“从《吕氏春秋》到《淮南子》都抄它的内容来看，《文子》产生在战国末年——黄老新道家的形成时期更为合理。”② 这一点似乎可做进一步探讨。若从上列前提出发，得出“《文子》成书于战国中期以前”的结论，也不无道理。因为，既然“《吕氏春秋》与《淮南子》都抄它的内容”，就说明它既比《吕氏春秋》与《淮南子》年代古，且具学术权威性质。这就排除了它成书于“战国末年，或者秦末汉初”的可能性，此其一。第二，从《吕氏春秋》的成书年代，再去推断《文子》的成书年代。《吕氏春秋·序意》作者谓成书于“秦八年”。“秦八年”，据

---

① 熊铁基：《秦汉新道家略论稿》，上海人民出版社，1984年，第54页。

② 熊铁基：《秦汉新道家略论稿》，上海人民出版社，1984年，第54页。

孙星衍、陈奇猷考证为“秦始皇即位之六年（公元前241年）”（《〈吕氏春秋〉成书的年代与书名的确立》，见《吕氏春秋校释·附录》）是年当秦统一六国前二十年，况本书又系“吕不韦乃使其客人人著所闻，集论”以成。因而成书必经过一个组织过程和写作过程。故，说此书成于战国后期则可，谓其“成于战国末年”则难矣。再者，就《吕氏春秋》所述内容，多系战国中期以前之人之事。特别是《庄子》材料较多，他如《墨子》学说、曾子学说、孟子学说、老子思想、杨朱思想、惠施思想、邹衍思想、商鞅思想等，多为战国中期以前之史。由此亦可推断，谓《文子》为“战国末年，或者秦末汉初”之作，于年代恐不契合。

其次，关于战国时期百家之学互相融合的趋势自何时开始的问题。

在中国史学界，中国先秦思想史研究者中流传着一种传统观念，即多以为中国先秦百家之学相互融合之发展趋势始自战国后期。本书亦持此论。如说：“当然，从战国后期开始，各家各派都在互相吸收、互相融合，只不过各自站在不同的基点上吸收，各自所标榜和强调的不同罢了。”① 窃以为此论亦需商榷。考春秋战国时期学术思想之发展，自春秋末年随着“学术下移”“私人讲学”之风盛行，便逐渐开始了学派林立、百家争鸣的局面。“百家”是一个集合性概念，由多种成分集合而成，他们之间既互相对立，又互相渗透，在学术思想方面呈现矛盾—分化—综合—矛盾的发展趋势。战国初期出现的第一次学术综合，是“儒墨显学”的互相对立与互相影响。之后接踵而起的便是“道法儒”三者之间更大的综合和渗透。例如，墨学创始人墨翟，即曾以儒为师，“出于儒门”。《庄子·齐物论》说：“有儒、墨之是非，以是其所非，而非其所是。”这在字面看来，虽然为儒、墨二家之矛盾、对立，但实际上，却包含着这二家更深层的融合。此如《吕氏春秋·有度》谓：“孔、墨之弟子徒属，充满天下，昔以仁义之术教导于天

① 熊铁基：《秦汉新道家略论稿》，上海人民出版社，1984年，第6页。

下。”这就是墨学容纳了儒学。因而，我们在《墨子》书中，不但能够看到“非命”“非儒”“非乐”“节葬”等反儒思想，更能看到“兼爱”“非攻”“尚贤”“尚同”“贵义”等深受儒学影响之思想，是为中国古代学术思想发展之第一次大综合。故《盐铁论》有所谓“待孔子而后学，则世无儒、墨”（《申韩篇》）之论。此后，又渐次出现了道、法、儒、墨、名、阴阳等各家之间更大融合的发展趋势。《庄子·天下篇》《荀子·非十二子》，均反映了战国中期以前，各家学术思想综合发展、相互融合、相互渗透之时代特点。至于《吕氏春秋》更是一部叙论百家、兼收并蓄的“综合”论坛性学术论著。其所述战国中期以前各派学说相互融合之迹，甚明。故以为各家各派学术观点“互相吸收，互相融合”“从战国后期开始”之论，尚需进一步研究。

以上两点均为当前正在讨论的问题。笔者读铁基近著《秦汉新道家略论稿》一书虽然启发良多，受益匪浅，但是亦愿献出此疑，相互切磋，以利继续探讨，取得更新成果。

（原载《华中师院学报（哲学社会科学版）》1985 年第 4 期，作者单位：陕西师范大学历史系）

道家·黄老·秦汉政治实践与学术发展
——重读熊铁基先生《秦汉新道家》

臧知非

20世纪80年代上半叶，熊铁基先生在《秦汉新道家略论稿》（以下简称《略论稿》）一书中，曾对《吕氏春秋》《淮南子》等书的学术性质提出了自己的见解，认为《吕氏春秋》《淮南子》是道家学派的代表作，并根据其内容较之老庄思想的新变化称之为新道家，并对秦汉新道家的特点、代表人物进行了系统的梳理。他指出秦汉新道家之“新”的内容主要有三点：一是“由批判儒墨变成了兼儒墨、合名法”，这“是站在道家立场来‘采儒墨之善，撮名法之要’的”。二是“由逃世变成了入世。新道家不回避现实矛盾，也不轻率地对待矛盾，他们的代表作都认真地讨论现实问题，这些代表作可以说都是政论书”。三是“发展了天道无为的思想，把它创造性地运用到人生和政治上去了”，这就是把《老子》消极的无为变成了积极的“无不为”[①]。如果说，《略论稿》对秦汉新道家的形成、特点进行的仅是纲领性的论述的话，那么，时隔十六年之后问世的《秦汉新道家》（以下简称《新道家》）一书则对秦汉时代道家思想的源流及其与现实政治实践的关系进行了系统的论述，用作者自己的话说，后者较前者“初步具备了比较完整严密的体系，分‘历史’和‘思想’两篇，是从纵横两个方面进行论述，也力求向历史和逻辑的统一方向上努力”。其中，“历史篇”“是原《略论

① 熊铁基：《秦汉新道家略论稿》，上海人民出版社，1984年，第6—7页。

稿》中所没有的"①。作者的话过于谦虚，若比较两书，思考的深刻和论述的严密，后者是前者所无法比拟的。在方法上，前者只是就思想论思想，纯粹从思想源流上说明秦汉新道家的生成和发展，即认为《吕氏春秋》是新道家形成的标志，《新语》和《淮南子》是新道家的发展，关于东汉和魏晋时代新道家的影响只是做线条式的勾勒，至于新道家的思想与现实政治实践的关系，则付之阙如。这在当时是完全的创新之论，但是论证还不够严密。后者则在从学理上对秦汉时期新道家代表人物和著作的属性深入探讨、补充前者不足的同时，注重从"变"的角度，对新道家演变的历史进程及其原因、特点进行分析，从而构成了一个完整的学术体系。这在近二十年的秦汉思想史研究中是有着鲜明个性特点和学术创新特色。首先，就学术观点来说，注意到道家学派在秦汉时代演变和作用的不始于熊铁基先生，但从新的视角，用"新道家"之名代替传统的黄老观念，系统说明秦汉道家与先秦道家的区别与联系，揭示道家之学在秦汉社会发展中的作用，据笔者所见，熊铁基先生则是第一人。其中的许多具体问题，如黄老道德之术与黄老道家的区别、道家的形成过程、司马迁父子对道家学派的分析、道家思想对秦朝政治的影响等，都有作者独到的见解。其次，从方法论的层面看，作者是在全面把握秦汉社会变迁及其与思想文化的关系的基础之上，从思想与政治实践互动的角度探讨思想变迁的深层动因的，这除了作者首先是秦汉史专家，对秦汉历史有着精深的研究和造诣，具有纯粹研究思想史的学者所无法具备的优势之外，更决定于作者独到的学术眼光和洞察力。可以说，这对如何分析思想文化的变迁提供了方法上的启示。当然，学术研究，仁智互见，对任何一种观点存在着争论和分歧，都是正常的，也正是这种分歧和争论，促进了学术研究的不断深入。但是，无论学术界对秦汉新道家之说及其具体问题的分析存在什么样的分歧，作者的思考和探索精神、《新道家》对深化这一课题研究的意义是不可忽视的。

屈指算来，《新道家》问世已经三个年头，若从《略论稿》首次提出秦

① 熊铁基：《秦汉新道家》，上海人民出版社，2001年，第4页。

汉新道家这一学术理念算起，已经经历了整整二十年的学术检验，原来对新道家之说持怀疑、批评观点的学者，尽管在某些具体问题上还有分歧，但在整体上早已直接、间接地认同和采纳了熊铁基先生的观点，有的则在《新道家》的启发之下，对《略论稿》和《新道家》提出而没有展开的问题进行了发挥而成绩斐然。也正是在这一基础之上，笔者就秦汉时代的新道家与政治实践、社会发展、学术走向的关系问题谈一些看法，希望有拾遗补阙之效，也请熊铁基先生和学界同仁指正。

一

对秦汉统治思想的认识，学界分歧不是很大，且分歧主要集中在如何认识秦朝统治思想的属性上。大多数学者认为秦朝是法家独尊，有的学者则认为秦朝的政治运作是在阴阳五行思想的指导之下进行的，阴阳五行学说和法家学说的关系是“体”与“用”的关系；也有的学者认为秦朝统治时间短暂，谈不上系统的统治思想问题，秦朝是一个没有理论的时代。但占主流地位的还是法家说。至于汉代的统治思想，学界没有分歧：西汉前期是黄老思想，汉武帝以后是儒家学说。至于先秦时代显赫一时，并深受司马谈、司马迁父子赞赏的道家学说似乎销声匿迹了，好像在秦汉政治舞台上没有留下什么痕迹。如果要说留下什么痕迹的话，那就是西汉前期的黄老思想和道家有些关系而已。而在研究者的心目中，黄老是自成学派的，不过是借用了老子的名称而已，是不能划入道家学派的。所以人们虽然对西汉前期黄老学说与政治的关系给予了诸多的关注，但忽视了黄老乃是秦汉时代的道家这一事实，没有正面地给予道家应有的历史地位。正因为如此，熊铁基先生才提出了秦汉新道家的问题。笔者以为，这个问题的提出和探讨，有着学术和实践的双重意义。

众所周知，先秦诸子的思想方法和内容各不相同，相互攻讦，有的势如水火，但是其观察的对象和目的则是相同的，这就是如何使社会走出混乱状态，实现民生的安定。司马谈在《论六家要旨》中对此曾借用《易大传》的语言做过精辟的概括："天下一致而百虑，同归而殊途。夫阴阳、儒、墨、名、法、道德，此务为治者也，直所从言之异路，有省不省耳。"①作为思想派别，老子开创的道家和孔子开创的儒家同时登上历史舞台，而旨趣则截然相反。儒家肯定社会文化、伦理道德的价值与作用，认为仁政礼治、道德教化是整齐人伦、安定社会的不二法门。而道家则相反，认为礼制、道德、文化、教育等都是对人的本性的戕害。从这一点出发，老子全力研究如何在残酷的弱肉强食、角智斗勇过程中，保存自己、发展自己，以最小的成本去获得最大利益的方法和谋略，《老子》书中的一系列君人南面之术以及政治、战争的策略思想，都是为了这一目的。但是，由于老子思想的抽象性和辩证性，给后来之士留下了较大的发挥空间。至战国时代，其后学主要分为两个流派：一是完全否定社会而发展为绝对出世的自然主义；一是在否定文化道德的价值而重功利的基础之上，注重成败得失、祸福转移的方式方法研究。前者是消极的出世主义，庄子是其代表；后者是积极的入世主义，战国时兴起的黄老思想则是其代表。对此，《新道家》有专章以帛书《经法》和《文子》为中心讨论黄老学说的性质，其对《文子》的讨论尤其详细，认为战国时期的所谓黄老学说是"黄老道家的形成时期"②。笔者以为，帛书《经法》等文献的出土，足以说明道家进入了一个新的发展阶段，可以视为新道家的著作。

众所周知，最早对先秦诸子的本质特点进行概括的是司马谈的《论六家要旨》。其对道家内容的总结是："其为术也，因阴阳之大顺，采儒墨之善，撮名法之要，与时迁移，应物变化，立俗施事，无所不宜，指约而易操，事少而功多。"③ 对儒墨名法之学稍加分析就不难明白，《老子》《庄子》之学的价值在学理和条件上都不存在"采儒墨之善，撮名法之要"的问题。结论只能是司马谈关于道家的总结是另有所指，不是以《老子》之学或者

---

① 《史记》卷一百三十，《太史公自序》，中华书局，1959年，第3288—3289页。

② 熊铁基：《秦汉新道家》，上海人民出版社，2001年，第57页。

③ 《史记》卷一百三十，《太史公自序》，中华书局，1959年，第3289页。

其后的《庄子》之学立论的。《新道家》也正是以此为出发点，将司马谈所述命名为新道家，这不能不说是独具慧眼，发前人所未发。但是，因为作者论述的重点是以《吕氏春秋》《新语》《淮南子》为代表的秦汉时期的新道家，对战国时期新道家的产生和代表著作着墨有限，仅对《文子》和稷下黄老做出了比较系统的分析，指出了战国时期是“黄老道家的形成时期”。但是对黄老帛书论述不多，仅仅指出了帛书在宇宙观上对老子道论的继承和发展，以及帛书对道与法的关系的认识，有些内容限于主旨未予涉及。笔者认为，若全面地考察帛书的思想内容，即了解新道家在战国时代已经形成。明白这一点，更能把握秦汉新道家的历史路径。

帛书《经法》《十六经》等对《老子》思想的继承和发展，主要体现在如下三个方面。

第一，对《老子》阴阳思想的发展。《老子》书中明确论述阴阳的是第四十二章的“道生一，一生二，二生三，三生万物。万物负阴而抱阳，冲气以为和”。万物生于道，各自包含相反相成的阴阳两面，而这阴阳两面在气中得到统一。帛书对此作了充分的发挥，把事物按阴阳区分为两类，和人事一一对应，并把阴阳和刑德联系在一起。如君为阳、臣为阴，夫为阳、妇为阴，父为阳、子为阴，男为阳、女为阴，客为阳，主为阴……阳的属性是德，阴的属性是刑，阴阳刑德的结合是季节转换、万物荣枯和一切事物发展变化的内在动力。

帛书不仅把《老子》道家的阴阳思想具体化，更主要的是把阴阳和刑德思想相结合，直接和人事、治国联系在一起。《十六经·观》说“刑德皇皇，日月相望以明其当，而盈□无匡”，“春夏为德，秋冬为刑。先德后刑以养生”。这里的“刑德皇皇”主要是指其作用而言，德代表的是扩张和生长，刑代表的是衰亡和静止。“春夏为德”是因为春天是万物萌发、夏天是万物生长的季节，“秋冬为刑”是因为万物到了秋天则停止生长，冬天则死亡。如所周知，《老子》又名《道德经》，其“德”是指万物得之于道的部分，即“德者得也”。得到了“道”才有了万物之为万物的特质，因而“德”有德惠恩泽的意思，“春夏为德”是因为万物在春夏阳光雨露的照射和滋润下而生长，“秋冬为刑”是因为秋冬季节的风霜雪剑促使万物死亡，因而“刑”是刑杀的意思。对于治理国家来说，要以恩德化民为先，刑杀统治为后，所谓“先德后刑以养生”，就是指此而言。《十六经·观》又说“夫并时以养民功，先德后刑，顺于天”。“养民功”之“先德后刑”是天道使然。关于阴阳刑德的内容，帛书有许多论述，这里不去一一举证，我们只要明白其与《老子》的关系就行了。

第二，刑名法术源于道。既然道是万物的本原，也是万物变化的动因，国家及其各项制度自然也是以道为本，法术也好，刑名也好，都是源于道而生，依于道而变。《经法·道法》云：

> 道生法。法者，引得失以绳，而明曲直者也。故执道者生法而弗敢犯也，法立而弗敢废也。

这里明确说法生于道，其功能是明是非曲直。掌握了道，有了法人们就不敢违反，而法一经制定就严格执行，不能成为一纸空文。《经法·道法》云：

> 故执道者之观于天下也，无执也，无处也，无为也，无私也。是故天下有事，无不自为刑（形）名声号矣。刑（形）名已立，声号已建，则无所逃迹匿正矣。

处理天下事务，“道”的要求是“无为”“无私”“无执”“无处”。要做到这一点，就要“自为刑（形）名声号。刑（形）名已立，声号已建，则无所逃迹匿正矣”。“形名声号”也就是名与实的关系及其规范。靠什么来确定？当然是法律！“执道者生法而弗敢犯也，法立而弗敢废”和“刑（形）名已立，声号已建，则无所逃迹匿正”是同一问题的不同表述。

法术相连，都是治国所必须。术是《老子》的重要内容，所以历史上把《老子》比作是讨论君人南面之术的大本营。对此，《经法》也予以了积极的继承和发展。《经法·六分》说：“不知王术，不王天下。”所谓王术就是君臣伦常，《六分》就是对君臣伦常的具体规定以及反面的举例说明。这方面论述很多，如《经法·六分》说的“主上者执六分以生杀、以赏、以必伐”。这“六分”就是“六顺”“六逆”。“六顺”是指“主惠臣忠”“主主臣臣”“主执度，臣循理”“臣肃敬，不敢蔽其主”“下比顺，不敢蔽其上”。“六逆”是指“適（嫡）子父”“大臣主”“某（谋）臣外立（位）”“主失立（位）”“臣失处”“主两”“男女分威”。此外，还有“六柄”“七法”“八正”等内容，这里不再详述。这些都是《老子》术论的具体化。

第三，辩证法。在哲学上，《老子》的最大贡献就是辩证法，其“正复为奇，善复为妖”，“祸兮福之所倚，福兮祸之所伏”，等等，无不充满着辩证法的精神。只是其消极地看世界，在具体运用辩证法观察社会、指导人生的时候，流于消极，如贵柔守雌、以柔克刚、以不争为争都容易使人不求进取而避世。帛书则反是，《十六经·顺道》云：

> 大庭之有天下也，安徐正静，柔节先定。晁湿恭俭，卑弱主柔，常后而不（失）先。体正信以仁，慈惠以爱人，端正勇，弗敢以先人。

从文字上看，仍然是主张“后”，主张“柔”，但其前提已经改变了，贵柔不是一味地退让和卑弱，而是政治上的“慈惠以爱人”，处世上的“端正勇”；对平民百姓要慈要惠，要施行德政；对其他人和事要自己首先公平正直。在这个前提下，不要争先，不要争强，事实上自然就会处于强、先的地位。用现在的话说，治人治国，攻心为上；以德服人，才能不强而强，不治而治。这从一个方面弥补了《老子》辩证法的不足。也正因为如此，司马谈才对道家的功能和方法大加赞赏。

衡之以司马谈给道家所下的定义，仅凭上举诸项，完全可以肯定地说，帛书所见的黄老是十足的道家，真正的“因阴阳之大顺，采儒墨之善，撮名法之要”。不过，这既不是《老子》之道家，也不是《庄子》之道家，而应是熊铁基先生所说的新道家。新道家在战国时期已经形成，《吕氏春秋》的思想体系是新道家的发展形态。

二

诸子因社会变动而产生，也因社会变动而发展，其实践效果则因当政的认识和采纳而有别。秦国在商鞅变法以后，以法治国而迅速崛起。但当统一在即，政治核心由军事上的兼并即将转换为巩固统一成果的时候，统治思想和手段自然要有相应的转变，《吕氏春秋》应运而生了。本来，《老子》之道家就是君人南面之术的源泉，商鞅之法仅是君人南面之术的一部分，二者就有着亲缘关系，只是商鞅专注于尚法重刑，有其缺陷而已。所以，《吕氏春秋》在治国的指导思想和具体方式上要有所改变：在指导思想上希望“以虚无为本，以因循为用”，实际上希望即将亲政的嬴政按照吕不韦的既定方针办，委政臣下；在内容上则兼采各家之长，为我所用。这些只要仔细考量《吕氏春秋》的基本框架就不难明白。对此，《新道家》有着很好的论述，无须多说。这里要说的是新道家对政治实践的影响问题。

《吕氏春秋》的思想内容完全符合司马谈对道家的定义，甚至可以说司马谈关于道家的学派思想内容的总结就是根据《吕氏春秋》做出来的，《吕氏春秋》是道家之书，殆无疑义。但是，随着吕不韦被逐出秦国的政治舞台，以《吕氏春秋》为代表的新道家对秦国政治的影响究竟如何，尚无人述及。一般说来，吕不韦被免相和自杀之后，其思想主张也就无法影响政治实践，故人们从未注意过这个问题。但是，事实表明，吕不韦所招徕的各个学派的传人，无论是入朝为官者还是参与编纂《吕氏春秋》的一般士人，并没有全被逐出秦廷，依然有部分来自东方的各派传人活跃于秦的政治舞台之上和社会生活之中。统一六国之后，秦始皇“悉召文学方术士甚众，欲以兴太平”①，其中自然又会有道家传人西入咸阳，对秦朝政治自然会有影响②。《新道家》对此是予以充分注意的，对传世文献钩沉索隐，指出秦朝的政治实践是受到新道家的影响，并认为秦代存在着“道家思潮”③。笔者以为，秦朝的政治实践受到道家思想影响是符合事实的，这确实是一

---

① 《史记》卷六，《秦始皇本纪》，中华书局，1959 年，第 259 页。

② 关于《吕氏春秋》对秦朝政治的影响及秦朝的文化政策，参见拙作《吕不韦、〈吕氏春秋〉与秦朝政治》，见《秦文化论丛》（第六辑），西北大学出版社，1998 年，第 155—168 页；《从“悉召文学方术士甚众”到“焚书坑儒”：秦朝文化政策的转变及其影响再探》，见《秦俑秦文化研究》，陕西人民出版社，2000 年，第 70—80 页。

③ 熊铁基：《秦汉新道家》，上海人民出版社，2001 年，第 58—73 页。

大创获，但秦朝的道家思想是否构成一个思潮，还值得斟酌。所谓“思潮”，起码是某种程度的思想共识，具有一定的普遍性和社会性，秦朝的道家思想还没有达到“共识性”和“普遍性”的程度。

在讨论秦朝是否构成“道家思潮”问题时，首先要注意吕不韦去世之前和去世之后的变化。如果说吕不韦去世之前，秦国一度出现“道家思潮”的话，吕不韦去世之后，这个“思潮”则处于消退过程之中。因为秦始皇的政治追求和“以虚无为本，以因循为用”的道家宗旨背道而驰，他大权独揽，事必躬亲，一切按照自己的主观意愿为准。虽然他曾“悉召文学方术士甚众，欲以兴太平”，但这并不是要用诸子学说指导秦朝政治，而是要使诸子传人说明自己功业的空前绝后，让这些“文学方术士”论证自己统治的合理性和永恒性。违反了这一目的，这些“文学方术士”也就失去了效用。原来留下来的吕不韦的门客也好，应秦始皇之召后来入秦的也好，无论是道家还是其他传人，他们的目的都是服务当朝，往日彼此之间的门户之争，为了理想而无视权贵的品格已经荡然无存或者是所剩无几了，起码入秦的士人是如此。那些编纂《吕氏春秋》的学者们，就其学术渊源来说，彼此之间原来是有着门户之别的，最后都能放弃门户，共同按照吕不韦的思想主张完成《吕氏春秋》一书，并且没有任何异议，“布咸阳市门，悬千金其上，延诸侯游士宾客有能增损一字者予千金”[①] 而不能得。事实果真如此吗？怕是未必。之所以如此，权势然也！这里所说的权势，有两层含义：一是游士宾客们畏惧吕不韦的权势，怕引起吕不韦不快，在咸阳无法立足；二是来到咸阳的目的是寻求荣华富贵，而不是为了实现什么学说主张，当政者需要什么、喜欢什么，赞同就是了。当吕不韦被贬而死，秦始皇完全主政之后，原来留于秦廷者也好，后来者也好，只能是投秦始皇所好，早已将《吕氏春秋》所主张的什么君主“无为”而大臣“有为”等道家主张束之高阁了。即使是出身道家门下，也只能改换门庭，按照秦始皇的要求出谋划策，朝堂上下是颂歌而不再有批评性的意见和建议。在这

① 《史记》卷八十五，《吕不韦列传》，中华书局，1959 年，第 2510 页。

种政治环境下，是没有道家思潮的生存条件的，起码在秦廷是如此。当然，秦汉时代，道家思想曾经发展为社会思潮，并对社会发展发生过深刻的影响，不过，这不是在秦朝，而是在西汉前期。

举众暴措、滥用民力，导致秦朝短命，这是刘邦集团的共识，而民生凋敝的现实，使刘邦君臣及其后继者必须把与民休息、发展生产作为施政的核心，陆贾的《新语》则在理论上提高和统一了刘邦君臣对客观形势和亡秦教训的认识。《新语》文字虽然不多，但内容十分丰富，在总结秦朝灭亡教训的同时，为刘邦指出了治国的基本原则，这就是“无为”和“教化”。“教化”即以仁德治国而不是一味地尚刑，即教化官吏以仁爱之心对民，从而赢得百姓的归心，这是针对秦朝严刑峻法的滥用而言的，其内容来自儒家，所以刘向、刘歆、班固等汉代学者将《新语》列入儒家著作。“无为”是针对秦朝的滥用民力而言，告诫刘邦君臣如何按照“道”的要求观察政事，治国安民。“无为”就是“道”的应用，是指在制度法律已备的情况下，君王垂拱而治，“是故无为者乃有为也”[①]。这是道家思想的发展，是切合当时需要的“采儒墨之善，撮名法之要”，儒家的仁德教化等不过是“无为乃有为”的运用而已，说陆贾的《新语》是汉初新道家的“突出代表”是有充分学理依据的[②]。但是，《新语》尽管博得了刘邦君臣的欢呼，认为是绝妙好词，但在刘邦之世，究竟贯彻了多少，则值得怀疑。刘邦称帝以后，忙于翦灭异姓王、分封同姓王，依然是戎马倥偬，没有来得及确立什么统治思想，《新语》所论述的主张，到了惠帝任命曹参为相才被正式地用作施政的指导，黄老思想正式作为主旋律登上政治舞台，社会上也真正地形成了以黄老为名的道家思潮，在汉代历史上上演了一场影响深远的黄老政治奏鸣曲。

按照司马谈的总结，汉初的黄老政治可谓是真正的“因阴阳之大顺，采儒墨之善，撮名法之要”。这里的“阴阳之大顺”是指汉初的客观形势，

① 王利器：《新语校注·无为》，《新编诸子集成》本，中华书局，1986年，第59页。

② 熊铁基：《秦汉新道家》，上海人民出版社，2001年，第270页。

所谓“与时迁移，应物变化，立俗施事，无所不宜”云云，讲的就是时移则事异，这是就统治思维而言，举国上下需要休养生息，故以道家“无为”为宗旨。至于“采儒墨之善，撮名法之要”，则是积极地调整社会秩序，缓和社会矛盾。如继续施行授田制，用行政力量实现农民和土地的结合，减轻赋税，表示以农为本；放松对山川林泽的管制，以发展农业、工商业[①]；“以孝治天下”以整齐人伦；宽减刑罚以纠秦朝刑重之弊；调整中央与诸侯王国的关系以加强中央集权；等等。这些无不是“采儒墨之善，撮名法之要”的体现。这些政策的出台，都是“与时迁移，应物变化，立俗施事”使然。这些无须多说，明白其与道家思想的关系就行了。

因为汉初治国是“因阴阳之大顺，采儒墨之善，撮名法之要”，秦朝一度沉寂的诸子之学也出现复兴之势，尤其以儒家、阴阳家为典型。不过，这诚如道家的演变一样，诸子之学的复兴过程也是其“质变”的过程，而这种“质变”又有着共同的特征，不是沿着各自的学理光大旧说，而是总结旧说，兼容各家，“与其说是继承，毋宁说是改变它们的思想材料，把其中一家扩大变质，作为理论斗争的武器，而遂自己的学术目的，或者托一家为重言以保留百家，或者想建立这一尊以绌别一尊，或者肿胀膨大一家之说以反对他家之说”[②]。道家和儒家都是“托一家为重言以保留百家”，“建立这一尊以绌别一尊”的典型，所以表现为汉景帝和汉武帝初年的“儒道互绌”。只是这时候的道家非昔日旧观，而是新道家。儒家也是如此。汉初之儒，固然不是孔子之儒，也不是“儒分为八”之中的任何一家的延续，而是地地道道的新儒家了，如董仲舒之儒学不仅是综合先秦儒家内容之合于时者，更主要的是大规模地吸收其他学派思想内容，是阴阳神学化的，

① 关于西汉前期授田制和山林川泽政策，参见拙作《西汉授田制度与田税征收方式新论——对张家山汉简的初步研究》，《江海学刊》2003 年第 3 期；《张家山汉简所见西汉矿业税收制度试析——兼谈西汉前期“弛山泽之禁”及商人兼并农民问题》，《史学月刊》2003 年第 3 期。

② 关于汉初子学复兴之势，见侯外庐：《中国思想通史》（第二卷），人民出版社，1957 年，第 59 页。

吸收诸多道家、法家施政内容的新儒家。只是董仲舒思想中的“阴阳”不是道家的阴阳，而是邹衍的阴阳说，属于神学范畴而已，其目的是论证皇权的神圣性，这也是其赢得汉武帝垂青的原因之一。在这一点上，黄老道家诸公们和董仲舒辈相比就棋差一着了，在“儒道互绌”的过程中是无法摆脱败北的宿命的。不过，这倒为我们在学理上重新定位汉初黄老思想的学术流派提供了启迪：董仲舒之学依然是儒学或者新儒学，汉初的黄老之学自然也应称为道家或者新道家，何况古人早已做出这样的判断了！所以，如果对战国时代黄老帛书是否为新道家还存在什么疑问的话，汉初黄老之学的新道家属性是不应有什么争议了。

称为黄老和称为新道家，看上去不过是个冠名问题，与思想的演变似乎没有什么实质性妨碍，其实不然，这不仅是学理上的名实一致问题，更关系到对我国传统文化结构的认识问题。时下流行的中国传统文化的儒、释、道三分说，无论是文化学者还是哲学史研究者在谈到“道”的问题时，往往自觉或者不自觉地将其释为道教，这等于说道家是因为道教的形成才成为传统文化的构成部分，这显然是本末倒置的认识。若按孔子的“必也正名乎”的要求，拨云见日，廓清对道家源流认识的含混，分析新道家与政治实践的关系，明白儒学与道家在演变道路上的共性，对于道家的历史影响自会有新的认识。这一点，《新道家》是功不可没的。

三

侯外庐等先生《中国思想通史》第二卷在论述东汉思想发展时，曾将王充列为道家，同时一一论证了王充道家思想和先秦《老子》《庄子》之学及汉初的黄老之学的不同点[①]。《新道家》对王充的道家思想进行了补充论证，使《中国思想通史》提出的王充是“汉代道家的主张者”之说得以深化，并通过东汉初年刘秀“以柔道治天下”的分析，说明新道家对东汉社

① 侯外庐：《中国思想通史》（第二卷），人民出版社，1957 年，第 268—272 页。

会的影响。这是个非常有启示意义的问题，值得深入探讨。对王充之学的承续，《新道家》有着深刻精到的论述。现就刘秀“以柔道治天下”对东汉学术的影响和知识分子的学术路径问题谈点看法。

顺着《新道家》的学术目光深入思考黄老道家思想对东汉士人的影响，就不难发现，这个是有普遍性的，只是表现有所不同，有的受影响大一些，有的则小一些，即使那些以经学名世的儒生也是如此。这个过程在西汉就开始了，到东汉则进入了一个质变的时期。这一方面是因为西汉的学术早已呈综合之势，新儒学中已经吸收了新道家的部分内容，士人习经难免自觉不自觉地接受道家的主张。另一方面，当政者的用人选士也非全然的儒家，有的就明确要求法律之士，而此时之儒家伦理正在成为法律的组成部分，“名法”“儒墨”都在朝着法律化的道路上迈进。就“学而优则仕”的知识分子来说，要想出仕，仅仅学某一家是不行的，即使凭着一经之长而入仕，入仕之后也要学习刑名法术才能胜任官位的要求。从这一点上说，必须合儒墨、通名法。降至东汉，“采儒墨之善，撮名法之要”更成为入仕的要求。这要从刘秀的以“柔道”治天下说起。

《后汉书·光武帝纪》记载，建武十七年冬，刘秀与宗室成员宴会娱乐，“时宗室诸母因酣悦，相与语曰：‘文叔少时，与人不款曲，唯直柔耳。今乃能如此！’帝闻之，大笑曰：‘吾理天下，亦欲以柔道行之。’”。《新道家》认为这里的“以柔道行之”是顺应客观形势，以黄老为治国指导思想，并从刘秀施政内容方面一一予以说明。这对于重新认识以重儒名世的刘秀及东汉初年政治对以后的影响无疑有着深刻的启示：刘秀“以柔道治天下”之“柔道”的内涵还有哪些？无论是尚儒，还是重道，对东汉士人特别是儒生有什么影响？明白这一点，这不仅有利于对事实的认识，更有助于对东汉学术走向的理解。

史称刘秀统一天下之后，“退功臣而进文吏，戢弓矢而散马牛”[①]。这是对刘秀“柔道”内容的全面而洗练的概括。这“戢弓矢而散马牛”即复员

---

① 《后汉书》卷一下，《光武帝纪下》，中华书局，1965年，第85页。

军队以发展生产，和西汉初年颇为相似，“退功臣而进文吏”与其老祖宗刘邦就大异其趣了。刘邦立国，一方面论功行赏，对功臣元勋封爵拜官；一方面又担心功臣们居功自傲，甚至危及刘家天下，不得不亲自用军事手段翦灭那些异姓王，时时刻刻提防朝中功臣们对自己的不敬，直到病逝还忧心忡忡。而功臣元勋们执掌国家权力，又有一系列的特权，确实也为西汉前期的社会发展带来了不少矛盾。刘秀有鉴于此，乃用赎买的方式，给功臣们以高爵厚赏而不使典权，名义上是“思念欲完功臣封爵，不令以吏职为过，故皆以列侯就第也”[①]，实际上的政治目的则是防止强臣窃命而影响皇权的集中。这也是“柔”的含义。不以功臣为吏，自然选用士人，这就是“进文吏”。光武帝好儒术，在军阀混战过程之中，每到一地“未及下车，而先访儒雅，采求阙文，补缀漏逸”[②]。他对那些隐逸之士则“侧席幽人，求之若不及。旌帛蒲车之所征贲，相望于岩中矣”[③]。天下绝大多数儒生都投到了光武帝的麾下，光武帝也因此获得了古今学者的一致称誉。这也是人们认为刘秀“以柔道治天下”的原因之一。其实，若考之史实，刘秀对待这些儒生们绝非“柔”字所能形容，而应以严苛概括之，儒生归附刘秀之后，身份就转变为“文吏”了。这些儒生们只能孜孜于吏事，一切以吏职为务，而不得有任何的懈怠，否则就要受到严厉的惩罚。《后汉书·循吏传序》曾总结其时之政风云：“建武、永平之间，吏事刻深，亟以谣言单辞，转易守长。故朱浮数上谏书，箴切竣政；钟离意等亦规风殷勤，以长者为言，而不能得也。所以中兴之美，盖未尽焉。”《后汉书·朱浮传》云，建武初年，朱浮任执金吾，见“帝以二千石长吏多不胜任，时有纤微之过者，必见斥罢，交易纷扰，百姓不宁”，于建武六年上书劝谏云“……间者守宰，数见换易，迎新相代，疲劳道路。寻其视事日浅，未足昭见其

---

① 《后汉书》卷十七，《贾复传》注引《东观记》，中华书局，1965年，第667页。
② 《后汉书》卷七十九，《儒林传序》，中华书局，1965年，第2545页。
③ 《后汉书》卷八十三，《遗民传序》，中华书局，1965年，第2756—2757页。

职，既加严切，人不自保，各相顾望，无自安之心。有司或因睚眦以骋私怨，苟求长短，求媚上意。二千石及长吏迫于举劾，惧于刺讥，故争饰诈伪以希虚誉”，并指出“物暴长者必夭折，功卒成者必亟坏，如摧长久之业，而造速成之功，非陛下之福也”。同书《申屠刚传》云：“时（光武年间）内外群官，多帝自选举，加以法理严密，职事过苦，尚书近臣，至乃捶扑牵曳于前，群臣莫敢正言。”同书《第五伦传》云，光武“承王莽之余，颇以严猛为政，后代因之，遂成风化”。这“帝自选举”的“群官”，大都是儒生，儒生们一旦成为官吏就再也享受不到刘秀的礼遇了。在这里丝毫不存在什么“以柔道治天下”的痕迹，“颇以严猛为政，后代因之，遂成风化”才是刘秀政风的真实描述。范晔说刘秀“退功臣而进文吏”是有其深意的。“文吏”是和儒生相对应的文法之吏的专称，王充《论衡》的《程材》《谢短》等篇有专门论列。刘秀所招徕的则是儒士，而范晔却说刘秀是“进文吏”，就是指刘秀将儒生变为“文吏”而言的。刘秀确实以“柔道”对待未入仕的儒生，而对“文吏”则只有“严猛”二字①。

刘秀何以“吏化”儒生？儒生的“吏化”对东汉学术走向有何影响？这要从西汉的儒术与政治关系说起。如所周知，汉武帝虽然接受了董仲舒、公孙弘的“罢黜百家，独尊儒术”的建议，但在实际运作过程中仍然尚法，这虽然可以称之为儒法并举，但在更大的成分上是以儒术作为文法的缘饰。这到宣帝时期一直没有改变。元帝为人“柔仁好儒”，在为太子时，“见宣帝所用多文法吏，以刑名绳下……尝侍燕从容言：‘陛下持刑太深，宜用儒生。’宣帝作色曰：‘汉家自有制度，本以霸王道杂之，奈何纯任德教，用周政乎！且俗儒不达时宜，好是古非今，使人眩于名实，不知所守，何足委任！’”，并预言“乱我家者，太子也”②。如宣帝所言，元帝即位以后，

① 关于儒生和刘秀的关系，参见拙作《两汉之际儒生价值取向探微》，《史学集刊》2003年第2期。

② 《汉书》卷九，《元帝纪》，中华书局，1962年，第277页。

果然是真正意义上的“儒术独尊”，政风有了实质性的变动。但是，元帝以后儒学的高涨，并没有巩固汉家的统治，面对汉末的社会危机，儒生们实在拿不出任何有效措施，反而出于“是古非今”的传统，认为汉运将终，为汉家唱起了丧歌，转而另投明主，直接或间接地成为新莽代汉的吹鼓手。刘秀有鉴于此，乃广招儒生以收其心，严责吏事以尽其职，既满足了儒生的入仕要求，又消弭了儒生们以古讽今之心，使得儒生们集中精力于现实，迫使儒生们必须掌握法律政令而不是什么古代圣王之治，加强了对儒生的控制，在更深的层面上恢复了“霸王道杂之”的汉家传统。宣帝之“霸王道杂之”是儒生和文法吏兼用，而刘秀之“霸王道杂之”是使儒生必须兼通“文法”，使儒生和文法吏合一。据此，宣帝以前的儒生官僚，出身文法吏者甚多，甚或“缘饰以儒术”，可以说是由法入儒。元帝以后则“醇儒”渐多，可以说是真正的儒术独尊。光武帝则是儒法统一，以“吏化”的方式，使儒生由儒入法。东汉时代，诸多经学大师们精通律学，可以看作这一演进过程的逻辑结果。当因为政治腐败，兼通儒法、才高当世也不得入仕的时候，士人们只好以清高自守，与权势相抗，或者隐遁山林了。不过，这时候的儒家已非昔日之儒，法家也非昔日之法，都融入了其他学派的内容。东汉士人在学理层面上的儒法兼通，可以视为道家影响在更深层次上的扩大。这个问题，说来复杂，详论只能另文为之。

在君主专制社会，政治统一和思想统一大体是同步的，后者服务于前者，为前者设计具体的程序和方略。这个过程在战国时代就开始了，秦汉进一步发展，其表现就是以某一家之说为主，兼容其他学派。官学也好，私学也好，莫不如此，区别在于以何者为主、以何者为次、如何兼容各家而已。这就是司马谈所说的“天下一致而百虑，同归而殊途”。黄老道家之“采儒墨之善，撮名法之要”是如此，董仲舒将儒学神学化也是如此。刘秀以吏事责儒生，在实践层面上要求儒生将儒学和文法统一，其背后自然是使士人在学理上兼通儒法，而服务于现实。这在学术的取舍上，必然使那些关心国运兴衰的知识分子根据现实需要“采儒墨之善，撮名法之要”。王充就是这一类型知识分子的代表。就内容来说，王充之学，以“杂”见称，古人就以“乍出乍入，或儒或墨”[①] 评论之，其《论衡》可以看作当时学术上的百科全书。但是，若从学统上看，又是“采儒墨之善，撮名法之要”的集大成之作，所以王充也以“黄老之义”自居。但是，王充是以批判的态度“采儒墨之善，撮名法之要”的，他并不像战国、汉初的黄老诸公那样“采儒墨之善，撮名法之要”的具体内容构成自己的学说体系，而是批评当时流行的儒、墨、名、法的“虚妄”之说及其社会影响，指出这些“虚妄”之说对巍巍大汉的危害，希望当朝君王对此有清醒的认识。如果我们判定王充是道家学派传人的话，指出其时代特点是必需的，这样更能明白两汉道家的流变，深化对汉代学术史的认识。

王充所批评的“虚妄”，是两汉以来士人为迎合和贩卖自己的主张而编造出来的东西，如神化孔子、编造谶纬等。但是，王充没有看到这些“虚妄”对汉家统治者来说是离不开的，是不能全部否定的，若全部否定了，汉家江山就失去了神圣的光环，这是万万不能的。所以，王充主观上虽然“颂汉”，希望有一个效力国家、一纠时弊的舞台，但终不能得，只能沉滞民间。东汉学界的“虚妄”依然存在。然而，从刘秀开始，对谶纬迷信等“虚妄”就有比较清醒的认识，意识到这是一把双刃剑，既可以是加强统治的手段，也可能成为敌人的工具，在策略上就要求利用和控制并举。刘秀宣布图谶于天下，就是这个目的，符合需要的保留，否则禁止[②]。后继的明帝、章帝继承了刘秀的思想，汉章帝举行白虎观会议，编纂《白虎通义》，也是将符合统治要求的谶纬钦定化、合法化，否则，即排斥出局。这又在政治上一定程度地限制了俗儒们编造谶纬、神化孔子以兜售其说的可能性，客观上促进了道家之学的发展。因为白虎观会议之后，士人不能继续任意

① ［东晋］葛洪著，杨明照撰：《抱朴子外篇校笺》下册之《喻敝篇》，中华书局，1991年，第423页。

② 臧知非：《两汉之际儒生价值取向探微》，《史学集刊》2003年第2期。

神化孔子，用谶纬捞取政治资本受到限制，或者说有风险就转而神化老子，研究《老子》一书，提倡神仙之学。此后的道家学说出现了明显的分化，其形而下者与鬼神相结合，最终形成原始道教；其形而上者则研究《老子》一书的内涵，开始为魏晋玄学开启序幕。然而，无论其变化如何，士人们儒道兼治则是共同归宿，习道者必治儒，习儒者亦治道，两者合流，成为历史的选择。原来势同水火的学派之争，彻底地结束了。当然，上述变迁还有着深刻而复杂的政治经济原因，远非本文说得如此简单，本文目的仅仅在于说明东汉道家的变迁趋势而已。这只是《新道家》一书的读后感，姑妄言之，请熊铁基先生及学界同好指正。

（原载《史学月刊》2004年第7期，作者单位：苏州大学社会学院）

秦汉史研究的一项丰硕成果

——《秦汉官制史稿》读后

袁祖亮

安作璋、熊铁基两位先生近年来悉心研究的结晶——《秦汉官制史稿》，不久前由齐鲁书社出版发行。这是一部内容宏富、颇具特色的学术性专著，它的出版不仅填补了断代官制史方面的空白，而且在许多方面又有新的开拓，它的出版在中国官制史研究的漫长进程中树立了又一块新的里程碑。

史学界前辈常言，研究历史要有“四把钥匙”，而官制即是其中之一，大凡史学工作者都十分渴望获得和驾驭这把能够启开历史研究大门的“钥匙”，但是又谈何容易。当我们打开史籍，特别是正史，几乎每一页都载有官名，眼花缭乱，令人目眩。如果不了解其设置由来、职权范围、发展变化，以及它们之间的相制相维关系，有碍于对重大历史问题的深入探讨。而官制之复杂，向称难懂，时置时废，千变万化，职权演变堂奥莫测，远非年代、地名之复杂所能比拟。而尤其是秦汉官制，则更为重要，具有开创性质，它对以后封建王朝的官制设置有着深刻的影响和渊源关系。正是在这个繁纷复杂而又十分重要、急需解决的重大问题上，两位教授“金针”明度，以七十余万字的巨著——《秦汉官制史稿》上下册展现在读者的面前，这怎能不令人无比欣喜！拜读之余，不觉使人想起了伟大导师恩格斯的一段话：“即使只是在一个单独的历史实例上发展唯物主义的观点，也是一项要求多年冷静钻研的科学工作，因为很明显，在这里只说空话是无济于事的，只有靠大量的、批判地审查过去的、充分地掌握了的历史资料，才能解决这样的任务。”[①] 更何况《秦汉官制史稿》的研究对象是百种以上的官吏，作者在“解决这样的任务”时，参阅了上百种书籍，收集了不计其数的资料，反复研讨，探求其来龙去脉、发展变化，并升华到理论的高度，从中找出带规律性的东西，撰写出一章章一节节学术论文，该是付出了何等艰巨的劳动啊！

综观《秦汉官制史稿》有如下一些特点：

（一）运用马列主义的观点来剖析秦汉官制

马列主义者十分重视对国家政权的研究，这在他们的著作中占有一定的位置和分量。官吏是国家政治制度的核心内容，在一定意义上讲，就是国家的代表。研究不同历史时期的官吏制度，无疑是研究马列主义国家理论所需要的。遗憾的是，新中国成立以来，史学界对经济史、土地制度史、农战史、历史分期诸领域中的研究比较活跃，而对官制史的研究则不多，其原因一方面是不够重视，而主要的原因恐怕是其问题复杂，难度很大，理论上不易把握，令人望而却步。近几年来，喜见有几篇文章问世，但也是就某一职官、某项制度而论，系统性的阐述还不多见。因之，未能满足目前史学界对官制史深入研究的需要。在这种情况之下，《秦汉官制史稿》以马列主义的辩证唯物主义和历史唯物主义做指导，全面地系统地深入地论述了整个秦汉时期的官制。《秦汉官制史稿》在广泛占有材料的基础上爬梳整理，由表及里地进行了一番探讨，把当时的官僚制度放到当时的社会环境中去考察，看其对当时的社会发展究竟起到了何种作用、利弊何在，

① 中共中央马克思恩格斯列宁斯大林著作编译局：《马克思恩格斯选集》第2卷，人民出版社，1972年，第118页。

并提出了自己的看法，既防止了“左”的倾向——将地主阶级的上层建筑说得一塌糊涂、一无是处，又注意了右的弊端——不适当地给以肯定。《秦汉官制史稿》指出当时的官僚制度在地主阶级处于上升时期某种程度的进步性、给以其应有的历史地位的同时，也论及了政权掌握在剥削者手中，他们所推行的制度都是为了维护本阶级的政权，因而它势必走向败亡。总之，这部著作分析合情切实，评论中肯得当，在如何运用马列主义剖析秦汉官制方面，树立了一个榜样，做出了一个成功的范例，这不能不说是史学研究领域中的一项重大成就。

（二）内容宏富

关于秦汉时期的官吏设置及其制度，《汉书·百官公卿表》和《后汉书·百官志》虽有记述，但都十分简略，有的仅点出名称便一掠而过，从中很难了解其详细概况。因之，史学工作者迫切需要一部收集广泛、叙述完备、分析透彻、内容宏富的秦汉官制史专著，而《秦汉官制史稿》正是以其宏富的内容为读者所称道之原因之一。全书共分三篇，从中央到地方的官吏无不详尽收入，上自丞相、诸卿、中朝官、太子宫官、后宫官，下至州郡乡亭里的官吏，以及公府或每级官府中的属官，甚至是属官的属官也加以阐述。此外，人们所不太注意的诸侯王国的官吏、侯国的官吏、少数民族地区的官吏设置也立出专章加以论述。据不完全统计，所述及的官吏五百以上，几乎文献材料之所载、考古发掘之所见，均有收录。而对其中相当一部分官吏都详考其设置由来、职权范围、下属员吏、升迁左转、废止演变及其对政局和历史发展之影响等。必要之处还列有表格，令人一目了然。此外，选官制度（察举、考试、任子、纳赀、买官等）、任用制度（任用方式、任用法规、任用期限）、考课制度（上计与考课、升降与赏罚）、赐爵制度（秦的赐爵制度、西汉的赐爵制度、东汉的赐爵制度）、秩俸和朝位制度、印绶符节制度、车舆与冠服制度、休假制度、致仕制度以及优恤制度也列出章节加以研讨。总之，这部著作内容宏富，单就这一特点而言，堪称一部目前较高水平的秦汉官制的百科全书。

（三）材料翔实，考订精审

材料翔实、考订精审是《秦汉官制史稿》的又一突出特点。人们了解官制，像了解一件事物一样，迫切需要知晓其发生、发展的全部过程及其作用与影响。而文献材料的记载，在许多问题上不但含糊不清，且颇多矛盾，说法不一，孰是孰非不加考辨，难以定夺。著者充分发挥其学识渊博的优势，引用了大量的翔实的材料，经过考订，把许多官制的来龙去脉及其有关问题搞得较为清晰详细。

以丞相来说，在我国封建社会中，它被认为是一人之下、万人之上的显赫官吏，但是，从它的名称到设置由来，文献记载颇不一致。《汉书·百官公卿表》言“相国、丞相皆六国时官”，《通典》言“始皇始置相国”，《历代职官表》言“丞相”和“相国”为两个官名，且“相国在丞相之上”，言人言殊。对待这一聚讼不一的问题，作者经过考证得出：“丞相，是正式的官名，而且是从秦国开始，在秦朝确立的。相国，是人们对丞相，也是对其他名称的宰辅的尊称；相，既是丞相、相国的简称，也是宰辅之职的泛称。”到了汉代，丞相制亦有演变，秦代基本上设左右二丞相，西汉前期基本上设一丞相，武帝时欲置左右二丞相但始终没有任命，仅存左丞相一人。秦以左为上，汉以右为尊。成帝时置三公官，丞相即为三公之一，名称仍旧。哀帝时改丞相为大司徒。光武帝时为司徒。献帝时又置相国，而司徒并存不废。建安十三年又复置丞相。就其职权来说，在其前期有辅佐天子助理万机，有选任官吏、执行诛罚、负责考课、封驳谏诤、总领百官朝议与奏事等大权，但自武帝时开始，逐渐削夺其权力，到了东汉，虽置三公，事归台阁，三公仅备员而已。

又如汉代的刺史一官，《汉书·百官公卿表》和《后汉书·百官志》的叙述简略，语焉不详，《秦汉官制史稿》将其来龙去脉详加考证，指出刺史本为监察官吏，秦时为了加强对地方上的监视，每郡置监御史一人。西汉前期未循秦制，间或派丞相史和御史并出监察地方。到了武帝时期，分全国为十三部州，每州置刺史一人，专管监察，六条问事，不主治民，年俸仅六百石。成帝时改为州牧。哀帝建平二年复旧，秩真二千石，元寿二年又复为州牧。建武时改为刺史。灵帝时改为州牧，甚至是州牧、刺史并行。就其职权范围来说，原来是六条问事，监察郡、国守、相一级的二千石官吏和地方豪强，到了西汉末年便可察及墨绶长吏（县令、长）。原来无选举和劾奏之权，光武帝时间或有之。其后，职权愈加膨胀，察过诏条，干预地方行政，且有领兵之权。秩俸由六百石增至二千石乃至中二千石。原来确实起到了以小制大、内外相维之作用，但日后却走向反面，发展成最有实力的地方封建割据势力……使其来龙去脉跃然于纸上。由于篇幅所限，对其他一些官吏的考述，不能一一列举。

《秦汉官制史稿》不但对官制设置发展演变的来龙去脉阐述清晰，而且对与职官有密切关系的选官、任用、考课等各项制度也揭示详备。单以官吏的任用来说，《秦汉官制史稿》详列了真、守、假、平、领、视、录、兼、行、督等多种任用方式，对任用法规的种种限制，揭示尤为细微。如刺史不能用本州人出任。郡、国守、相不用本郡人。县令、长、丞、尉不但不用本县人，且不用本郡人。到了东汉，任用法规又有发展，有婚姻关系的甲乙双方不得对相监临。以后又有“三互法”，即三州有婚姻关系的官吏亦如此。如甲州人士在乙州为官，乙州人士在丙州为官，则丙州人士不能到甲乙二州为官；对于赃吏的限制尤为严酷，“臧吏子孙不得察举”，吏坐赃者禁锢不得为官；宗室为官不得典三河；外戚不宜备九卿之位；有市籍不得为官；入财为官不署右职；在学历方面亦有限制，上下官吏乃至郡太守卒史均得通一艺以上，等等，考述细致入微。一睹《秦汉官制史稿》便可明了某一职官、某项制度的全部概况，使人们省去了许多翻检之劳。

（四）不乏新见

一提到秦汉时期中央的高级官吏，大多数人都会脱口而出是三公九卿。《秦汉官制史稿》认为，这种提法很不准确，秦代并没有实行三公制度，人们所常言的丞相、太尉、御史大夫也不是并列关系，御史大夫与丞相相比从秩禄到印绶的规格都相差很远。三公正式成为法定的官名，是西汉成帝时候的事情。“成帝改御史大夫为司空，与大司马、丞相是为三公，皆为宰相”，从此时起，丞相的职权便一分为三，三人平起平坐，三公制才正式确立。就“九卿”而论，《秦汉官制史稿》认为，这只是习惯的仿古的说法，并非固定官制。班固的《汉书·百官公卿表》不认为秦和西汉有固定的九卿之制，只因后人盲目遵从三国时韦昭的说法，认为九卿是太常、光禄勋、卫尉、太仆、廷尉、鸿胪、宗正、司农、少府，以至于贻误至今，其实上述说法并不可靠，《秦汉官制史稿》据《汉书》有关列传所载指出，号称九卿者不限于上述诸卿，如汲黯为“主爵都尉，列于九卿”，郑庄“至九卿为右内史（后改为京兆尹）”等，可知称卿者不限于九个，也无等级之分，故著者以“诸卿”称之，颇有见地。

又如太尉一官，郑玄所注之《礼记·月令篇》、班固之《汉书·百官公卿表》以及《汉官序》都众口一词地认为是秦官。《秦汉官制史稿》大量引证了有关秦国与秦朝之资料后指出，从秦国到秦朝，似乎没有一个太尉那样的固定的最高武官职位，相当于汉代掌武事的太尉的官吏只有国尉，从而纠正了旧说。

对于中朝官的论述，《秦汉官制史稿》亦有卓见之处。一般人认为，秦汉时期中央官吏中最有实权者是公和卿，《秦汉官制史稿》指出这种说法并不全面。从演变情况看，自汉武帝时起，公、卿的权力日削，而中朝官的权力日增，到了东汉光武帝时期，三公仅作备员，而中朝官中的尚书等权倾内外。既然其变化如此之大，但《汉书·百官公卿表》和《后汉书·百官志》均把尚书放置在诸卿之一——少府的下属官吏的地位上加以提及，并不能反映出其职权的本质上的变化。《秦汉官制史稿》一反《汉书》《后汉书》的叙述方式，把中朝官同三公、诸卿一样，并列专章加以阐述，这种安排本身就说明有独到之见。

中朝官之所以重要，是因为它对后代的官制有着深刻的影响和密切的渊源关系，如隋朝以后的三省六部制就源于汉之中朝官。对中朝官的形成过程和发展变化，《秦汉官制史稿》亦有精辟的见解，作者认为首先是大司马大将军，再者就是掌枢密的尚书台，尚书和侍中官位日隆又有新的内朝发展起来。大将军的官名在武帝时固定下来，它与中朝官的形成有密切关系，其地位相当于丞相，而实际的优宠和权力都在丞相之上。尚书之官，战国已有，汉武帝为了削弱相权而更多地加以利用，随后权力日增，但一般都是以中央高级官吏领、平、视、录尚书事的形式出现，不领、录尚书事便徒具虚名。在中朝官中，作者还指出了侍中、中常侍、给事中等加官，官吏有了加官之后，地位就有了变化，可以与闻大政，成为枢机重臣，特别是侍中，后来成为三省之一门下省的长官。

在对地方官制的阐述中，亦新意层出。根据文献记载，一般说法认为，秦汉时期的三老是有其行政职务的。但《秦汉官制史稿》考证后指出，三老不是行政职务，亦无俸禄，它是统治者在地方上树立的道德化身罢了，这一看法新颖，与众不同。

再如秦汉时期的乡亭制度，《汉书·百官公卿表》言："大率十里一亭、十亭一乡。"似乎秦汉之制，亭为乡里之间的一级的地方行政机构组织。自从顾炎武提出秦汉之制是以乡统里之后，不少学者慧眼所识又有续作。而《秦汉官制史稿》指出，秦汉之制，既是"十里一亭"，又是"十里一乡"，都是讲的地方行政组织，亭和乡是同一级的单位，亭是城市中县以下里以上的单位，在乡村的亭亦为县以下的乡镇，但其作用有所不同，因而亭吏和乡官的职掌各有侧重。这一结论持之有据，不失为一家之言。如此等等，以上所举远非全豹，它对史籍起到了正误补缺的重要作用。

此外，作者通过对古代官制的研究，还发现了一些基本规律，即在百官之中，处于“总统”地位的原来多是君王的亲近私臣，如周代之太师、太保、太傅、太宰、冢宰，秦汉以降的尚书、侍中，他们起初或为乐官随王出征，或为媵臣、傅母服侍于内，或为罪人“屋下执事”，或为小吏传书殿中，或为卑职掌管东舆衣服，以至于为皇帝提便壶倒唊盂者流，由于经常在君王身边，受到私幸信任，后来上述卑职便发生了质的变化，成了不同时期宰辅职务的荣耀名称。这充分反映了脱离人民群众的君主忧心忡忡，只信任他身边的亲侍随从，而这一规律的发现，对研究某些官吏的职权为何经常演变，具有十分重要的启示作用。

社会科学方面的作品，大多不可能白璧无瑕。《秦汉官制史稿》在论述官吏制度的得失与时政兴衰之关系方面虽有涉及，但似嫌分量不足，也或许是作者的侧重面不同。在体例方面，上下册之间也有不尽一致之处。上册三公、诸卿之后附有表格，反映其属员状况、职掌内容、秩禄级别，而下册州郡、县官吏之后则附以简图仅反映其隶属关系。再者，《秦汉官制史稿》再版之时能否附上一些实物照片，如不同等级之官吏的印绶、服饰、车驾……以扩大读者的眼界。

（原载《社会科学评论》1986 年第 8 期，作者单位：郑州大学历史研究所）

《秦汉官制史稿》评介

张金龙

《秦汉官制史稿》（以下简称《史稿》），安作璋、熊铁基合著，齐鲁书社出版。上册 357 千字，17＋491 页，1984 年 1 月出版；下册 354 千字，504 页，1985 年 6 月出版。

本书作者山东师大安作璋教授、华中师大熊铁基副教授，都是著名的秦汉史专家。安作璋教授很早就致力于秦汉史研究，著述甚多，20 世纪 50 年代就出版了《汉史初探》《两汉与西域关系史》；熊铁基副教授近年出版了《秦汉新道家略论稿》。两位合作研究秦汉官制史，对不同地区学者之间的合作研究开创了良好的风气，提供了示范。

上册为《史稿》第一编中央官制，分三公和丞相、诸卿、中朝官、宫官等四章，共十八节，对秦汉中央官制做了全面的叙述，同时对一些重要的问题做了必要的论证。书后有附录两篇：一、论秦汉郎官制度；二、论秦汉博士制度。这是安作璋教授的硕士研究生王克奇、张汉东两位同志撰写的专题研究论文（硕士学位论文）。二文对秦汉郎官制度和博士制度的产生、发展、作用及郎官与博士的选用等问题，在前人研究的基础上做了全面的论述。

下册为《史稿》第二编和第三编。第二编地方官制，分州、郡、县、王国、侯国、少数民族地区等六章，共十四节，对秦汉地方官制做了全面系统的叙述，各官职都分述其设立及演变、职掌及属官。第三编官吏的选用、考课及其他各项制度，分选官制度，任用制度，考课制度，赐爵制度，秩俸和朝位制度，印绶、符、节与舆服制度，休假和致仕制度等七章，共十八节，对上述各制度做了全面系统的叙述。书后附有主要引用及参考书目共108种，对治秦汉官制史者是有一定的帮助。

在前言中，作者对秦汉官制史研究的意义、目的和方法以及秦汉官制发展演变的特点做了综合论述。作者指出："在过去出版的一些所谓'政治制度史'，主要也就是一个'官制史'（其实官制只不过是政治制度的一个组成部分），如各种版本的《中国政治制度史》乃至《秦汉政治制度》等都是如此，这从一个侧面也证明，政治制度中主要是官吏制度。"政治制度，广义来说，是指中国古代各王朝国家政权组织及统治方式的总和，像《通典》《文献通考》等政书所包括的食货、职官、选举、礼、乐、兵、刑、封建等都是其内容及研究对象。随着学科分类的发展，政治制度的含义也在发生着变化，我们今天所说的政治制度（狭义）实即上述政书中之职官、选举、封建等内容，也就是《史稿》所包含的内容；因此，《秦汉官制史稿》称作《秦汉政治制度史稿》也是符合实际的。作者认为，对官制史的研究是马列主义国家理论所需要的。《史稿》要在前人研究的基础上，对秦汉官制史"进行一番系统而详细的整理和总结工作"，目标是"官制本身及其来龙去脉要搞清楚，主要问题的材料尽可能翔实，并结合内容进行必要的分析，一方面求温故而知新，另一方面也为国家问题的理论研究、为整个秦汉史的研究提供一些经过整理的比较可靠的资料"。

综观《史稿》全书，可以看到它有以下几个特点：

一、全面系统性。《史稿》内容丰富，用七十余万字的篇幅对秦汉中央和地方官制之设立及演变、职掌、属官等基本问题，以及选举用人制度等问题都做了详尽的叙述。《汉书·百官公卿表》及《续汉书·百官志》所载各官都为《史稿》所述及，无一遗漏。这是一部全面系统的秦汉官制史。

二、体例划一。一般都是按官制之设立及演变——职掌（职权）——属官等顺序进行述叙。上册各官制后附有属官简表，包括属官名称、职掌、秩次、备考等四部分，汇集了不少史料，不仅可对其属官一目了然，而且也对进一步探讨有关问题提供了良好的条件，颇具启发意义。

三、文献资料丰富翔实。《史稿》引录了大量有关秦汉官制的文献资料，如对班固的《汉书・百官公卿表》和司马彪的《续汉书・百官志》几乎全部引录于诸章节之中，这两部分资料是研究秦汉官制史的最系统的原始资料；同时作者也大量搜集利用“前三史”的纪传资料以及汉魏以来学者的著作，如蔡邕的《独断》以及《唐六典》《通典》《西汉会要》《东汉会要》《太平御览》《历代职官表》等。

四、适当利用文物资料。《史稿》除大量引用文献资料外，还适当利用了一些文物资料，如汉官印、秦汉瓦当、汉简及秦简等，但与大量的文献资料及秦汉史研究应充分利用考古发现这一要求与趋向比，作者的利用则似显单薄和不足。

五、结论力求从史料中得出。《史稿》大量引用和排比相关史料，然后得出结论，作者运用的编纂方法则比较单调，比较烦琐，行文不够精练，不便于读者阅读和理解，较难发挥其应有的学术效益。

六、应该肯定《史稿》达到了作者整理和总结的意图，同时也提出了一些新观点。如，作者认为真正的丞相制存在于秦和西汉前期，秦只有国尉而没有太尉，国尉不同于后来的太尉，三公制的正式出现是在西汉末期，主要存在于东汉时期。作者还特别强调东汉时期中枢机构已完全为尚书台所代替，而三公则徒有虚名，君权和相权之矛盾总是存在，中朝官制度的发展完全是君主集权意志的体现，如汉武帝及其后尚书台制度的发展便是如此。我们认为，制度的发展演变必须紧密联系历史的发展状况来进行考察，才有可能得出更接近于客观事实的结论。作者的上述观点不无可以商榷之处。

七、《史稿》无疑可以起到“承前”之效，但“启后”则尚嫌不够。首先，就编纂方法来看，全书虽然体例划一，但方法单调，未能突破旧的樊篱；其次，就研究方法而言，虽然引录大段史料可避免空洞之嫌，但往往会令读者难以抓住要点，作者采用的推理方法属于简单的逻辑推理，这样就使得有些论证显得单薄，不利于问题的解决，对新问题的提出也没有很大帮协。

另外，我认为本书的完成，除了作者的秦汉史研究素养及良好的合作外，尚有较好的客观条件可资利用，主要有：(1) 除《汉书・百官公卿表》《续汉书・百官志》外，《宋书・百官志》及《晋书・职官志》溯源秦汉，《通典》《文献通考》《历代职官表》贯通前代而及秦汉；(2)《秦会要》《西汉会要》《东汉会要》分门别类，对史料做了初步整理，《二十五史补编》有关补表亦有参考价值。(3) 王先谦的《汉书补注》《后汉书集解》，哈佛燕京学社引得编纂处所编"前三史"引得，对搜集资料提供了方便；(4) 近人、今人对秦汉政治制度的研究亦具有参考和启发性，除有关论文而外，著作如李俊的《中国宰相制度》(商务印书馆 1947 年版)，周道济的《中国宰相制度研究》(台北华岗出版部 1947 年版)、《汉唐宰相制度》(台北大化书局 1978 年版)，严耕望的《秦汉地方行政制度史》等。上述诸条件，其他断代的研究是很难具备的。

总之，《秦汉官制史稿》是新中国成立以来我国出版的第一部秦汉官制史论著，它的出版无疑具有重要意义。它整理和总结了旧的研究成果，对未来研究具有一定的启发意义和参考价值，同时也对中国政治制度史的全面深入研究具有积极意义。

(原载《史学史研究》1986 年第 4 期)

发挥各自优势　携手精诚合作

——《秦汉官制史稿》写作出版的前前后后

郭　涛

史学界曾有“四把钥匙”之说，即年代、地理、职官、目录。其中，职官一项尤为复杂，牵连甚广。就古代职官的整理而言，清人黄本骥曾编有《历代职官表》一书。随着近代学术研究的发展，历史研究各领域也逐步走向断代、精细化的轨道。秦汉王朝和秦汉官制在整个中国古代史上具有重要的意义，现代学术意义上的断代官制史《秦汉官制史稿》应运而生。

《秦汉官制史稿》由山东师范大学安作璋和华中师范大学熊铁基两位先生联袂完成于20世纪80年代初。著作分上下两册，共70余万字，截至目前仍然是秦汉政治史、制度史研究的必备参考书。著作的质量和创作中的合作精神也都一直为学界所称道，被誉为史学合作中的典范。从两位先生合作时的往来信件可以了解，合作的前期准备工作较为复杂、曲折，明确目标之后开始写作的整个进程很顺畅。

朴实正派与积极坦率的交流

安作璋与熊铁基的合作缘起于1980年在山东烟台召开的十院校中国古代史教材编写会议。安、熊两人虽初次见面，但一见如故，合作意向一拍即合。之后各自奔走此事，寻找更多合适的人选以组成扎实的写作班底。会后返回武汉的熊铁基在给安作璋的信中，亦即目前所见最早的信件（1980年11月17日）中首次提到合作时两人的角色定位。由于各种原因，其他人难以邀请，才决定由两人合作。在12月26日的信件中，熊先生又坦陈了自己的优势和问题：

我想不如我们两人来搞，也许还省一些，当然主要是你。我们不必客气了（我的情况可以如实告诉你，用现在“扬长避短”的说法，我唯一的长处是能够对一些问题提出一点看法，做事比较快，而且时间也有保证，既没有太多杂务，也不打算另搞一套什么，如果跟着你学，在科研方面基本上可以说全力以赴）。我最大的短处是没有什么基础，只能边干边学，所以只能以你为主，在你的指导和帮助下完成任务。（这是确实的话，不是客气。）

熊铁基还提到“如果你同意这个想法，而且觉得我可以作为一个助手的话”，他会“协助你做这件事”等。为了表示信任，熊铁基坦率地附上宁可先生对“合作”一事给他的回信：“安作璋同志是强人，他学风朴实。为人正派，你们合作一定能有好的结果。”（宁可写于12月22日）在回信中，安先生也表露心迹，称熊铁基“古道热肠，肝胆照人，我已有所领会。今又来信，更加证实我的原来印象”（1981年1月4日）。一个朴实正派，一个积极坦率，两人互相信任、彼此交心，在学界都有较好的口碑，为合作意向的达成和日后合作的顺利推进奠定了基础。“作为一个助手”，并非仅仅是熊铁基的自谦之辞，事实上是他当时在专业上对“先天不足，后天失调”的清晰的自我认识，希望“边学边干”以补足短板。其时，安先生在秦汉史领域已耕耘有年，基础牢固，理应作掌舵人。这种分工是学术积累程度上自然而合理的安排。

提纲撰写中的往复

决定合作之后，他们讨论的重心转向书稿编写形式和大纲的拟定，通过大纲呈现出新作的特色是核心问题。在1981年1月4日的信件中，鉴于熊先生积极思考的长处，安先生希望由熊先生先酝酿一个编写大纲。而为了表示一个积极的态度，熊先生接信后立即考虑提纲并表示最后还是由安先生定夺。安先生收到编写提纲，觉得架子可以，但也有些问题值得进一步研究。近三个月未得回信，4 月 28 日，熊先生再次去信询问提纲之事，希望由安先生早定提纲，他好做些具体工作。安先生回信中对章节的重要性及内容做了较为详细的修改说明，并表示希望熊铁基再写一个包括细目的详细提纲，因为有了细目，方能突出特色。熊铁基在从事魏晋南北朝史学研究的友人的建议下，再三考虑重提对“讲义体裁”的顾虑，两人再次讨论体例和提纲问题。

没有安作璋的明确意见，熊铁基对自己所拟的提纲没有把握。而 4 月 28 日的回信中可见安先生相对谨慎，他认为在拟定提纲时要考虑系统、全面、详细，同时也要考虑特色，提出了提纲撰写的四条原则。他还是请熊铁基先拟一个提纲，在秦汉史年会召开之前至少要有一个往复。5 月 22 日，安作璋接到林剑鸣信，其中谈到他正在编写《秦汉史》一书，安作璋感到形势紧迫，想法有所改变，主动询问大纲编写情况，希望尽快着手写作。

5 月 27 日，熊铁基认为可以立即动手，提出章节写作分配方案。安作璋回信中表示同意立即动手写，明确章节分工和每章的分量，并希望最近仍由熊铁基写一份详细提纲寄来。6 月 8 日，熊铁基回信表示不太明确安先生所指提纲的详细程度，并详细说明了自己按照四条原则撰写的提纲和初步想法。6 月 12 日，安先生反馈了熊铁基所撰写相关章节提纲的修改意见。

至此，提纲问题已基本解决。在提纲拟定的往复过程中，他们的分工也非常清晰，大体上由熊先生撰写，由安先生修改、把关。

《秦汉官制史稿》的生成方式

在提纲拟定中，这种“你写我改”的模式在之后的写作中贯彻下来，即由安作璋寄来相关资料，熊铁基写完初稿快速寄送给安作璋，安作璋则提出修改意见后再返回给熊铁基。日复一日，往来不绝，这被安先生称为“流水作业”。

早在 4 月明确写作分工的信中，熊先生提到交叉分担一些章节的设想，而为了保证他负主责的西汉部分的质量，希望采取“每章我先写一个初稿，请你修改，提出意见等”的方式。5 月 27 日，熊铁基写的信中延续了这一思路，相关章节由熊铁基利用两人的前期成果进行改写，争取在秦汉史年会开会前后试写出一两节或一章交给安先生审查。

正式开始写作后的《秦汉官制史稿》进展比较顺利，行文风格和作品质量也都得到了保证，这恰恰是沿用拟定提纲时初步确定的“流水作业”方式的结果。《秦汉官制史稿》的写作基础是熊铁基和安作璋分别有 10 万字的秦代官制史和 20 万字的汉代官制史的书稿。在 1981 年 12 月 26 日的信件中，熊铁基提到写作的基本原则是把秦代官制史和汉代官制史两个稿子合起来，在原有的基础上补充扩大。写作是以熊先生撰写初稿和安先生修改的方式进行，写一章改一章，反复往返。这种方式一直延续到稿件的最终修订阶段。

在书稿撰写过程中，两人还承担了历史大辞典词条的编写、审稿、改稿任务，除了审、阅的那部分词条不算，仅由他们承担编写、改定的官制、法律就有 300 余条。为了让熊铁基集中力量修改初稿，安作璋具体着手该事，花费了不少时间。此项工作刚告一段落，他紧接着就修订熊铁基寄来的书稿。至 1982 年底《秦汉官制史稿》上册才初步完成，1983 年交出版社，1984 年出版。装订好的底稿于 1983 年 9 月由安作璋的研究生带去华中师范大学，现保存在熊先生的手中。

上册修订稿交出版社的同时，下册的写作也在进行，仍采用“流水作业”的方式。1983 年 5 月 31 日，安作璋给熊铁基的信中写道：

> 按照我们原来的计划，是今年十月间把下册书稿交齐鲁书社，争取 1983、1984 年两年内出齐。现在看来是根本无法实现了。我的意见是最近或到暑假我们开辞典定稿会时，你把已经修改好的书稿寄交给我，有多少算多少，会一结束，你就一边继续赶写下去，我就一边着手修改，流水作业，早则年底，晚则明年第一季度末（三月），把第二、三编全部搞完。下学期我虽然有课，也一定要挤时间来搞（包括看上册校样）。等全部搞完后，我还要利用明年上半年剩下的时间或暑

假，再通盘审查一遍，包括善后工作。（搞出初稿后，修改定稿的时间往往很长，因此项工作最细做不过，也最烦琐。不过，如单是统一符号，就不知花费多少时间。）这样，至迟我们的书稿在明年下半年开学前就可以交出版社了。当然，越早越好，越快越好。

我之所以这样从先后考虑，不仅是保证时间速度问题，也涉及书稿质量问题。你的长处是思考敏捷、勇于创新、下笔较快，但多少有点粗放，不够稳妥。我的短处是思想迟钝、偏于保守、下笔较慢，但力求谨慎、细致、稳妥，不出或少出差误。我们两人配合起来，一先一后，就能扬长避短，既能加快速度，又能保证质量。当初我们一见如故，即你推心置腹，我的话如有不当或考虑不周之处，即请指出，我们再好好商量。总之，我们要善始善终，不能让人家看我们的笑话。

这种一先一后“流水作业”的方式便于利用各自的优势，扬长避短，亦保证了下册的进度和质量。下册于1985年顺利出版。

《秦汉官制史稿》的合作佳话成为一段很有意义的历史。

（原载《中国社会科学报》2019年7月22日，作者单位：华中师范大学历史文化学院）

军事史苑的一株新葩

——评《秦汉军事制度史》

李晓明

在近年来军事史苑新著纷呈的可喜形势下，我们又高兴地看到由熊铁基教授历时数年精心撰著，填补我国军事史、制度史研究空白的《秦汉军事制度史》（以下简称《制度史》）出版了。本书的问世，对深化我国军事史和制度文化的研究无疑会起到积极作用。

本书除绪论外，共分十一章，举凡士兵、军队（包括常备军，野战军、边防军、军兵种）、装备、军马、给养、营垒、军法、兵法等均有论述，是一部内容广泛、考证精详、新见迭出的学术著作。

以往的军事制度史研究，空白点很多，为什么熊先生要以秦汉为断代从事自己的研究呢？究其原因主要是，经过春秋战国的经济大发展时期，铁兵器日益应用和其他新武器不断发明；军队人员成分发生很大变化；战争特点已远远不同于往日。所有这些，都在秦汉时期定型化、制度化。同时，秦汉时期的军事制度对我国漫长的封建社会王朝的军事制度，均有深远的影响。可见，作者以秦汉军事制度为课题，是明智而有远见的。

读罢《制度史》一书，感到它有以下优点：

第一，考镜源流，历叙沿革，力图恢复历史的本来面貌。

学贵“辨章学术，考镜源流”，历史的可贵之处，就是它能向后人展示事物的发展过程，作为军事制度史，尤其应该突出这一点。作者在本书的写作中时刻不忘这一宗旨，发展过程的观点贯穿本书始终。开宗明义的“兵士”一章，作者就联系到春秋战国的实际，考察了兵、士、卒、甲士、徒等名称的区别、来源和组成，以及至秦汉时期的变化等。就秦汉时期本身，作者也总是用发展过程的眼光看问题，如汉代马政一项，在书中就根据历史实际划分了汉初、武帝时、西汉后期、东汉四个阶段。

由于年代的久远和资料的残缺，有关秦汉时期军事制度的某些方面已湮没无闻。作者在难题面前并没有却步，而是本着恢复历史本来面目和对历史、对读者负责的精神，通过对散乱史料的爬梳条理和娴熟的研究技巧，力图勾勒出事物的本真。例如在汉代兵役起始年龄的问题上，旧有诸说莫衷一是，作者却分别从算赋入手考察西汉，从检核户口着眼考察东汉的起役年龄，从而提出了自己的新见。

第二，充分尊重前人研究成果，汲取古今研究精华。

任何一部科学著作，都必须认真检点本学科既往的研究成果，以前人的终点为起点，并同时扬弃其错误和糟粕。《制度史》也很好地做到了这一点。虽说论述的是秦汉军事制度史，但凡是涉及这一时期的一切资料，以及前人对这些资料所做的考释和研究，作者都细大不捐地使之进一步系统化、科学化，为建立科学的学科体系之用。

关于汉代的南北军制度，以往学者论说纷纭，作者博综群籍，先后考察了自古及今学者的著作如马端临的《文献通考》、钱文子的《补汉兵志》、俞正燮的《癸巳类稿》、陈树镛的《汉官答问》、贺昌群的《汉初之南北军考》、劳干的《论汉代之卫尉与中尉兼论南北军制度》等旧说①，然后简明扼要地表明了自己的科学观点。

第三，书面文献与出土文献、实物的有机结合，把论点建立在坚实的论据基础之上。

论述秦汉军事制度，无疑应以书面文献为主，可惜书面文献对很多事实或言之不详，或阙而不载。所幸的是，自 20 世纪以来，各种文物简牍纷纷出土，为广大的学者提供了广阔的研究前景，《制度史》的作者对这些资料极为重视，大凡秦汉军事制度中的疑点、空白之处，作者总是力求从出

① 熊铁基：《秦汉军事制度史》，广西出版社，1990 年，第 66 页。

土文献中找出答案。

秦汉时期军队的人员构成中，有没有少数民族士兵？作者从西安秦俑的面形和发式着眼，从而断定不仅有而且数量还不少[①]。关于兵器，作者不仅从字书、礼制和兵法书上证明了它的形制和用法，而且还从秦俑坑中的现场证明了它的客观存在和实用性[②]。

除了前人著录的钟鼎彝器外，秦汉简牍则是作者广为征引的史料渊薮，择其要者，主要有云梦秦简和木牍、睡虎地秦简、流沙坠简、居延汉简、敦煌汉简等。诸如在军用器物和秦代马政等篇什中，几乎全是依据秦汉竹简而写就[③]。

当然，《制度史》一书的优点远不止这些，本书实事求是、勇于存疑的学风，以及语言的可读性、研究方法的技巧性，都是值得充分肯定的。

像一切作品都会留下缺憾一样，本书也有它不可否认的缺点和不足，主要表现在：其一，一些注文或未标版本，或标识不全，或格式不一。如第268页引文仅标明汉简页码，却未言明是何汉简，给读者以突兀之感，也与严谨的学术著作不相符。其二，对个别属于军事制度的必备内容或语焉不详，或置而不论。如候望、交通和斥候，这些都是应立专门章节来论述的问题，通讯与交通从某种角度上讲，是军队在战争中能否取胜的关键因素之一。候望与交通，作者认为"可能是一致的"，又说"内地就不会有候望"[④]，我们认为两者的不一致性远远大于一致性，即使在边郡，两者的机构设置就大大不同。从作者所论"边郡兵的组织""军营和壁垒"等论题时所引述的史料看，似乎已显露出解答上述问题的端倪。当然，话说回来，也许是笔者眼高手低，没能体会到作者为文之艰辛。事实上，这部二十余万字的著作，是不可能把秦汉这两个大一统王朝的军事制度包揽无遗的。熊先生的努力是成功的。希望后来者能在此基础上写出更新更好的作品，

① 熊铁基：《秦汉军事制度史》，广西出版社，1990年，第27页。
② 熊铁基：《秦汉军事制度史》，广西出版社，1990年，第174页。
③ 熊铁基：《秦汉军事制度史》，广西出版社，1990年，第241、245页。
④ 熊铁基：《秦汉军事制度史》，广西出版社，1990年，第154页。

这既是作者的希望，也是笔者的希望。

（原载《安徽史学》1992年第1期，作者单位：华中师范大学历史文化学院）

评《秦汉军事制度史》

庆 文

400 余年的秦汉两朝，是中国军事史上一个重要的发展阶段，不仅仅因为这一时期出现过秦皇、汉武这样雄才大略、叱咤风云的军事统帅，也因为这期间全面总结了春秋战国以来在士兵成分、军队构成及战略战术等方面的军事历史经验，为其后 1000 余年中国封建军事制度的发展奠定了基础。近年来，史学界颇重视这段军事制度史的研究，也取得了丰硕的学术成果。唯面世的多有探讨某一具体问题的文章，较少反映秦汉军事制度全貌的综合性著作。熊铁基的《秦汉军事制度史》（广西人民出版社，1990 年版），弥补了这方面的缺憾。这是一部颇具功力的学术著作，有以下几个特点值得称道。

一是论述深刻。秦汉文武本不分途，流传至今的《史记》《汉书》等史籍也没有专门列有兵志章节。宋人钱文子勾古稽沉，作《补汉兵志》，仍难以反映当时军制的全貌，许多重要问题也没有得出正确的结论。本书作者从补写“兵志”的目的出发，却不囿于旧志写法，对现有史料简单整理和分类，而是运用马列主义的基本观点、立场和方法，把秦汉军事制度放到当时整个社会发展中去考察，特别注意它与秦汉经济发展的内在联系，以便真正理解和正确解释历史现象。对前人及今人的已有研究成果，作者也不盲从。他根据个人多年研究的心得，从其善者，驳其谬误，在许多重要问题上得出了令人信服的结论。

二是结构新颖。为了全面深入地分析秦汉武装力量这一庞然大物，作者从解剖基本细胞——士兵入手，次第述及常备军、野战军、边防军以及各军、兵种，对构成军事力量的其他要素，如装备、军马、给养、营垒、军法、兵法等都设有专章论及。这样，不仅清晰勾画出本书研究对象的基本轮廓，达到“温故而知新”的目的，也给读者以结构新颖、不落俗套之感，使本书的军事色彩更浓郁，许多军事技术史、军事社会史和军事思想史方面的内容都可以在这个框架下充分展开。

三是材料丰富。作者为使本书有坚实的史料基础，不流于空泛议论，除了仔细爬梳传世的秦汉典籍史书外，还对近年出土的秦简和居延汉简材料予以充分利用，特别是士兵役龄、应募，边防军的成分和编制组织，军法军纪等重要章节，都是在深入研究简文后写出的。在论述兵器装备和军队调发符信时，还进一步参考了有关秦汉遗址的发掘报告。为补救史料记载的粗率，作者甚至费尽苦心，从战史实例中分析当时营垒的规制、造法。可以说，正是立足于这样丰富的史料基础，才使本书成为立论坚实、学术性较强的著作。

如果说本书还有什么不足的话，那就是兵法一章显得过于单薄。秦汉时代是中国兵学史上承前启后的时代，在整理先秦兵书、归纳总结先秦军事理论方面都做出了卓越的贡献。不仅秦汉史籍中保存了大量的兵法资料，《吕氏春秋》《淮南子》《盐铁论》等典籍中也多有论兵篇章。据今人考证，《墨子·城守》等篇、《三略》也都与秦汉有着不解之缘。材料并不算少。当然，如何深入研究秦汉兵法，则需要学术界长期艰苦的努力，我们对本书作者的厚望也同样在这里。

（原载《军事历史》1991 年第 4 期）

汉代学术史研究的新探索

——读熊铁基先生著《汉代学术史论》

李振宏

在熊铁基先生八十华诞之年，我们欣喜地读到了先生的新作《汉代学术史论》，一种“老骥伏枥，志在千里”的感触油然而生。这本大著不仅仅因为它是一位耄耋老人的新作，更因其实现了学术史研究的新探索，提供了诸多启人心智的学术见解，而令人肃然起敬。作为后学，评论先生的大作实在是力有不逮，但确有不少感想欲一吐为快。所以，笔者不揣浅陋，把初步的阅读感受连缀成篇，以求教于熊铁基先生及学界同仁。

一、探索学术史研究的新模式

熊先生在前言中说：“开始碰到的问题是：写一个老题目，如何能不一般化？能否与已有的学术史有所不同？”在课题研究之初，他就抓住了学术史的创新问题，要写出与众不同的学术史。经过一段时间的思考，熊先生把汉代学术史研究的创新定格在三个方面：一是提出学术载体的研究，这是以前的学术史所不曾关注的；二是研究学术发展问题，要重视影响甚至决定其发展的诸多因素，譬如要研究整个社会历史、文化背景等；三是注意汉代学术发展的综合性特征[①]。有这三个方面，熊先生的汉代学术史研究，就基本上与前人的研究区别开了，就可以成就一本别样的学术史，不

① 熊铁基：《汉代学术史论·前言》，高等教育出版社，2013 年。

再蹈前人之辙。这是作者在写作之初为自己提出的研究路径，而其最后的成书，如何实现了这些设想呢？我们试做简单分析。

首先，关于学术载体的研究。这的确是作者提出的一个新问题，前人的学术史著作中基本不涉及这一范畴。作者对自己提出的这个新问题给予了高度关注，用了两章几近10万字的篇幅来进行讨论。作者开宗明义写道：

> 学术有载体才能流传，什么是学术载体呢？主要是两个：一是人，人的头脑；一是物，有文字图形的物，又主要是书籍，故书籍又称"载籍"。……研究汉代学术史，从这最基本的载体——人和书问题谈起，也许更加牢靠一些。①

于是，循着这样的思路，作者就对汉代创造与传播学术的学术传人以及学术思想赖以展示和保存的载籍做了系统考察。考察分为两章，即第二章汉初的学术载体和第三章两汉学术载体的演变。其中，最重要的是关于载籍的考察。从载籍的角度考察学术史，以往的汉代学术史研究中，只有民国时期出版的顾颉刚的《汉代学术史略》② 中有所提及。该著有一个专章"经书的编定与增加"，但仅有几千字的篇幅，并没有深入或展开。其他的汉代学术史著作，则几乎都不涉及这个问题。学术史不同于学术思想史，要全面展示学术发展的盛况、全貌，对载籍的研究是题中应有之义，载籍研究应该纳入学术史研究的范畴中来。而且，熊先生对载籍的研究也的确收获颇丰。他在第三章第一节图书的集散与传世本的初定中得出结论："不可否认，先秦典籍在汉代大多已非原貌，有汉人以己意所做的各种改变，甚至参入一些原书所无的内容……传世先秦古籍，是经过汉人改定的，这一点完全可以肯定。"③ 这就是一个非常值得关注的结论，蕴含极为重要的学术思想价值，本文后边还要重点分析。如果不是通过对载籍的系统考察，就无法对汉代学术的这一特点给予明显地揭示。所以，熊先生在学术史著作

① 熊铁基：《汉代学术史论》，高等教育出版社，2013年，第15页。
② 顾颉刚：《汉代学术史略》，亚细亚书局，1935年。
③ 熊铁基：《汉代学术史论》，高等教育出版社，2013年，第67页。

中提出学术载体的考察问题，是他的一个贡献或建树。

但是，熊先生对于学术载体的理解，笔者并不完全苟同。先生把学术创造的主体——学人，也作为学术载体来看待，似乎不符合一般的思维逻辑。如果可以这样看待的话，那岂不是说人是学术的对象物，学术借助于人获得存续和发展？学术是脱离人而独立自存的客观存在，而人的头脑只是学术存续的寓所？而事实是，人是创造学术的主体，离开人就没有所谓的学术。把学人当作学术载体，在逻辑上是讲不通的。当然，这只是一个概念的使用问题，笔者并不反对在学术史的范畴内来考察人的问题，考察特定时期学人的状况、学术的传承。如果不把人的研究划入学术载体的范畴，而提出“汉代学人群体研究”这样一个命题，是不是就可以完成熊先生提出的使命呢？

其次，关于从整个社会历史和文化发展的广阔视域来研究学术的发展问题。这实际上是一个为人们所熟知的方法论思想，即传统唯物史观所揭示的社会存在决定社会意识的方法论，是中国学界普遍遵循的方法论思想，本没有什么特别的地方，但就笔者看来，在这一方法论思想的应用方面，熊先生的大著达到了前人所不及的水平。

自从唯物史观传入中国学界，社会存在决定社会意识就是一个人们共同遵循的方法论原则，所有的文化史、思想史、学术史研究概莫能外。在传统的思想史研究中，最引人注目也最有成就的，就是所谓的侯外庐学派。所以有人提出侯外庐学派的概念，就在于这个学术群体有他们突出的方法论特色。比如国内学界较早提出侯外庐学派的龚杰先生就说：“《中国思想通史》集中体现了侯外庐学派的特色和成就，其中对学术界影响最大的，就是注重思想史与社会史的关联。在侯外庐学派看来，思想史应以社会史为基础，即把思想家及其思想放在一定的历史范围内进行分析研究，把思想家及其思想看成是生根于社会土壤之中的有血有肉的东西。”[①] 龚杰所强

① 龚杰：《论侯外庐学派的代表作〈中国思想通史〉》，《西北大学学报（哲学社会科学）》1989 年第 1 期。

调的就是侯外庐学派的思想史研究所具有的鲜明的“注重思想史与社会史的关联”的学术风格。方克立、陆信礼的论文，谈到侯外庐学派时也如是说：“‘侯外庐学派’……其基本主张是用以唯物史观为核心的马克思主义世界观和方法论来研究中国思想的发展，强调思想史研究与社会史研究相结合，可以说是中国思想史研究中的唯物史观派。”① 其实，所谓侯外庐学派就是严格遵循社会存在决定社会意识的方法论原则而形成的有共同学术风格的一个学术群体，其最为明显的学派特征就是重视社会史研究与思想史研究的结合，侧重于从社会出发去认识思想的发展，是坚持和贯彻了社会存在决定社会意识的思想方法。

但是，弄懂唯物史观的基本原理是一回事，恰当地运用这一原理去解决问题、揭示思想发展的历程又是一回事。所以，我们看到，在这一原理的实际运用中，取得的实际效果并不理想。很多思想著作中，社会历史环境的描述和思想发展的阐述并不融洽，或者干脆就是两张皮，历史背景、社会环境即社会存在的描述在思想史著作中多是生硬地贴上去的，人们并不能从中看到思想进程与历史进程的必然联系，即使在侯外庐先生主编的多卷本《中国思想通史》中，这一问题也没有得到很好的解决。这是在过往思想史、文化史、学术史研究中普遍存在的教条主义倾向。

即使一些非马克思主义的学者，也懂得思想发展与社会历史环境的关系，也努力在为思想的发展寻找社会历史环境的因素，重视思想发展的历史平台问题。如徐复观先生就有这样的认识，他曾写道：

> 我研究中国思想史所得的结论是：中国思想，虽有时带有形而上学的意味，但归根到底，它是安住于现实世界，对现实世界负责；而不是安住于观念世界，在观念世界中观想。所以，我开始写《两汉思想史》时，先想把握汉代政治社会结构的大纲维，将形成两汉思想的大背景弄清楚。而两汉政治社会结构的特色，需要安放在历史的发展

---

① 方克立、陆信礼：《“侯外庐学派”的最新代表作——读〈中国儒学发展史〉》，《中国社会科学院研究生院学报》2010 年第 2 期。

> 中始易著明；因材料及我研究所及的限制，便从周代的政治社会结构开始。[①]

在这样的认识基础上，他的两汉思想史研究，就从思想史赖以发展的历史基础的研究开始，先完成了一本题为《周秦汉政治社会结构之研究》的著作。但是，他认为，这本著作实际上就是他的《两汉思想史》研究的一部分，所以，在后来完成两汉思想史研究，出版《两汉思想史》著作的时候，则把《周秦汉政治社会结构之研究》一书，改名为《两汉思想史》的第一卷，纳入其三卷本的《两汉思想史》之中[②]。但是，作为一部完整的思想史著作，这个第一卷和后边的第二、第三卷在著述逻辑上有什么意义关联呢？后边所描述的思想发展，如何从这个第一卷所描述的历史背景中引申出来呢？就全书的结构说，后边的两卷和前边的第一卷则是脱节的。从历史的逻辑出发，思想的发展没有蕴含在历史的发展之中；从写作的著述的逻辑出发，第一卷和后两卷之间则没有内在的逻辑联系，二者是生硬地强拉在一起的。

要写一本历史与思想交融发展，将思想、文化、学术的发展真正置于历史的舞台上展示出来的思想史或学术史著作，不是一件容易的事情，弄不好就会有教条之嫌，出现历史与思想两张皮现象。大概正因为如此，在改革开放的新时期，冲决了教条主义的牢笼之后，有人就干脆舍弃了为思想或学术寻找历史基础的麻烦，直接采取弃之不顾的简单化做法。例如20世纪90年代出版的王铁的《汉代学术史》，就没有安排这样的章节，不再为思想或学术的发展贴上一个并不融洽的标签[③]。2004年出版的《中国学术通史（秦汉卷）》，基本上也是回避了这个问题，仅在其第一章中用千余字

---

① 徐复观：《两汉思想史》（第一卷），华东师范大学出版社，2001年。

② 参见徐复观：《两汉思想史》（第一卷），华东师范大学出版社，2001年。

③ 参见王铁：《汉代学术史》，华东师范大学出版社，1995年。该书共八章，分别讲述了天文与历法、数术、医学、养生与神仙方术、经学、谶纬、诸子学、史学等方面，而并没有专章探讨汉代学术发展的社会历史环境，而像以往人们所做的那样，一定显示其将学术发展置于社会存在的基础之上。

的篇幅交代了一个时代背景①。但是，熊铁基先生的著作，在这方面有了较好的探索。

《汉代学术史论》为学术的发展寻求社会历史、文化及政治基础的努力，主要是通过第一章汉代学术的历史和文化背景和第四章影响学术发展的重大举措这两章来完成的。在第一章中，作者安排了春秋战国时期社会急剧变化与发展大势、百家争鸣的学术文化及其实质和汉代政治历史的主要特点三节；而在第四章中，则写了博士制度的形成、演变及其影响，“贤良对策”及其意义和影响，石渠阁“会议”的意义，刘向父子校书，东汉初年的文化政策，君臣讲经与白虎观“会议”，兴学与校书的制度化等七节。从这两章的节目标题中可以看出，熊先生为汉代学术所寻找的社会历史基础，主要的不是传统的以生产力与生产关系所表征的社会存在，而是时代的历史特点和政治制度；对于思想的或学术的发展来说，政治制度的影响可能更为直接。以往的思想史或学术史著作中，所以会有教条主义，呈现存在与思想两张皮的状况，则是我们机械地把存在仅仅理解为经济方面的因素，因为认定生产力是一切历史发展的终极原因，就直接从生产力的发展来解释思想的发展。而我们忘记了，从生产力这个终极原因到思想的发展之间，存在着多么复杂的中介因素，思想的发展是不容易直接从生产力的发展中引申出来的。经济基础更多的是直接决定着政治的变化，而政治则规范和制约着人们的社会行为和思想活动，思想更多的是和政治发生联系。如果从政治制度的角度去看待思想和学术，就可能发现其中的直接联系，在解读社会存在决定思想和学术的发展的时候，就不会显得那么教条和生硬了。于是，在熊先生的书中，他所研究的博士制度问题、石渠阁会议、白虎观会议以及东汉初期的文化政策等，虽然属于政治方面的问题，是汉代学术所依托的政治因素，而同时也可以看作学术发展不可须臾离开的要素，从而学术的发展就和当时的社会、当时的政治、历史文化背

① 参见周桂钿、李祥俊：《中国学术通史（秦汉卷）》，人民出版社，2004年，第1—3页。

景等社会存在的诸方面，紧紧地联系在一起了。可以说，熊先生在解决思想史和学术史研究如何实践社会存在决定社会意识的方法论问题上，做出了有益的探索。

最后，作者提出的重视汉代学术发展综合性特征研究之目标，也基本上实现了，但这不属于学术史内容体例方面的探索，而是具体的学术见解，我们放在下一部分再来探讨。

二、启人心智的新见解

《汉代学术史论》这本凝结着熊先生多年心血的著作，除了在学术史的写法上有新的探索之外，在具体的内容上也的确充满新颖的学术见解，在诸多方面都具有启人心智的力量。以我个人的心得，这些新见解主要表现在以下三个问题上。

第一，熊先生明确提出了汉人对先秦学术的改造问题。

现在我们所能看到的先秦文献都是经过汉人整理而流传下来的，而汉人在整理先秦文献的过程中，对其进行某种程度的改造，是从事传统学术研究的人都可以想见的问题，但是这个问题的极端重要性，则被人们忽视了。并且久而久之，渐渐失去了对这一问题的警惕性，在人们的潜在意识中，似乎我们所接触到的先秦文献本来就是这个样子。这是研究先秦文献时一个不容忽视的大问题。熊先生的《汉代学术史论》对这一问题给予了明确揭示和反复强调，为学界准确把握先秦文献的性质敲响了警钟。熊先生的书中写道：

> 汉人对先秦典籍的改造，必然打上汉人的时代烙印，也就是打上汉人的思想烙印。他们校对、整理、编辑都有自己的指导思想，而且是受时代影响的指导思想。西汉中后期以后，儒家思想在思想领域占支配地位，因此如前所述，刘向等人校书注重书籍中的忠谏、义理思想，贾逵中的《左氏》是讲君臣关系、强干弱枝的道理。……因而汉代对经籍的改造和诠释是有汉人的“我”在其中的，这是不可避免的，

> 也是必然的。[①]

熊先生的这一思想最初以论文的形式发表的时候，就对笔者产生了重大影响，促使笔者对这一问题进行了长时间的思考和研究，并发表了《论“先秦学术体系”的汉代生成》[②] 一文。的确，当我们不能以历史分析的眼光去看待我们所传承的先秦典籍的时候，我们是要被它所打上的汉代烙印所蒙蔽的。由于笔者已经有《论“先秦学术体系”的汉代生成》一文的发表，所以，这个问题就不再展开，有兴趣的读者自可找来参考。而在这里，笔者要强调的是，在认识先秦文献的汉代属性的问题上，熊铁基先生是有重要的开拓之功的。这体现了熊先生敏锐的思想和犀利的目光，体现了先生对待历史文献的历史批判精神。

不仅如此，在如何看待先秦文献的历史属性的问题上，熊先生一方面敏锐地指出它被汉人改造的事实，另一方面也对这一问题给予辩证地历史地分析，并不因为汉人的改造而对之采取虚无主义的态度。他强调说：

> 汉代流传的先秦典籍没有也不可能脱离先秦原来的基础。说某一种书完全是汉人伪造的恐怕很难，特别是早已流传的群经、诸子，若有人伪造当即会被揭穿。……汉代生成的各种经籍文本及汉人对它们的诠释，仍然是我们了解先秦文化、社会主要的基本材料，也是我们研究中国传统文化源头的主要依据。[③]

这样一种对待历史文献的科学态度，是值得学界借鉴或学习的。

第二，熊先生关于中国传统学术特点的总结，对学界富有启发意义。

《汉代学术史论》专门有一章讨论中国传统学术的特点及其形成问题，这是关于传统学术史研究很有特色也很有价值的一章。以前，几乎很少有人来综合性整体性地思考中国学术问题，当然也就对中国传统学术的整体

---

① 熊铁基：《汉代学术史论》，高等教育出版社，2013 年，第 245—246 页。

② 李振宏：《论“先秦学术体系”的汉代生成》，《河南大学学报（社会科学版）》2008 年第 2 期。

③ 熊铁基：《汉代学术史论》，高等教育出版社，2013 年，第 246—247 页。

性特点缺乏归纳和总结。在这一章中，熊先生把中国传统学术的特点归纳为道不离器的综合性、经世致用的政治性和解读诠释的连续性三个方面，是谓创造性之学术贡献。

2004年张立文主编的《中国学术通史（秦汉卷）》中，曾设有一个小目，用千余字的篇幅简单地谈及秦汉学术的特色："秦汉时期的学术形成了自己的特色，大致说来，秦汉学术与现实社会政治联系紧密，在学术形态上具有综合性，在学术发展的形式上注重以述为作，在学术思想上以天人、古今问题为关注中心。"① 这里表述的综合性和熊先生的总结似乎是重合的，并且出版在先，但可以明确地说，《中国学术通史（秦汉卷）》所言"综合性"除了没有具体的展开性阐述之外，就其具体含义，似乎也并不是真正谈的综合性问题，是讲的汉代学术思想上的大一统问题。如该书写道："与秦汉时期社会政治上的大一统格局相适应，秦汉学术从总体上也呈现出统一的形态，它结束了先秦诸子百家争鸣的局面，但却没有简单抛弃诸子百家学说，而是依据时代需要融会贯通为一个综合的体系。"这里所讲的综合，是大一统思想的贯通，既不是作者讲的学术形态的综合，也不是学术内涵上的"道不离器"和"道通为一"。而熊铁基先生则对中国传统学术的综合性有明确的定义和具体分析。熊先生认为，中国传统学术的综合性，主要表现在三个方面：首先，我国古代学术有一系列不同于西方学术分科的范畴和术语，明显地反映学术的综合性，如六艺、群经、诸子、九流、百家之学等，都是学术，不同于现在（沿自西方）的任何一种分科之学。其次，无论六艺、诸子、经、史、子、集，其内容都是百科全书式的，这一点也比较明显。再次，从我国古代学术研究的指导思想、原则和方法看，也能体现其综合性。熊先生讲的综合性，是相较于西方学术的专业分科而言的真正的学术形态的综合性。和西方学术相比，这的确是中国学术一个顽强的特征。一切学术都只是道的载体，都源于道，归于道，所有的图书

---

① 周桂钿、李祥俊：《中国学术通史（秦汉卷）》，人民出版社，2004年，第6页。

典籍都是载道之书。正是一切统一于道的特性，造成了学术的综合性特点[①]。

笔者以为，熊先生所讲的传统学术的三个特点中，最重要的还是学术的政治性问题，这是中国学术的一个顽强特征，也是至今学术界还没有给予足够重视的问题。"'天下一致而百虑，同归而殊途。'夫阴阳、儒、墨、名、法、道德，此务为治者也，直所从言之异路，有省不省耳。"天下学术殊途而同归，都只是一个本质，并都是围绕着一个"治"字，即政治治理，所谓各家各派只是对"治"的不同言说，就其本质说并没有区别。这就导致了中国学术的政治性特征。这个早已为太史公道明的问题，在近代以来的中国学术界则没有引起应有的重视。熊先生重新把它发明出来，意义重大。熊先生认为政治性是中国传统学术的特点，并且是奠基于汉代、贯穿中国古代学术的整个脉络。政治性不光是中国传统学术的特性，也是整个中国古代文化乃至中国古代历史的特性。中国民族是一个特别看重政治、政治性特别强的民族，正是由于此，中国人所受到的政治的羁绊和束缚，要远甚于其他民族，中国人的解放的任务也特别艰巨。认识这一学术的文化的属性，对中国文化和中国历史的未来发展极其重要！

在熊先生之前，刘泽华的中国政治思想史研究中，就特别重视古代文化中的政治因素。他说：

> 在传统中，政治的幽灵无处不在，而且举足轻重，决定一切。从历史上看，几乎所有的思想家都以其独特的方式与政治紧密地纠葛在一起。政治问题成为全部社会问题的核心，甚至一切社会问题最终都被归结为政治问题。……政治思想也就成了中国古代思想文化的重心。而且在某种意义上，我们可以说，正是这种鲜明的政治色彩和强烈的政治化倾向，构成中国传统文化的一个基本特征。因此，要准确而深刻地剖析传统，就必须以政治为楔入点。[②]

---

① 具体论述参见熊铁基：《汉代学术史论》，高等教育出版社，2013年，第247—253页。

② 刘泽华：《中国传统政治思维·前言》，吉林教育出版社，1991年。

刘泽华的这一思想是和他的王权主义理论相联系的，是王权主义理论对中国政治思想史的解读，无疑是深刻而犀利的。现在，熊铁基先生从学术史的角度提出中国传统学术的政治性问题，和刘泽华的王权主义理论相呼应，更加深了我们对传统学术和中国历史的理解。这个问题还需要深入探讨，并进一步引起国人的重视。中国的历史发展和民族复兴，关键有赖于人的解放，而人的解放，就中国历史的特点说，就是如何摆脱政治性的束缚而获得真正的个性或人格的独立。所以，对中国历史、思想文化的政治性特征的认识，是关乎中华民族复兴或崛起的大问题。

第三，熊先生所提出的中国解释学，是汉代学术史研究需要认真对待的大问题。

《汉代学术史论》第七章辉煌的学术成果中，有一个标目“注疏之学的发展——中国解释学的形成”，将中国传统的注疏之学、训诂之学、传注之学命名为中国解释学，并进行了具体探讨。这是熊先生的一个重要提法，也是一个学术创造。就中国学术发展的主流来说，两汉之后的中国学术，几乎就是一部解经注经的历史，这是汉代儒学经学化之后所奠定的中国学术发展道路。如何解读经典，发展出了章句训诂、传记疏注、音义释微等丰富而繁杂的注释学理论，这的确是中国传统学术的一个重要特色。提出一个中国解释学概念，并对之认真探讨，批判分析，是有助于对中国学术之本质的理解的。当然，也不可把熊先生的这个概念与西方近代以来的哲学解释学相混淆，它们属于截然不同的两个范畴。熊先生在书中提到了西方的解释学，可能是有一点误解。西方的现代解释学，特别是以海德格尔、伽达默尔为代表的解释学，是关于人的解释现象的本体论解读，他的研究对象是解释现象本身。而熊先生提出的中国解释学，是中国人如何进行经典解读的理论与方法。

笔者以为，熊先生提出中国解释学，其意义是把中国的这种传统学术做了强调性的突出。这样一门传统学问，在今天的意义最重要的不在于这门学问本身。就今天的文化发展来说，经学已经历史地衰落了，传统的解读经典的理论方法也随着丧失其意义。那么，强调这个中国解释学的意义何在呢？其意义不在于这门学问本身，而在于我们对这种学术现象的反思和认识。中国为什么在两汉之后会形成这样一种以解释经典为基本使命的学术形态？为什么传统学术以对经典的解读代替了自己的学术创造？这样一种学问的形成，与两汉之后的中国历史和中国政治有什么关系？在这样的学问之中隐含的是什么样的价值观念和思维方式？中国所走出的传注之学学术道路，对我们的民族精神产生了什么样的历史影响？当代中国的思想和学术，在何种程度上还受制于这种学术传统的羁绊和束缚？如何以分析和批判的眼光对待或研究这个中国解释学，是两汉学术史研究需要关注的一个新问题。

三、有待进一步探讨的几个问题

第一，中国学术史的对象和任务，仍是一个需要弄清的学理性问题。

什么是学术史？这是学术史研究的一个基本的学理性问题，是任何学术史著述所不能回避的。因为，正是这个问题，决定着学术史写什么和如何写的问题。熊铁基先生的《汉代学术史论》重在创新，着重于问题的探讨，不关注史的系统性，但是对“什么是学术史”这样的基本问题，也还是不宜回避的。这是一个当前学术史研究中一直没有很好解决的问题。

张立文先生在主编《中国学术通史》的时候，是认真思考过这个问题的，并且在该书的总序中着力予以界说。张先生将学术史与哲学史、思想史相区别，明确地界定了学术史研究范畴：

> 学术在传统意义上是指学说和方法，在现代意义上一般是指人文社会科学领域内诸多知识系统和方法系统，以及自然科学领域中的科学学说和方法论。中国学术史面对的不是人对宇宙、社会、人生之道的体贴和名字体系或人对宇宙、社会、人生的事件、生活、行为所思所想的解释体系，而是直面已有（已存在）的哲学家、思想家、学问家、科学家、宗教家、文学家、史学家、经学家等的已有的学说和方法系统，并借其文本和成果，通过考镜源流、分源别派，历史地呈现

其学术延续的血脉和趋势。这便是中国学术史。①

这是我们至今看到的对中国学术史最明晰的界定。但遗憾的是，在张先生对中国学术史做了这样明确的界定之后，以此为指导写出的六卷本《中国学术通史》，在基本内容上和我们看过的其他中国思想史著作（例如张岂之主编的多卷本《中国思想学说史》），并没有多么明显的区别，确实有很多人就是将其作为思想史著作来阅读和学习的。是具体的撰述人没有很好地实践张先生的指导思想，还是这个指导思想、这个中国学术史界定本身仍有讨论的余地？笔者还难以做出明确的判断。但有一点是明确的，即何谓学术史，中国学术史写什么和如何写的问题，并没有因为张先生的界定而得到解决，仍是一个需要继续讨论的学术史理论问题。只有弄清了学术史的含义和学科属性，它的研究对象和任务，它的范畴和范围，它和哲学史、思想史学科的区别，这些关于学术史学科的基本问题才能说得清楚，这个学科才有健康发展的可能。就目前来看，这个问题并没有得到解决，本文借评论《汉代学术史论》的机会提出它来，以期引起学术界的关注。

第二，关于汉代学术本质属性的认识。

汉代学术的本质属性是什么？这个问题，熊先生的著作中也没有涉及，然而这也确实是个值得重视的问题。对于这个问题，不同的学者会有不同的认识角度。而笔者认为，从一般的思维逻辑出发，总结学术的本质，应该从学术何以为学术的角度加以探讨。以近代科学的观点来看，学术的本质应该是批判性思维，强调对传统认识的批判与质疑。缺失了批判的精神，离开了怀疑的眼光，是无所谓学术可言的。学术的本质就是批判，从这样的角度去判断，汉代是无所谓真正的学术的，因为，汉代学术是意识形态的载体，是围绕专制主义中央集权制政体的确立来规定自己的历史使命的。它的使命是围绕皇权主义的思想建设，而不是执行现实的社会批判。正是这样，儒学才最终走向了不允许人们质疑和批判，而只能对之学习、传承、

① 周桂钿、李祥俊：《中国学术通史（秦汉卷）·总序》，人民出版社，2004年，第5—6页。

章句训诂的经学。如果采用“学术”这种一般性的说法，那么，汉代学术的本质，相对于真正的学术来说，就是其非批判性。

如果不从这样的角度看问题，不从批判性的角度看待汉代学术的本质属性，与此相联系的，就是它的意识形态属性。汉代学术作为意识形态的载体，其属性当然就是意识形态。并且自从有了汉代这个学术奠基，两汉以后的中国学术都打上了这样的印记。甚至可以说，在传统中国，学术不仅是有意识形态的属性，而其本身就是意识形态的组成部分。离开政治，离开国家意识形态，就无所谓学术。这是中国学术和中国历史的一个重要特征。

第三，关于汉代学术与先秦学术的继承与断裂。

两汉学术与先秦学术相比的确有明显的差异，近代以来的学者对此多有关注，许多思想史著作中都曾谈及。但是，高度重视、深入研究者却不多，多是浮光掠影式地讲几句，似乎这是一个常识性的问题。但就笔者看来，这个问题却大有深入探讨的必要。

问题不在于两个时期有没有差异，而在于如何认识其差异，最根本的差异在什么地方。胡适看到的差异是“学术思想的自由”的丧失①；徐复观看到的是“西汉知识分子对由大一统的一人专制政治而来的压力感也特为强烈”②，和胡适的看法基本一致。这些都是显而易见的。当代学者雷戈把战国之后秦汉之际的思想阶段称为后战国时代，强调这一思想史时期对前一时期（即战国时期）的断裂，因此，他对该思想史阶段与前一阶段对比的差异性总结得较为细密：

> （1）战国之际，诸子皆致力于“霸天下”之策，故有水火不容之势。后战国之时，诸子皆致力于“安天下”之术，故有水乳交融之态。（2）战国诸子重分，后战国诸子在合。战国诸子是各守门户，壁垒森

① 参见欧阳哲生编：《胡适选集》，吉林人民出版社，2005 年，第 302—303 页。

② 参见徐复观：《两汉思想史》（第一卷），华东师范大学出版社，2001 年，第 166—167 页。

严，后战国诸子是有门户而无高墙。（3）后战国时代诸子还在，但已不复为家，即诸子仍在，家不复存。（4）战国是思想创造的时代，后战国是思想试验的时代。思想试验的结果是：法家的暴戾和道家的清静，虽都有一时之效，但均无长久之功。（5）对于后战国来说，它所面临着的是一个刚刚消逝的在整个中国历史上都是空前绝后的“有思想”的战国时代，这使得后战国时代的“无思想性”显得更为醒目和突出。……（6）战国时代的人们都不知道天下将来会是什么样子，后战国时代的人们都已知道天下现在是什么样子了。所以诸子之间便没有根本的利害冲突，思想融合渐成共识，甚至思想共识压倒理论分歧。①

雷戈的总结看到了不少新的东西，是富有启发性的，但是，似乎还没有真正挖掘出这两个时代的根本差异。根源于不同的时代条件，先秦学术是真正的学术，几乎任何一家都具有鲜明的批判性，没有真正保守的东西。而汉代学术，在确立了学术的明确目标——维护专制主义国家意识形态需要——之后，学术的批判性就几乎丧失殆尽，完全变换了属性，变成了特定政治需要的维护者，成为一种政治的附庸。对于先秦学术来说，汉代是名副其实的断裂。这个断裂，失去的是学术的精髓，存留的是学术的躯壳。

当然，这是一种笼统的说法，汉代学术相对于先秦从内容上说究竟丢失了什么，是需要花工夫、下力气去研究的。这里，我们也只能提出问题，具体的研究不可能在这里展开。至于继承的方面，那就是对先秦典籍的整理。汉代的学术思想都是在整理先秦学术的基础上展开的，先秦学术仍然是汉代学术的平台，虽然在这个平台上，已经屏蔽了先秦学术思想中不利于专制皇权的诸多内容（而这些多是精华），已经丢掉了先秦学术的那种独立品格和自由精神，但毕竟两汉士人凭借的思想资料，仍然是秦火之后的

① 雷戈：《秦汉之际的政治思想与皇权主义》，上海古籍出版社，2006年，第8页。

灰烬，是散落于民间的典籍，是保存于旧宅夹墙中的竹片，他们几乎没有任何完全别出心裁的独立创造。两汉之后的学术史，完全告别了生机勃勃的思想创造年代。百家争鸣，诸子蜂起；在君王的眼皮下自由自在地“不治而议论”；“万乘之主，千乘之君，见夫子未尝不分庭伉礼，夫子犹有倨傲之容”①。这些学术自由发展、学人傲骨挺立的盛景，对于两汉之后的学人来说，只能去向往和缅怀了。研究汉代学术史，对这些问题，不值得去思考吗？

总之，近代以来的两汉学术史研究，虽然已有过八十年的历史，虽然新近熊先生的大著又有了诸多新的探索，而就其大的方面说，仍然是一块有待于开垦的原野，在这片广阔的原野上还大有事情可做。笔者相信，熊先生的新作一定会激起秦汉史学人对这段学术史新的兴趣和热忱，并激励人们踵武前贤，深入探索。

（原载《史学月刊》2015 年第 5 期，作者单位：河南大学历史文化学院）

① 陈鼓应：《庄子今注今译》，中华书局，1983 年，第 824 页。

自为经纬　成一家言

——评熊铁基教授著《秦汉文化志》

范　军

当20世纪的帷幕徐徐降落之际，为迎接新世纪的到来，中华民族正在重新检视自己，以便在新的世界历史发展中准确地找到自己的地位。站在世纪桥头，回眸历史沧桑，沉思千古文明，史学家和编辑家联手，一次推出气魄宏大的百卷本《中华文化通志》。这套由上海人民出版社1998年10月出版的大型文化通志，是由中华炎黄文化研究会会长萧克将军主持编纂、全国百余位专家学者通力撰写的。全志分历代文化沿革、地域文化、民族文化、制度文化、教化与礼仪、学术、科学技术、艺文、宗教与民俗、中外文化交流10典。每典10志，共100卷，约3600万字。全志以齐全的门类和浩繁的卷帙，全方位、多视角地记述了以汉文化为主体的，包括全国五十多个少数民族在内的上下五千年灿烂文化。它是迄今为止我国第一部全面、系统地记述中华文化的巨著。

由熊铁基教授撰写的《秦汉文化志》，正是上述浩大文化工程的一个有机组成部分。这部近30万字的断代文化专志，充分体现了通志的编纂宗旨与精神，同时又独具特色与魅力。作者驰骋于遗文故册之时，“运以别识心裁”，求其“义意所归”，承通史家风，而“自为经纬，成一家言”（章学诚《文史通义・申郑》）。该志既较全面系统地综合了学术界已有的研究成果，又有所开拓，有所创新。其突出表现一是体例方面的新尝试，二是内容方面的新见解。

体例和结构表面上看只是一个外在形式问题，其实它和内容有非常密切的联系。内容决定形式，反过来，形式又制约内容。就像钢筋水泥浇铸的框架结构可以建成摩天大厦，而纯木质结构的房子只能是另一番模样。就中国文化史志的研究来说，如果跳不出既有的框框，便难以开辟出新的境界。近几十年来，研究和论析中国古代文化，一般的安排多离不开哲学、宗教、文艺、史学、科技等这样的模式，相沿成习，几成定势。这种结构，清晰明了，条分缕析，但它往往割裂了极具混合性的古代文化的复杂联系，更重要的是使某些本属文化史志研究的重要内容和范围的文化景观，未能纳入视野之中。

《秦汉文化志》大胆跳出文化史志研究的习惯模式和编纂框架，另辟蹊径，别开洞天。全书除导言外有 10 章，其纲目分别是社会概况、政治制度和政治思想、文化政策与教育制度、社会思潮的发展、综合性的学术、文学与艺术、礼仪与风俗、衣食住行与工艺、文化的地域性与中外交流、文献与考古。从这个章目不难看出，体例的变化，结构的更新，其实质在于内容的丰富与疆域的拓展，还有文化方方面面的内在勾连。

第一章社会概况中，专门论述秦汉时期的世界形势，虽着墨不多，但大处比较，很有意义。半个世纪前，翦伯赞先生著《先秦史》《秦汉史》就很注意将中国历史置于世界背景下进行审视，惜乎近几十年来治中国史者往往只关注自身历史的沿革交替，而疏于中外历史文化的横向比照研究。在当今世界政治多元化、经济一体化、知识信息化的时代，历史文化研究时刻注意从中国看世界，也从世界看中国，无疑有助于吸取历史的经验教训。

第四章社会思潮，是在文化史志研究中较为荒疏的一块土地上垦拓，自然收获颇丰。社会思潮与社会意识紧密相连，但二者又有区别。梁启超曾经说过："凡'思'非皆能成'潮'，能成'潮'者，则其'思'必有相当之价值，而又适于其时代之要求者也。"[①] 可见，社会思潮是在一定历史时期和一定范围内广泛流行的，反映一定群体利益和要求的，具有相当影响

---

① 梁启超：《清代学术概论》，中华书局，1954 年，第 1 页。

力的思想倾向或思想体系。社会思潮的理论形态就是哲学和宗教，“而从社会思潮的角度研讨，主要是注重其普遍性，注意其社会的广泛影响，同时也能更好地了解其发展过程及特点等等，把代表人物、代表阶级放在整个社会发展中去认识，其代表性也就更有意义”[①]。本章的内容主要有秦汉的社会思潮、从“儒道互绌”到“独尊儒术”、从阴阳之术到谶纬流行、道教的产生和形成、反传统的“异端”思想。几个老问题从一个新角度切入，统括于“社会思潮”之中，使问题的探讨更加辩证而全面，问题的内在联系揭示得更加清楚而深刻。

换一个重要名词概念，常常意味着换一副视角。本书第五章综合性的学术便是如此。“秦汉时期的哲学，不外是从更早传统的经学和诸子之学中去讲，而经、子两学实在是一种综合性的学术，因而即便是专门的哲学史也不得不涉及它们所包含的其他方面。用‘学术’来进行概括，似乎比一般的用‘哲学’来概括更为确切，至少经学和诸子之学是如此。”[②] 基于这一思想，作者在本章中论述了经学的产生和发展、秦汉时期的诸子思想、由经学派生出来的内学（谶纬之学）的学术地位，以及在当时并不被重视的自然科学。这样的内容安排及其具体分析，较好地体现了秦汉学术文化的混溶性、综合性特点，符合历史的客观实际。尊重实际，灵活变通，在新的视角审视下，往往会有新的收获。例如司马迁、班固，除了在文献及文学章中述及其史学、文学意义之外，主要在学术章的诸子之中予以突出记述，“因为他们的著作虽为史学，实际上也是综合性的学术著作”[③]。司马迁更是有自己独特见地的思想家，其寄意深远、综合学术的功绩常常被哲学史家和学术史家所忽略，而在本书中得以彰显。

其他各章，诸如“文学与艺术”“礼仪与风俗”“文化的地域性与中外交流”“文献与考古”等，无论是老瓶装新酒，还是打破成规另起炉灶，都

① 熊铁基：《秦汉文化志》，上海人民出版社，1998 年，第 125 页。
② 熊铁基：《秦汉文化志》，上海人民出版社，1998 年，第 2 页。
③ 熊铁基：《秦汉文化志》，上海人民出版社，1998 年，第 3 页。

有不少新的特点、新的发展。此处不再赘述。下面再侧重谈谈本书在内容上、观点上的创新之处。

作者治秦汉史、思想文化史多年，在秦汉官制、军事制度、新道家及汉唐文化方面均有专著行世。这部《秦汉文化志》既广泛吸取了学术界关于秦汉文化史志研究的成果，同时又凝聚了作者自己几十年的研究心得。通观全书，新内容、新见解的火花四处闪烁，炫人眼目。此处仅就陋见所及，略举二三。

关于内学的学术地位。内学即谶纬之学，其内容无所不包，但讲灾异和符命最多。人们概括其主要思想，是以阴阳五行为骨架的天人感应神学目的论。因其与愚昧的迷信思潮和帝王的阴谋权术紧密相连，故而名声不好，学术界往往将其一概否定。《秦汉文化志》则用历史的眼光、辩证的观点来看待内学，在分析批判其封建糟粕的同时，也探究了它不可忽视的学术地位，肯定了它在政治、哲学、科技诸方面的某些积极作用。如从哲学的角度，作者指出“谶纬特别是《易纬》，是富于哲学思想的。其哲学思想无疑是唯心主义的，但它是一个相当完整的唯心主义的体系”，“但作为历史的存在，作为一种哲学思想史是值得研究的”。它庞大的体系、完整的形式，可说蕴含着系统论思想的萌芽，“讲阴阳，讲变化，其中或多或少有些辩证法的思想”①。这样的分析和评价，显然是比较辩证的、公允的。

关于礼仪与风俗。礼与俗合为一章，作者“意在说明上层之礼与下层习俗的互相影响，所谓‘上行谓之风，下习谓之俗’，礼乐制度，又靠在社会上去广泛‘采风’，记述这些内容对‘移风易俗’问题的认识或有补益”②。本章论及“礼的作用和意义”、“礼与乐”的相互关系、“俗与礼乐的关系”，参经证史，广征博引，得出令人信服的结论。比如关于礼与乐的区别与配合，作者用荀子的话归结为“乐和同，礼别异”。别异者，分别贵贱、尊卑、长幼、亲疏等。和同者，即君臣和敬、父子兄弟和亲、乡里族

① 熊铁基：《秦汉文化志》，上海人民出版社，1998 年，第 184 页。

② 熊铁基：《秦汉文化志》，上海人民出版社，1998 年，第 2 页。

长和顺等。对于此点，书中征引了《荀子》的《礼论》《乐论》，《礼记》的《乐记》，《史记》的《礼书》《乐书》等典籍，持之有据，水到渠成。又如，关于俗与礼的关系，作者从字源学上探本逐源，指出俗与礼“一个是人欲的表现，一个是解决人欲问题”，因此，“‘礼乐教化’常常与‘移风易俗’紧密相连”[①]。这种分析和联系新颖别致，又入情入理，符合历史文化实际，很有说服力。

关于文化的地域性。古者百里异习、千里殊俗，不同地域不仅自然风貌有别，而且文化景观也不同。对于这一文化史上的突出现象古代典籍多有描述，但当代学者治文化史志者对此尚缺乏系统的梳理和深入的分析。《秦汉文化志》专辟一章谈这个问题，显示了作者对文化地域性的特别关注。作者首先从方言、习俗、文艺几方面勾勒了秦汉时期关于地域性差异的论述，随后对形成这种差异的原因及相互影响做了多方位的探讨。地理环境对文化区域性的影响，古人多有记述，且至今仍被客观事实所证明，而“除了自然、地理的因素之外，习俗的形成和发展还有‘随君上之情欲’的一面，即人的、社会的、政治的因素也是重要的”[②]，书中举《汉书·地理志》的记载予以论证。破除了单纯的“地理环境决定论”，从自然因素和社会因素两方面来讨论文化的地域性，无疑少了一些偏颇，多了几分辩证；而至于本章所论“各地文化的相互影响”，从人口迁移即移民的角度来举证和阐述，别具匠心，饶有趣味，又言之成理，持之有故。

除了以上几方面，作者在不少问题上都还有独到分析和精彩之论。如对秦代“以法为教”历史及现实原因的探究，对“焚书坑儒”后儒家思想的影响的剖析，对汉代“独尊儒术”社会心理的透视，对风俗因顺自然的阐发，对“师法”与“家法”的辨析，等等，本书都能推陈出新，独出机杼。这里我们还特别要提到的是，作者文风之朴实，学风之扎实。各章各节，大小问题，皆不作凌空蹈虚之宏论，而是时时处处立足于坚实丰富的

---

① 熊铁基：《秦汉文化志》，上海人民出版社，1998 年，第 231 页。

② 熊铁基：《秦汉文化志》，上海人民出版社，1998 年，第 317 页。

材料基础上，从历史材料中水到渠成地归纳出结论，要言不烦，点到即止。这种学风和文风，正是我们今天要大力倡导和弘扬的。

一位史学家曾说过："历史是已经画上句号的过去，史学是永无止境的远航。"包括《秦汉文化志》在内的这套大型文化通志，有如史学家的一次列队远航。文化史志的研究也是永无止境的，新世纪的大海还在呼唤！

（原载《华中师范大学学报（人文社会科学版）》1999 年第 3 期，作者单位：《华中师范大学学报》编辑部）

读《中国老学史》

王葆玹

在最近举行的“西安国际老子研讨会”上，钟肇鹏先生曾提出一项建议，希望学界组织编撰一部关于老学历史的专书。这项建议颇受与会者重视，因为大家回顾浩瀚的研究老子和道家的书海，竟找不到一部书是研究老子学史的，这在“道家热”与“老子热”长期延续的情况下，是个曾受忽视却又不容忽视的空白。有趣的是，最近正好有一部书投合了学界的上述需求，这就是熊铁基、马良怀、刘韶军三位先生共同撰写的《中国老学史》。

这部书由福建人民出版社于1995年7月出版，共七章，三十九万余字，依次论述老子其人其书和战国以来历代的老学。首要作者熊铁基先生曾因出版《秦汉新道家略论稿》一书而震动学界，并且是影响很大的《秦汉官制史稿》一书的作者之一。笔者今读《中国老学史》，觉文字内容颇简略，而创见屡出，可使当前学界所面临的一些问题得以澄清，有很高的学术参考价值，称其为道家研究的最新的、最值得当前学界重视的学术成果，绝不为过。下面就笔者心得，做一简单的介绍。

书中关于《老子》与道教的关系的论述，也许是其中最有启发性的。我们知道，道家与道教都尊崇老子，因而研究老学必然牵涉道家与道教的关系问题。近几年来，一些学者为使道家研究获得现代支持，颇强调道家与道教的共同点。道教界亦多依托老子，因“老子热”而扩充其影响力。为保持道家研究的科学性，一些学者试图公允地解决这一问题，例如牟钟鉴先生指出，道家思想与道教旨趣本是相反的，道教在理论上依托道家，不过是假借道家的名义，对道家思想加以歪曲和利用。但这只是问题的一个方面。另一方面，道教思想里也确有一些与道家相通的因素，道教正是将这些因素拼命地加以膨胀，造成道家与道教的非即非离的关系①。牟先生由于注重道教创教活动之采用改造道家、神化老子的方式，故而承认道教是从道家转化而来，是道家演化派生的产物②。崔大华先生指出，道家的基本思想虽不在于神仙之说，但是道教的神仙观念却是来自道家。道教关于最高人格神的观念乃是脱胎于庄子的自然哲学③。牟、崔两先生的解说十分精致，可说是五年以前学界关于道家与道教关系研究的结晶。然而，研究的余地仍是存在的，人们可以继续追问，道教究竟是从何时开始依托老子？又是从何时改造道家体系的呢？《中国老学史》明确地回答了这一难题。

书中第五章指出，南北朝时的道教徒并不十分看重《老子》，如南朝著名道教学者陆修静对道教经典进行分类整理的时候，《老子》并未归入最重要的三洞真经之中，而只是三洞经典的“四辅”之一。换言之，在道家的经典系统里，《上清经》、《灵宝经》和《三皇经》的重要性都在《老子》之上。道安《二教论》所举的当时的道教学说，也提到“老经五千，最为浅略，上清三洞，乃是幽深”。后来，道教徒发现，在佛教理论面前，其他道教经典显得粗俗浅薄，不堪一击，遂格外尊崇《老子》，当成与佛教相对抗的理论法宝。这种转变发生于何时呢？本书第五章说是在唐代。李唐奉老子为祖先，尊《老子》为《道德真经》，同时还尊崇《庄子》《文子》《列子》，设置博士，用于科举，使《老子》成为道教最重要的经典。书中还指出一个有趣的情况，即《老子》在唐代虽成为道教最重要的经典，这一时期的《老子》注疏却罕有宗教的气息，不但见不到造神的企图，就连养性延年一类的内容也退到了次要的位置。漾溢其中的，多为理性的思考和哲学层面的探讨。基于这些理由，书中做了一项论断：“就整体而言，《老子》

---

① 牟钟鉴：《中国宗教与文化》，巴蜀书社，1989 年，第 216 页。
② 牟钟鉴：《中国宗教与文化》，巴蜀书社，1989 年，第 210 页。
③ 崔大华：《庄子思想与道教的理论基础》，《哲学研究》1990 年第 5 期。

与道教的关系并不十分密切。”

书中关于唐代老学的一些论述对上述论断有着明显的支持作用。例如书中说，唐代学者根据时代需要，在注《老子》之时自觉地将如何建立内在权威（即通过伦理道德的力量来约束人们的行为，使其与社会的存在保持一致）的问题提到首位，注重于心、理、情、欲、修身、养性等问题的探讨，尤注重于“性”的讨论，认为它是人体身上能约束自我行为的内在机制。而唐代士人由《老子》发挥其心性学说时，吸收儒、佛二家的理论，将《老子》的“道”“自然”等转化为性，并引用佛教理论加以解说。唐初著名道士成玄英即是如此，他在《道德经开题义疏》中，依据“老子化胡”的传说，毫无顾忌地援引佛教理论来注释《老子》，发挥出“一切众生，皆禀自然正性”的学说。唐玄宗则在尊奉《老子》为道教第一经典时，抹去《老子》面上的神秘色彩，从“理国”和“理身”两个角度来加以解释。“理国”有律己、用人、治民三个方面，“理身”则是基于“一切众生毕有自然正性”一说而建立的治身复性之说。书中的这些论述表明，唐代道教虽尊奉《老子》为最高经典，但当时的老学却主要是哲学与政治学说。道教与《老子》的关系的确如书中所说“并不十分密切”。

大致上看，书中所述的“老学”侧重于道家学说，而非道教理论。书中所举历代老学代表人物多是与道教罕有关联的学者，如秦汉时期的严遵，魏晋南北朝时期的王弼、张湛，唐代的唐玄宗，宋元时期的王安石、苏辙、朱熹、吴澄，明清时期的薛蕙、王夫之、魏源。书中对这些人物及其思想，屡有精致的议论，如第三章议论《河上公章句》的作者何以隐姓的问题，指出西汉初期学老子者甚多，但后来的“独尊儒术”及其发展，使那些学老子、传老子的人逐渐“失业”，加上老庄思想本有“出世”的因素，老学学者因而趋于归隐。严遵即是隐者，《河上公章句》的作者也可能是一位隐者。这一番议论虽有些简略，却是中肯而显得精彩。第六章解释苏辙的老学思想，指出对本体性范畴如何简释，是现代哲学中的重要问题。维特根斯坦就此提出“确实有不能讲述的问题”“一个人对于不能谈的事情应当保持沉默”的著名论点，从而扭转了整个西方哲学的致思方向。而苏辙声称

“言出于自然”即是视之不见、听之不闻的“希言”，在中国传统思想中却不算新鲜。可以说，中国人对哲学本体与语言阐释的关系问题早有认识，但他们却不像西方人那样一经认识了这一问题，就要整个地改变自己哲学的基本前提和立论基础，而是依然讨论不能用语言阐释的本体问题。中国人采取的是折中的态度，他们未像西方人那样杜绝本体之阐释，而是提醒人们在注意这种阐释的困难时，依旧采用语言作“简而中”的说明，并朝着“希言”的境界前进。历代学者不断解《老子》，在西方人认为根本不可能的路上不断进步，这也许是一种由超越性的智慧和极顽强的执着心合成的结果。本书的这种见解平实而中肯，对很多读者或许会有启迪的作用。

这部书既名为“史”，当然不能免除史学的色彩。而书中区分道家与道教，甄别中学与西学，力图与历史的真实过程相吻合，这种科学的态度使本书的史学特色尤为突出。凑巧的是，书中的章节完全依照历史的顺序编排，即使是论述老子其人其书，也要追溯其渊源，研究其承先启后的过程。史称老子为“守藏室之史”，刘歆、班固等人也说“道家者流，盖出于史官”，学人熟知这些记载，却不常有人循着史官的线索追究溯其渊源。本书在这方面颇有建树，如第一章有“老子的述古”一节，举出《老子》书中的述古之言，如今本第十四章提到“执古之道”，二十二章提到“古之所谓‘曲则全’者”，四十一章援引前人的“建言”，五十七章征引圣人所谓“无为”“无事”“好静”等，六十九章称引“用兵有言”。另外，《老子》亦曾引用《诗》《书》的名句，与《老子》思想相近的《金人铭》也可能出于老子之前。本书鉴于这些情况，指出老子对古代思想做了总结和发展。例如到老子之前或与其同时，已有“水为万物之本原”“土为万物之本原”“气为万物之本原”诸说，老子正是在这些意见的基础上，提出“道为万物之本原”的新说。又如《左传》《国语》记载了战国以前的“无为”的说法，《论语》《礼记》也载有孔子关于“无为”的议论。这些情况表明“无为”的思想并非由老子首创，老子的创造在于标榜“无为而无不为”，使“无为”的思想与“道”的思想相贯通。老子以“贵柔”著称，而在《老子》之前，《尚书》已提到“柔而立”，纳入“九德”之一；《诗经·大雅》已提到“申伯之德，柔惠且直”。老子的创造在于提倡“以柔克刚”，而不在于简单的“贵柔”。本书的这些论述线路明晰，极富史学的客观性、精确性。

《中国老学史》用不多的文字，论述了一门庞杂的学问，书中的逻辑过程往往能与历史的顺序相吻合，书中在采用传统的考据方法的同时亦能兼有西学的眼光，采用中西哲学比较的方法。书中引用了大量的史料，广泛吸收了前人的研究成果，如对钱锺书《管锥编》关于道家思想的议论，也做了详细的介绍。可以肯定，《中国老学史》是一部具有很高学术水平的研究专书，这部书的出现使学术思想史的一片空白得以填补，集中体现了学界在道家研究方面的最新成就。

（原载《中国哲学史》1996 年第 3 期，作者单位：中国社会科学院哲学研究所）

连续性与时代性的贯通
——读熊铁基等著《中国庄学史》

郭齐勇　秦　平

《庄子》是我国文学和哲学宝库中的不可多得的瑰宝奇葩。鲁迅先生曾评论道："其文则汪洋辟阖，仪态万方，晚周诸子之作，莫能先也。"《庄子》的暗示性无边无涯，涵盖面无穷无尽，给人以广阔的想象空间，可以做出多重的、创造性的解读。其浪漫主义的手法，丰富多样、生动逼真的描写，辛辣讽刺的笔调，创造式的寓言，是我国文学史上不朽的源泉。庄子的精神，也正是中国艺术精神、中国美学精神与中国哲学精神。

庄子的宇宙观（自然观）、认识论、人生观、道德观、政治观、社会历史观与庄子的哲学体系核心"道"紧密相连。庄子之真人、至人、神人、圣人，都是道的化身，与道同体，因而都具有超越、逍遥、放达、解脱的秉性，实际上是一种精神上的自由、无穷、无限的境界。这深刻地表达了人类崇高的理想追求与向往。庄子主张随大自然的变化而变化，物来顺应，与大化为一，即与道为一。如此，随健行不息的大道而游，还有什么可待的呢？因其"无所待"才能达到真人、至人、神人、圣人的逍遥极境。这个境界就是庄子的"道体"，至人、神人、圣人、真人都是道体的化身。庄子的人生最高境界，正是期盼"与道同体"而解脱自在。这种自然无为、逍遥天放之境，看似玄秘莫测，但实际上并不是脱离现实生活的。每一时代各类的人，群体的人，尤其是个体的人，虽生活在俗世、现实之中，然总要追求一种超脱俗世和现实的理想胜境，即空灵净洁的世界。任何现实的人都有理想，都有真、善、美的追求，而道家的理想境界，就是至真、至善、至美的合一之境。庄子的哲学思想，从海与河、天地与毫末的相对比较中说明万物的大小、贵贱、生死、是非都是相对的，可以相互转化。为人应顺其自然，一切不可强求，要回到天真的境界。《庄子》以寓言故事说明了学道和得道，“以物观之”与“以道观之”的方法学的差别，强调的是整体的和谐与物我的相通。俗人的好恶总不免偏颇，真人则超越于好与不好之上，摆脱了人间心智的相对分别，既忘怀于美恶，又排遣于爱憎，冥合大道，纯一不二。真人守真抱朴，与天为徒，同时又随俗而行，与人为徒，既不背离天理，又不脱离人事。为此，天与人不相排斥、不相争胜而冥同合一。达到物我、主客、天人同一境界的人，才是真人。

“各适己性”的自由观的前提是“与物同化”的平等观。逍遥无待之游的基础正是天籁齐物之论。庄子自由观的背景是宽容，承认自己的生存、利益、价值、个性自由、人格尊严，必须以承认别人的生存、利益、价值、个性自由、人格尊严为先导。这种平等的价值观肯定、容忍各种相对的价值系统，体认其意义，决不抹杀他人的利益、追求，或其他的学派、思潮的存在空间。这样，每一个生命就可以从紧张、偏执中超脱出来，去寻求自我超拔的途径。章太炎《齐物论释》正是从庄子“以不齐为齐”的思想中，阐发“自由”“平等”的观念。“以不齐为齐”，即任万物万事各得其所，存其不齐，承认并尊重每一个体自身具有的价值标准。这与儒家的“和而不同”思想正好相通。

《庄子》一书是道家与道教的经典，对后世产生了深远的影响。中国古代的读书人几乎没有不喜欢《庄子》的。秦汉以降，特别是魏晋之后，有关《庄子》的研究越来越多。有的重文字考证，有的重义理解释，更多的是借注《庄子》、释《庄子》获得一种人生解脱，亦有以玄学解《庄子》或援《庄子》讲佛的。历代关于《庄子》的注疏可谓汗牛充栋。有关《庄子》的注疏、诠释的历史，构成了庄学的一部分。但历来并没有人把诠释《庄子》的历史加以系统地整理、研究，有之，则从熊铁基教授开始。

由熊铁基、刘固盛、刘韶军诸先生著述，湖南人民出版社 2003 年 10 月出版的《中国庄学史》一书，无疑是一个极为成功的范例。作者做出了创造性的尝试。

是书洋洋50万言，历述了庄学自产生起，经秦汉、魏晋南北朝、隋唐、宋元，迄至明清时期的各个时代的发展状况。特别应该指出的是，作者在梳理庄子之学纵向的发生、发展线索时，始终将历史上的庄学研究看作一个动态的过程。换言之，庄学史既与庄子乃至道家思想内在的发展理路血肉相连，同时又与各个时代具体的文化心理、社会思潮激荡互动、密不可分。如此一来，庄学的发展就同时具有了连续性和时代性，这两者共同构成了庄学研究的历史发展。

从连续性来看，对庄子之学的研究思考始终是各个时代所共同关心的主题之一。处在不同历史阶段的思想家们不约而同地从《庄子》的文本中汲取思想的营养，尤其是庄子对社会、人生的深刻反思，以及由此而确立的超拔挺立的精神，一直以来，成为支撑和滋养中国思想家的重要精神资源之一。因此，庄学研究在历史上的发展过程，在某种程度上，就是不同时代的人们对庄子以及道家思想不断发掘的过程。这使庄学研究史必然具有某种连续性。

但更值得关注的是庄学研究的时代性。作者从两个方面做了论述。

首先，作者注意挖掘不同时代的主要思潮与该时代的庄学研究之间的关联互动。以秦汉为例，政治一统、学术整合，表面上“罢黜百家，独尊儒术”，庄学研究处于“潜行”的状态。但在这种表象之下，三百年间读《庄子》、注《庄子》之风不绝如缕，很多思想家都自觉不自觉地受到庄学的影响，这其中也包括了不少儒家知识分子，如韩婴著《韩诗外传》引《庄子》之语不少，董仲舒作天人感应之论受庄生启发实多，等等。相应地，作者系统地阐释了魏晋时期庄学与佛学般若学之间互辅共进，隋唐时期庄学在儒道并重之下的发散展开，宋元时期庄学与理学的并行不悖，明清时期庄学与心学、考据学的转相发明。如此一来，庄学研究的发展史就成为各个时代思想发展史的鲜活的内容，人们从历史时代的思潮中可以看到庄学发展的影子，也能够在庄学的具体展开中折射出时代思想的轨迹。

其次，作者独具匠心地选取了庄学发展史上各个时期的若干重要思想家进行个案研究。以唐代的成玄英为例，作者从“会通老庄”“修正郭象”“凸现重玄”“归宗修身”四个方面介绍了成玄英的庄学研究情况，内容涉及文本解读、义理耙梳、直觉体验等多个层次、多个方面。在具体个案的研究中，作者关注到了一些庄学史上被人们所忽视的重要资料。而对于众人聚讼不已的问题，作者亦有许多精彩独到的见解。关于宋元时期的庄学如何在学术思想的转换创新中获得新的生命，本书格外详尽地做了说明。庄学与佛学、理学的关系尤为繁复，作者发掘了不少材料，又以典型个案的方式，论证了庄学既是理学的重要资源，又在理学的氛围下改换了自己的内容与形式。其中关于王雱、陈景元、朱熹、林希逸、褚伯秀的讨论，可谓发前人之所未发。至于明清时期的学术特色与庄学的关系问题，作者也做出了独到的说明，其中关于陆西星、释性通、沈一贯、焦竑、方以智、王夫之等人的阐述，有很多深刻的洞见。

该书在思想阐释、体系结构等方面的特色还有很多。例如，作者对各时代学术的特点及同一时期庄学研究的特色的概括，言简而意赅，往往有过人之处。又例如在论及各时期庄学研究的状况时，作者常常有意识地将这一时期的研究注释成果系统地列出，以便后学者检索查寻。而作者将庄学史写到清代便戛然而止，同时附上“20 世纪《庄子》研究资料简目”，也反映了作者在宏观结构上的成熟思考。

倘若我们把连续性的思想史的纵向线索比作一串项链的绳线，而把思想史在不同时代、不同思想家身上的横向展开比作这串项链的珠子，那么，《中国庄学史》一书正是做到了珠与线的有机贯穿。因此，我们有理由说，《中国庄学史》是一部真正意义上的专门思想史。在中国经典的诠释方面，有关《庄子》的诠释自成一格，又与儒、释思想的诠释时相呼应。本书对我们把握中国经典的诠释特性，极有价值。我们衷心地感谢熊铁基教授与他的学术共同体在《中国老学史》之后又为学术界贡献了这一精品，二者珠联璧合。

（原载《江汉论坛》2005 年第 2 期，作者单位：武汉大学哲学学院）

创新中见功夫
——《中国庄学史》读后

陆建华

学术的创新有赖于新方法的运用、新材料的出现，也有赖于研究领域的拓展与更新。熊铁基先生以史家之身份、哲人之睿智迈入中国哲学与文化之殿堂，以拓荒者的勇气和艰辛，上下求索，不断寻觅学术研究的新目标，继开拓出秦汉新道家、中国老学等新领域，完成《秦汉新道家略论稿》《秦汉新道家》《中国老学史》《二十世纪中国老学》等代表性成果之后，又将哲思的目光投向庄学界域，与刘固盛、刘韶军两位先生精诚合作，撰成学术界第一部系统论述庄学形成与发展的50万言巨著——《中国庄学史》(湖南人民出版社2003年10月版)。该书之功不限于开创、拓荒，更在于其中的精深见解。

历代学者注《庄子》、解《庄子》，从总体上讲分为文字层面的治《庄子》和义理层面的治《庄子》两大类型。前者着力于名物训诂和文本考订，后者着力于理论阐发。就理论阐发来说，又分为阐发《庄子》文本精义和借《庄子》抒发己意两种。该书虽然立足于理论层面研究庄学及庄学历史，但是，又依据不同时期庄学著作的类型、特质，庄学变化发展的具体情况，给予文字层面的治《庄子》者及其治《庄子》成果以相当篇幅。既再现了庄学在其客观进程中历史的真实，同时也体现了该书作者深湛宽厚的学术功底。此外，历代治《庄子》者中有道家人物、道教信徒，也有儒家学者和佛教僧侣。它反映了《庄子》与儒佛道（道教）三教之交互影响。可以说，魏晋以来的庄学是《庄子》、道家与儒佛道三者互动的产物。熊铁基先生等谙悉庄学演进的此种情形，将庄学放置于儒佛道（道家、道教）互“绌”互斗又互相取长补短的复杂背景与多变关系之中，力图揭示庄学在玄学化、道教化、佛学化、儒学化等多种形式下曲折前进的真实过程，以及庄学在其曲折前进过程中对于儒学形上化、佛教中国化、道教义理化等的深刻影响，使庄学的研究兼具历史的厚度和理论的深度。

每一个时代都有属于自己时代的学术，每一个时代的学术都受这个时代政治、经济、文化等的直接或间接“操纵”，庄学也不例外。该书在揭示庄学变化发展的内在规律与逻辑进路，探求每一时代庄学的面目和特征的同时，充分认识到了这一点，“坚持注意各个历史时期的时代条件”，“特别注重学术文化的背景和条件”①，从各个历史时期的历史和文化背景入手，探究庄学演变进展的政治经济基础和思想文化场景，解析这种基础与场景对于庄学产生何种性质及程度的影响。由于每一个时代的政治、经济与文化状况有其特殊性，其对庄学发生影响的方法、渠道、过程等各具特点，该书各章讨论各个时期庄学发展的政治、经济与文化背景时集中论述此种背景的独特面貌及其对于庄学所产生的独特价值，从而在庄学与时代的相互制约、彼此促进中揭露庄学发展的内在原因之外的外在的社会因素。

就庄学自身来说，《庄子》中庄子及其后学的思想可谓庄学之根基，“两千年的‘庄学史’，主要内容是古人对《庄子》的理解和看法”②。弄清《庄子》之思想实质和理论内涵乃研究庄学、庄学史的首要任务，对《庄子》解读的精确程度直接决定庄学史研究的质量甚至成败。为此，熊铁基先生一方面力避现代学科分类和现代学科体系对于解注《庄子》的负面影响，另一方面遍集古今治《庄子》者解《庄子》成果，参悟《庄子》真义，将《庄子》思想归结为逍遥论、自然论、无为论、齐物论等，深得庄子及其后学之旨。就庄学发展来说，魏晋以来每一个时代都有著名的治《庄子》者，庄学在学术层面始终是显学。相应地，魏晋而下的庄学易为人知，其

① 熊铁基、刘固盛、刘韶军：《中国庄学史》，湖南人民出版社，2003年，第638页。
② 熊铁基、刘固盛、刘韶军：《中国庄学史》，湖南人民出版社，2003年，第26页。

研究成果时有所见，而秦汉之时无庄学大家，亦无流传至今的庄学著作，由此造成的后果便是这一时期的庄学“暗而不明”，研究成果相对贫乏。基于此，该书专辟一章“秦汉时期的庄学”，探赜索隐，条分缕析，发掘庄学在秦汉时期的存在与行进面貌，论证《庄子》对秦汉新道家和汉代儒学的或明或暗的影响，揭明《庄子》与汉代经学的深层联系，其用力之深，令人敬佩。另外，就该书附录而言“20世纪《庄子》研究资料简目”收有20世纪近180部庄学著作，便于读者通过“简目”泛观现代庄学轮廓，也为读者研究现代庄学提供了初步的“阅读指南”。

总之，《中国庄学史》是一部开创性、高质量的庄学研究和道家研究的学术巨著，它为中国哲学与道家文化的研究不仅仅开拓出了新的天地，而且打下了良好的基础。

（原载《学术界》2004年第5期，作者单位：安徽大学哲学系）

著名历史学家熊铁基先生访谈录

康香阁

在当代秦汉史学界，同道者喜欢用金庸武侠小说中的东邪、西毒、南帝、北丐、中神通五位武林大师的名号来敬称山东师范大学的安作璋先生、西北大学的林剑鸣先生、华中师范大学的熊铁基先生、中国社会科学院的林甘泉先生和郑州大学的高敏先生。这五位秦汉史学术名家，引领着秦汉史研究的方向，占据着秦汉史研究领域的制高点。2006 年，我们《邯郸学院学报》第 4 期，为林甘泉先生做了专题访谈，中国科学院主办《科学时报》和科学网、中国社会科学院网、山东大学网、中华思想网等多家网站做了摘编转载。2007 年，《邯郸学院学报》第 2 期又有幸为熊铁基先生做专题访谈和研究。

熊铁基先生从事历史教学和研究五十多年，硕果累累。其成就主要集中在秦汉史和道家道教文化研究等领域，主要著作有《秦汉官制史稿》（合著）、《秦汉军事制度史》、《秦汉文化史》、《汉唐文化史》、《秦汉新道家略论稿》、《秦汉新道家》、《中国老学史》（合著）、《中国庄学史》（合著）、《二十世纪中国老学》（合著）等，主编《传统文化与中国社会》《道教文化十二讲》《中国帝王将相辞典》《中国历史五千年》《中国帝王百传》《宰相百传》等，在《哲学研究》《中国史研究》《光明日报》《中国哲学史》《文史哲》等报刊发表论文数十篇。

一、少年时代的历史知识来自戏曲、小说和宗教

康香阁：您从事历史教学和研究已经有五十多年了，积累了丰富的治学经验。您的治学经历是我们青年人学习的一笔宝贵财富，您的治学方法能给我们青年人从事学术研究带来有益的启发和指导。我想今天谈经历，希望能够追本溯源，从您小时候获取历史知识的经历谈起。作为一位著名的历史学家，您小时候的历史知识是从哪里学来的？

熊铁基：这个问题提得很好，最近我也正在想这个问题。我们小时候的情况跟现在不一样，现在有电视、电影、报纸，又有广播，各式各样的渠道很多。我们那个时期，就是抗日战争时期，在一些比较偏僻的地方，不用说没有电视、广播，连报纸也很难看到几张。那个时候，青少年的历史知识从哪里来？我想可能有这么几个渠道。

一个就是来源于戏曲、小说。我小时候，家是住在城市里的，城市里有戏院，我就去看了不少戏。到了抗战时期，城市里的环境不安静，为了躲避日本人的飞机轰炸，我们好多人就跑到乡下去了。在农村里面，有时候一个戏班子在这个村子里面演上十天八天，在那个地方演个十天八天，像赶场子一样，演戏的时候大家就跑过去，去看，去听。我们那个时候的历史知识就是从戏曲中间获取的，比如红脸的关公、花脸的张飞、白脸的曹操，那都是戏曲上的台词。另外一部分就是看小说，我记得我读高小是在湖南桃源芦花潭乡的平阳小学，我当时就看了《水浒传》和《三国演义》。那个时候也没有电灯，看到最上瘾的时候，天色越来越暗，眼睛离书越来越近，那是最伤眼睛的时候。就是在这种情况下，我得到了《水浒传》和《三国演义》上的历史知识。这样的历史知识有时候也影响一个人的生活，就因为受到这些小说、戏曲的影响，在下了课之后，我就整天在想自己将来怎么样当山大王，梦想当山大王的想法就是受戏曲小说的影响。过

去说，少不看《水浒》（《水浒传》），老不看《三国》（《三国演义》），看了《水浒》（《水浒传》）就容易造反，看了《三国》（《三国演义》）就容易奸猾。我恰恰就是受这样的影响。你问到历史知识的来源，我想戏曲、小说就是很重要的来源。

另外，历史知识的来源还有一个很重要的方面，就是宗教。我们家里不一定信什么教，但是又好像什么教都信。我记得我奶奶去世的时候，家里既请来和尚，又请来道士，请他们一起来念经。像这样一种现象，我们当时并不太理解，后来读了书之后才知道佛道之间的关系从唐代开始就已是并列的关系了。唐代初年宫廷里面如果有活动，请和尚来多少，就要请道士来多少，要平起平坐，一碗水端平，这是后来读书后才知道的。

我还记得，我小的时候也跟着奶奶和母亲她们到一些尼姑庵里面去，到一些大庙里面去敬神，她们也不是什么佛教徒，就是一般的见神就拜的这种情况。从那些中间我知道了天堂、地狱、玉皇大帝、观音菩萨、阎王、小鬼这样的一些历史知识，这些知识就是从宗教方面传播的，这些知识的传播是无形的。

康香阁： 您从戏曲、小说和宗教当中获取的历史知识，可以说是利用空闲时间从民间获取的，您是在什么时候接触到历史课本的？

熊铁基： 是在1945年，抗日战争胜利了，我进入常德隽新中学读初中。那时候的历史课本好像还是从三皇、五帝、尧、舜、禹讲起，把传说中的历史当作真正的朝代来讲，这倒没有给我留下太深刻的印象。新中国成立以后，就不同了。我上高中二三年级的时候，就按我们新的观点来讲了，当然新的课本还没有编出来，50年代中后期以后才开始编出这些课本来。

二、一本书使我萌生了学史的念头

康香阁： 每个人走上治学之路的方式都不尽相同，有的人很早就找到了治学的目标，有的人在一个偶然的机会就跨进了学术的大门，还有的人要经过多年的探索、多次的挫折才能找到正确的前进方向。您是什么时候喜欢上历史，走上学历史之路的？

熊铁基：我真正地喜欢上历史，决定走上学历史之路，还是应该从高中阶段说起。

1948年，我到湖南长沙兑泽中学读高中，就是后来的长沙第六中学。新中国成立前有很多运动，包括学生运动，我们也糊里糊涂跟着参加这些运动，参加这些运动的结果呢，也得到一些历史知识。我就记得1948年的下半年，我们学生去游行，游到湖南省政府的大礼堂，当时的湖南省主席程潜出来接见过我们一次。新中国成立以后，他还当了我们的军事委员会副主席。有一次我看一个电视剧，我看到的程潜，就和我在1948年看到的那个程潜是一个样，穿着长袍，袖子是卷起的。后来，再看到有些电视剧里的程潜就不一样了。

现在的电视、新闻、戏曲也给人传递历史知识。但是，从我这个年纪比较大的人过去经历过的事情来看，现在电视（剧）、新闻、戏曲里面传播的有些东西就是假的，现在有些电视播出的一些节目，气死历史学家。如果传播的都是一些不正确的东西，我想那就不是一个很健康的影视作品。像我们看蒋介石的样子，过去都看惯了他本来的样子，但是现在有些电视剧里的蒋介石就不是蒋介石本来的样子，看到后就怪不舒服的。可年轻人他没有蒋介石的印象，你给他传播一些假的东西，他也许觉得历史就是这个样子。长期下去，这些假的影视作品对我们历史知识的正确传播会不会有很大的妨碍呢？我现在不可以想象。

康香阁：您在高中阶段历史课成绩很好吗？

熊铁基：不是的，在高中一年级，我最好的成绩是数理化，并不是历史课。我的学习成绩也是很怪，我读初中的时候，从一年级到三年级的学习成绩都很差，几乎每年都要补考。我读初中的那个隽新中学，是湖南常德很有名的一所私立中学。进校的时候，我们这个年级有两个班，每个班有九十几个人，到毕业的时候，我们每个班就只剩下三十多个人，淘汰得很厉害。初中再上高中，就更少了。考上高中后，我的成绩突然上去了。我的印象非常深，有一个年纪比我大一点的同学就问我说："你的成绩是怎么上来的？你原来的成绩好像是那么差。"我的数理化成绩样样都好，得了好几个数学奖状。一直到1982年，我给他们八二级的大学生上课的时候，我还把我的数学奖状拿出来给他们看，为什么呢？因为要做学生的思想工作。我给学生说，数学好同样对学好历史有好处。数学好为什么对历史有好处呢？数学能锻炼人的逻辑思维，我印象最深的是做几何题、三角题，几何题的每一个题可以有多种做法，我当时学的时候就把几种做法都写出来了，这对训练人的逻辑思维会有一定的好处，这是一个很重要的基础，我就这样给学生们讲道理。

当时，校内也搞一些墙报之类的活动，我记得我一个人就办了一期"科学"墙报，专门宣传数理化。可能是我太专注于数理化了，对政治就显得不够热心。

新中国成立了，我进入高中二年级，那个时候学生会干部的选举还搞了一段民主，学生自推代表，我就是落后学生的代表。共产党的政策是三三制，即进步的三分之一、落后的三分之一、中间的三分之一的代表，我就以落后学生代表的身份当选为学生会主席。人就是这样，你本来是落后的，当把你推到一个什么岗位上去了以后，你就由落后变成了先进。我积极组织了当时学校的"抗美援朝""参军参干"活动，带头呼口号，到处去演讲。原来话都不敢讲，后来锻炼到做报告能够讲上半个小时，甚至一个小时都不用讲稿了。在参加社会活动中，也能够增加一些历史知识。我当了一个学期的学生会主席，课程耽误了不少，课桌上面常常是一层灰尘。期末考试，我拼命赶作业、开夜车，累得我得了一场伤寒，几乎掉了性命。

不知是因为社会活动的影响，还是兴趣的转移，我对历史关心起来。

教历史课的赵学钧老师，讲课非常认真，他给我介绍了一本《中国历史简编》，作者是上海华东师范大学的吴泽教授，我竟因此而萌发了学史的念头。几年后，吴泽教授成了我的研究生导师，我当时不知道。这一切都是巧合。

到了1951年，我高中毕业报考大学，我报考的志愿是北京大学考古系，那一年我们可以填八个志愿，我只填了一个北京大学考古专业，可见决心之大。我当时印象最深的就是说，当时中国考古事业的发展，就好像是一锄头下去就可以挖出一个金娃娃来，我就立志要学考古专业。可能是我的基础不太好，那一年没有考取，那就等于失学了，生活无来源（家早已破产），我就跑到长沙县车马乡教了半年小学。然后到1952年才考入了我们现在的华中师范大学，当时是叫华中大学师范学院，就是旧的华中大学和革命的中原大学合并，成立了华中大学师范学院。到这里来学历史，就这么走上了学历史的道路，你说这是偶然还是必然呢？

康香阁：那个时候大学的历史课程和现在大学的历史课程有区别吗？

熊铁基：和现在一样，在大学里也是学习中国历史、世界历史。开始一学古代史就学出兴趣来了，也就学得比较好。在大学四年当中要学两年中国古代史，一年中国近代史，一年中国现代史。中国古代史第一年的考试成绩，我就考得特别好，教我们古代史那位老师叫喻存粹，他给了我98分。他是来自西南联大的老师，这个老师后来被打成“右派”了，就没有发展起来，但是他的同学，像南开大学的王玉哲、杨志玖等都成了知名专家。我就是从那个时候学古代史学出的兴趣，还当了古代史课的课代表。

新中国成立初期，大学里面对马列主义课是很重视的，我们学的基本教材就是《联共（布）党史简明教程》。那个时候，我好胜心很强，一年级期末考试，这门课只考了78分，我觉得没有考好，就用了整个暑假，把《联共（布）党史简明教程》从头到尾重新学了一遍，直到现在家里面仍保留着这本《联共（布）党史简明教程》，上面圈圈点点的东西还是多得不得了。它的第四章第二节是讲辩证唯物主义和历史唯物主义，这一节把一些基本的辩证唯物主义的理论讲了一下，应该说还是很有作用的。

当时的历史课本也不是太多，资料也不是太多。历史课本一个是尚钺的《中国历史纲要》，另一个是范文澜的《中国通史简编》，主要是这两本书。原始资料接触得很少，我们接触到的原始材料就是由我们张舜徽教授开设的一门“中国历史要籍介绍及选读”，讲《陈涉世家》等几篇东西，其他的原始材料几乎很少看到。我就记得到大学二年级，有一次讨论王安石变法，才从资料室借了那么一本像样的书，让我们几个同学都来学《王安石传》，读王安石的万言书，这算是接触了一点原始资料。

三、理论训练和资料训练

康香阁：您大学毕业后又考上了华东师范大学研究生班，在研究生班受到了哪些方面的学术训练？

熊铁基：1956年大学毕业的时候，我被保送考研究生，就考取了华东师范大学的中国通史研究班。我记得在当时全国有三所重点师范大学，一所是东北师大，一所是北京师大，一所是华东师大，这三所师大都办过历史学研究生班，有的是近代史，有的是世界史。像华东师大就还有一个世界史班，请的是苏联专家来教的。我们班叫作 中国通史班，就是古代史班。这三种形式的研究生班，在当时办了三四届，培养出了一批人。这批人在50年代后期到“文化大革命”以前，乃至“文化大革命”之后的初期，都是全国各地高等院校的骨干，也有很多人在当时就当了各个学校的中层领导干部，因为那个时候也没有教授、副教授、讲师这些头衔。新中国成立后，讲师这些职称只是在60年代曾经搞过一段时期，没搞下去“文化大革命”就发生了。粉碎“四人帮”以后，高校才恢复了评职称。

给我们研究生班上课的老师有吴泽先生、李平心先生、束世徵先生等，还有施奇老先生、戴家祥先生等授过课，听的报告就更多了。平心先生是一位很有思想的人，他写过一部著作《人民文豪鲁迅》，他对甲骨文、金文做过考释，先秦的历史他也研究，很有才气。1985年华东师范大学出版社出版了《平心文集》。施奇老先生给我们讲《庄子》。就是在那种情况下，我们读了研究生班。当时得到的收获就是两个基本训练，一个是理论方面的训练，一个是文献方面的训练。

理论方面的训练，因为我们的指导教师吴泽先生是以马克思主义史学家的面貌出现的，而且是从年轻的时候，从新中国成立前一直到新中国成立后，一直都是这样一个面貌。所以在理论观点上面，他提倡要我们学习马列主义理论，要我们读马列主义的原著。我们读过《家庭、私有制及国家的起源》《德意志意识形态》《资本论》中的部分章节，再后来就是学习《反杜林论》，还包括列宁和斯大林的一些著作。我们说，马克思主义的基本理论我们没有学好，这是个事实，但我们那一代人都是经过这个基本训练的。我记得李泽厚在他的一本书的后记里写过这样的话，他说他自己是马列主义理论培训出来的。他的年龄跟我差不多，比我大一两岁，我和李学勤同年，都是1933年，我比林甘泉也要小一点，我们这一批人确实是经过了马克思主义基本训练。

对于马克思主义基本训练，我写了好几篇文章申辩这个问题。马克思主义后来被变成教条化，那是一个客观存在的现象，大家都在那个路上走过，但是不可以否认的是，马克思主义作为一个理论、思想、方法的训练，对一代人是有影响的。这个问题还可以研究，马克思主义究竟起到了一个什么作用。

我记得新中国成立初期，翦伯赞就写过一篇文章，他就讲学马克思主义就是学立场、观点、方法，但这个立场、观点、方法怎么个学法，也是一个比较抽象的东西，它不是说让你去背条文，不是说一定要引一段毛主席怎么说。但后来教条到不仅要引用毛主席怎么说，还要引用马克思怎么说、列宁怎么说、斯大林怎么说，甚至于苏联专家怎么说，都成了所谓的理论依据，那是走歪了的一条道路。但是，在读马列主义著作之后，在思维能力方面得到的一种训练，还是值得我们考虑的。我想我们这一代人，不管他承认不承认，都经历了这个过程，这是个潜移默化的影响。对年龄大的一些老师来讲，比如说我们的张舜徽老师，他们都是一九一几年出生的那些人，他们这一代的人有的早就学习了马列主义，像侯外庐、翦伯赞、郭沫若他们。有些老先生，像张舜徽老师这样一些人，新中国成立前就没学过马列主义。新中国成立以后，学习马列主义变成了大家的一项任务，变成了一个指导思想，等等。所以，像张舜徽老师也要学一点马克思主义，学习之后有没有影响呢？也有影响的。像张舜徽老师就写过《中华人民通史》，强调人民是历史的主人，这就是在马克思主义思想指导下写出来的。在写《中华人民通史》之前，华中工学院还给他出了一本《劳动人民创物志》。我想这些著作的出现，就是接受了人民是历史的主人这个思想，也就是接受了马克思主义历史唯物主义思想。在那样一个时代的影响下，从50年代到“文化大革命”前，这一时期的马克思主义的学习培养了一代学者，或者训练了一代学者，这个问题我想应该是一个客观存在的现象。

前些年，我也听说传来了很多西方的理论，而且有些西方理论是西方老早的、过了时的理论，我们再把它搬出来，是不是适用，这个理论训练究竟应该走什么样的路子，这倒还是个值得探索的问题。从我们的经历来讲，就是曾经受过马克思主义理论的训练，排除那些极左的，排除那些偏了的东西之外，这个训练是可以肯定的。

对社会上不时出现的一些所谓西方新理论，我们这些老同志没有青年人接受得快。但有一句话值得我与青年同志共同注意：“青年人相信许多假东西，老年人怀疑许多新东西。”但愿我们都不犯这样的错误。

康香阁： *您在文献资料方面的训练是如何进行的？*

熊铁基： 我在进行理论训练的同时，还要接受文献资料的训练。文献资料的基本训练就是读一些史料书，我们大学阶段是没有读的，研究生阶段可以读了。读原始资料是做学问的基础，非常重要，我们是从最粗浅的原始资料开始读起。我们的吴泽老师、束世徵老师让我们读《资治通鉴》，而且是读没标点的《资治通鉴》。为了把每一句话、每一个字都读懂，开始一个小时只能够读一页，一页就是四五百字。看不懂的词，就翻字典。看得多了，像《资治通鉴》中那些年号的记载，开始看不懂，以后慢慢就懂了，懂了之后，就可以读下去了，从开始每个小时读一页，到后来每个小时可以读一二十页，这样一个基本训练是非常有用的。

我们学院现在培养的秦汉史研究生，就要求他们读前四史，这也是基本训练。是不是说读了前四史，这些材料就都能记得了呢？那是不可能的，谁也不能都记得。但是，读总比不读要好，读了之后，你就知道这个书是一个什么样的结构，你就知道这个材料可能在什么地方。有时候，我给研究生上课的时候，就把我读《史记》的笔记拿给他们看，我这上面记着某月2日读的哪一篇，某月3日读了哪两篇，就记录在这个地方。但是，你现在要是写文章，还得看《史记》，还得反反复复地看，你读了之后就知道这个材料可能在什么地方，或者是这个材料的价值你怎么把它化解出来。读了和没有读就是两回事。

我们读研究生期间，就是得到了这样两个方面的基本训练。

四、在理论指导下进行研究，对材料运用要持怀疑态度

康香阁：理论训练和文献训练是从事学术研究的基本功，受到这两个方面的基本训练后，下一步应该如何开展学术研究呢？

熊铁基：研究也是跟读书一样，要把它们两个结合起来。我开始写文章的时候，就是从理论方面写的文章。在读研究生时期，我的第一篇习作，就是在华东师大《科学习作》上面发表的一篇关于封建制度形成的理论探

讨，这个稿子现在也找不到在哪里了。后来我正式发表的一篇文章是在《历史教学问题》上面，题目是《石器时代的一般特征》，它就是读苏联阿尔茨霍夫《考古通论》的一个读书笔记，这是从理论训练方面写的文章。

现在各种理论很多，如果你深入学了某一家的理论或某一本书的理论，你能不能出成果，就看你怎么理解它。就跟用马克思主义去理解问题的道理一样，《共产党宣言》上讲过，迄今存在的一切历史都是阶级斗争史。这是一句原则的话。到毛主席那里这句话就进一步发展成为“阶级斗争，一些阶级胜利了，一些阶级消灭了，这就是历史，这就是几千年的文明史，拿这个观点解释历史就是历史唯物主义，站在这个观点的反面就是历史唯心主义”。阶级斗争史是马克思主义的一个基本理论，这个理论你怎么发挥、怎么理解？西方有些理论讲，一切历史都是现代史，你怎么理解一切历史都是现代史？

有的人能把一条理论理解得很透彻，发挥得很深刻，那就成了高水平的、创造性的东西了。如果对这个理论理解得不深不透，那就发挥不出什么东西来。所以我想，这个理论的基本训练对研究会有一定的好处，不能够图省事，图省事实际上就是浮躁。

康香阁：从材料方面写深入挖掘的文章，应该如何入手？要注意哪些问题？

熊铁基：我早期从材料方面写的深入发掘的文章，是关于《周礼》中的土地制度这样的一些文章。写这样的文章，需要对资料做尽可能详细的分析，对这些资料要持怀疑态度。现在不是特别提倡口述历史嘛，这当然是个好东西。但是我相信有一条，口述历史回忆的资料，有很多是不完全真实或准确的，因为时间是变化的，条件是变化的，人的思想也是变化的。现在的我和七十年以前的我，或者是五十年以前的我，有些看法就不一样了，我现在回忆起一些问题来，有些东西不是十分准确的。对有文献记载的历史，我也是这么一个看法。有人说，书上写的还不可靠吗？那是有文字记载的呀！那我说，现在好多报纸上写的东西是假的呀！现在有假的，过去就没有假的呀？甲骨文、金文，石头上的文字，刻到竹板上的文字，就是真实的呀？那也不见得。春秋战国时期，齐国齐威王铸了一个铜鼎，上面说他的祖先是黄帝，那就是真实的呀？不是真实的，黄帝是附会上去的。就跟唐朝的皇帝讲他的祖先是老子李耳一样的，这个不是真实的东西，或不是完全真实的。

但从另一个角度分析，这些资料又是有价值的。齐国的钟鼎上说他的祖先是黄帝，它可以反映当时铸鼎的那个当权者，他当时是一个什么思想状况，他是怎么认同黄帝的，黄帝被造出来之后产生了怎么样的影响。唐朝的皇帝说他的祖先是李耳，唐高祖李渊、唐太宗李世民，一直到唐玄宗为什么要把老子抬得那么高？这个问题是可以研究的，它的价值是在这个地方。至于老子是不是他们的真正祖先，那是另外一回事，是两回事。所以我想，不管是文字记载、调查资料、口述历史，都是一些好东西，都是应该学习的东西，但是要持一种研究的态度，也可以说是怀疑的态度，这样对我们进行资料研究会有一定的帮助。

康香阁： *在研究中如何将理论和材料这两点结合起来呢？*

熊铁基： 理论和材料这两点怎么结合起来进行研究，这需要经过一个基本训练的过程。不管是马克思主义理论也好，西方理论也好，都要经过一个基本的训练。训练之后你才有了这种能力，有了这种能力你才能够驾驭材料，才能够从材料中看出问题、发现问题或者解决问题。比方说，现在电脑使用很方便，如果你想查一个词最早出现在哪里，在哪些书中间有，在过去你需要去翻书，虽然有“引得”这类工具书可以帮助你解决这个问题，但是只能解决一部分。现在你把这个词输入电脑，统统都出来了，不用那么辛苦地去翻书了。但是，如果你没有一个基本的理论和材料方法训练的话，即使你看了这个词也想不出这个词的道理来，也不一定知道这个词的价值意义在哪里，这恐怕还不是光靠打电脑、打出个词来就能解决的。

一个人的学习和研究是一个过程，每一个人走他自己的特殊的道路，都有他客观的原因，或者是历史条件的关系，但是他们都有一个共同的规律性的东西，共同的东西就是你必须要老老实实做学问，认认真真地读原始文献，这是一个基础；你必须要有一个理论基础，这个理论会训练你的思维，训练你的逻辑，训练你的研究能力。这些东西都是做学问的基础，是一个带有共同的根本性的东西。在此基础上你才能够做好历史研究，才能够做到求实和创新。什么叫求实？求实就是来不得半点虚假，需要花费时间和精力，扎扎实实地在书本上搞“调查研究”，不能粗心大意。什么叫创新？你是否真正在创新？有些东西本来不新，或者你不知道它，却把它当成新东西，那不是真正的新。较早些时候，史学界有人刻意构造新理论、新思想，其实并不是什么新东西。在历史研究中，真正的创新，我看主要有以下几种情况：新材料的发现和研究、对于老材料的新解释、新问题的提出和探讨、新理论和方法的运用。求实和创新的关系可以概括为创新必须求实，求实才能创新。

五、搞历史研究要从具体问题入手，与现实相结合

康香阁：选题是研究的第一步，选题是否恰当，关系到研究成果的最终成败。有的说研究要选大问题，容易引起社会的关注；有的说研究要选小问题，容易做得深刻透彻。您怎么看待这个问题？

熊铁基：研究有大问题、小问题，有发现新问题。大问题中有小问题，小问题中有大问题，旧问题中有新问题，这要看你的理解水平如何。真正做研究的，首先要对已有的研究问题有全面的了解，然后你再从现在这个时代，用你个人的眼光来审视还有哪些问题值得你去深入地研究，或者是重新加以解释，或者重新加以认识。

历史上的大问题多得不得了，我们一个普通的人能解决多少大的问题，

恐怕难。再大的大师，他有贡献，这是肯定的，但他的贡献毕竟还是有他的局限性。像20世纪50年代初期，我们史学界开出了“五朵金花”，就是解决中国历史分期问题、封建土地制度问题、农民战争问题、资本主义萌芽问题和汉民族形成问题。这五个问题当然是比较大的理论问题，这些问题解决了没有？应该说到现在还没有。就拿历史分期来说，社会的发展到底有没有从原始社会到奴隶社会，到封建社会，到资本主义，再到社会主义社会这样一个历史规律？还是说这个历史规律是一个特例，一般的社会是没有这个规律的。这个理论，史学界至今没有解决。

最近，有一位党的领导干部给我讲，熊老师，社会要进步，思想要先行，全国共产党员只有七千万，即使这七千万党员都是精英，都真的信仰共产主义，那也只有人口的百分之五，还有百分之九十五的人口应该信仰什么？应该树立一个什么样的世界观？我这个共产党的领导干部不能讲搞别的东西，熊老师你能不能搞一个什么形式，比如说，搞一个孔学（不叫孔教，教是宗教），通过这种形式把大家都吸引过来，把人们的思想境界提得更高一点，这不就有利于社会的和谐发展吗？为什么宗教有人信仰？就是因为它有形式呀。基督教有基督教的形式，伊斯兰教有伊斯兰教的形式，比如做礼拜等等。

我说，现在叫国学的，叫孔学的，等等，都多得不得了，我们现在再用一个什么袋子把他们都装起来搞成一种形式，恐怕很难，这是个大问题，不是一下子能解决得了的。但从学术研究角度来讲，我们可以做其中的一些具体工作，可以在整个大的研究中间稍微有一点影响，比如说，我们现在搞的道家道教研究，就是想让领导人懂得应该怎么看待宗教的问题。对宗教可以从各个角度来看，比如说道教是中国土生土长的宗教，道教有它的好处，它是生活中的道教，是讲现在的人，不是讲来世，不是讲将来，你不去扶持它，不宣传它，你说道教是迷信，那天主教、伊斯兰教在社会上搞得厉害得很。这百分之九十五的人民群众，不能去信道教，他就到别的教去，甚至去干别的违法的事，你说研究道教有没有作用呢？当然是有作用的。现在在宗教政策上也是有些问题，不能够与时俱进，难以适应社会发展的需要。

我曾经在我们学校里面办过一个道士训练班，我有一次还在省里开会讲这个事，好像有个别领导很拘谨地问："你在学校里搞这个道教活动行不行?"我说："如果不行的话，天主教、基督教、伊斯兰教在农村里面大力宣传，我在学校里培养一下道士的水平，提高一下道士的水平，这不是有益于和谐社会的构建吗?"有些领导的思想就是转不过弯来，他就想，"你搞道教是不是在做坏事"，其实我是在做好事。

因为这百分之九十五的人民群众不欣赏这，就欣赏那，他不欣赏马列主义，他愿意信仰释迦牟尼，他愿意信仰太上老君，你不正确引导怎么办?我就告诉他，道教里面也有好东西，就是劝人为善，都是要人做好事，学雷锋是做好事，为人服务也是做好事，宗教里面也讲做善事、做好事，你正确引导就可以了。哪些是糟粕性的东西，哪些是精华性的东西，如何处理糟粕和精华，我们的研究可以做这些方面工作。比如说，我们研究湖北的道教，湖北省有140多个道观，这些道观遍布全省各地，可以影响很大一部分群众。可以说，道教其中一个作用是使得人们心灵向善，对构建和谐社会是有好处的。另外，经济上也发展了，如开发旅游景点，武当山是世界文化遗产，又是道教圣地。这个领导有时候他想不到这个上面来，我们的研究的一个作用就是想让他认识到这个层面上来。

康香阁：您目前所进行的道家道教方面的研究，是现代社会的一个热点问题。有的人说学术研究要与现实社会保持一定距离，有的人说学术研究要与现实社会的需要相结合，这个问题如何理解？

熊铁基：我想我们的学术研究是为现实服务的，我始终相信没有一个不受当时社会影响的学术，单纯的学术实实在在是没有的。你自觉不自觉地都会受到政治和社会环境的影响，自古以来都是如此。司马迁写《史记》，标举“究天人之际，通古今之变”；司马光作《资治通鉴》，更直接表明以史为鉴的宗旨，脱离这一点就不能称之为良史。因而甚至今天，要讲爱国主义，要讲传统文化，都是为了现实，也是为了今后，这是一个既深刻又不言而喻的问题。

但如何为现实服务却大有文章，不外乎有直接的、间接的方式。直接的方式要避免“评法批儒”时那种“影射史学”。研究现实问题适当找历史根据未尝不可，但什么都来个“古已有之”，有时就不恰当了，这方面的事例不少，提出来引起注意罢了。间接的方式往往带有根本性的意义，属于精神文明建设的基本建设，是史学专业工作者的主要任务，百年大计更值得注意。就目前来讲，史学研究要能够为构建和谐社会服务。

（原载《邯郸学院学报》2007 年第 2 期，作者单位：邯郸学院地方文化研究院）

熊铁基教授访谈录

赵国华

熊铁基教授，湖南常德人，1933 年出生，1956 年毕业于华中师范学院，1958 年华东师范大学研究生班毕业，现任华中师范大学历史文化学院教授、博士生导师。先生长期从事中国古代史教学和研究工作，主攻中国古代思想文化史，著有《秦汉新道家略论稿》、《秦汉官制史稿》（两人合著）、《秦汉军事制度史》、《汉唐文化史》、《秦汉文化志》、《秦汉新道家》、《中国老学史》（三人合著）、《中国庄学史》（三人合著）等著作，发表学术论文数十篇。在过去二十多年间，笔者时常向他问学，最近趁他刚搬入新家，又多次来到他家里，在轻松愉快的气氛里，谈到他的人生经历、学术成就和治学方法以及历史学的发展前景。现在把访谈内容整理成篇，公开刊发出来，以飨读者。

一

问：据我所知，您在 20 世纪 50 年代初进入大学，而今仍坚持在第一线工作，回顾这么多年来的人生历程，您觉得有哪些经验和感受最需要讲给同行学人呢？

熊铁基：我在 1952 年考入华中大学师范学院（即后来的华中师范学院），正式开始学习历史。记得上中国古代史课时，经常被老师点名发言。为了讨论王安石变法，老师还让我和几位同学读王安石的万言书，由此接触到原始资料。等大学毕业后，我被保送报考华东师大中国通史研究生班，跟吴泽先生学习古代史。经过两年的学习，我回到华中师院任教，从这个时候算起，至今近五十年了。

回想五十年的经历，我觉得做好学问，首先要学会做人。做人讲什么？无非是待人、处世之类。人是群体动物，是社会动物，有社会、有国、有家，形成了各种各样的关系。适乎社会的潮流，合乎人群的需要，这是做人的原则。待人诚恳、忠实，讲信用、重然诺，这是我的自律。我经常有意无意地背诵曾参“吾日三省吾身”的话：“为人谋而不忠乎？与朋友交而不信乎？”所以，在日常生活里，还能跟大家“玩”在一起，保持着友好的感情。有些同事对我的评价是“热心快肠，助人为乐”，当然有点过誉。如果在学问上能相互切磋，有能够合作的朋友，那就更为可贵了。至于怎样处世，关键是一个态度。我有时想，我生活的主流方面可否概括为：乐观、热情、积极、进取。有时遇到不太顺利的环境，也能乐观、积极；在取得一个小小成绩时，总感到不满足。近些年来，有人说我是“幸运者”“春风得意”，我高兴的时候当然有这些现象，但我并没有“得意忘形”，我仍在继续努力。

说到做人与治学，我说不出什么大道理，但觉得“道德文章”的说法，很有一些道理。做一个人，特别是做文人，应该把两者统一起来。说得具体一点，一个人对自己思想、品德的要求，和他的学术成果的质量是有关系的。很难设想一个名利思想极重而又不思改正的人，会严肃认真地对待学问，会有高度的责任感去写文章和著作。粗制滥造的做法往往和急功近利联系在一起，这些必须加以纠正。现在，要我粗制滥造，我也不会做的，因为至少我还要保护那点小小的“名声”。这并不是说我现在和今后写的东西没有缺点、错误，或者如何了不起，而是说我一定会越来越严肃认真。当然，“人非圣贤，孰能无过”，文人常有“不拘小节”的毛病，朋友们也常常宽容对待。

现在人们评论唱歌、演戏，喜欢用“投入”这个词，好像演员一“投入”，歌就唱得特别好，戏就演得特别真。其实，做学问也是如此，总要点“癖”和“痴”吧！这两个字是指两种病态，但我这里不是讲病态，而是讲治学的状态。记得20世纪60年代初，我曾这样“投入”过，有时候一个通宵下来，人已经相当疲倦了，但心里美滋滋的，好像完成了一件了不起的事情。近些年来，我写东西的机会更多，那大大小小的“每有所得”的感觉也是常常发生的，只是年龄、条件和经历等原因，情况又有些不同。我觉得没有“病”是好事，但要研究历史，没有较深的爱好和兴趣，也很难搞出名堂来。目前的情况是，我们的队伍不算太小，不可能都“癖”且“痴”，但希望有几个有点“史学癖”，而且能如醉如痴的人，这种年轻人会不断有的，我是比较相信的。

当然，要做好学问，还必须勤奋。我个人虽难说勤奋，但也很少偷懒。为了写成一本书，往往几年当中我总和平常一样，无所谓严寒酷暑，无所谓节日假期，只有必要的工作、交往和生活才会有所中断，书稿是从来没有收捡过的。我身体不算太好，病病痛痛也较经常，只要坐得下来，我就不会停止读书和写作。不过，为了保持精力充沛，劳逸结合很重要，“一张一弛，文武之道”。但怎么休息好呢？往往需要锻炼。我个人生来性急，太极拳、气功老是练不下去，下棋、打扑克总没兴趣，主要是没耐心。有时和老伴晚饭后散步，也没坚持多久。后来，恢复打乒乓球，运动量可大可小，又是和年轻朋友在一起打，每天下午一个小时左右，什么冲动、烦恼等都被抛到九霄云外了，我常常大笑不止。对我来说，这应该是最好的休息。我希望每个人都能找到适合自己的锻炼方式，以保证充沛的精力去搞好学习和研究。

二

问：在近五十年里，除去那场大动乱的影响，您一直在从事历史研究，并且侧重于研究秦汉史。请您就最满意的著作，谈一谈自己的学术思想。

熊铁基：我的学术研究主要集中在秦汉史领域，有时追溯到先秦，有时顺延到唐宋，内容涉及政治和军事制度、思想文化、学术诸层面。我写过几本书，也写过一些文章，是否有“最满意”的东西，还是我在一篇自述中说过的那句话，像球王贝利的下一个球最好一样，下一本、下一篇最好。说实在的，已发表和出版的论著，每一本、每一篇都多少有些遗憾。

当初，我研究秦汉官制史是和安作璋先生合作的。1980年，我和安先生在烟台到济南的火车上谈起合作的事情。当时我已开始了秦代官制研究，他也在做汉代官制研究，我们就决定先搞秦汉官制史。大家知道，前此有陶希圣的《秦汉政治制度史》、严耕望的《秦汉地方行政制度史》，我们既不能完全摆脱这些著作，又不能做简单的重复，所以，篇章结构需要仔细斟酌，资料要尽可能地收集。历时两年多，我们才完成《秦汉官制史稿》。这本书以断代史的形式，论述了秦汉王朝中央、地方行政机构的设置，各种官吏的配置、职责及其演变，以及官吏的选用、考核和其他各项制度，揭示了秦汉官制的特殊地位。这部书的主要遗憾是，有些论述仍不够细、不够周全，个别地方还需要修正，以致人们在深入官制史研究时，找不到相应的参考。当然，新出土的资料是没有包含进去的，近几年也曾商量修订，但兹事体大，我们各自的研究重心也有所转移，无法做得更好，只能让它暂时重印，以待后来者。

《秦汉官制史稿》完成后，安先生和我也曾商量继续合作“兵刑志”。我认为兵、刑应该分开，安先生理出“法制史”的提纲，我们都已经开始了写作，但是，因为客观情况变化太大，最终未能实现。我则于1990年出版了《秦汉军事制度史》，实际上是1987年就完稿了，几十个排印字拖了一年多。这本书或可算《秦汉官制史稿》的姊妹篇，对秦汉时期的兵役制度、军队的构成、武器装备、后勤保障，以及军法、兵法等问题，进行了较详细的论述。当时写这本书，因为资料比较缺乏，情况又比较复杂，我感到难度很大。如果按旧时兵志的写法，仍不过是收集资料，做出简单的归类，有些资料还不好处理，更无法理出什么头绪。所以，就试图用新的观点和方法整理资料，清出一个基本轮廓。记得有人评论《秦汉官制史稿》，说“无疑可以起到承前之效，但启后则尚嫌不够”。而写《秦汉军事制度史》，仍觉得有这样的“不够”，因为我的注意点在于能否真正很好地继承、总结。假如能较好地“承前”，自然会有些“启后”作用，这样或那样的不足之处，也可以当作前车之鉴。实际上，能为将来写出完美的著作打一点基础，我也就可以自慰了。

在做制度史研究前，也就是从70年代末起，我已开始涉足秦汉思想史。我先是想从《吕氏春秋》《淮南子》等著作中找资料，在阅读过程中感悟到它们的思想体系更有意义，所以相继发表了《重评〈吕氏春秋〉》《从〈吕氏春秋〉到〈淮南子〉——论秦汉之际的新道家》等论文。1984年，在我的老师张舜徽先生和武汉大学萧萐父先生的关心下，在上海人民出版社的支持下，我出版了《秦汉新道家略论稿》。这是我写的第一本书，对秦汉新道家的思想和主张进行了初步的探讨。没想到一本小书，还引起了学术界的广泛关注。但我很清楚，这本书并没有把问题完全弄清楚，还有很大的搞头。所以，在以后很长时间里，我仍旧关注着这方面的研究，又有了不少新的想法。经过大幅度的修改，还是在上海人民出版社的支持下，我出版了《秦汉新道家》。这本书和《秦汉新道家略论稿》相比，篇目增加了一倍，字数增加了两倍多，在论述的角度和深度上，也都有较大的进展，可以说大变了样。这本书分历史和思想两篇，从纵、横两方面，对秦汉新道家的形成和发展、主要代表人物和代表作，进行了较全面的论述，力求达到历史和逻辑的统一。我认为思想如果不结合现实，那是意义不大的。实际上，任何思想的产生和发展，都和当时的现实有关。历史篇较集中地探讨了这一问题，这是《秦汉新道家略论稿》中所没有的。思想篇有的内容，虽然是大家反复讨论过的，但在本书的整个体系中，占有很重要的地位。如果单看每一篇章，大多不是新题目，但每一章的写作和修改，也都经过深入的思考，或者进一步钻研原材料，或者借助他人的论著，受到一些启发，有所体会，从而有了“一孔之见”。正是经过反复思考和修改，我对秦汉新道家的研究，总算画上了一个句号。

秦汉新道家研究，前后用了二十年时间。在这段时间里，因为“文化热”的兴起，我又关注着文化史研究，先是和几位青年同志一起，选了一个“汉唐文化史”的项目。这似乎是赶时髦，其实有它的必然性，或者多少反映出时代发展的需要。我认为研究文化史，主要是研究人类文化成果的发展过程，这包括物质文化、制度文化、精神文化等内容。我写的《汉唐文化史》，主要讲的是精神文化。所谓精神文化，即上层的学术思想，下层的风俗习惯（这是钱穆的说法）；表层的文学艺术，深层的心理性格（这是我的补充）。这本书就是按这种理解展开的，它一方面对汉唐文化的发展轨迹和特点进行了规律性的探讨；另一方面，对汉唐时期的经学、社会思潮、文学艺术、风俗习惯等问题进行了较具体的论述。后来，我又接受中华文化通志编委会的委托，撰写了《秦汉文化志》。这是一项重大的学术工程，整套书有100册，并且同时出版。我写的这一册，概括地介绍了秦汉文化的历史背景，叙述了与文化相关的制度和政策，对秦汉文化的几个重要方面，比如学术、思想、文艺、礼仪、社会生活和中外文化交流等问题，进行了较系统的论述。据说这套书出版后，在国内外学术界还有很不错的反响。

进入90年代，我开始关注道家和道教文化，从秦汉新道家转向老学拓展，邀约本单位的几位同志，撰写了《中国老学史》。一部《老子》不过五千字，却有一个博大精深的理论体系，涉及自然、社会、政治、人生等方面，历来受到特别的重视。人们从不同的角度研究它，形成了一个庞大的学术流派，同时构成了一部老子学说史。我们从考证老子其人其书出发，着眼于分析社会文化背景，叙述每个时期的老学概况，揭示老学发展的内在规律，评介有代表性的老学成果，确定老学的历史地位。我们用自己的看法，为老学研究抛了一块引玉之砖，尽了一份责任。接下来，作为《中国老学史》的续篇，我们又写了《二十世纪中国老学》，分不同的阶段和专题，对近百年来老学的发展历程进行了较系统的总结。我们没有成见，力求全面客观地介绍，但是否全面？是否客观？也许还会有问题的。当然，作为中国学术史的重头戏，老学史有很多问题，都需要进一步研究。

1995年，《中国老学史》出版后，自然会提出是否写庄学史的问题。我当时有所考虑，一是写作的难度，二是时间和精力，还有老学史的那些问题，有待于深入地研究，所以好几年里，都没有考虑庄学史。直到2000年底，在一次庄子学术讨论会上，我做了一个“《庄子》历史地位”的发言，中国社科院的余敦康先生问：“你是不是打算写《中国庄学史》?”就这样，我才召集了几位同志，参照研究老学史的思路，撰写了《中国庄学史》。虽然用的时间不长，但我们是全力以赴，包括利用酷热的暑期，甚至是加班加点。当然重要的是，几位合作者思想更成熟，思路更明确。所以，能借鉴原来的经验，扬长避短，使水平有所提高，或者《中国庄学史》比《中国老学史》略胜一筹，这不是自夸，而是一点自信。现在，我们已经成立了道家道教研究中心，专门从事这方面的研究，还有一批博士、硕士研究生，也在做这方面的课题。我相信今后一段时间，对于道家和道教文化的研究，还会取得更多的成果。

三

问：历史研究成果的取得，在很大程度上需要适当的方法，您能取得这些学术成果，在方法上有哪些奥妙呢？

熊铁基：世上无难事，只怕有心人。说到研究方法，我觉得并不那么神秘，除了辩证唯物主义和历史唯物主义外，说得直白一点，主要是考虑几个问题，包括历史和现实、理论和史料、博通和专精、学习和思考、求实和创新，当然还有其他问题，也要认真考虑。

俗话说无古不成今，历史是不能割断的，忽视历史的传统，会造成严重的后果。站在今天的立场上，如何看待历史是一个重要的问题。我认为，研究历史为现实服务，是不应该也无法回避的问题。自古以来，学习和研究历史，都是为现实服务。司马迁写《史记》，“究天人之际，通古今之变”，就说得很明白；司马光修《资治通鉴》，意思更为清楚。直到今天，讲爱国主义，讲传统文化，都是为了现实，也是为了将来。而要讲传统文化，就离不开研究历史，历史研究为现实服务，应该是毋庸置疑的。然而，如何为现实服务，却大有文章可做，需要正确对待。我觉得服务的方式，不外乎有直接的、间接的两种。直接的服务，必须避免“评法批儒”式的“影射史学”。研究现实问题，适当地找寻历史根源，未尝不可以，可什么都来个“古已有之”，有时就不恰当了。间接的服务，往往带有根本性的意义，属于精神文明建设的内容，是史学工作者的主要任务，应该有明确的认识。

史论关系是20世纪50年代就讨论过的问题，有“史论结合”“以论带史”“论从史出”等说法。或者可以这样认为，这些说法各有一定的合理性，也出现过“以论代史”的错误。我是从这个过程中走出来的，但并不了解全部的情况，只有一些经历和体会。当时似乎有一种倾向，写书、做文章靠引用几条马列的论述，乃至苏联专家的著作，再用一些历史资料作证就完事了，好似“文化大革命”中，任何一篇文章的前面，都先来一段“最高指示”。这种倾向是有问题的。再说我个人的情况，对马列主义原著的学习，在看问题的观点和方法上，可以说是一种训练，除了“具体问题具体分析”之类的语录外，那些著作所体现的立场、观点和方法，都对我有很大的影响。当然，我也受过教条主义的影响，甚至有过很“教条”的表现，但在仔细地阅读史料的过程中，又会自然而然地克服某些教条主义，不会以“论”去代“史”，有些“论”也就自然从“史”中出来了，特别是一些具体的论点。现在看来，历史研究决不能说空话，也不能没有理论，因而必须以史料为根据，做出合乎理论的思考。我是“在游泳中学会游泳”，也许教条主义的影响越来越小，马列主义立场、观点和方法的优势越来越大，不知道这个看法是否符合实际。

许多学者谈做学问，都会谈到博通和专精的问题。其实，这两者的关系并不太复杂。没有广阔的基础建不起高楼大厦，没有广博的知识做不到专精深刻。况且做学问和建楼房还有很大的不同，知识的关联性更为复杂巧妙。因此，对于浩瀚的历史文献，既要博览，又要精读，还必须由博返约，才能做出学问来。汉代是一个经学时代，那时的知识分子都读经、讲经，有的人皓首穷经，一辈子连一部经书也读不下来，可能是因为专攻一经。相反，有的人会读各种经书，经书以外的书也读，往往成为某一经的大家。像这样的事例很多，都能证明由博返约的道理。然而，博到什么程度？如何博？怎样由博返约？如何约？谁也说不出十分有效而且人人适用的一套方法。我觉得博览的要求，不一定涉及所有学科，但必须掌握和史学相关的知识。精读除了死记硬背外，更重要的是推敲琢磨，只有反复地推敲琢磨，才能搞出一点名堂来。

学习和思考是两个相关联的问题，我觉得学习的关键主要在于提出问题。提出问题是一个思考的过程，它把学习和思考连在一起。有的学者谈历史研究，说要弄懂五个 W，即 Who（谁）、What（什么）、Why（为什么）、How（怎么样）、Where（什么地方），这是很有道理的。孔夫子也说过："学而不思则罔，思而不学则殆。"这个道理人们都懂得，只是做起来不太容易罢了。我不是一个勤于思考的人，虽然有朋友说我才思敏捷，反应比较快，但我自知天赋并不很好，并不太聪明。这不是谦虚，人贵有自知之明，有时候有点"小聪明"是从哪里来的呢？也还是因为认真学过一段时间，而且读书是学习，使用也是学习，从书本中可以学习，从实践中也可以学习。这样，有时候会产生一点思想火花，特别是阅读原著，更能启发思路，再经过深入的思考，就会形成自己的观点。

现在，人们都喜欢创新，时代也需要创新，事实上任何事物都在更新，治学当然不能例外。问题是，你是否真正在创新。有些东西本来不新，或者你不知道它，却把它当成新东西，那不是真正的新。较早些时候，史学界有人刻意构造新理论、新思想，其实并不是什么新东西。在历史研究中，我看真正的创新主要有以下几种情况：新材料的发现和研究、对老材料的新解释、新问题的提出和探讨、新理论和方法的运用。炒冷饭当然不是新，一般也不受人们欢迎。在具体研究工作中，有老实的态度，有扎实的功夫，是学术创新的前提。创新不能哗众取宠，必须老老实实、扎扎实实，总是离不开求实。说到求实，来不得半点虚假，需要花费时间和精力，在书本上搞“调查研究”也不能粗心大意。现在有些自以为新、被捧为新的东西，之所以缺少一点“实”，就是一个功夫问题——扎实，更是一个态度问题——老实。不老实，急于求成，急功近利，那是不能真正创出新东西来的。因此，我可以概括地说，创新必须求实，求实才能创新。

四

问：目前，随着中国社会的变革，历史学面临着一系列问题，就您的认识和推测，对历史学的发展前景，我们应有怎样的期待？

熊铁基：史学面临的困难，是一个相对性的问题。社会的发展，文化的传承，史学始终有它特殊的地位和作用。现在，似乎报考历史专业的学生不多，历史专业的学生找工作也有一些困难，某些高校历史教学和研究人员也有所减少。这类现象不是史学本身的问题，是社会发展和教育体系的问题。过去在一个省里，只一两所学校有历史系，现在有十来个历史系，哪里需要那么多历史教学和研究人员呢！20世纪50年代以来，历史专业的毕业生分散在各行各业，被分配教育部门的人，教什么课的都有。如果把大学的学习看作培养文化素质的基础，那么学习什么专业都可以。其实学习历史的人，干什么都不会比别人差，甚至还有过人之处。至于需要多少人来做历史教学和研究，也是一个相对性的问题。还在70年代末，我们曾鼓励学生学习历史，说日本有500人研究宋史，那时在国内似乎找不出多少专门研究宋史的人。到底应该有多少人研究宋史？怎样算是研究宋史的人？这都是问题。还有史学的普及和提高、数量和质量等问题，看起来都很突出，但随着各种条件的改善，这些问题总会逐步得到解决，当然也会出现新的问题。就史学发展来说，我觉得关键是质量问题。在当前普遍有点心浮气躁的情况下，如何培养一批有志之士，真正关心史学的发展，决心为史学发展做出贡献，是一件特别值得关注的事。对此，有一定成就和影响的老学者有责任，真正有志的年轻学者也应该有这个觉悟。

至于学科的发展，必须跟着时代前进。拿编写教材来说，在中国古代史方面，有范老主编的教材、吕老主编的教材、翦老主编的教材和郭老主编的教材，但是我们知道，从20世纪50年代起，全国许多高校都编过不少同类教材，后来许多专科学校也编。这些都多少被使用过，为普及历史知识和培养人才发挥过一定的作用，有的还起过较大的作用，如朱绍侯先生主编的《中国古代史》，二十多年来被广泛地采用。而今在朱先生的带领下，一批中青年学者准备用新的思路重新编写一部《中国古代史》，这是完全必要的，同时又是可能的。教材关系到下一代的培养，今后的史学工作者都要经过一个基础学习的阶段，教材对学科发展的作用就在于此，同时它也反映着学科本身的发展。

从学术研究来看，以秦汉史研究为例，过去人们学习历史都是从《史记》《汉书》开始的，研究中国古代史也多半从秦汉史开始。有的人甚至在秦汉史搞过一阵子，就离开了史学研究，因为研究的人很多，秦汉史领域的学术问题，几乎没有新的了。可仔细想一想，事实并非如此。在新的学术条件下，仍可以研究秦汉史。新出土了许多资料，令人欣喜不已，这时往往会产生新观点。但要得出新观点，又必须熟悉老问题。对老问题不熟悉，不重新加以审视，新材料的研究恐怕很难进行，也不会搞出什么名堂。重新审视老问题，应该是大有可为的。我近年来在看“秦始皇的最后十年”“汉人改造先秦典籍”“刘向校书”等问题时，都多少有些收获。只要你不人云亦云，能熟悉地掌握资料，特别是阅读原著，认真地思考问题，就能把研究引向深入。

最后要说一点，学术是没有国界的，对同一个国家的历史，或者同一个历史问题，我们在研究，外国学者也在研究，并且因为从不同的立场出发，用不同的理论和方法，会得出不同的观点，这就应当相互借鉴。特别是在国际汉学界，有不少学者专攻中国历史，涉及历史的各个领域，也有不少突出的成就，更需要多加关注。

写完这篇访谈录，笔者觉得言不尽意，铁基先生还有不少说法，也能给人以启迪。比如他说青年人相信许多假东西，老年人怀疑许多新东西，但愿都不犯这样的错误。又如他特别强调学术研究中的相互理解、支持和鼓励，有利于学术事业的发展。再如他认为学无止境，对于自己的学术著作，总是说“下一本最好”。这些都值得反复品味。

（原载《史学史研究》2006 年第 1 期，作者单位：华中师范大学历史文化学院）

勤治史与时俱进　著文章历久弥新

——访熊铁基先生

叶秋菊　占勇光

一、治学经历和治史风格

问：熊先生您好，每位学者都有自己的成长过程，能否请您谈一谈您是如何走上治史之路的？

答：我真正喜欢上历史、决定学习历史是在高中阶段。1948 年，我进入湖南长沙兑泽中学读高中，就是后来的长沙第六中学。教历史课的赵学钧老师讲课非常认真，给我介绍了一本《中国历史简编》，作者是后来任教于上海华东师范大学的吴泽先生。我因此萌发了学史的念头。几年后，吴泽先生成了我的导师。1951 年，我高中毕业，报考大学。那时候我们可以填八个志愿，但是我只填了北京大学考古专业一个志愿，足见决心很大，可惜没考上。之后，我在一所小学教了半年书。1952 年，我考入华中大学师范学院（即后来的华中师范学院）历史系，正式开始学习历史。1956 年我大学毕业后，被保送报考并进入华东师范大学中国通史研究生班，跟随吴泽先生学习中国古代史。1958 年，我回到华中师范学院任教，一直到现在，都在历史系（历史文化学院）工作。就这样学历史，教历史，研究历史。

问：您从事历史学研究已经有六十多年了，但时至今日您依然坚持不懈地进行科研、教学工作。请问您这种持续稳定的工作动力是怎么形成的？

答：偶然加习惯，成为自然。学习历史、从事史学研究是偶然的因素。至于工作动力的形成，则是习惯成自然的事情。现在有一些对老年人的总结：50 回头望望，60 告老还乡，70 打打麻将，80 晒晒太阳，90 躺在床上，100 挂在墙上。这些事我好像都没有经历过。老实说，80 岁以前，我从没有顾虑过“老”和是否继续工作这一类的问题。我最近在写回忆录，正好写到 60 岁那一年（1993 年）。那一年全国最后一次开展“国评博导”评审活动，之后博士生导师都是由高校自评。博导本来不是新鲜和特殊的称号，但是在一定时期当中，好像具有一定特殊的地位，特别是“国评博导”。我 60 岁那年评上博导，就没有考虑过退休的问题，就自动延续下来了。70 岁退休后，学校返聘，一直到现在，学校给我补贴，那我就想着还要做点事情。所以，从 1994 年到现在我一直都在招博士生，这样形成了习惯，就感受不到什么累不累或者什么动力问题。因为我不会是那种“70 打打麻将，80 晒晒太阳”的状态，虽然下棋、打牌这些事我都会，但我觉得这些事情没有太大意义，不适合我。

几十年来，教学、科研工作就像一日三餐一样，是我日常生活的一部分，已经成为一种习惯。近几年，我一般一天工作四到六个小时，有时候时间稍微长一点。中间会临时穿插一些其他的事，比如邮件来了，学生的作业拿过来了，我就要看。如果没有的话，我就看看书，想想问题，写写文章，写写回忆录。教学和学术研究就是我生活中的一部分。对我来说，几十年如一日做学问，没有很高的境界或特别的动力，就是习惯成自然。

问：从最早的秦汉思想史、制度史，到文化史、学术史，再到老庄学，您的学术兴趣有过几次转移，请问您为什么会对这几个领域感兴趣？又是为什么产生兴趣的转移呢？

答：这是具有很多偶然因素的。实际上我最早还不是做秦汉史，我读研究生时想研究明清史，一是觉得明清距离现代近一点，二是想也许没有古文字的困扰。这都是和当时大部分年轻人一样的错觉。20 世纪 60 年代初，我在中国科学院历史研究所访问，就是与明清史研究室的学者们（胡一雅、周远廉等）在一起交流。回到武汉，在唐长孺先生的影响下，我系统地阅读《隋书》及《新唐书》《旧唐书》等，同时还新读了《史记》，又在系资料室查阅过大量图书，写过一些唐史相关的论文。少数论文公开发表过，大多数未刊出。

“文化大革命”开始后，我的学术研究工作停了下来。1975 年，云梦秦简发现后，友人谭维四（曾任湖北省博物馆馆长）送给我一份释文的打印稿。当时我在学校的京山分院，于是跟七五级政史系的学生们一起阅读、学习，因担任“通讯员”工作，写了一些“应时”文章，其中仅发表了一篇《啬夫考》，后来又写过几篇文章，算是有点学术意义。

因为读云梦秦简，我产生了学习和研究秦汉史的念头。真正开始做秦汉史研究则是在“文化大革命”之后，具体来讲是从读《吕氏春秋》开始。读《吕氏春秋》的最初目的是想看看有哪些关于秦代的材料，在阅读的过程中发现那不是材料问题，而是一个完整的思想体系，最后逐渐形成秦汉新道家的观点。1984 年，我出版了《秦汉新道家略论稿》一书，对秦汉新道家的思想和主张进行了初步探讨。20 世纪 80 年代初，我同安作璋先生合作《秦汉官制史稿》。该书完成后，安先生提出写兵刑史，但我认为“兵”和“刑”的结合是中国古代的说法，现在已经把军事问题和刑法问题完全分开，后来我独自完成《秦汉军事制度史》。安先生草拟了法制史的大纲，我也曾打算参加的，后因客观上较忙的原因，未能实现再次合作。所以我研究思想史从《吕氏春秋》开始，与制度史的研究（从官制史开始）差不多同时进行，都是在 20 世纪 80 年代初。

完成《秦汉军事制度史》之后，我就集中精力进入文化史、学术史领域。我觉得制度层面是较为呆板的东西，而研究文化史，主要是研究人类文明成果的发展过程（包括物质文化、制度文化、精神文化等），研究文化史比较活跃，更有趣一些，可以说文化史、学术史在传统文化中起到核心作用。所以我的兴趣不是在转移，而是不断在发展，是随着我学习和研究过程中遇到的问题而产生的。比如对秦汉新道家的研究，别人都认为《吕氏春秋》《淮南子》是杂家，但我读之后发现他们的思想体系是一样的，所以提出秦汉新道家的观点。这就不是兴趣转移，而是随着研究的深入而提出的问题。

至于老庄学的研究，这倒是一个转移，向老庄学转移的原因有一些偶然因素。1993 年，我应西北大学张岂之先生的邀请，赴西安参加一个有关老子思想的学术研讨会。但我那时还没研究过老子，于是把两千年来老子思想的传承发展轨迹做了梳理。这是在西安举行的第二次老子思想研讨会，在第一次会上就有学者提出要写老学史。我在会议上的发言得到张岂之先生的肯定，我建议他组织写一部老学史，当时他没表态。我回武汉后找到马良怀和刘韶军两位学者合写《中国老学史》，这本书于 1995 年出版。这就是我转向老学史研究的偶然性。到 2000 年，第三届庄子国际学术研讨会在北京召开，我梳理了庄学史的发展脉络，会上中国社科院余敦康先生问我是不是打算写一本庄学史，我回来后立即着手准备，最后完成《中国庄学史》。所以，只是偶然的因素让我进入了新的学术领域——老庄学。

二、秦汉史研究的成果

问：您和安作璋先生合作完成的 70 余万字的《秦汉官制史稿》，是 20 世纪中国秦汉政治史、制度史研究的代表作之一，您和安先生的友谊也成为学术界的佳话，您和安先生当时是怎么合作的？

答：我和安先生相识于 1980 年 11 月在山东烟台召开的十院校中国古代史教材编写会议期间。当时我们两人虽是初次见面（我们也都不是教材作者），但一见如故，无话不谈，以后又多次共同参加学术会议并开展学术合作，遂成莫逆之交。

烟台会议后，我和安先生结伴到济南，火车上安先生约我合写一部秦汉史，我说不行，因为我在 1978 年上海的一次学术会议上得知，林剑鸣同志已经有了一部 12 万字的秦史（后来扩充为 30 多万字），准备在上海人民出版社出版。当时我有一部 10 余万字的秦代官制史手稿，安先生有一部 20 万字的汉代官制史手稿，经过我们两人的商量，决定在原来书稿的基础上合作写秦汉官制史。我们决定把原稿加深加广，既要详细占有资料，又要有深度研究。决定合作之后，我们首先对书稿的大纲进行讨论。安先生写信希望我先酝酿一个大纲，我接信后立即考虑提纲。安先生收到提纲，觉得架子可以，但还有一些问题值得进一步思考，他对提纲提出相关修改意见。提纲敲定后，大概从 1982 年 6 月进入正式的写作。我们的分工是，由安先生寄来相关资料，我写完初稿快速寄送给安先生，安先生则提出修改意见后再返还给我。至 1982 年底，《秦汉官制史稿》上册初步完成，1983 年交出版社，1984 年出版。上册修订稿交出版社的同时，下册的写作也在进行，仍采用“流水作业”的方式，于 1985 年出版。

2012 年，安先生把我当年写给他的信件复印后寄给我，我也找出所有安先生写给我的信件复印后寄给他。我们教研室的郭涛根据这些信件写了《发挥各自优势　携手精诚合作——〈秦汉官制史稿〉写作出版的前前后后》(《中国社会科学报》2019 年 7 月 22 日）一文。

《秦汉官制史稿》常为同行称道，实际上只不过是一个阶段性的总结之作，我们就是把原来对于秦汉官制研究的一些成果做了比较系统的收集、梳理和总结。今后对秦汉官制史还有很多新的研究工作要做，特别是在新出土的简帛、封泥等材料中发现了很多新的职官名，这些新材料就要补充，而且还要做进一步的考证。有很多人建议出修订本，这也是一种可行的思路。但是我想，一个时代的东西就是那个时代的东西，何必去修修补补呢，将来有学者写新的更好。

问：1984 年您出版 14 万字的《秦汉新道家略论稿》，2001 年又出版 40 万字的《秦汉新道家》，请问您是如何将这个问题的研究不断推向深入的呢？

答：《秦汉新道家略论稿》实际上是一本论文集，对秦汉新道家的代表人物、思想特点进行专题讨论。我提出秦汉新道家有别于以老庄为代表的先秦道家。

本书出版以后，我一直关注秦汉思想文化史，从 1984 年到 2001 年之间，我相继完成了《汉唐文化史》和《秦汉文化志》两本书。经过近二十年的思考，我对秦汉新道家问题产生了一些新的认识，于是撰写出版《秦汉新道家》。这部著作是《秦汉新道家略论稿》的增订本，对秦汉新道家的形成与发展、主要代表人物与代表作，进行了较全面的论述。这本书较之前者篇幅增加了一倍，字数增加了两倍多，在论述的角度和深度方面都比以往有较大的进展。如果说前者只是对秦汉新道家的形成和特点做出理论概括的话，那么，后者则是对秦汉时期道家思想的源流及其与现实政治关系的系统论述，初步具备了比较完整严密的体系。有评论者说，《秦汉新道家》在对秦汉时期道家代表人物和著作的属性做出深入的探讨并补充以往不足的同时，注重对秦汉新道家演变的历史进程及其原因、特点进行分析，从而构成了一个完整的学术体系。

《秦汉新道家》出版之后，因为老庄学研究占据了我大量研究精力，我就没在秦汉新道家问题上继续花工夫，仅在后来的《汉代学术史论》中有一些新的看法。

问：2013 年您 80 岁时，出版了新作《汉代学术史论》，书中提出的“汉代对先秦典籍的改造”观点，受到学术界的好评。能不能具体谈一谈您的主要观点？

答：在传统文化中有影响的、真正值得研究的是学术和思想。2002 年，我完成《中国庄学史》后，就开始思考秦汉学术史的问题。学术史是秦汉史领域的一个老问题，我在写作的时候，一直考虑的是如何对这个老问题写出新见解。起初的想法是接续顾颉刚先生的《汉代学术史略》（后名《秦汉的方士与儒生》），写顾先生未写到的内容。后来在书写过程中，知道学界也有相似的著作，所以一直考虑如何与已有的学术史有所不同。对一些老问题，我努力从新的角度进行解释。例如第七章“辉煌的学术成果”，问题都是老问题，但如何才能提出新的看法呢？关于注疏之学的发展，我把它理解成中国解释学的形成。解释学是一个从西方来的现代概念，也有人研究，但我的看法是中国的注疏之学实际上就是一种解释学。从数术到谶纬，我就把它看成中国神秘学的形成，至于中国史学基本形态的确立，就是一种观点、一种看法，还有天文学、地理学、农学与水利学以及既唯物又辩证的中医学等等，都是在史实分析的基础上思考认识这些问题的角度。

这个角度要新，而叙述的内容也要尽可能考虑得准确一点、新一点。基本上我要求自己每写一个东西都要有自己的思想观点，把自己的思想观点表达出来。

书中提出的“汉人对先秦典籍的改造”这个观点，有人很重视，但有人还不够重视。现在我们所能看到的先秦文献都是经过汉人整理而流传下来的，而汉人在整理先秦文献的过程中，对其进行某种程度的改造，是从事传统学术研究的人都可以想到的问题，但是这个问题的极端重要性却被忽视了。久而久之，人们渐渐失去了对这一问题的警惕性。在人们的潜在意识中，似乎我们所接触到的先秦文献本来就是这个样子。河南大学的李振宏教授赞同我这个观点。他说，如果我们不能以历史分析的眼光去看待我们所传承的先秦典籍，我们就要被它所打上的汉代烙印所蒙蔽。随着出土文献的增加，这个问题的意义就更加突出，因为更能看出变化，更能看出“改造”的结果、意义和影响等。

我写学术史的时候，注重的另一个问题是学术载体。学术有载体才能流传，那么什么是学术载体呢？主要有两个：一是人，人的头脑；一是物，有文字图形的物，主要是书籍。思想、学问、知识保存在人的头脑中，所以人是主体，也是载体。人死之后，其思想除了口耳相传之外，主要通过图书保存下来。李振宏教授也特别强调学术传承的载体问题，他说，学术史不同于学术思想史，要全面展示学术发展的盛况、全貌，对载籍的研究是题中应有之义，载籍研究应该纳入学术史研究的范畴。

问：您之前在秦汉史领域取得突出成果，近几年是不是对秦汉史关注减少，对老庄学更加重视？

答：是的。对秦汉史我写了一些文章，写了几本书，当然还可以继续深入研究。例如官制史，新的简牍等出土之后，补充了大量的材料，发现了很多新的官名和官职，这些东西就需要补充。思想文化史中也有很多问题可以继续研究。但是我想一个时代的东西就是那个时代的东西，何必去修修补补呢？而华中师范大学历史文化学院的老庄学研究仍在继续发展中。目前，我院道家道教研究中心的刘固盛老师正在做一项“中国老学通史”

的国家社科基金重大项目，把原来的《中国老学史》扩大成一部更完整、更大的著作。另外，我们编纂的《老子集成》，对老学文献的收集和整理也是一个较大的贡献。我觉得老庄学研究持续发展的意义更大。

问：从中国秦汉史研究会成立以来，您是唯一一位全程参与了15届年会的“老会员”。您为什么坚持参加每一届的年会？在您眼中，已经走过了三十多年的秦汉史研究会经历了什么变化吗？

答：1979年在四川举行的中国史学规划会议上，成立了秦汉史研究会筹备组，筹备组由五人组成（陈直先生和林甘泉、朱绍侯、周乾溁、林剑鸣四位同志）。后来五人小组会议感到要扩大代表性，发信邀请山东师范大学安作璋、中山大学张荣芳和我参加筹备组。随后筹备组又增加了祝瑞开同志以及东北、四川等地的代表。1981年9月，中国秦汉史研究会成立大会暨首次学术讨论会于西安召开，林甘泉同志被推选为会长。1986年芜湖会议，在林甘泉同志的再三推辞下，林剑鸣同志接任会长，但是学会仍然挂靠在中国社会科学院。以后学会不管到了哪里，我都主张要一直挂靠在中国社会科学院。

秦汉史研究会原来两年举行一次年会，后来三年或四年开一次年会。研究会还组织过学术考察活动。例如1982年暑期，研究会与兰州大学共同组织了丝绸之路考察，柳春藩为队长，刘光华和我担任副队长。全队先经武威、张掖、酒泉，考察了张掖城、休屠城、雷台汉墓、黑水国等近20个遗址，又参观了三地的博物馆。

在20世纪80年代以后很长一段时间，秦汉史研究会通过学术会议、会议论文集、学术刊物、相互访问、学术考察等活动，在秦汉史学界起到了很好的团结、交流的作用，同时引起了海内外的广泛关注。在芜湖举行的第三届会议上，日本秦汉史学者组团前来参加，著名学者大庭脩先生就是与会的日本学者之一。这次年会以后，国内秦汉史学者同日本秦汉史学界交流逐渐增多。1990年在山东举行第五届年会的时候，中国台湾地区秦汉史学者也组团参加。从此，两岸的秦汉史学者间展开了很多学术交流活动。后来韩国学者也参与到年会中。

我之所以坚持参加秦汉史研究会的年会，是因为我认为秦汉史研究会是最好的学会，这个学会一直很稳定、很团结。将来如果有学生愿意写学会史，可以就秦汉史研究会在改革开放以后重要时期的发展为主题，写出一个时期学术活动及学术发展的重要侧面。

以后随着通信技术的发展，学者们的交流会有更多的方式，不再以学会为唯一途径，但是学会曾经起过非常重要的作用是不能忘记的。

三、最新思考：道教起源和产生

问：从您近几年发表的论文来看，您现在主要关注的是道教起源和产生问题，您认为道教早在战国时期就已经产生，您的这一观点对以往学界的认识产生了较大的冲击。您为什么会关注这个问题？

答：长期以来，道教产生于东汉末年的说法影响很大。如卿希泰先生主编的《中国道教史》、任继愈先生主编的《中国道教史》，这两部影响很大的著作都沿袭“道教形成于东汉末年”的“成见”。我自己也曾采用此说。这种观点最早见于1937年傅勤家的《中国道教史》。傅著之所以如此写，是受日本学者常盘大定关于中国道教之分期的影响。实际上日本学者之论是根据宋代人的观点，而宋代人的观点来自魏晋南北朝佛道之争时期的材料——当时佛教徒把张道陵当成道教的代表去批判，这样就形成了道教始于东汉的观点。那么，东汉以前的道教是什么？在道教史的研讨中，就会有“道教前史”“原始道教”“古道教”“民间宗教”等许多提法，来圆汉末道教“产生”或“形成”之说。现如今更有日本年轻学者以所谓“新范式”的名义把道教形成放在南北朝时期，那就更麻烦了。这几百年乃至千年的历史又要找出一套说法以圆其说。我觉得重新讨论道教起源和产生问题，可以丰富宗教学的理论研究，可以更好地认识中国传统文化中的道教文化，吸收其“精华”因素，改造乃至摒弃其“糟粕”内容，理论和实践意义都非常大。有学者提出道教形成于战国时期，我认为或者会更早一些。

要探讨道教的起源和产生，首先涉及一些理论问题，到底什么是宗教？具备哪些条件才能叫宗教？这个问题西方学者做了概括，如要有教义、崇拜对象、创教人、宗教组织、宗教仪式等。问题的关键是，西汉时期、战国时期有没有上述方面的特征。我正在进行这方面的探索。

我认为"鬼""神""仙"和"巫""方""道"是中国宗教发展的一个线索。"鬼"字甲骨、金文中都有，"神"字金文中也有，"仙"字则甲骨、金文中都没有发现。从文字发明上考证，"鬼""神""仙"这个先后次序应该是不错的。在古人思想信念中，鬼的观念出现较早，是从原始的祖先崇拜中发展而来。对祖先首先是尊敬，因而祭奠，所以很早就引入古代的礼仪之中。从有文字记载可考的夏、商、周时代即是如此。

人们不想死，不想为鬼，这就创造出了神、仙。神仙信仰起源也很早，至少在西周时期、战国时期比较流行。人类早期由自然崇拜、祖先崇拜发展而产生鬼神崇拜、神灵崇拜，对天神、地祇、万物精灵既崇敬又害怕(敬畏)，对祖先怀念并祈求其保护。如何实现这种人与鬼神的沟通？这就产生了"巫"。从文献记载来看，商代盛行"巫"。之后巫师转变为方士，战国秦汉时期是方士的时代，同时也出现了道士。

我认为西汉时期道教与国家祀典关系紧密，表现在一是主神"太一"敬祀相同；二是道教徒参与了国家祀典，而且是祭祀活动的主力。西汉时期数以千万计的道士（方士），分布到国家、社会生活的各个方面，不少人还有很大的影响。小的掌管各种祠庙，大的为官、封侯，他们各有所擅长的方术。这些道士属于哪一个道派，是一个可以探讨的问题。初步分析来看，大多属于早期道教的黄老道派。西汉时期，道教还有了自己的经典，内容异常丰富，只是除了《包元太平经》有点影子之外，几乎全部亡佚了，也可以说是淘汰了。或者刘安的某些秘籍中还会找到一些蛛丝马迹，其实《淮南子》本身也可以说是道教经典。道教与当时的丧葬制度和习俗是有密切关系的，其神话内容在汉代及其以后的丧葬壁画或画像石中有同样的表现。这种文化现象理当是宗教文化。因此，西汉时期是有道教的。

目前我正在写战国时期的道教。我认为道教以道为最高信仰，以神仙为核心信仰，凡是信神仙的就是道教，不信神仙的就不是道教。那谁是神仙呢？黄帝、老子。黄帝、老子是什么时候开始成为神仙的呢？我把有关黄帝的研究梳理后，发现他有一个“人文化”和“神化”的过程。“人文化”的过程主要是在战国时期，“神化”的过程具体有庄子描绘他怎么得道成仙的。老子也有一个“神化”的过程。过去古史辨派不承认老子是较早的，但是儒家本身都不否认孔子向老子求教，这是不需要反复讨论的。我先弄清楚了黄帝和老子“神化”的过程，然后探讨黄、老相连，黄、老、道相连。我最近完成的两篇论文是关于战国时期的黄老道和王母道问题，包括之前的数篇文章，如《略论道教的名与实——再论道教的产生问题》《略论道教的“杂而多端”——道教史新思考之一》等，说明战国时期的道教情况。如果战国时期黄帝、老子都已经成为神仙，而且都被敬奉了的话，那道教的信仰、组织、仪式、经典都有了，就具备宗教的全部要素了。

四、对当代青年学子的寄语

问：您从事史学研究六十年，能否专门就史学方法的问题，给青年学者们谈一些指导性的建议？

答：我以前写过《我学史的经历和体会》，现在看起来仍然可以参考。归纳起来主要是这几点：

1. 学·问·思

这里要讲的是学与问以及学与思两个关联的问题。学问学问，学必须要问，东汉王充《论衡·实知》说得好：“不学自知，不问自晓，古今行事，未之有也。……故智能之士，不学不成，不问不知。”要提问，关键是提出问题，这就需要思考。

我早在读书时期就喜欢向老师提问交流，研究生毕业以后，寻师访问有了更高的兴趣和积极性。我曾经在北京拜访过吕振羽先生、侯外庐先生，后来又拜访过李达先生。其中特别是吕振羽先生，我不仅请教他关于学习和做学问的问题，还问一些具体问题，甚至请他批改自己写的东西。除了当面拜见之外，更多的是书信来往，至今我仍保留着吕先生的几封信件，有的是较集中地谈对几个史学问题的看法，有的是对我所交作业的批改及意见。在武汉，我拜见过当时任武汉大学校长的李达同志，他给我的印象极为深刻，对我的治学也有极大的指导意义。在武汉，我除了经常向我的大学老师张舜徽先生请教之外，又拜唐长孺先生为师，跟随他学习魏晋隋唐史。唐先生给我批改过好几篇文章，有的写了密密麻麻一大张纸（困难时期，纸不好，字又小，唐先生的目力后来更差，我想培养我们这些人至少是影响之一，想起来感到不安），我现在还保留着唐先生为我批改论文的手稿，逐字逐段，非常仔细。一句话，我的成长是与师长们的教诲分不开的，也是我问而知晓的结果。

我的问学，有大问也有小问，有一般的问也有具体的问，我通过提问、发问增长了不少学问。这里还要提一下，还可以向朋友、同好发问、讨论，乃至不耻下问。

再简单谈谈学与思。在学习中要能提出问题，是与思考有关联的，是什么，为什么，如何，怎样，提出问题的过程就是思考的过程。孔夫子说："学而不思则罔，思而不学则殆。"这些道理人们几乎是都知道的，只是做起来不容易罢了。做学问对思考的要求更高一些，所谓"殚思竭虑"。甚至可以这样说，即便是思想火花的那一瞬间，消耗的脑细胞和精力也许是巨大的。

2. 问题意识

做学术研究的时候，一定要有问题意识。问题有大有小，小问题是一些具体的问题，比如秦简中新发现的职官名；大问题是有一个总的概括，比如对整个官制史的看法。研究小问题的时候要带着大的思想指导才行，比如研究《红楼梦》的座席问题，就要考虑里面是否带有中国古代礼仪的问题。我建议动脑筋想问题，带着问题去研究，带什么问题呢？有时候是整个社会形势提出来的问题，有时是个人偶然碰到的问题。

3. 书痴者文必工

古人说过，书痴者文必工，艺痴者技必良。治史当然也是如此。晋武帝时杜预曾说过，王济有马癖，和峤有钱癖，他自己有《左传》癖。贪财、好马成癖是一种病态，《左传》癖就不应说是病态了，是说他特别爱好，也可能是如痴如醉了，他的《春秋经传集解》终成传世之作。如痴如醉之后，就可以做到专心致志、绝虑凝神、心不外驰，就会如陆游的《书巢记》所说："饮食起居，疾痛呻吟，悲忧愤叹，未尝不与书俱。"这既是从实际行动讲，更重要的是一种投入的精神，有这种精神就不会一边干一边喊苦叫累。真正投入了，虽苦犹甜，苦中有甜。20世纪60年代初，我曾这样投入过，有时候一个通宵下来，东方开始发白，人已经相当疲倦了。当时条件差，半夜饿了只能啃点大麦、高粱之类做的点心，有时嚼点萝卜干，但心里美滋滋的，似乎完成了什么了不起的大事一样。近几十年来，我写东西的机会更多，每有所得的感受是常常发生的，但是受年龄、条件、经历等各方面的影响，情况又不同了，大约可以用得上一种形容法，有点像是由必然王国进入自由王国了。

现在读史、治史的中青年，有兴趣的不少，但兴趣并不单纯，不是说兴趣广泛，而是说动机不太纯，因而还不能说有"史学癖"。没有病是好事，但没有较深的爱好和兴趣，又难以通向学习的王国，也痴不起来，虽然这也无可非议。目前的情况是我们的队伍不算太小，不可能都"癖"且"痴"，但还是希望有几个有"史学癖"的人，能够如醉如痴的人。这种青年会不断出现，我是这样相信的。

4. *求实与创新*

人们喜欢追求新，时代也需要新，事实上任何事也都在日日新，治史当然也不例外。问题是，你是否真正在创新，如何创新，是否创了新，有些东西本不是什么新东西，或者你不知道，把它当成新，那并不是真正的新。近些年，史学界、学术界有些人宣传甚至构造新理论、新思想，这些其实并不是什么新东西。在史学研究中，真正的新东西，真正的创新，我觉得应该有几种情况，即新材料的发现与研究，或者老材料的新解释与新运用，新问题的提出和探讨，以及新观点和方法的运用，等等。炒冷饭当然不是新，而且一般也不受欢迎。"唯陈言之务去"可以作为一个标准，但做到不容易。首先，要知道旧才能出新，也就是要学，要见多识广。其次，求新不能哗众取宠，必须老老实实、扎扎实实、实事求是，总之离不开一个求实。现在有些自以为新、被捧为新的东西，缺少一点实。扎实是一个功夫问题，更是一个态度问题。不老实，急于求成，急功近利，不能创出真正的新东西来。因此，我可以概括地说，求新必须求实，求实才能创新。

有时听人们说，当今史学界缺少提出新理论、新思想的大家，难见新的传世之作，这是高标准、严要求。还没有出高、大、全的新大家也是事实，焉知若干年以后不会在这一代中“突出”几个创新的代表人物来？将来总会有这一时代的代表人物的。愿意建功立业的人，愿意“立德、立功、立言”的人，老老实实、踏踏实实、实实在在地去努力创造吧，这个时代的“新”一定会创造出来的。

（原载《中国史研究动态》2019年第5期，作者单位：华中师范大学历史文化学院）

熊铁基先生访谈录

齐瑞星

受访者：熊铁基，1933年出生，湖南常德人，1956年毕业于华中师范学院，1958年华东师范大学研究生班毕业，现为华中师范大学历史文化学院教授、博士生导师。熊铁基先生是中国当代著名历史学家。他长期从事中国古代史教学和研究工作，主攻中国古代思想文化史，其成就主要集中在秦汉史和道家道教研究领域，内容涉及秦汉制度史、秦汉思想文化史、汉唐文化史、老庄学、道教历史与文化等，著有《秦汉新道家略论稿》、《秦汉官制史稿》（合著）、《秦汉军事制度史》、《汉唐文化史》、《秦汉文化志》、《秦汉新道家》、《中国老学史》（合著）、《中国庄学史》（合著）等著作，发表学术论文百余篇。

采访者：齐瑞星，1982年出生于黑龙江，现为河北美术学院副教授，主要从事文化艺术美学研究，发表论文有《阮籍〈咏怀诗〉的艺术风格》《阮籍〈咏怀诗〉所绽放的审美境界》《魏晋大名士阮籍的“寂寞”与“风流”》等，主编《大学语文》《中国文化导读》。

采访时间：2016年5月。

以历史学家的严谨研究老庄

齐瑞星（以下简称齐）：据我所知，您在20世纪90年代开始研究道家道教文化，请您谈谈您的道家道教研究历程。

熊铁基（以下简称熊）：我是研究历史的，重点在古代史，着重在秦汉史。“文化大革命”后我研究秦汉史，先是想从《吕氏春秋》《淮南子》等著作中找资料，在阅读过程中感悟到它们的思想体系更有意义。传统的观点把他们列为杂家，《汉书·艺文志》里讲“九流十家”，把《吕氏春秋》《淮南子》列为杂家。我认为不是杂家，是道家，黄老道家，所以相继发表《重评〈吕氏春秋〉》《从〈吕氏春秋〉到〈淮南子〉——论秦汉之际的新道家》等论文。1984 年我在上海人民出版社出版了《秦汉新道家略论稿》。这本书以《吕氏春秋》的研究作为开篇，以《淮南子》的研究作为总结。这是我最早出版的一本书，对秦汉新道家的思想和主张，进行了初步的探讨。这样一本小书引起海内外一些研究老庄学者的广泛关注。后来，我在上海人民出版社又出版了《秦汉新道家》，这本书和《秦汉新道家略论稿》相比，篇目增加了一倍，字数增加了两倍多，在论述的角度和深度上也都有较大的进展。这本书分“历史”和“思想”两篇，从纵、横两方面，对秦汉新道家的形成和发展、主要代表人物和代表作，进行了较全面的论述，力求达到历史和逻辑的统一。我认为思想如果不结合现实，那是意义不大的。实际上，任何思想的产生和发展，都和当时的现实有关。

陈鼓应先生从台湾到大陆来，看到这本书后找到我。陈先生得到香港青松观的资助，组织会议，出版老庄学的研究著作。1994 年，四川大学举办老庄研究会，把全国研究老庄的人汇聚在一起，把我列为编委。陈先生把我拉入道家文化研究这个领域。

1993 年，在我 60 岁的时候，我成了历史文献学的博士生导师。可能是想检验一下我这个博导的成色吧，著名学者、西北大学校长张岂之先生邀请我参加在西安举办的老学思想研讨会。会上，我从历史的角度，以“历史上人们是怎样对待老子的”为内容做了个发言，得到了张岂之先生的鼓励。我邀约本单位的几位年轻人撰写了《中国老学史》，在 1995 年正式出版。一部《老子》不过五千字，却有一个博大精深的理论体系，涉及自然、社会、政治、人生等方面，历来受到特别的重视。人们从不同的角度研究它，形成了一个庞大的学术流派，同时构成了一部老子学说史。我们把历代老子的故事集成在一起，进行标点，把历代对《老子》的注解集成在一起。我们从考证老子其人其书出发，着眼于分析社会文化背景，叙述每个时期的老学概况，揭示老学发展的内在规律，评介有代表性的老学成果，确定老学的历史地位。

《中国老学史》写了30万字左右，在当时产生了很大的影响。这本书的基本观点来自宋元之际的道士杜道坚，他认为不同时代有不同的老子，有汉代人研究的“汉老子”，有魏晋人研究的“魏晋老子”，有唐人研究的“唐老子”。我的研究不是侧重于解释老子的某句话，而是侧重于老子的研究发展历史。我的研究是历史的，不是哲学的，不是文学的。当然，历史的研究也会有思想，这个思想是基于客观基础的。有些研究者对老子某些文句的解释拼命发挥想象，那是他的思想，不是老子的思想了。

2000年底，安徽蒙城举办庄子学术讨论会。会上，我做了一个“《庄子》历史地位”的发言。社科院学者余敦康先生问：“你是不是打算写《中国庄学史》?”于是我召集了几位同志撰写了《中国庄学史》，由湖南人民出版社出版。庄学史最早是我们出的，后来华东师范大学的方勇写了《庄子学史》。这之后我们修订了《中国庄学史》，分为上下两册，共90余万字，由福建人民出版社出版。《中国庄学史》比《中国老学史》略胜一筹，几位合作者思想更成熟，思路更明确，能借鉴原来的经验，扬长避短，使水平有所提高。

老学史、庄学史还可以继续研究下去，可以加入近代、当代人的研究，未来陈鼓应先生的研究就可能成为我们老庄学史的一章或几章。现在，我们华中师范大学道家道教研究中心的研究人员在筹备《中国老学通史》，计划要写300万字。

去年，《人民日报·大家手笔》向我约稿，我引用白居易的“文章合为时而著，诗歌合为事而作”作文。白居易的这种思想观念对我影响很大。我认为，研究历史为现实服务，是不应该回避也无法回避的问题。自古以来，学习和研究历史，都是为现实服务。现在，讲爱国主义，讲传统文化，都是为了现实，也是为了将来。用历史的方法研究道家道教，以史料为依据，尽力保持客观。但这种客观中也包含着作者的思想、理想和观点。

以一片赤诚对待研究工作

齐：您怎么看待老庄研究的发展前景？

熊：作为学术研究，老庄研究大有可为。中国的思想是儒、释、道三家，中国本土的思想是儒家和道家。关于中国思想，陈鼓应先生提出过道家主干说。到底是道家主干说还是儒家主干说？这就很值得研究。传统的、大多数的人认为是儒家主干说，那为什么道家没成为主干？这也很值得研究。道家道教思想包容性很强，能吸收接受别的、其他的思想。相反，儒家有一定的排他性，韩愈就曾经排佛老。南宋的朱熹认为，道家（他这里其实是指道教），有好东西，就是老庄。可是道教没有很好地把它发挥出来，反倒被佛教吸收了，反过来道教只吸收了佛教的细枝末节来装扮自己。朱熹的话是很有意义的。佛教里的心性观本来是道家和儒家的，佛教传入中国的时候，为了让中国人接受它的思想，把心性观拉到自己身上进行改造。我们可以把道家的心性观很深地研究下去。我们可以从老庄的字句、老庄的格言、老庄的思想、老庄的精神等方面研究它。也有人说，后现代主义采用了道家思想。老庄研究实在是还有很多的面向。未来有一个可能的发展趋势，就是儒、释、道的综合。现代学者，特别是水平比较高的学者是儒、释、道都要通的，都要理解，都要学习，这样才会有一个基本站得住的立场。所以老庄学研究大搞特搞都可以搞起来，就是怎么进行的问题。

但是要有严谨的态度，时刻想到我们年轻一代的读者，他们是一张白纸，对他们来说，你讲什么就是什么！

齐：我们河北美术学院甄院长承办了这次道家道教研讨会，社会上也有其他的公司或个人为我们的研究者提供资金支持，您认为这是否会影响研究的独立性？

熊：有人提供资助，这不是件坏事。甄忠义院长说，只要我们愿意，都可以到河北美术学院来做研究。我们要看实效，不管是人治还是法治，一个好的领导往往能够带领大家把大事办了。听说浙江大学某个学院请专家去待半年，做研究，每个月给专家一万多块钱，专家研究出来的成果学院也不要署名，就是单纯支持学术研究。有了这样的支持，就可以研究出很多东西，从一个字的解释，到一句话的解释，到一篇的解释，到一种思想的解释。这种资助并没有影响研究的独立性，我们的研究者需要这种支持。上个月，我在武汉办一个会，请了一位中年学者参加，他写了文章但是不能来，不能来的原因是他的夫人生病了，他不能离开。我问为什么不请一个保姆照顾呢，没有钱啊！我们的一些研究者既要工作，又要照顾家庭，还要搞学术研究，如果他有钱请一位保姆，那他就有更多的时间搞研究了。你提的是一个经济学的问题，我们只能从事例上理解。我们的研究要对老庄进行重新思考，重新思考不是把过去的东西不算，不是反对以前古人的研究，重新思考要把前人的研究弄清楚，搞明白，要推陈出新。

（原载甄忠义主编：《河北美苑》卷9，河北美术出版社，2016年。作者单位：河北美术学院）

中　篇

师友漫话：
熊铁基的教书育人

熊老师：历院的一道风景

马 敏

大学是一个不乏风景的地方，每个学子的心中想必都有属于自己的风景：“漫步静谧的校园，埋首灯火通明的图书馆，倾听学生宿舍里不着边际的高谈阔论，或者‘远眺’湖边小路上恋人的窃窃私语，只要有‘心’，你总能感知到这所大学的脉搏与灵魂。”（陈平原：《老北大的故事》）但在我看来，大学最美的风景其实是人：一个个充满生命活力的学生与老师，尤其是那些躬耕三尺讲台，不经意间便点亮你生命之光的名师。正是在这一意义上，便有了梅贻琦的名言：“所谓大学者，非谓有大楼之谓也，有大师之谓也。”

我所敬重的熊铁基老师，便是这样一位名师，他既是我们历史文化学院的一道风景，也是桂子山上一道靓丽的风景。

尽管我同熊老师交往已有四十多年，先是做他的学生，继而成为同事，有一段还当过他的“领导”（其实从未真正领导过他），可以说是再熟识不过了。但说句实话，真静下心来要写点对这位老先生的感想时，反倒觉得有点迷惘，一时间竟抓不住他的“真身”，他太过多面了，太过丰富了，似乎很难用一个固定的镜头来框住他。他身材瘦削，个头不高，但行动敏捷，精神抖擞，浑身上下充满了活力；他已是耄耋之年，学富五车，但却仍充满好奇之心，有时言行举止更像个老顽童，给人以极度的亲和感。在同他的交往中，和许多人一样，最令我难忘的有两件事，一是他神出鬼没的校园“巡查”，据说主要有两条路线：校医院和行政楼。无论是当校长还是当书记时，我似乎都是他老人家重点“巡查”的对象，隔三岔五，有时敲门，有时直入，待我起身恭迎时，他多半会说声“哦，你在啊”，或“没事，你继续忙”，便掉头离去。我明白，他并不是真找我有什么事，其实是来看看我这位昔日的学生是否还“爱岗敬业”，是否真正在为学校这个大家庭操心。这也算是一种群众监督的形式吧。二是熊老师自认乒乓球技艺十分了得，他多年来一直坚持打乒乓球，据说常年是校老年组的亚军，而且曾自豪地告诉我他还打败过丁烈云书记，这就令我很生敬畏了，因为丁书记在省内高校领导比赛中经常是要拿名次的，他的长胶打法以柔克刚，颇难对付。这导致我从来不敢去历史文化学院打乒乓球，实在怕过不了熊老师这一关，丢丑，因为他说过，“凡要来历院打球，先得过我熊老师这一关”。后来我干脆改打羽毛球，心想也可以借此挑战他老人家一把，谁知一打就是十年之久，羽毛球也成为我经常性的锻炼项目之一，这还真得感谢熊老师！

但你真以为熊老师就是一个不修边幅的教书匠，一个童心未泯的老顽童，那就大错特错了。在学术上，熊老师可是一丝不苟，精研覃思，功底扎实，又才思敏捷，新见迭出，是一位能开宗立派的大师级学者，一位遨游史海的顶尖高手，像极了金庸笔下的那位少林“扫地僧”，看似其貌不扬，却身怀绝技，深藏不露。在全国史学圈子中，提到华中师大的古代史，必然要提到熊铁基老师，必然要夸赞他的秦汉史研究。在秦汉史研究中，熊老师著有《秦汉官制史稿》(合著)、《秦汉军事制度史》、《秦汉文化史》、《秦汉新道家略论稿》、《秦汉新道家》、《汉代学术史论》等著作。熊老师在秦汉新道家研究领域用力甚勤，从相对简略的《秦汉新道家略论稿》，到更加完善的《秦汉新道家》，用了十年的工夫。熊老师对秦汉新道家演变的历史进程及其特点进行了深入的分析，构筑了一个完整的学术体系，从而奠定了自己的学术地位。如著名秦汉史专家王子今教授便对熊老师的《秦汉新道家》做了高度的评价，认为“应当说，这是一部全面总结道家在秦汉时期发展成熟并且实现新的时代变化之思想史过程的深层次的专著”，“其实每一章都可以看作能够独立成说的精彩的学术论文，各有精辟之说，因而显著提升了全书的学术质量，瞻览各篇章，使人心生珠零锦粲之感”①。但熊老师并没有止步于秦汉史研究，而在晚年又另辟新径，移师于老庄学研究，取得了一系列丰硕的成果（继《中国老学史》之后，又出版了《中国庄学史》，主持编纂了目前最全的《老子集成》丛书，全书共有15卷1100万字），开拓出一片崭新的学术天地。我曾有幸应邀出席过国家宗教局和宗教文化出版社共同举办的盛大的《老子集成》首发式，见证了国家宗教局领导对这套丛书所给予的高度评价，认为这套丛书从形式到内容都达到了前所未有的高度，对推动中国文化传承意义重大，可以说为我们华中师大中国史研究争得了很大的光彩。

我毕竟不是研究中国古代史的专家，对熊老师的学术成就不敢更多置喙，因为自有同行发自内心的中肯评价，我只想说，无论如何，无论从哪方面讲，熊铁基老师都应该是我们历史文化学院中国古代史的领军人物。说到历史文化学院的大宗师，除国学大师钱基博先生外，文献学有大名鼎鼎的张舜徽先生，中国近代史则有驰名中外的章开沅先生，他们都曾是熊铁基老师的老师，而在熊老师这一辈，他则无疑是最有造诣的学者之一。他承前启后，继承并弘扬了历史文化学院的优良学术传统，使桂苑学脉得以薪火相传。经过他多年的苦心经营，历史文化学院的古代史研究，除张舜徽先生文献学一脉外，道家道教研究和老庄学研究也渐成气候，佳作迭出，培养了一批在全国有一定影响的中青年学人，成为本院中国史学科的又一大亮点。在我担任学校领导期间，熊老师从未因任何私事找过我，每每给我打电话，所谈的都是学科建设，都是一定要留住某某，一定要引进某某，某某是可堪造就之才，要加紧解决某某的职称问题、配偶问题，如此等等。他所操心的多半是别人，多半是学科，他常常为学院的发展鼓与呼，为学校的发展建言献策，而且是热心快肠，想到什么就说什么，该怎么说就怎么说，随时都可能给你打电话，给谁都敢打电话，充分体现了华

① 王子今：《熊铁基著〈秦汉新道家〉述评》，《中国史研究动态》2004年第5期。

师百年精神中刚毅的一面。

很显然，熊老师的确不愧为历史文化学院乃至桂子山一处独特而靓丽的风景。那么，如果往深处想，这处风景到底意味着什么？又能给我们哪些启迪呢？

我首先想到的是，究竟何以为大学？大学固然是培养高端人才之地，是为社会输送各式人才的工厂，但好的大学，老的大学，如陈平原所说，似乎还应有属于自己的“灵性”或“诗性”，有超脱于世俗的更高远的追求，有自己的传说和故事，其中不乏像熊老师这样充满浪漫精神的、特立独行的人及其事，值得莘莘学子用一生的时光去回味、品尝与咀嚼。“能被无数学子追忆不已的，方才是此大学‘生命之真’。”

其次，何以为学院？系和学院是大学的基层组织，它既是师生们朝夕相处的公共空间，也是一个学术的共同体，应该有自己的文化与个性以及强大的凝聚力。长期以来，我校历史文化学院之所以显得比较和谐，首先在于老师之间比较团结，师生关系非常融洽。记得历史系七七级、七八级刚从京山搬入桂子山时，张舜徽先生、章开沅先生等大学者于治学的百忙之中经常抽空来到学生宿舍，和同学们促膝聊天，多有勉励。吴量恺、戴绪恭、熊铁基、高明振等老师更是和学生们打成一片，经常在一起活动。很长一段时期，每到业余时间，一号教学楼历史文化学院的地盘上经常有两个摊子，一拨是排队打乒乓球的老师们，另一拨是围着下象棋的老师们，大家你争我夺，奋力拼杀，热闹非凡。其中，便少不了熊老师的身影，他是老少通吃的“周伯通”，也是学院的“黏合剂”。正是因为有了这样一群和谐的老师，才有一个充满生机活力的学院。历史文化学院的尊师传统是有名的，一群老毕业生如李子林、吴宏堂等，每年的教师节都会回来宴请老师们一次，叙谈师生情谊，将近十年未曾中断，直到去年才因新冠肺炎疫情临时取消。

再次，何以为名师？我在最近一篇文章中曾经表达过这样的意思，真正的名师，无关乎“帽子”，无关乎项目，无关乎票子，而是学生心目中的好老师，是那些有真才实学、科研成果既丰、讲课又特别出彩的老师。这里，我想再追加一句：真正的名师，还应像熊老师这样，学术地位虽高，为人却率真随意，有个性，有特点，有高度亲和力。名师往往是在学生与老师的关系中来界定的，是在与人相处的过程中形成的，是发自内心地对老师的尊崇。那种离群索居、著作等身，将自己关在象牙塔中的学者，有可能成为名人，但绝不是名师。

总之，好的大学文化，应该是多元的、包容的、开放的，充满人性的光辉与生命的灵动，充满各种有趣的奇闻逸事、历史传说，像熊铁基老师、黄曼君老师、“网红”戴建业老师这样有故事的老师。这才是学子们真正喜欢的大学，这才是人们最希望看到的大学的“风景”。

今年是熊铁基老师八十八岁大寿，雅称“米寿”，我想引用哲学大师冯友兰先生替另一位同龄哲学大师金岳霖先生撰写的寿联作为文章的结尾，同时也是献给熊老师的生日祝福：“何止于米，相期以茶；论高白马，道超青牛。”茶寿为108岁，我们祝熊铁基老师健康长寿，何止于茶！

（作者单位：华中师范大学中国近代史研究所）

师生、同事、球友、邻居：四十年来受益于熊老师的密切关系

朱　英

光阴似箭，日月如梭。自我入华中师范大学历史系就读本科和研究生，毕业后留校任教，至今已经四十余年。在此期间，我受益于许多终生难忘的老师，熊铁基老师就是其中一位。我与熊铁基老师之间的关系非同一般。我并非熊老师指导的研究生，关系应该不是那么密切，但在四十余年间，熊老师不仅是曾经直接给我授课的老师，而且我们之间还形成了师生、同事、球友、邻居等非同寻常的多重密切关系，这恐怕连熊老师的众多研究生也无法相比。今值熊老师米寿喜庆之时，特写此文以表恭贺。

一、学识丰富的风趣老师

我们历史系七七级是恢复高考后的首届大学生，可谓那一代人中的幸运儿。印象中这届同学全年级仅40人（后有新疆和西藏委培的两位同学跟读），所以只有一个班，男女生数量基本对半，性别比例非常合理。在学校出头露面的文艺表演与体育竞赛中，历史系七七级女生非常突出和抢眼，加之其中许多女生都很漂亮，据说中文系和政治系的男生都很嫉妒历史系七七级男生。

七七级大学生的特点是年龄相差较大，学习勤奋刻苦，除“老三届”高中生外，多数都因受“文化大革命”影响，初高中阶段未能系统学习各门课程，文化基础并不扎实，对史学研究的进展也不了解，所以，我们起

初对于给上课的许多老师的学识，也缺乏认识。熊老师曾给历史系七七级同学上课，我们起初也不知道这位个头并不魁伟的老师在史学研究方面的重要地位与影响。

具体说来，熊老师为我们讲授的是秦汉史选修课。因为是选修课，不像专业基础课那样对授课内容与进度有较严格的要求，加之熊老师善于多维度广泛阐发，常将历史与现实相结合进行论述。最初一两次课下来，同学们似乎对熊老师讲述的秦汉史学术问题印象不深，而是对他所说的社会现象，包括当时喇叭裤在年轻人中何以流行以及讲课中的幽默风趣印象较深，并在私下有一些议论。这自然是由于当时的同学们专业知识欠缺，还领悟不到老师的深刻学术用意。据说七七级同学的这些议论也曾传至熊老师那里，他只是宽厚地付之一笑，并说以后同学们就能理解其用意之所在了。其实，随着课堂讲授内容的不断深入，同学们的阅读面不断拓宽，专业知识得到明显提升，很快也意识到熊老师深入研究秦汉史的独到学术见解和广泛影响。

如所周知，熊老师在史学界被公誉为学识丰富、成果显著、不失幽默风趣的著名历史学家。在秦汉史、汉唐文化史等研究领域，熊老师出版了《秦汉新道家略论稿》《秦汉官制史稿》《秦汉军事制度史》《汉唐文化史》《秦汉文化志》等多部有影响的学术专著，后主要致力于老庄学史研究，出版了《中国老学史》（合著）、《秦汉新道家》、《中国庄学史》（合著）等著作，主编有“道家道教文化研究书系”，并创立省级人文社会科学重点研究基地——道家道教研究中心。熊老师的幽默风趣也在学生与史学界中留下了深刻印象，他在学术研讨会、学术讲座以及课堂上的讲话，每次都引发听者的一片笑声与掌声，故而在许多学生回忆和学术访谈中都介绍了有关的鲜活事例。

在我的印象中，即使我们毕业之后，熊老师对七七级同学仍十分关心。他除了对留校的同学比较关心（见面后会仔细询问各方面的情况）外，对分配在外地的同学也颇为关注，尤其对同学们的个人问题，如是否已成家，是否已有小孩，会多方面询问，表示关心。另外，作为师长，熊老师在年事已高的情况下，仍一直坚持撰写有影响的学术论著，招收博士生，培养史学人才，为我校历史学科的发展壮大殚精竭虑，做出了突出的贡献，这方面也为我们学生辈做出了很好的榜样。

二、非同一般的同事

受十年“文化大革命”影响，当时各条战线都人才紧缺，亟须补充。因此，我们这一届大学生毕业时根本不愁找工作的问题。虽然是国家统一分配，但大都能分到较好的单位，不像现在，即使博士毕业，如果不是非常优秀，也很难在较好的高校受聘长久教职。七七级同学中本科毕业即有留校任教者，我们班上有三位学姐因十分优秀而留在历史系担任老师，还有一位男生留校在教育系任教（即周洪宇，现任教育学院教授、博士生导师，湖北省人大常委会副主任）。本科毕业时，我与同窗马敏一起考取中国近现代史专业的研究生，师从章开沅、陈辉、刘望龄老师攻读硕士学位。1984 年 12 月，在华师领导的关照下，我们这届研究生得以提前毕业。从时间上看虽只提前了两个月，但就年度而言却提早了一年。硕士毕业后，我与马敏都留校成为历史系的老师，马敏更具远见，不久又考取博士，在职攻读博士学位，而我却不思进取，没有报考博士。

自留校之后，我与熊老师的关系就从先前单一的师生关系，变成了老师、同事的双重关系。虽然熊老师研究古代史，我研究近代史，而且我留校时历史系的辛亥革命史研究室和印度史研究室，经国家教委批准成立了独立建制的历史研究所（印度史研究室后来又回归历史系），地址在新建的科学会堂，与历史系并不在同一幢楼里，但毕竟同属历史学科。在校园里碰到熊老师，他都会关心询问我个人的教学科研情况，在做什么课题的研究，同时也关注我们研究所的各方面相关情况。印象中，熊老师勉励的话居多，常说历史研究所的科研条件好，只要努力就能够取得更多的好成果。

在这数十年间，华师的历史学科曾走过分分合合的历程。到 1995 年，历史学科向教育部申报国家级科学研究与人才培养基地，经严格评审获得批准。于是以此为契机，从历史系分出去的历史研究所和历史文献研究所，又三合一成立了历史文化学院。历史文化学院成立后，我与熊老师的同事关系更加紧密，交流也明显增加。马敏是学院成立后的首任院长，数年之后他到学校担任副校长，而学校组织部为新院长人选在学院广泛征求意见，没想到组织部部长告诉我，很多老师都推荐我担任院长。这实在有些出乎意外，因为我不是中共党员，从未想过能出任学院领导职务。起初我无此意愿，后经学校和师友鼓励，勉为其难地担任了院长。

做院长之后，我与熊老师以同事身份的交流就更多了。熊老师对华师历史学科的发展史和学院每一位教职工的情况，似乎均无所不知，每次要了解学院的一些情况，向熊老师请教都能得到比较详细的解答。此外，熊老师对历史学科的发展始终十分关心，经常对我说，近代史有章开沅老师这面大旗引领，下面又有这么多得力之人，肯定能够不断顺利发展，希望我作为院长更关注中国古代史、历史文献学、专门史以及世界史的发展壮大，这对我来说是一个非常重要的提醒。熊老师还多次向我介绍这些学科面临的各方面问题，以及解决这些问题的具体办法，对我多有帮助。

我担任院长一年多时间后，1999 年，学校又决定要我兼任历史研究所所长，负责申报教育部人文社会科学重点研究基地。按照教育部申报研究基地的要求，历史研究所改名为中国近代史研究所，一直沿用至今。经过激烈的竞争与严格的评审，华师获批为近代史重点研究基地。根据教育部重点研究基地管理办法的规定，研究基地是与学院平级的科研机构，必须拥有独立的办公空间与人事、财务制度。按此规定，近代史研究所又要从历史文化学院分离出来，成为完全独立的科研机构，但这实际上并不利于历史学一级学科的发展。当时，学院和研究所的老师从各自立场出发，对此有不同看法，而且其中包含着一些个人情绪，我作为院长和所长对此问题持何种态度，似乎显得较为重要。为做出正确的决策，我不仅多次与学校、学院领导交换意见，而且与学院和研究所不同年龄层次的老师，特别是像熊老师这样的师长辈老师交流，说明分与合将会面临的问题。在学院和研究所多数老师的理解与支持下，近代史研究所作为教育部人文社会科学重点研究基地一直没有从学院独立出去。同时，在学院相关政策和制度设计上，则一直兼顾学院与研究所双方利益，达致合作双赢的局面，建成一种共生共存共发展的模式。

三、率性随和的球友

历史文化学院从师长辈起即有打乒乓球的传统，吴量恺老师、熊铁基老师、高明振老师等，都喜欢打乒乓球。在师长辈的带动之下，学院参与这项运动的中青年教师也为数众多。20 世纪 90 年代是学院乒乓球运动的鼎盛时期，每日下午 5 时以后，学院的乒乓球室就热闹非常，各年龄段的老师聚在一起互相切磋球艺，既锻炼了身体，又增进了情谊，产生了很好的效果。当时，由于参与打乒乓球的教职工很多，为使更多的人能够上场，经常是进行双打比赛。另外，院里还曾组织过各教研室、研究所之间的男女混合团体赛。在学校举行的各院系乒乓球团体赛中，有些学院因打球的教职工比较少，以致无法组织队伍参赛，而历史文化学院则人才济济，甚至可以组织两支参赛队伍。正因如此，90 年代的历史文化学院在全校乒乓球团体赛中曾多次蝉联冠军。

熊老师可以说是酷爱打乒乓球。他在一次访谈中称自己生来性急，太极拳、气功老是练不下去，下棋、打扑克总没兴趣，有时和夫人李雪松老师晚饭后散步，但也没持续多久，唯有打乒乓球一直坚持下来了，即使年过八旬仍活跃于球台前。因为打乒乓球运动量可大可小，又和年轻朋友在一起，每天下午约一个小时，什么冲动、烦恼都被抛到九霄云外，大家常常大笑不止，这不仅是很好的锻炼，也是最好的休息，从而能有充沛的体力和精力投入教学与研究之中。

对于打乒乓球的无穷乐趣和锻炼效果，我在40岁开始学打球之前完全没有体验。由于自幼身体瘦弱，缺乏锻炼，我从小学至中学阶段，体育课的成绩都不好，也没有任何感兴趣的运动项目，直至大学阶段这种状况仍无改变。研究生毕业后，我留校从事教学与科研工作，而且是在偏重科研任务的研究所任职，遂将全部心思都放在查阅史料和撰写论著上。加之本来就性格偏内向，不善言辞，所以我与人交往也很少。那些年里，我一直是不分节假日，每天从早到晚都趴在书桌前爬格子。十年后，我取得的研究成果确实十分可观，也获得了应有的回报，破格晋升为教授，更坚定了在学术研究方面的信心。但我的身体状况在40岁时却亮起了红灯，起初是一过性的短暂眼发黑，随后日益严重，因脑供血不足而频发高度眩晕，随之而来的还有越来越严重的失眠，我感觉自己整个身体都垮了，也无法正常从事研究工作，陷于悲观绝望之中。于是，我四处求医问药，做各种检查，吃西药中药，但均效果不佳。一次，我在研究所里休克后不省人事，随即被送到省人民医院住院，做更细致的检查与治疗。我住院近10天，做了各项检查之后，主治医生认为并未发现明显器质性病变，主要是因为我长期从早到晚趴在桌前，不仅缺乏锻炼，甚至缺乏基本的活动，日积月累导致身体运行出现了严重的功能性障碍，所以必须进行适当的锻炼。

在此情况下，我不得不迫使自己有所考虑。但选择什么锻炼项目，个人完全漫无边际，根本无从选择。当时，学院较熟悉的老师，尤其是一向关心他人且乐于助人的熊老师，对我的身体状况非常关心，了解我的具体情况后，竭力说明打乒乓球的各种好处，劝我学打乒乓球。我也感觉可以一试，即使没有熊老师所说的这么多好处，至少对身体没什么坏处。就这样，我在40岁时开始学打乒乓球，也与熊老师又多了一层球友关系。

初学阶段，打比赛时谁都打不赢，也完全不是熊老师的对手。但我一直坚持勤学苦练，打乒乓球的水平得以逐渐提高，开始能够战胜一些对手，记不清过了多长时间之后，与熊老师比赛时的胜负关系也发生了变化。尽管如此，熊老师对我学打乒乓球一直予以鼓励，表扬我进步迅速。加之自从我打乒乓球之后，脑供血不足导致高度眩晕的症状从减缓到消失，睡眠也逐渐好转，我对熊老师所说的打乒乓球的诸多好处，也真正有了切身体验。

不仅如此，我对熊老师的幽默风趣虽早已知晓，但在打乒乓球成为球友的过程中，又对熊老师的率性随和有了更多的了解。在球场上，经常会听到熊老师洪亮爽朗的笑声和各种令人捧腹的玩笑话语。虽然是老师辈的全国著名学者，德高望重，但在学院青年教职工眼中，熊教师却是一位率性随和、没有任何架子的老年教师，大家可以很随意地跟熊老师开玩笑，有时候熊老师也会主动开玩笑，由此而常被戏称为“老顽童”。

对于校内有关熊老师每日到行政楼一些重要部门“查岗”，兼而看望各部门美女的传闻，熊老师听后只是一笑了之，并无丝毫在意。年过七旬的熊老师仍保持着打乒乓球的较高水平。我们都一直笑言，凡外院外校的人到历史文化学院来打乒乓球，首先必须过熊老师这一关，之后才有资格与学院其他队员比赛，否则回去苦练一段时间后再来接受熊老师的考核。对此，熊老师也颇感自豪。如今虽已届米寿高年，熊老师对乒乓球依然恋恋不舍，仍常常挥拍上阵，球友们则出于敬佩和爱戴之情，还像以往一样很高兴地陪同熊老师打球，但却不再让熊老师弯腰捡球了。

四、亲密无间的邻居

除了上述师生、同事、球友关系之外，我还非常荣幸地与熊老师做了十五年多的邻居。

在学校的努力争取之下，经教育部批准，大约是在2003年得以在校内北区修建编号为35和36的两栋面积很宽敞的教职工住宅楼，后被称为“新博导楼”。能够入住这两栋新楼者，绝大部分是我们师长辈的老博导和校领导。我当时虽然年龄不大，但由于评教授和博导的时间比较早，且原住房面积比较小，所以也具备了参与分房的资格。按学校规定，所获人才称号和科研成果奖在分房时均有奖励分，故而在分房排名中并不是非常靠后。

那时的校内分房方式十分公开透明，凡具备分房资格者全部排在一起，按得分排名先后，各家各户自行选房，叫到自己的姓名时，就在图纸所标示的剩余空房中选取一套，在该房号框内写下自己的姓名。熊老师排名靠前，已经先选了36栋2门401室，等到我选房时有两个选择，一是36栋2门的501室，二是35栋的602室（该楼只有一个门栋）。我和夫人对于究竟选择其中的哪一套房有些犹豫不决，当时，熊教师劝我不要再犹豫，并拿起钢笔在36栋2门501室房号框内写下了我的姓名，帮助我们做出了选择，由此我们成为熊老师的楼上邻居。熊老师事后对我说，楼上楼下的邻居非常重要，关系好可以互相关照，否则会有很多麻烦。他认为我们师生、同事乃至球友关系都一直很好，也肯定能够成为互相关照的好邻居。

俗话说，远亲不如近邻。在与熊老师做邻居十五多年间，我对此也有了切身体验。居住校内的教职工都知道，华师经常停电停水，给生活造成很大不便。多数时候虽提前发出通知，但有时因未及时看到仍无准备，熊老师在得知此类通知后都会打电话告诉我们，以便做好应对准备。其他方面的事情，熊老师也都会随时关照。值得一提的是，熊老师家的钥匙，有一把长年都放在我家，此事还曾引起熊老师女儿的很大感慨。由此可见，我们是亲密无间的邻居。当然，作为学生和同事，我也尽力给熊老师提供帮助，包括其外出家中无人时，帮忙每日浇花与注意家中安全等。

做邻居多年，我还发现熊老师对涉及全体住户的公共事务十分热心，付出了许多努力，其中最为典型的事例是加装电梯。我们这两栋楼高七层，因有车库，实际相当于八层，但最初并未安装电梯，而绝大部分住户年龄较大，出入不便，很早就想加装电梯。在五年前，自行加装电梯绝非易事，面临很多难以解决的困难。为此，熊老师在各种场合呼吁学校对此事给予重视和支持，最终学校经研究后表示同意。为使底层住户谅解而不反对加装电梯，以及各层住户如何分摊安装电梯的经费，熊老师私下都做了许多工作。安装工程开始后，原单元大门因施工不能出入，熊老师又将自家车库作为临时出入通道。最后，电梯终于安装成功，极大地便利了这两栋楼的住户，尤其是老年人的出入。

四十余年间，由于兼有师生、同事、球友、邻居等多重关系，我从熊老师那里获益甚多。在庆贺熊老师米寿之际，我向熊老师衷心表示感谢，祝福熊老师福如东海，寿比南山，永远快乐！

（作者单位：华中师范大学中国近代史研究所）

真情与活力：我印象中的熊铁基先生

周国林

前不久，范军教授发来信息，告知熊铁基先生米寿在即，熊门弟子将隆重庆祝，约我写点文字，我很乐意地答应下来。为熊老师写一篇文章是我义不容辞的责任，对他的一些认识和评价可以借此机会表达出来。

一

在我的印象中，熊老师是一位情感丰富的人。情有亲情、友情、同事情之类，我较为熟悉的是熊老师的师生情。对为自己付出了心血的老师，如本系的张舜徽先生、喻存粹先生，华东师范大学的研究生导师吴泽先生，武汉大学的进修导师唐长孺先生，熊老师一辈子都抱有崇敬之心，或生活上关心，或学术上评价其成就。这在张舜徽先生身上表现得最为充分。

1992 年 11 月张舜徽先生逝世后，家属提出后事从简，校方对此就没再做安排。熊老师认为，张先生是我校历史学科的代表性学者，又是我校最早的两位博士生导师之一，对学校学科建设有特殊贡献，学校应该出面庄重纪念。他在当天上午就赶到行政楼，遇到学校领导正开党委常委会，他直接闯了进去（后来他称这是他生平第一次闯常委会，后来因他事还有一次）。经过熊老师的陈说，校领导马上改变主意，郑重其事地安排张先生的告别仪式。然而，对学校指定的张先生悼词的起草人，熊老师并不放心，他私下让我也写一份备用。于是我到历史系党总支去查阅有关档案资料，然后花了一天多时间，写出了一篇《张舜徽先生生平》，其中包括对张先生学术成就的评价，以及张先生对学校建设的贡献。果然，两天后指定人的悼词与张先生子女见面时，没有得到认可。熊老师立即拿出我写的那一份，张先生子女表示首肯。在筹办告别仪式争分夺秒的情况下，我的稿子解了燃眉之急。学校戴绪恭书记马上批给校打印室打印两百份。关于张先生的生平简介，我是经过不少推敲的，成为后来人们评价张先生的重要参考。当然，其缘起是熊老师的未雨绸缪，我真不知道他当时怎么想到要让我做“地下工作”的。为张先生的最后一次庄重送行，熊老师是学生辈中最尽诚心的人。

此后，熊老师又为阐扬张先生的学术思想做了多方面的工作。1997年，华中师范大学学报出版“张舜徽先生逝世五周年纪念专辑”（由我主编，范军教授任责任编辑），熊老师提交了情真意挚的《忆舜徽先生》一文。文中从教书、读书、写书三方面表达“作为一个有幸相随四十年的学生”对张先生的特殊感受，并把自己同张先生在学术和政治活动中的交往放在教书一节。如从五十年代末的“拔白旗”到“文化大革命”期间的大批判，既写出了张先生的宽宏大量，也写出了熊老师自己的赤子童心。2011年，在张先生百年诞辰纪念活动中，熊老师又撰写了《向张舜徽先生学习什么》一文。在对张先生学术成就进行总体评价后，他把张先生的治学为人之道归纳为四点：一是尚通，二是贵恒，三是诲人不倦，四是待人宽厚。每谈一点他都举出具体事例为证。为了推动张先生学术思想的探讨，他还安排自己较早的博士生刘筱红女士研究张先生，撰写以《张舜徽与清代学术史研究》为题的博士论文，在张先生学术专题研究上开风气之先。

上面的师生情是对上，即对老师。对下，即对自己的学生，熊老师同样充满深情。我所熟悉的主要是他在博士生培养上的情况，因为他宴请首届博士生的家宴我就在场做陪客。何以有此美遇？这里得略微交代一下我与熊老师之间的亲近过程。在刚进大学上古代史课时，熊老师因到京山分院参加“教改”等工作未给我们年级上过课，起先我并不怎么熟悉咱们这位老师。研究生阶段认识了熊老师，还得到他的一些帮助，硕士毕业留校后又在一个党支部下活动，从各方面了解到他的学术成就，因而尊重他。但由于年龄上的差距，工作学习之外还没有深入的个人交往。是张先生逝世后熊老师的奔走呼吁，一下拉近了我们的心灵距离，从此有了不少共同话题。在他向国务院学位委员会申报博士生导师资格时，我和同学马良怀兄无论从言论上还是行动上，大概可算他本单位中青年教师里最坚定的支持者。1993 年，他的博导申报获得批准，我们为之高兴。他凭着自己的努力成为张舜徽先生所创建博士点的接棒人，或许是他真心相随张先生四十年应得的福报吧。因此，1994 年他首次招收博士生，宴席上便有良怀兄和我在场。那次宴席的盛况和趣事，估计其他当事者会有详述。我提及此事，只想说明熊老师指导博士生是在一种欢快的气氛中启幕的。

对博士生的学业，熊老师关心很到位，时常会到他们的寝室中去看一看，既了解他们的需求，也起到督查作用。当然，博士生培养质量的提升，需要制度的保障。几十年中，历史文献学专业严把招生关、开题关、预答辩关，效果很好。比如论文开题，熊老师绝不当“好好先生”，总是毫不含糊地指出学生论文设计中的缺陷，为他们的论文结构和观点提炼出谋划策。有的论文开题被批得很惨，还得重新再来一次。由于学风严谨，历史文献学专业的博士论文质量总体上是比较高的。在历史文化学院获得历史系一级学科博士点授权后，二级学科博士点更多了。熊老师提出，“古”字头的专业不能截然分开，应该上一些大课，让博士生的视野更广阔，不同专业的人有更多的交流。这些，都是熊老师设身处地为博士生着想而采取的得力措施。

为了提高博士生的眼界，熊老师想他们之所想，不在乎花费自己的时间。1995 年 10 月中旬，中国历史文献研究会第 16 届年会在贵阳召开，中国社会科学院李学勤等著名学者与会。熊老师为了让学生们多见世面，便带上 4 位首届博士生前去参加，这应该就是古人所说的游学吧。在熊老师的关照下，这些人在会议期间的学习和生活都如鱼得水，异常欢快。游览黄果树瀑布等景点时，熊老师与他们打成一片，还留下了珍贵的合影。对首届博士生，他下决心要请高规格的评审和答辩专家，如北京那边就邀请了李学勤、裘锡圭两位先生。给这两位先生的材料，是让我利用开会的机会带过去的，其中给裘先生的材料我还送到了他位于蓝旗营的家中。后来答辩时，我又将裘锡圭先生从北京专程请来主持。答辩会后，熊老师和夫人李雪松老师又陪同裘锡圭先生夫妇前往宜昌旅游几天。行程由在三峡大学工作的王作新博士安排，几位老先生玩得很畅快。我还记得，熊老师把裘先生治疗眼疾的药水储存在我家冰箱中，他们返回武汉后的午餐是在我家将就的。为了博士答辩有一个美好的开头，熊老师真够费心费力的。

熊老师在亲情方面的情况我不太清楚，但有几点仍然值得一提。一是熊老师和李老师对双方父母的孝敬之心。由于学校长期没有启动职称评聘，直到20世纪70年代底熊老师还只是讲师职称。按那时武汉地区高校的工资标准，讲师每月通常是59元。李老师职称评聘更晚一些，他们两人多年每月工资加起来只有百十元，需要养育两个小孩，经费明显是不充裕的。熊老师后来回忆那段时间的生活状况，说过一句非常经典的话："我们那时是枕着算盘睡觉的。"意思是生怕大手大脚，在下月发工资前已经手中空空如也。尽管如此，熊老师和李老师每月照例都要给双方父母各邮寄5至10元生活费。这一做法坚持了多年，是他俩践行传统美德的生动体现。二是熊老师夫妇之间的相互体贴。据我的观察，熊老师和李老师都不是爱挑剔的人，生活得很和谐。2002年8月下旬，安徽大学主办"新世纪历史文献前沿论坛"，邀请国内有关学者前往，可以带家属。熊老师和我在邀请之列，也就循例各带夫人，四人同乘慢悠悠的绿皮火车前往合肥，一路兴致盎然，聊得开心。加上会后组织同游黄山，有较长时间近距离的朝夕相处，我们两家增进了友谊，我对熊老师、李老师的融洽也有了新的认识。他俩几十年患难与共，体贴入微，外人可以看到他俩有学术上的信息交流，更多的是生活上的相互支撑。客观地讲，那个阶段李老师身体好，照顾熊老师更多一些，不时会叮嘱"铁基"一些注意事项。而在2013年李老师患病之后，熊老师则很快转换角色，料理李老师的饮食起居和疾病治疗，挑起全家生活的重担。三是熊老师的舐犊之情。熊老师疼爱子女的事，我亲身经历了一次。那是20世纪80年代末期，他的公子嘉忠君在山东大学读书。熊老师得知我到济南参加会议的消息后，马上准备了一些生活用品，托我带给嘉忠，还说一定要见见嘉忠本人。当我走进嘉忠的寝室时，嘉忠正靠在床头看书，看来嘉忠学习是勤奋的，自律性很强。我回校后将此情景描述给熊老师，熊老师听了很高兴。父母之爱子，当为之计深远，熊老师就是这样的父亲。

二

在桂子山工作时间稍长的人，总会发现自己能在不同的场合看到熊老师的身影，甚至一天会无意之间碰见两三次。他对自己工作的单位历史文化学院有割舍不开的感情，每天上午总要到院办公室去转悠转悠（估计不去转一趟他会心神不宁）；下午打乒乓球锻炼身体，也会到院办走一走。至于学校行政楼或其他一些部门，他也常去光顾一下。因为到的地方多，每个地方都不可能停留太久，就给人以风风火火的印象，一些以此为素材跟熊老师打趣的笑话因此不胫而走。我跟熊老师相处长了，已经见怪不怪，感到他是一个急性子的人，风风火火、闲不住手脚是他的性格特征，他一辈子都是这样的。我还可以举一个事例来。

2001年9月，中国历史文献研究会第22届年会在甘肃兰州的西北师范大学召开，熊老师带着几位博士生参加了。在闭幕式上，秘书处请熊老师发言。发言者通常是从主席台两侧的通道上一步一个台阶地缓缓走上去。因主席台不太高，熊老师为了节约时间，从主席台正中央的位置一步就跃了上去。熊老师当时已年近七旬，竟然干起了年轻人的力气活，起先大家没有想到熊老师有此惊人之举，等到大家反应过来，禁不住啧啧称赞，会场上传出一片笑声。熊老师的发言则是他的一贯风格，开门见山，不转弯抹角，要言不烦，还时出幽默之语。整个发言过程中，掌声阵阵。我当时坐在主席台上，也感到熊老师的发言为华师争光，为会议添彩。会后，主办单位还安排了三天的丝绸之路考察，经武威、张掖等地到敦煌，单边行程就有一千多公里，这在现在看来安排够饱满的了。然而，熊老师没有满足，又带上弟子和有关与会者十余人，在上官绪智博士的帮助下，到新疆去考察了一个多星期。当然，这没有什么不对的。张舜徽先生早就说过，我们做历史研究的人，就是要走遍祖国的山山水水。

对于熊老师好动的性格，张先生看得很清楚，且有评价。第一次是在为熊老师《秦汉新道家略论稿》题辞时称其“每有所得，辄奔走相告”；第二次是在《中国史学名著题解·前言》中介绍题解的编写过程时，特别提到“在奔走联系、组织人力方面，熊君之力尤多”。这两个“奔走”明显都是在表彰熊老师的勤奋和能力。熊老师能够坐得住，也能为深沉之思，才有心得拿出来奔走相告，只是他静坐的效率高，他的坐功为其奔走所掩，人们提得少而已。第二个“奔走”指的是集体项目中必不可少的组织与协调工作，这方面我亲身领教过。熊老师曾主编《中国帝王宰相辞典》等，我也参加了。在任务确定后，他随时了解进度，见面就问，见不到面就打电话问。他催得紧，让人不好意思总拖下去，书稿便被逼出来了。张先生肯定熊老师的“奔走”，而我从熊老师的好动性格中看到的是他为常人所不及的活力。这种活力，表现在他生活的各个方面。我多次看到他七八十岁时打乒乓球的场面，面对年轻二三十岁的对手，他从不轻易认输，主动进攻，一副生龙活虎的样子。自然，他的活力主要表现在学术上，尤其是在开创道家道教研究方向上。

1996年，熊老师到西安参加一个中国古代思想史方面的学术会议，同到会学者们的交流使他获得了不少信息和灵感。如美国总统里根几次引用老子的“治大国若烹小鲜”来表达自己的执政观，是《老子》在世界上产生重大影响的有力例证，这给熊老师的刺激不小。回到武汉，他马上拿出了编写《中国老学史》的计划，让我和马良怀兄协助他。我当时因有其他任务，推荐刘韶军兄代替我。于是，他们三人说干就干，很快就完成初稿，并在次年出书，迈出了老学研究的第一步。在得知中国道教协会编纂《中华道藏》的消息后，熊老师决定参与其中。1997 年五一节假后，我到北京白云观参加编纂会议，带回明正统《道藏》中 300 多万字的《老子》方面的文献。分工时，熊老师、韶军兄和我各领受三分之一。后来，我承担的文献转了一些给历史文献研究所的顾志华教授，熊老师承担的文献则全部转给了当年所招收的博士生刘固盛君。固盛君整理这些文献后，据以撰写博士论文，打下成长的根基，同时也成为熊老师培养学术梯队的重要步骤。在熊老师的努力之下，道家道教研究中心于 2002 年正式成立。老学之外，熊老师又与助手合作，在 2003 年出版了《中国庄学史》一书。2008 年，中华宗教文化交流协会启动“《老子集成》整理与编纂”项目，熊老师和陈红星先生任主编。在熊老师的大力推动下，15 巨册 1100 万字的《老子集成》于 2011 年由宗教文化出版社出版。在道教研究方面，熊老师投入的心力也不少，尤其是同香港的青松观合作，主办了几次大型国际会议，扩大了我校道家道教研究中心的影响。2018 年 11 月，在学校举行的首批桂岳卓越教授受聘仪式上，熊老师陈述了他的道家道教研究中心发展规划，并就一位青年研究人员的引进向党政负责人提出了调动申请（会后获得批准）。总之，熊老师在方向设计、项目申报、队伍建设、对外联络等方面，为道家道教研究中心的建立与发展发挥了核心作用。

秦汉史研究是熊老师最熟悉的学术领域，在官制、军事、文化等方面都有传世之作。一部《汉唐文化史》出版后又修订，主要是理论上的提升，如对汉代学术的总体评价，涉及全书的定调。为此，他曾撰长文，通过科研处请文史两个学院有较高素养的老师来座谈，给他提修改意见。记得当时文学院有邱紫华、王齐洲、张三夕、高华平等教授参加，历史文化学院的参加者更多。由于熊老师态度诚恳，甘当靶子，大家在对这种精神佩服之余，提出了不少的批评和建议，比如我就对其汉儒“改造”先秦文献之说有所辨析。熊老师边听边记，时有回应，会场很活跃。作为一位卓有建树的学者，熊老师能如此不耻下问，倾听大家的意见，这已不仅仅是学术上充满活力的表现，同时还显示了他的学术气度和思想境界。综合而言，当可称作大家气象。

三

上面从真情和活力两个角度回忆熊老师的一些往事，虽然零碎，但大致上可以从一些侧面反映熊老师可敬的人品与非凡的学术追求。由于所追述的都是熊老师最近几十年来的事，让我想起日本著述家鹤见祐辅表达过的人生观："人的一生，就是走向人格完成的历程。人之最可贵的，是老年，因为只有这个时期是他的一生决算期。""因为我们的一生说到底，是为创造出这可贵的老年所做的准备。""再也没有比伟大的人物的晚年更美的了，恰如秋日的余晖一样。"通常，人到六十岁退休，会放松节奏，享受生活。而熊老师在六十岁即1993年时，获得"国评博导"资历，成为他人生决算期新的平台。他前六十年的努力，仿佛是为取得这一平台所做的准备和铺垫。此后，他不仅没有放缓奔走的脚步，还更加忙碌。二十多年中，他培养博士生40名，其中不少成为学术界领军人物。他发挥创新精神，开拓出道家道教研究方向，成为历史文化学院学科发展新的生长点。他在秦汉史、老庄学等领域勤奋耕耘，发表了大量深具影响的论著，在大型文献整理编纂活动中发挥了组织和领导作用。他用自己爆发式的成就，印证了剧作家萧伯纳的一句名言："六十以后才是真正的人生。"这对我们这些后来退休的学人来说，无疑树立了一个珍惜时光、继续前行的样板，退休后该有多少有意义的事情可干啊！

熊老师人生决算期的精彩场面，有些是我亲眼所见，现在回忆起来仍然令人怦然心动，可惜自己笔力笨拙而难以传神地表述。为拥有如此精彩人生的前辈学者庆祝一番，实在理所当然。我作为熊老师这段人生历程的见证者，对此盛会充满了期待。熊老师米寿纪念活动转瞬将至，想来酒会是少不了的。届时我将与诸多朋友欢聚一堂，称彼兕觥，向熊老师献上心中的祝愿：美成在久，福寿绵长！

2021年元旦于汉口王府花园

（作者单位：华中师范大学历史文化学院）

熊铁基老师的治学精神与参与史学

王玉德

熊老师是我读本科时的任课教师，也是我1982年以来的同事，更是我最敬重的学者之一。在他米寿之际，当然应当写点文字表示祝贺。

历史系七七级每位同学都还记得，熊老师在给我们讲秦汉史课程时，旁征博引，潇洒大气，趣味横生，形成独特的教学风格。每堂课，我们都在不知不觉中轻松地度过。许多同学后来都喜欢中国古代史，这与熊老师的课程有关。至今，七七级同学聚会，一定会谈到熊老师，都感恩他当年的精彩教学。

在我心中，熊老师是一位把学术与生命融为一体的学者。在高校，有些人做学问是因为在职拿工资，不得不写点文章以应付单位的要求，一旦退休就把学问丢在一旁。然而，熊老师不是这样，自从他1956年到华中师范学院历史系读书，就以治学为生命的依皈。他笔耕不止，勤于思考。一直到80多岁，他每年都有文章或著作发表，并且积极申请科研课题，推陈出新。

熊老师在学术上有开拓精神。他研究秦汉官制、秦汉军事制度，由秦汉文化延伸到汉唐文化，并延展到道家道教。对汉唐文化的框架，他有独到的创新。对道家与道教，他不是简单地码字，而是极具思想性。他总是想问题，发表新见解，观点很有启发性。他倾尽心血的《秦汉新道家》，其中对《淮南子》《吕氏春秋》《新语》均有精辟的见解。他对古籍进行比较研究，同中求异，异中见同，卓尔不凡，颇见功力。

熊老师学而不厌，诲人不倦。他长期在教学第一线，教过数以千计的学生；他热心培养高层次人才，培养了许多杰出的弟子。

熊老师做事认真。他的每一次讲话，看起来很随意，其实，每句话都是经过思考的，甚至是精心准备的。

熊老师为人有个性，不做作，不虚伪，喜怒哀乐，活活脱脱，跃然于言谈举止之间。六十岁之后，他更像一个“老顽童”，特别可爱。

以上这些，想必有些文章会详细谈到。这里，我想说一件小事，就是熊老师不仅做学问，还关心社会上的事情，是“参与史学”的楷模。我手头有一张熊老师的手札，这是十几年前我要到省里参加一个有关宗教文化方面的会议，熊老师因为有事不能前往，他想借会议呼吁省里要重视道教的手札。手札原文：

> 如有可能，请王玉德教授代为宣读。承蒙厚爱，约我参加省的这次讨论会，本想借此机会向领导献上一点想法，因与深圳市民文化大讲堂的讲演冲突，不能前来。我主要的建议是，希望领导和有关部门再重视一下宗教问题。宗教也是构建和谐社会的一个重要问题，本人这几年参加海内外一些道教研究讨论活动，深感湖北地区道教活动有待有关领导的进一步关怀和加强领导。湖北省道教协会长时间未选定会长。有四位副会长，去年中国道教协会改选领导班子，湖北无一人进入，原因之一是湖北推出了四位候选人作副会长。我们自己不能确定，北京也无法确定，有武当山、长春观这样重要道教宫观的湖北省，却未能在中国道协占一席之地，这对于湖北道教的发展是不利的。还有，关于省市道协办公室的工作问题，也有值得改进之处。有关领导的工作人员可否从了解关心道教发展方面进一步加强。最近我参加“道德经论坛”，前前后后接触了国家宗教局叶小文局长和几位副局长以及司处长，他们熟悉关心宗教事业令我敬佩。据说，中国道协改选时，叶小文局长拜访了上海的老道士陈莲笙，陈道长讲了几点意见，叶局在道协会上原原本本地传达，对道教界的团结起了较大作用，这也是一种领导艺术。纸短情长，不多说了，我相信领导能从中发现点

什么。

因为一些原因，我没能在会上宣读熊老师的手札，但我一直保留着它，总觉得这是我没有完成的一个任务。

从手札的字里行间可以看到熊老师对道教的拳拳之心，主要有三点内容：第一，应当把宗教工作当作建设和谐社会的重要工作，认识要有高度。第二，希望湖北的宗教部门领导向国家宗教局的叶小文局长学习，要熟悉宗教工作，经常听取各方面意见，并沟能宣传专家或前辈的意见。第三，湖北是宗教文化大省，应当在全国的道协有一席之地。然而，由于湖北内部的意见不统一，在向中国道协申报过程中，不分先后地报了四个副会长去竞争一个位置，必然一个都不能入选。

正因为有熊老师等学者的呼喊，湖北省逐渐重视道教工作，并在接下来的改选中精心组织，认真申报候选人。终于，在 2015 年，武当山道教的掌门人李光富成功当选为中国道协的会长。李光富还兼任十三届全国政协常委、民族和宗教委员会副主任、十堰市政协副主席、丹江口市政协副主席。武当山道教在中国道教的地位迅速提升，湖北宗教文化的影响力大大增强。

据我所知，武当山的李光富道长，还有长春观的吴诚真道长等人多次到华师的道家道教研究中心听课与学习，华师在培养道教人才方面是做过许多积极工作的。其中，熊老师费尽了心血，功莫大焉。

从这封手札中，我又想到了历史学者的当代责任。章开沅先生经常倡导“参与的史学”，即史学要关注现实的社会，在社会的大事中应当有历史学的声音。史学应当走出象牙塔，为现代社会的文明演进服务。我们华师的历史学一向有这么一个特点，应用历史，关注现实。桂子山上的几代史学人，都积极为祖国的现代化做奉献，熊老师就是其中的杰出代表，为我们做出了表率。

史学是永无止境的远航。时下，“文化大革命”之后的老三届、老五届逐渐退休，历史文化学院现在的老师们一个个都是新面孔。我希望新同事能学习熊老师，研究熊老师，传承熊老师的学术与精神。期待我们桂子山多产生一些熊老师这样的优秀史学工作者，享誉当下，传名后世！更希望桂子山上的学者弘扬史学前辈的治学气象，创造出国内一流的学派、一流的学科、一流的学术成就！

（作者单位：华中师范大学历史文化学院）

写在熊铁基先生米寿之时的记忆

马良怀

人生漫长，所知所遇无计其数，然而，能够走进记忆之域的并不多。今天，在恭祝熊铁基先生米寿之喜的时刻，我想将与熊先生交往的二三记忆写出来做一纪念，且以此为寿!

我是华中师范学院历史系七五级的工农兵学员，大学三年一直生活在桂子山上，但从进校到毕业，都不知道本系有一位名曰熊铁基的教师。因为，虽说当年他也是华中师范学院历史系的教师，但生活的空间却在湖北省的京山县，原因是华中师范学院在京山县办了一个分院，学校的许多老师便长期待在了桂子山之外。说来也巧，我和熊铁基老师的相识，便是在这个京山分院里发生的。

一九七八年，我大学毕业留校，安排在历史系中国古代史教研室给张舜徽先生当助手。大约是见我年轻无负担，当时的系领导便让我先当两年的学生辅导员（当时称“指导员”），且第一年先得离开武汉。因为自一九七七年恢复高考，学生人数增多，桂子山上的教室和宿舍都不够用，于是学校决定中文、历史、政治三系的新生先到京山分院待一段时间做一过渡。

当年我是和历史系七八级的新生一道坐一辆敞篷汽车去的京山，迎接我们的便有熊先生。这是我与熊先生的初次见面，他留给我的印象是个头不高，人清瘦，精力充沛，热情爽朗，快人快语，属于那种见面就愿意交往的人。

直到大学毕业，我都不知道桂子山之外的华中师范学院还有一个分院存在，所以，当时于我，京山完全是一块陌生的土地。当我跳下敞篷汽车时，和同时到达的学生一样手足无措。好在有熊先生在，他以主人的身份迎接我们，带着我将学生一个一个地送进已经为他们安排好了的宿舍，然后又领我围着校园转了一圈，让我了解食堂、图书馆、行政楼、教学楼、教工宿舍的具体位置。

由于熊先生的家安顿在桂子山（熊铁基先生的爱人李雪松老师也是华中师范学院历史系的教师），自己则在京山长期过着一种“单身汉”生活，住的是一间不到十平方米的平房，十分简陋，记得其中仅一张单人床、一个书桌，是不是还有一个洗脸架，我就记不太清了。不过，看上去熊先生却生活得十分坦然，说他是一个快乐的“单身汉”大约也是可以的。熊先生当时正值壮年，精力旺盛，除了教学、科研，他会把许多时间花在学生身上，经常到学生宿舍里和学生交谈，了解他们的兴趣爱好、烦恼忧愁，向需要帮助的学生伸出援助之手。他从我手里要去学生登记表，不仅用心记住每一学生的姓名、相貌（登记表上有照片），而且还记住了学生们的家庭住地、入校前的职业（七八级有很多大龄学生，入校前多有丰富的社会阅历）。这不仅有利于他与学生的交往，同时也丰富了他的教学。课堂上，当某位学生的住地、职业与教学内容具有关联的时候，他会将其融入课堂，使其生动有趣，极大地提高了学生们的学习热情。许多年后，每当我与七八级的学生相逢之时，他们大多会记起熊老师，记起熊老师的课堂及帮助。当然，有时他们也会讲一些熊老师十分好玩的故事。总之，在历史系七八级学生的记忆里，熊先生既是一位学识渊博、诲人不倦的教师，同时也是一位和蔼平易、让人亲近的朋友。

起先，学校告诉七八级的学生在京山分院的过渡时间为半年，但半年到期，学校又因教室和宿舍的困难让他们再待半年后回桂子山。学生们不干了，请愿、集会，闹起来了，弄得我这个学生指导员十分头大。幸亏有熊先生等教师出面劝解、安抚，总算没有闹出大事。待到终于要离开京山分院的那一天，熊先生则起一个大早，深入每个宿舍察看学生收拾行装，生怕落下些什么，然后又一个个地将所有的学生送上返往桂子山的卡车，且反复叮嘱路上的注意事项，就像一个慈爱的父亲在为远行的儿女送行。

另一个记忆是熊先生到北京争取保我校历史文献学博士点的事。

“文化大革命”结束后，国家走上正途，恢复高考后不久又恢复了研究生的招考，于是有了一批硕士、博士学位的授予点。我校的中国历史文献学厕身其中，是全国高校和科研机构中的第一个中国历史文献学的博士授予点，导师是著名的国学大师张舜徽先生。

1992 年 11 月，舜徽先生仙逝，这既是学术界的巨大损失，更是我校中国历史文献学专业的一次危机。因为作为中国历史文献学博士点的唯一导师去世，如果在一定时间段内没有人能顶上去获取博士生导师的资格，这个博士点就会被取消。于是，为了保住得之不易的博士点，同时也是为自己的学术发展有一个更好的平台，熊先生便带上自己的学术作品去了北京。当时，我正在北京大学哲学系汤一介先生门下做访问学者，先生便叫上我，陪着他去拜访那些在评博士生导师时能够说得上话的学术大家，记得仅北京大学就先后拜访了邓广铭、宿白、田余庆诸位先生。在今天，为了学科的发展而东南西北四处跑评委的事已经成为一种常态，而当年熊先生的拜访则只是送上了几本自己的学术著作，好在当时学术界的风气甚好，所以，熊先生凭借自己学术实力的努力终于收到成效，获得了博士生导师的资格，为保住我校中国历史学的博士点做出了重要贡献。

熊先生的这次北京之行是不是自己掏腰包我不知道，只记得他告诉我没有去住旅馆，而是住在一位在北京工作的硕士生的家里。他还告诉我，年轻人工作累，起得晚，每天的早点都是他到街上帮助买的，于此也可以了解到熊先生与自己学生的友好关系。

最后一个记忆十分有趣，因为与喝酒有关。

获得博士生导师的资格后，熊先生开山立派、广收门徒也就成为必然。1994 年，熊先生招考第一届博士生，考生中姚伟钧、王作新、吴琦、郭康松四人获得了面试资格。为了构成一个面试组，熊先生邀历史文献所的周国林先生和我参与其中。时至今日，当初面试的过程和内容已经十分模糊，但我对当天的晚餐却记忆深刻。

面试结束后，熊先生十分高兴，于家中摆宴庆贺。他从柜子里拿出一瓶酒来，叮嘱大家量力而行，不要喝醉了。六条汉子相视一笑，因为其中的大多数便是这一瓶的量，结果是菜还没吃几口，一瓶酒便见了底。熊先生认真地观察了一番在座的各位，发现大家并没有放下酒杯的意思，只好又到柜子里找出以前某个来客没有喝完的半瓶酒。而最后的结局却是，六条汉子无所顾忌地把熊先生柜子里所有的半瓶酒来了一次彻底清扫。我估计，不善饮酒的熊先生当时一定会在心中犯嘀咕："我招来的究竟是未来的博士，还是一批酒徒?"好在熊先生的这几位开山大弟子后来都十分了得，成了各自学科里有影响的学者。如果今天，再让熊先生去回想那一顿令他目瞪口呆的晚餐，说不定会说上一句："原来，酒量和学术成就也是可以成正比的。"我猜想得对吗，尊敬的铁基先生?!

2020 年 12 月 13 日

（作者单位：华中师范大学历史文化学院）

为贺熊老师米寿
而忆熊老师对我的学术指导

刘韶军

我在20世纪80年代初从西南师范学院（现为西南大学）历史系本科毕业后，考上华中师范学院（现为华中师范大学）历史系历史文献研究室的历史文献学硕士研究生，跟随张舜徽先生读硕士，之后又读博士。

当时的印象是，历史系古代史多为年富力强的中年老师，分别在秦汉史、宋史、明清史、史学史等方面带硕士。当时历史系有两个博士点，全校也只有两个博士点，一是张舜徽先生的历史文献学博士点，一是章开沅先生的中国近代史博士点。我能在历史文献学从硕士一直读到博士，是非常幸运的。

由于我不擅长人际交往，故在读研究生期间，与系里的其他老师来往不多。等博士研究生毕业留校工作后，由于经常参加学校组织的学术会议，我才与熊老师逐渐熟悉起来，并一直受到熊老师在学术研究上的指导。

熊老师与张舜徽先生的学术来往较多，他们一起编了一些历史文献的书籍。记得张先生在一部书的序文中，还特别提到熊老师为编好此书前后奔走，出力甚多。这也给我们这些后辈留下了深刻印象。

最初，由于熊老师研究秦汉史，我研究汉代扬雄的《太玄》，在学术上的联系不多。后来，到90年代中期，一次熊老师参加了《老子》研究的学术会议，回来召集了几个中青年老师座谈。他对我们说，在这次会议上，有的学者强调要抓紧对《老子》的研究，尤其是老学史的研究。

熊老师认为，有关老学史的研究当时还是比较薄弱的，成果也不多，基本上还是空白。因此，他要从这个空白点入手，希望我们这些中青年老师能参与进来。由于我研究的《太玄》与道家的关系较近，听了熊老师的话，我觉得这是非常值得从事的学术领域，因此我就答应参加《中国老学史》的编写，熊老师让我撰写其中的宋元明清部分。宋元明清的老学研究史，在当时还几乎没有人涉及，但存世的《老子》注又比其他历史时期多，熊老师让我承担这一部分，是对我的信任。

任务确定之后，熊老师首先联系了出版社，让我们没有出版的担忧。在 90 年代，出版学术著作还是比较困难的事情，尤其是中青年学者出版学术著作更是难上加难。所以，没了出版方面的担心，我们就能放心地投入稿件的撰写之中。

当时还有一个有利条件，即历史文献研究所已经购买了台湾编辑出版的《无求备斋老子集成初编》《无求备斋老子集成续编》，这就让研究和撰写都有了最好的条件。于是，我通过阅读这些文献资料，基本理清了宋元明清时期的老学研究的学者及其著作的主要内容，在此基础上，完成了《中国老学史》宋元明清部分的撰写。

没有想到的是，熊老师对老学史、庄学史的研究有着长远的计划，在《中国老学史》正式出版之后，学术界给予了高度评价，这也让我们增强了自信。接着，熊老师又组织我们编写了《中国庄学史》《二十世纪中国老学史》，并陆续出版，使华中师范大学逐渐成为国内知名的老庄学研究基地。

现在看来，熊老师当年开会获得的学术信息，使他一下子抓到了持续研究的契机，并且能够组织起一批中青年学者参与其中，由此形成了一支队伍，出了一大批成果，并带出了不少博士，使有关老学与庄学的研究能够持续到现在，使华中师范大学在这方面成为国内外的知名基地。

熊老师不仅组织我们共同撰写同一部著作，还让我单独撰写了两部与老学研究相关的著作，一是《唐宋明清四皇帝老子御批评点》，由湖南出版社出版；二是让我利用到日本进行学术访问的机会，完成了《日本现代老子研究》，由福建人民出版社出版。

在熊老师的引导下，我在这二十多年中，除了有不少老庄学研究的成果外，还借此参加了不少国内外的相关学术会议，结识了一批国内外的学者，并在此基础上扩大了有关先秦和秦汉诸子研究的视野，也完成了一批研究成果，如国家后期资助项目及成果《杨雄与太玄研究》（人民出版社，2011 年）、“先秦诸子著作文本研究”（国家重点项目的子课题，即将出版）、“中国老学通史”的近现代部分（国家重大项目的子课题，即将出版）、“太玄校注”（收入四川儒藏工程项目，即将出版）等。这都是熊老师引导我参与老庄学研究后拓展出来的新的研究领域及成果。

时间过得很快，熊老师已届八十八高寿，我们也都到了退休年龄。回顾这二十多年来在熊老师的引导下进行的学术研究，最大的收获就是我能荣幸地得到熊老师的引导，使我能把学术研究集中在一个特定的领域，改变了我博士毕业后学术研究散漫而无目标的状态，这是今天特别要感谢熊老师的。

记于 2020 年 12 月 18 日

（作者单位：华中师范大学历史文化学院）

奋斗不止的熊铁基先生

黄尚明

听说熊先生之大名已经很久了，真正读他所写的书要到 20 世纪 90 年代初，我那时在襄樊教育学院工作，华中师大在襄樊教育学院设有函授站，给学生发的教材中就有熊先生的大作《汉唐文化史》（湖南人民出版社，1992 年），我也领取了一本。这本书时间跨度较大，从汉到唐，需要广泛涉猎。我一看后记，知道熊先生早已有这方面的知识储备，他曾认真阅读过前四史、《隋书》、《新唐书》、《旧唐书》。他还是吴泽先生指导的硕士研究生，然后又转益多师，还曾经得到过唐长孺、张舜徽、李达、吕振羽、侯外庐等先生的教诲。由此可知，熊先生不是一般的人。

2003 年，我来到华中师大历史文化学院楚学研究所工作，见到熊先生的机会就多了，也对他的学问有了大致的了解。熊先生个头不高，清瘦精干，精明睿智。他具有洞察秋毫的能力，这应该就是刘知几所说的“史识”吧。熊先生在做学问方面表现特别突出，总能抓住学术热点，在秦汉史、道家道教方面辛勤耕耘，取得了许多重要成果，如《秦汉新道家略论稿》、《秦汉官制史稿》（合著）、《秦汉军事制度史》（合著）、《秦汉文化史》、《秦汉新道家》、《中国老学史》（合著）、《中国庄学史》（合著）等著作，还发表了若干论文，重要论文见于《熊铁基学术论著选》。因为我学的是考古，平常没有好好钻研熊先生的著作，所以对其学术了解不深，对我而言，这是一件憾事，以后要补上这一课。

最近几年跟熊先生交往十分密切，是忘年球友，一星期一般要在一起打两次乒乓球。熊先生很自负，他多次说自己原来打遍天下无敌手，谁想进院队，先得闯过他这一关。朱英老师、彭南生副校长开始都打不赢他，后来经过他指点迷津，才青出于蓝而胜于蓝，因此历史文化学院乒乓球队在全校乒乓球比赛中多年蝉联冠军。只是最近几年，因有的老师调入学校其他部门，有的老师年龄渐大，仅能连续两年获得学校乒乓球比赛第三名，能够获得如此成绩也实属不易。熊先生视乒乓运动如命，每星期按时到院工会活动室打上几局。学校比赛，他从不缺席，到现场助威，排兵布阵，出谋划策。熊先生的推挡技术是超一流的，对手发什么转球他都不怕，站在球台中间左推右挡，把对手调动得到处奔跑。熊先生还有一个突出的技术就是声东击西，不停地变线，有时候机会来了，恶狠狠地跳起来，挥臂拼命扣杀，虽然八十多了，依然身轻如燕，风采依旧。我开始打球技术比较差，动作不规范，跟熊先生交手，常居下风。我也从熊先生身上学了一些技巧，水平有所提高，渐渐地可以跟熊先生打个平手，再后来他常处于下风。但是熊先生不服输不认输，或者说只能赢不能输，如果他某次偶尔赢了一局，马上收手，要把这个成绩定格下来，以免再打输了。现在他快过米寿了，我们打球时，他依旧从不缺席，拄着拐杖，坐在一旁观战助威，一般不再亲自操拍了。熊先生说他原来身体并不好，经常生病，由于坚持打乒乓球，才保持身体健康，并且还举例说朱英老师原来身体并不太好，后来坚持打球，身体越来越好，学问做得更好。他鼓励我安排好时间，坚持打球。熊先生以身示范，我深受鼓舞，球技很有长进，还加入了院队，虽为板凳队员，但乐于做好后勤服务，当啦啦队员，为大家鼓劲，院队得了名次，也是一荣俱荣。

熊先生高寿的另一秘诀就是把学术当作生命，终身孜孜以求，现在每天坚持上班，坐镇道家道教研究中心，创见迭出，年年有大作发表。据我所知，2018 年他在《宗教学研究》第一期上发表《重新研讨道教起源和产生问题》一文，对道教形成于东汉末年的传统观点提出疑问，认为从鬼神、神仙信仰的演变，从“巫”“方”“道”的发展，均可证明至少春秋战国时期已产生道教，可谓石破天惊，在学术界影响甚大。我记得范军教授曾说过："熊先生是用儒家的精神研究道家道教。"此言有一定的道理。如果说不断进取、追求学术创新是儒家的精神特质，那么熊先生就是一个真正的儒者。熊先生又特别珍惜生命，顺势而为，实现生命的最大价值，把学问推到一个又一个新的境界，这也是道家的真精神。道家并非不为，只是反对刻意而为。

熊先生生命不息、奋斗不止的精神，对我启发最大，终身受用无穷。熊先生将要过米寿了，我由衷地祝福熊先生寿比南山！

2020 年 12 月 14 日

（作者单位：华中师范大学历史文化学院）

可爱与“霸蛮”的熊先生

付海晏

1994 年考入华中师范大学后，我们就得知历史系有很多名师，熊铁基先生就是其中之一。由于我们入校较晚，尽管熊老师的大名如雷贯耳，但比较可惜的是一直没有机会在课堂上接受先生的教学。尤其是在攻读硕士、博士研究生后，隔壁友邻——科社所、文学院的“同年”们常常来求证熊先生的逸闻趣事，我便不禁懊恼万分，大腿一拍：“哎呀，怎么我就不知道!”

读书时，有一阵子我着迷于魏晋玄学，喜看《世说新语》，感叹有才华的人常有才情，举止风度，行事潇洒自如，令后生学子羡慕不已。文学院的朋友常炫耀他们有黄曼君老师，我则炫耀我们有熊铁基老师。熊老师众多的风雅之事中，“无冕校长”是大家最津津乐道者之一。

读书期间，听研究生同学说熊老师每日会到行政楼“巡视”一番，“督查”“检查”各级领导的上班情况。我留校工作后，有时去行政楼办事，还真的多次偶遇他老人家。更真切的体会是我在历史文化学院做副院长后真的常常遇到熊老师，有时多日没有去办公室，老人家就会非常关心地问：“最近去哪里了？怎么没有上班？在忙什么?”我一一汇报后，老人家则施施然而去。

博士学位论文完成后，在种种机缘之下，我曾倾心近代全真宫观的研究。这得到了熊老师的大力支持。熊老师、刘固盛兄召集全真道与老庄学国际学术研讨会时，还特意交代我提交论文、积极参会，并给我介绍学界朋友。熊老师多次非常庄重地对我说，从事近代史研究的人非常多了，老庄学和道教研究期待更多的新生力量。

熊老师是最后一批“国评博导”。文献学大师张舜徽先生去世后，在我校文献学专业没有博士生导师、专业发展面临重大危机的紧要关头，熊老师挺身而出，稳住了大局。或许是对文献所这段经历记忆尤深，所以在创立道家道教研究中心后，熊老师非常关心它的发展。特别是在固盛兄被多个高水平大学长期“虎视眈眈”、多次高薪诚聘，中心新生代乏人等危机下，老人家虽仍镇定自若，但关心、关切、期盼之情令人感动万分。

记忆中，熊老师曾不止一次谈到，他一生的学术可以集中概括为两大领域，一是秦汉史研究，一为老庄学研究。秦汉史研究他投入最早，成果也很多，梯队已经形成，有赵国华老师接班，他已经完全不担心了。老庄学研究虽然有固盛、梅莉老师（写作此文时梅老师已经去世一年）、肖海燕等人，但他还是放心不下。

熊老师是“仁者寿”，也是“老骥伏枥”。虽然老人家曾戏言，学者学术地位的确要靠生命力的持久，活得久了，同辈俊杰都走了，剩下的自然都是大佬。近年来，校内外的新闻报道了很多先生退休之后仍然致力于学术、不断出精品的例子，其实熊老师也是其中一员。

2008 年，在我完成第一篇全真宫观研究论文时，我注意到熊老师在权威期刊《世界宗教研究》上发表了《试论王重阳的“全真”思想》。老人家在大作中提出王重阳创立道教全真派，“全真”乃“全三教之真”“全老庄之真”“全心性之真”。即便是对道教思想隔膜、鲁钝的我，也感叹他的用词之精妙、准确，令人拍案叫绝。八十大寿之后，老人家连续在《世界宗教研究》等权威期刊发表系列重磅文章，如《略论道教的名与实——再论道教的产生问题》《黄老道及其源于齐地初考》等。这完全是壮岁学人旺盛生命力的勃发，哪里能想象是八十余岁老人的成果！

章开沅先生曾提到熊老师年轻时过于用功以致吐血，杨东莼先生也告诫熊老师不要“霸蛮”。“霸蛮”是湖南人的用语，也被视为湖南人做事成功的风格。八十大寿以后，熊先生在权威期刊发表专题论文十余篇，出版专著多部，获得湖北省社会科学优秀成果奖一等奖、教育部高等学校科学研究优秀成果奖（人文社会科学）三等奖等多个奖项。今年 3 月 12 日，我牵头的“中国史专题研究”课程曾请先生讲述第一课。先生自云，所有成果中，六十岁后的占了一半，这岂不正是湖南人“霸蛮”的鲜明写照？岂不是继舜徽先生虽耄耋至晚暮犹自强不息之壮志？

老人家八十岁以来辛劳著书立说，不仅仅是为文而文、为书而书，而是从文化自信、学术自信的角度，为中国学术争口气，竭力做出新的学术贡献。无论是秦汉史研究，还是老庄学与道家道教研究，特别是最近几年他一直在思考的中国道教起源问题研究，莫不体现了这种学术壮志。这岂不是一种值得后人学习的“霸蛮”？

熊老师是历史文化学院较早的毕业生，他记忆超群，对学院早期的历史如数家珍。自工作以来，我常期待他能多讲讲学院早期的历史，多写些老先生们筚路蓝缕建设桂子山的经历。近几年里，我私下里曾多次央求老人家给学生们讲讲课，可惜很遗憾一直没能成功。今年春季开学，我央求老人家给中国史一年级的硕士研究生讲一次，作为“中国史专题研究”课程的开场。没有想到老人家欣然接受，丝毫没有嫌弃讲课地点在没有电梯的七楼。也许是冥冥之中老人家的福报，开课前研究生秘书告知由于选课人数有 110 余人，七楼教室小了，改到三楼，我顿觉轻松了不少。犹记得那次课上，老人家以收入 20 世纪极有影响的《史学家自述——我的史学观》（张艳国、黄长义、李洪岩先生主编）中的《我学史的经历和体会》一文为引子，结合自身的成长、求学、教学、做学问的经历，给硕士研究生们传授了学习方法与经验，鼓励大家不忘初心、牢记使命，明确为什么学习，自己学习的方向、目标与理想，对同学们的成长提出了殷切的期望。下课后，老人家说这次答应上课除了满足大家的要求外，还想证明一下自己还能不能做两个小时的讲座。老人家学术上的卓越成就，以及他治学、教学的身体力行与学人风范，岂不是时下课程思政建设最好的教学资源、最佳的教学模范？

很早以前，我就非常喜欢曹操的“老骥伏枥，志在千里；烈士暮年，壮心不已”，不知何故，去年四月以来尤其喜欢谈壮心的诗句。某日，在读了放翁的“壮心未与年俱老，死去犹能作鬼雄”后，又在朋友圈中读到华师学报主编范军老师写舜徽先生读书的“勇气”与“傻气”，突然想到，从钱基博先生、张舜徽先生、章开沅先生到熊铁基先生，“自强不息，壮心不已”岂不正是他们最经典的写照？而这也正是百年来我院最宝贵的精神财富！

2021 年 6 月 23 日

（作者单位：华中师范大学历史文化学院）

思想不老：贺熊铁基教授米寿

蔡丽娟

今年是熊铁基教授的米寿，非常荣幸受到范军教授的邀约撰写关于熊师的事迹文字。之后，熊师给我们上课的样子特别是独具特点的语调浮现在眼帘，因此我把熊师为我们开设的选修课程“汉唐文化史”教学情况呈现出来，以祝贺熊师米寿之喜。

我是华中师范大学历史系八四级本科生，熊师的夫人李雪松老师是我班的班主任。八四级历史系共招生 136 人，分四个班，最初的班主任分别为：一班揭书安老师，二班黄华文老师，三班张毅加、李雪松和张全明老师，四班曹莲莲、徐策伟老师。当年的课程设置与今天师范类的课程设置一样，大学一、二年级必修通史课，从大学三年级开始开设选修课，老师们把他们的研究领域和专长作为选修课向高年级学生开放，以培养学生的历史学研究兴趣和素养，了解学术研究的图谱，为以后的研究和学习提供基础。记得我一共选修了三门课程，分别是熊老师的“汉唐文化史”、吴量恺老师的“明清史”、王瑞明老师的“宋史”。

熊师为八四级本科生开设的选修课“汉唐文化史”的时间在 1987 年下学期。凭着对文化史的兴趣和盲目偏爱，我毫不犹豫地选修了熊师的“汉唐文化史”课，并且郑重地买了新笔记本打算做课堂笔记。这本保存到今天已经发黄的“汉唐文化史”课程笔记的封面工整地写着“汉唐文化史 主讲：熊铁基”。在上第一堂课时标明了日期“1987.9.1 星期二”。随后每堂课都标明了上课日期。现在回想起来，尽管我忘了考试得了多少分，但是我当时大概没有听懂、理解这门课程的精髓，以至于在三十多年后的今天阅读当年的课堂笔记时仍然收获颇丰，没有时空之感。“汉唐文化史”分为四个专题讲授，分别是“导言：什么是文化史”“秦汉以后中国文化发展的轨迹”“汉唐文化发展的特点”“东汉经学主体评价”“‘家人之言’的黄老思潮”。

导言中对“文化”和“文明”的概念进行了讨论。无疑，这两个概念是这门课程的理论基础，熊师有自己的思考，其解释的精妙之处在于以现实生活为切入点关照概念，如“文化、文明二词互为相关。文化与愚昧是相对的。（有人认为）文明与野蛮相对（不讲礼貌等，在日常生活中交叉使用，在现实中文化与文明有关系）”。熊师对“文化”与“文明”概念内涵的定义在今天仍然是学界探讨的问题，熊师的研究立足于传统文献《易经》，试图从字词中领会含义的做法，今天已经是被学者们接受了的常规方法。如他说：“在汉时，文明出现得早，在《易经》中不仅一次出现，有二意：一是文明与武相对，《易》‘文明以健’（行健不以武而用文明），‘文明以止’（指一件事不用镇压而用说服）；二是文采光明，《易》：‘见龙在田，天下闻名。’（阳气在田，使生万物，所以天下光明）”熊师认为：“文化较晚，在汉以后出现，本意是‘文字教化’，《说苑》：‘凡武之心而为不服也，文化不改，然后加诛。’与武相对而言。”现代意义的“文化”与古时不同。新中国成立后，“文化”的定义一直没有统一。

可以推测，熊师对“文明”和“文化”概念的思考来源于他的广泛阅读、接纳和比较。20 世纪 80 年代初期，随着改革开放大潮的来临，我们与西方文化的接触越来越多，东西文化的交流和碰撞使老一辈学者思考中国传统文化的发展。熊师在课堂上专门介绍了关于中国文化的研究成果，如复旦大学出版的《中国文化研究集刊》、台湾学者李萼的专著《中国文化概论》、蔡尚思的《中国传统文化总批判》、庞朴的《中国文化的人文主义精神论纲》（共十条）。他还特别介绍了 1982 年 6 月 12 日在上海召开的文化史研讨会，会议的研究成果由上海出版社结集成书出版，书名为《中国传统文化的再估计》。熊师课堂上表现出的对同行学者学术研究成果的尊重，以及学术研究应该以讨论为精要的做法给后人提供了榜样，也应该是一份精神财富为我们所谨守。即便是今天，他的论文后面总是加上对某某问题的“再议”，谨慎谦虚之态度跃然纸上。

熊师对概念的思考还来源于比较研究，原因有二。第一，“汉唐文化史”的笔记中有熊师引用了英文“culture”（文化）的含义的解读，“英文culture（文化）是从拉丁文而来，有耕种、居住、练习、注意、留心、敬神之意，因此英文中有很多以此为基础。文化之词较文明之意为广”。第二，熊师还对同一时期的世界文化进行了比较，对汉朝和罗马进行了比较和评价：“因此，汉朝与罗马成为两大文明中心。罗马被日耳曼所灭后，西方出现了从公元5世纪到9世纪的经济停滞文化衰败时期，9世纪后有法兰克王国，到文艺复兴时期，欧洲文化才有所发展。比较起来，汉王朝灭亡后，虽也出现了三四百年的分裂（220—581年），其中也有经济上的停滞现象，但是文化上仍是发展的时期。公元618年唐建立后出现了经济文化的强盛时期。这时世界上有一个阿拉伯国家，但它的文化不及唐朝，印度的佛教文化在其本土没有发展，而是经唐的改造传到其他国家。”这是对汉唐文化的总体评价。而关于世界范围内其他地区的文化特征和表现，熊师的观点仍然是今天关于文化史研究评价的主流观点。三十多年前，熊师向莘莘学子毫无保留地讲授了他的研究成果和心得，令人肃然起敬。

熊师不仅辛勤传道授业，还借自己的声望和人脉遍请文化史研究领域的大学者来华师开讲座。据同学回忆（历史系八四级赵泓，现为华南理工大学新闻传播学院教授；历史系八四级刘宗碧，现为凯里学院教授；历史系八四级刘庆华，现为广州大学教授，庆华也是熊师的硕士研究生），在熊师的邀请下，复旦大学历史系朱维铮教授、《历史研究》的副总编庞朴先生先后来华师开讲座（庞朴先生是来参加华师举办的“中国传统文化与现代化学术研讨会”的）。对于当时的讲座，同学们记忆犹新。朱维铮先生是周予同先生的大弟子，他讲的是经学。庞朴先生讲座的题目是“说无”，讲了“无”的三个含义。他从“无”的象形说起，“无”与古代社会的观念变迁，再讲到“无”的哲学。这些大学者的学问人生给我们年级的同学以后的研究生涯带来了指引。宗碧认为，庞朴先生的讲座对他影响很大，自此以后，他在图书馆找了很多中国哲学方面的书来阅读学习，他今天从事哲学研究与这次的讲座不无关系。赵泓被朱先生的学识打动，给朱先生写信请教问题，朱先生给他回了一封竖排繁体信，有两页纸，可惜没留下来。庆华对庞朴先生当时讲的“黄帝四面”记忆犹新，庞朴先生认为“黄帝四面”，即黄帝是个“混沌”，是“无”。每每谈起这些，大家都会心潮澎湃，心中升起对学术研究和学术大家的敬仰之情，而这些增长见识的机会无疑是熊师的人品和学品带来的。

遥想 1987 年熊师正是我们这个年纪，今天的熊师仍然是我们心目中讲台上激情演讲的熊师，思想不曾老过，而我们更不应该苟且度日，不应该辜负熊师的教诲和精神激励。

（作者单位：华中师范大学历史文化学院）

“急”与“敬”
——熊铁基先生散记

尤学工

算起来，我有幸认识熊铁基先生的时日也已不短，有二十五年了。二十五年前的熊铁基先生其实还年轻，至少在我看来是这样的，因为熊先生总像一股疾风从我们面前刮过。这种年轻人才有的精气神也成为熊先生的一个精神标签，很多人把他的这个性情称为“急”。对于自己的急性子，熊先生也是自知的，在很多场合说自己“生来性急”[①]。这种“急”，造就了他的人生、学术和生活。

正是因为“急”，所以他从中学时代就开始积极学习，洞察时势，参加各种社会活动，不断提升自身的才干。这时的“急”化成了学习和成长的动力，推动他不断向前，养成了“乐观、热情、积极、进取”的个性，“有时遇到不太顺利的环境、条件，也能乐观、积极，在取得一个小小成绩时，能够不满足、继续努力”[②]。这种积极乐观的态度成就了他辉煌的学术人生。

正是因为“急”，他在学史、治史过程中总有时不我待的紧迫感，总想抓住一切时间把自己的研究计划尽快变成研究成果。这种紧迫感促使他快步向前，由秦汉政治制度研究走向秦汉新道家、汉代学术史，走向老庄学、

---

① 熊铁基：《我学史的经历和体会》，《熊铁基学术论著选》，华中师范大学出版社，2012年，第813页。

② 熊铁基：《我学史的经历和体会》，《熊铁基学术论著选》，华中师范大学出版社，2012年，第794页。

道家道教史。可以说，他的“急”是因为他看到了一片片亟待开发的学术新园地，他要尽快把这些园地开辟出来，让它们开花结果。这种学术胸怀，与其说是“急”，不如说是对学术的挚爱与追求，令人肃然起敬。2000年底，在一次庄子学术讨论会上，熊先生做了一个“《庄子》历史地位”的发言，社科院的余敦康先生问：“你是不是打算写《中国庄学史》?”于是，熊先生很快召集了几位同事，参照研究老学史的思路，撰写了《中国庄学史》。他们全力以赴，包括利用酷热的暑期，甚至是加班加点，终于在不长的时间里完成了这部极有代表性的著作，进一步推进了老庄学的研究。有件小事可以说明熊先生的治学精神。年事渐高之后，精力和体力自然不能与年轻时相提并论，但熊先生依然坚持每日写作。他给自己定的标准是每日写三百字左右（当然实际上是远远超出的）。这种坚持看似简单，却很重要。它就像每日的思维体操，让熊先生的思维保持活跃与健康，保持对学术问题的持续关注与思考，并把这些宝贵的思考及时记录下来。对熊先生这样的前辈学者来说，这时的思考往往高屋建瓴，是其一生学术思想的精华，片纸胜却万言，弥足珍贵。严耕望先生曾言学术人生的三个阶段，年轻时当小题大做，盛年时当大题大作，老年时当大题小做。所谓大题小做，正是要集一生之精思，为学术指示发展路径，为学界提供学术精品，为后学指示前进方向。近年来，熊先生对秦汉史研究的思考，对道家道教史和老庄学的开拓，正展现了老一辈学者好学深思、胸怀天下的风采。

虽然熊先生对学术有着“急切”的追求，但却对学界存在的“急功近利、急于求成”现象抱有高度的警惕。他认为，“急功近利”难免粗制滥造，不能保证学术质量，“很难设想一个名利思想极严重而且始终不懈的人，会严肃认真地治学，会有高度的至少是一定的责任感去写文章和著作，粗制滥造往往是和急功近利联系在一起的”。他时刻以“道德文章”自省，坚决反对急功近利和粗制滥造。他说：“现在要我粗制滥造我也不会干，因为至少我还要保护我这一点小小的‘名声’，这并非说我现在和今后写的东西会没有缺点、错误或者如何了不起，而是说我一定越来越严肃、认真。”[①]与其说他爱护的是自己的一点“小小的名声”，不如说他爱护的是良好的学风和纯洁的学术信念。这种信念，很好地反映了熊先生的治学态度。他反对在学术上急于求成，而是把“求实”（老老实实、扎扎实实、实事求是）作为创新的基础，指出“求新必须求实，求实才能创新”。他也反思过自己的治学过程，认为自己“急于求成的时候也是常有的，但没有欺世盗名的思想，只是水平、条件、基础等限制，创不出多少新来”[②]。这当然是他的自谦之语，事实上他在“求实”基础上提出的新道家等宏论早为学界所赞赏与接受。他告诫后学，“求实，就来不得虚假，要花时间、花工夫、花精力去求，要在书本上深入细致地搞‘调查研究’（过去范老曾用过的话），不要粗心大意，甚至一个字一句话也是值得去推敲的（贾岛‘僧推月下门’还是‘僧敲月下门’本身就是讲一个字，这一个字确有意思），更不应‘道听途说’”[③]。这番告诫，可谓语重心长，足为后学铭记。

熊先生的“急”，还“急”在对秦汉史研究持续发展的关注上。秦汉史是一个经过历代学者深耕的学术领域，所以总有人说秦汉史已经没有什么新问题可以研究了，言外之意就是做秦汉史研究没有前途和希望。熊先生对这种论调是不赞同的。他指出：“在新的学术条件下，仍可以研究秦汉史。新出土了许多资料，令人欣喜不已，往往会产生新观点。但要得出新观点，又必须熟悉老问题。对老问题不熟悉，不重新加以审视，新材料的研究恐怕很难进行，也不会搞出什么名堂。重新审视老问题，应该是大有可为的。我近年来在看‘秦始皇的最后十年’‘汉人改造先秦典籍’‘刘向

---

① 熊铁基：《我学史的经历和体会》，《熊铁基学术论著选》，华中师范大学出版社，2012年，第795页。

② 熊铁基：《我学史的经历和体会》，《熊铁基学术论著选》，华中师范大学出版社，2012年，第807页。

③ 熊铁基：《我学史的经历和体会》，《熊铁基学术论著选》，华中师范大学出版社，2012年，第809页。

校书’等问题时，都多少有些收获。只要你不人云亦云，能熟悉地掌握资料，特别是阅读原著，认真地思考问题，就能把研究引向深入。”[①] 这种关于老问题与新材料、老领域与新方向的辩证认识，对于秦汉史研究的持续发展具有思想和方向上的指导意义。

秦汉史研究的持续发展还需要合理的人才梯队，无论是从全国秦汉史研究的整体队伍还是从我校秦汉史研究队伍来说，都面临着梯队衔接的问题，人才队伍的青黄不接是一个毋庸讳言的事实。秦汉史学界有“东邪”（山东师大安作璋先生）、“西毒”（西北大学林剑鸣先生）、“南帝”（华中师大熊铁基先生）、“北丐”（中国社科院林甘泉先生）、“中神通”（郑州大学高敏先生）的说法，这几位学术名家占据着秦汉史研究领域的制高点，引领着秦汉史研究的方向[②]。作为秦汉史学界的“南帝”，熊先生参加秦汉史学界的重要学术会议，很多时候都会带领一批学生赴会，被戏称为“熊家军”。“熊家军”的浩荡正是熊先生在秦汉史研究人才培养上所耗费的数十年心血造就的，也是他为秦汉史研究所做的另一个重大贡献。这是值得他欣慰的，不过他也一直有自己的担忧。作为一方学术重镇，他希望华中师范大学的秦汉史研究继承与发展他开创的学术基业，这就需要人才梯队的支撑。他很看重赵国华老师，希望赵老师可以保持华中师大秦汉史研究的学术地位，持续推进和拓展秦汉史研究的新境界。赵老师有着高远的学术志趣、深邃的学术思想、明确的学术目标、独特的学术个性，他想按照自己的设想与路径推动秦汉史研究。这未免使他有时显得和熊先生不是那么合拍，于是熊先生难免着急起来，觉得赵老师“慢”，不时加以催促，而赵老师依然我行我素。师徒二人，一“急”一“慢”，相映成趣。其实，赵老师并非“慢”，他和熊先生的学术目标是一致的，正所谓“百虑而一致，殊途而同归”。只是相对于熊先生做事“急速”的风格，他给了熊先生一个

① 赵国华：《熊铁基教授访谈录》，《史学史研究》2006年第1期。

② 康香阁：《著名历史学家熊铁基先生访谈录》，《邯郸学院学报》2007年第2期。

"慢"的印象。为了让比较"慢"的赵老师尽快接上来，熊先生想了很多办法。比如，他曾劝说赵老师攻读博士学位，以解决职称问题，也便于后续的人才培养。赵老师当然感念他的好意，但还是婉拒了。这是因为，赵老师是一个一心向学、淡泊名利的人，他所追求的是学问本身，而非学位。在他看来，博士学位固然重要，但相比做学问的乐趣，却也并不是非此不可。他不想让人用这个学位来衡量他的学问。他对职称问题也是这种随遇而安、顺其自然的态度，甚至有所推让。他第一次申报时，同时申报者有他所尊重的同事，虽然从条件上来说他完全满足，但他还是毅然决定退出申报，不与之相争。后来，他凭借自己在学术上的突出成就，顺利解决了职称问题，也顺利进入了高层次人才培养体系，并当选为中国秦汉史学会副会长，为我校秦汉史研究的后续发展奠定了坚实基础，也在一定程度上解决了熊先生的心腹之忧。后来，在熊先生的关心和支持下，学院又引入了叶秋菊、郭涛等青年才俊，秦汉史研究的队伍有了纵深和持续发展能力。

对于道家道教研究队伍的建设，熊先生也是非常用心的。刘固盛老师是他的得意弟子，在熊先生的带领和指导下，刘老师把熊先生开辟的道家道教研究这块学术园地越做越大，逐渐在海内外学界形成了一个学术重镇。熊先生一方面对已经取得的进展感到欣慰，另一方面则为这块学术新园地的持续发展感到着急。他着急的不是没有新课题，而是没有做新课题的人。为此，他多方奔走，几经周折，终于留下了肖海燕老师，从十堰一所高校引入了王闯老师，为这块学术新园地注入了新生力量。

熊先生的"急"，还"急"在对后辈发展的关心上。他总希望后辈能够尽快在学术上成长起来，独当一面，对此我深有体会。1995年，我来到华中师大，师从邓鸿光教授攻读硕士学位。读书期间，熊先生曾让我参与他主编的历代帝王系列的编纂工作，给了我一个宝贵的学习和锻炼机会。1998年，我有幸留在中国古代史教研室工作。熊先生怕我在学术上走偏，曾多次语重心长地叮嘱我，要多关注具体历史和史学史研究，不能只做史学理论，要把二者有机地结合起来。在他看来，理论只能从对具体历史过程的认识中得来，而不是纯粹逻辑的推衍。若是把史学理论建基于逻辑而非历史，那么这种理论不但空洞无物，而且也缺乏对历史的解释能力，实际上就会变成一种概念的逻辑游戏。这对于真正的史学研究和个人的学术发展都是无益的。现在想来，熊先生对我提出的这个告诫，其实还有一层意思，就是要求我脚踏实地，老老实实从基本史料、基本问题的梳理开始，认真思考问题，养成良好的治学态度，避免好高骛远、根基不稳，这样才能行稳致远。其实，熊先生对史学研究中理论指导与科研实践的关系，既有深切的自我体验，也有缜密的深入思考。他曾回顾自己在大学和研究生时代学习马列主义基本理论的情况，读过《资本论》《德意志意识形态》《家庭、私有制与国家的起源》《反杜林论》《国家与革命》《论国家》《唯物主义与经验批判主义》等著作，认真学习和批注过《联共（布）党史简明教程》，写过封建制形成、石器时代的一般特征等理论习作，经历过理论上的教条主义大流行，也曾被“以阶级斗争为纲”“为革命而研究历史”的“左”倾思潮所笼罩。他的体会是，学习马列主义理论，应当学习立场、观点和方法，用这种立场、观点与方法去思考、研究具体历史问题。也就是说，它提供的是一种思维方式而非具体结论，只有将其与中国历史的具体材料与问题结合起来，才能真正做到理论与历史的结合，获得对历史的科学性认识。“只要实事求是，也就是有些学者常说的求真、求实，就不会出现‘削足适履’。”[①] 他觉得自己从马列主义理论中所受的“事物的普遍联系”“全面看问题”“具体问题具体分析”等方面的基本训练对于自己的学术研究是有很大帮助的。对于改革开放以后大量涌入的西方史学理论，他“并不反对”，因为他认为“‘三论’之类的理论是可以学习的，至少在方法论上面可以给人不少的帮助。但马列主义仍然是值得学习的，它的价值和意义绝不可、不该忽视”[②]。在他看来，对于理论要善于思考和运用，“现在各种理论很多，如果你深入学了某一家的理论或一本书的理论，你能不能

① 熊铁基：《我学史的经历和体会》，《熊铁基学术论著选》，华中师范大学出版社，2012年，第800页。

② 熊铁基：《我学史的经历和体会》，《熊铁基学术论著选》，华中师范大学出版社，2012年，第800－801页。

出成果，就看你怎么理解它”。如果能够理解透彻并运用自如，自然是可以出成果的。“有的人能把一条理论理解得很透彻，发挥得很深刻，那就成了高水平的、创造性的东西了。如果对这个理论理解得不深不透，那就发挥不出什么东西来，所以我想，这个理论的基本训练对研究会有一定的好处，不能够图省事，图省事实际上就是浮躁”①。熊先生的这些经验和卓见，对我这样的后学是极有指导意义的。我很惭愧，当时对熊先生的谆谆教诲领会不深，后来才慢慢领会到熊先生教导的深意，而且也从自己的科研实践中深切体会到熊先生所言实乃至理名言，令我受益终身。

2002 年，我去北京师范大学师从瞿林东教授攻读博士学位，进入了个人发展的一个新阶段。2005 年，我顺利完成学业，回到了学院。这时我又面临着个人学术方向和领域的选择问题。我想起了熊先生此前的教导，就向他进一步请教。我清楚地记得，在那个夏日午后的学院办公室里，熊先生认真地倾听着我的一些设想和计划，不时给我提出一些建议和指导。他觉得我原来对《史记》比较熟悉，可以考虑把秦汉史与史学史研究结合起来。我也向他汇报了我关于明清史家群体和历史教育研究的一些想法。他很尊重我个人的想法，但告诫我研究方向要集中，不能打一枪换一个地方，而且要尽快确定下来，才有利于后续的发展。今天想来，熊先生对我是多么关爱，他其实已经看到了我的困惑，也担心我陷于泥淖而徘徊不前，给了我善意的提醒与指示。后来，熊先生每次见到我，都会问我最近在做什么。如果有什么他感兴趣的问题，他就会对我叮嘱几句。老人家无时无刻的关心真是让我感觉无比温暖。

熊先生对后辈的关心当然不限于我一个人，事实上他关心的是所有年轻人的发展，因为年轻人决定着学术的未来。为了鼓励青年教师的发展，学院支持“古”字头的青年教师创办了华大古史论坛。论坛为青年教师提供了一个很好的学术平台，大家满怀热情地投入论坛的活动中，邀请了不少学术名家来做专题讲座，也邀请了武汉大学、华中科技大学、中南民族

① 康香阁：《著名历史学家熊铁基先生访谈录》，《邯郸学院学报》2007 年第 2 期。

大学等武汉地区的青年同道参与论坛活动，逐渐形成了一个活跃的学术共同体。熊先生对这个论坛给予了很大关注和支持，当我们邀请他为这些学术后辈传授治学经验时，他欣然应允。他把关于道家道教的最新研究成果拿来与大家分享，提出了道教起源时间的新观点，让与会青年学人享受了一次营养丰富的学术大餐。这样的交流还有很多，我们总能从中感受到他对学术的热爱，感受到他对后辈成长的急切期待。

熊先生的"急"，还"急"在对学生的关爱。我曾听赵老师讲过熊先生的一桩往事。有一年，熊先生带着他们几个学生到外地的一所高校参加学术会议。当时举办学术会议比较困难，对参会人数有比较严格的要求，熊先生为这几个学生争取到了宝贵的参会机会。抵达会议地点后，熊先生跑前跑后，安顿好了住宿，还特意与主办方协商，解决学生的吃饭问题。吃饭的地方与住宿的招待所隔得有点远，学生们在招待所收拾好后才前往餐厅。到了餐厅，招待人员告诉他们，有位老师已经来了好几趟，看这几位学生是否到了餐厅，餐厅是否为学生准备好了饭菜。学生们不禁大为感动，因为从招待所到餐厅的距离那么远，来回几趟，意味着老师刚从餐厅走回去差不多就又要再走回来，也就是说，熊先生为了他们能吃好饭，根本就没有休息。这是熊先生的急性子使然，凡事非要落实才能放心，但这又何尝不是他对学生的关爱呢！

由于性子急，生活中的熊先生不太喜欢那些节奏缓慢的活动。他曾说，由于"生来性急，太极拳、气功老是练不下去，没耐心。晚饭后散步，有一段时间每天与老伴晚饭后散步，也没坚持多久，下棋、打扑克总没兴趣，也主要是没耐心，好像总找不到合适的休息和锻炼方法"[①]。后来，他发现打乒乓球是一个好项目，运动量可大可小，有时注意力高度集中，大多数时候是轻松愉快的，而且和许多年轻人一起，每天下午一两个小时，什么思考、冲动、烦恼等一概被抛到九霄云外，常常大笑不止，是最好的休息

① 熊铁基：《我学史的经历和体会》，《熊铁基学术论著选》，华中师范大学出版社，2012年，第813—814页。

和锻炼。在我看来，乒乓球速度很快，打球的节奏也很快，力量集中爆发，压力快速释放，倒也正合乎熊先生的急性子——他连锻炼都要找一个合乎性情的项目才行。有人曾经向熊先生请教养生之道，因为他觉得熊先生研究道家道教，理应受其影响，而道家道教清静无为的风格似乎与熊先生的急性子有所不合。其实，顺其天性、顺其自然才是道家道教的真谛，也是最好的养生之道，这似乎可以从熊先生喜欢打乒乓球之中找到答案。所以，我们每次听到熊先生打球时的欢声笑语，感受到的恰是他那令人羡慕的生命活力。熊先生说，他的生活态度是“乐观、热情、积极、进取”，这的确是值得我们学习的。

熊先生的“急”，是他的一个标签，让人想起他就会浮现出一个快言快语、活力四射、慈祥可爱的小老头，感觉到他那充满睿智、关爱和期待的眼神正注视着自己，鞭策着自己。他的“急”，正是对人生的积极进取，对学术的敬畏、挚爱与追求，对后辈的关爱与督促，对生活的通达与热情。正因为如此，我们对熊先生充满了崇高的敬意，我们敬佩他的人生态度，敬佩他的学术成就，敬佩他的虚怀若谷，敬佩他永不言歇的生命活力，敬佩他胸怀天下的学术情怀，敬佩他的无畏与担当。他为我们树立了一个学者的光辉典范，所谓一代宗师也不过如此吧。

（作者单位：华中师范大学历史文化学院）

我眼中的熊老师

张明生

范军老师正在主编《熊铁基的学术人生》，问我可否写点文字，我怯怯回复："我试试。"为什么怯？熊老师于我而言不陌生，我似乎有话可讲，可又觉得写不出什么。我不研究历史，甚至在学生时代还很不喜欢历史，在历史文化学院工作期间，为了能和学生有专业上的交流，也试图恶补历史，最终也只是了解点历史。所以对熊老师的学术研究，我讲不出什么；虽然和熊老师有很多近距离接触，但也了解不够，也可能只是知之甚少。

熊老师给我最深的印记是"退"而不"休"。到了退休的年龄，本该安享天年，过着养草种花、下棋散步、逗猫遛狗、游山玩水的轻松愉快生活，可他却"闹"着要工作，学术研究一直未停歇。

75 岁时，他领衔和刘固盛老师共同主持国家宗教局重大科研项目《老子集成》的整理与编纂。80 岁时，他推出了大型道教文化丛书《老子集成》，该丛书总计 15 卷，1100 万字，涉及宗教、哲学、文学、政治等众多领域，充分体现了《老子》思想的深远影响。熊老师自己评价《老子集成》的价值，其中一条是有利于正确地理解传统文化，有利于更好地发扬优良的文化传统。在国学热的今天，有人提倡读《道德经》，要向大众提供比较正确的读本，熊老师说："这是我们作为专家、研究者的责任。"这部丛书，还于 2015 年获得了教育部第七届高等学校科学研究优秀成果奖（人文社会科学）三等奖。

熊老师研究不断，高龄也高产，每年都有新成果，80 岁以来，在《哲学研究》《宗教学研究》《世界宗教研究》《学术界》《中国高校社会科学》

等期刊以及《光明日报》上发表了20多篇论文。

学院研究生会、团委、学生会也会请熊老师做讲座，讲治学做研究，聊人生谈规划。一两个小时，他都坚持站着讲。讲座中，他声音洪亮，谈笑风生，风趣幽默，内涵丰富，常常能博得同学们阵阵掌声。对每次讲座，他都非常认真地准备。我记得有一次他给本科生做讲座，因一号楼的教室条件比较简陋，他还自费准备摄像机和录音设备。

他的不“休”，还体现在培养博士生上，这可能令一些人眼红和嫉妒。其实，我觉得，在人文社会科学和理科基础研究领域，应该鼓励学者“退”而不“休”，只要他们身体健康、思维清晰、愿做事能成事、不为“名”和“位”，就可以给他们提供不“休”的条件，更好地发挥他们的光和热。

熊老师一直追“新”。在学术研究上，他是这样做的，所以总有新成果。在给学生做讲座中，有学生提问：“历史还有可以研究的吗？”他回答：“历史是研究不尽的，老题目可以重新做，新题目做不完。”他给学生做讲座，一般会带着最近的报纸，报告中他会引用上面的素材。电脑已成为我们日常工作的重要工具，他也一样学习使用，只是没有年轻人学习使用得那么利索，常用操作步骤一般需要写在纸上，按照说明一步一步完成。

学院的教职工大会，他都会如期参加，这也是他获取“新”信息的一个渠道。熟悉熊老师的人都知道，熊老师会定时到行政楼“查岗”，这无形中也推动了机关工作作风建设吧。从一楼到三楼，对熟悉的工作人员，他一般直接推门而入，简短问候，三言两语，有时也会扯上东长西短，我想这也是他看书累了出来活动活动筋骨，顺便获取点新“信息”吧。他也“查”我的岗，有时也会从我这“套”点“信息”，有时会“带”点“信息”给我，或者继续追问他不详的“信息”。不过，这些“信息”在校内都已不再是秘密，更多地算是“八卦”。

熊老师生活很有规律，打乒乓球是他最主要的运动方式。他常说，一张一弛，文武之道。为了更好地读书和写作，锻炼是必要的。他说，打乒乓球是最适合他的运动方式。运动量可大可小，还可以与不同的人聊天，也可以获取点新的“信息”。他打球，吼起来声音很大，手上的力气也不小，还喜欢扣杀。我儿子小学四年级暑假开始学习乒乓球，学了一段时间后，我有时会带他到一号楼练球。熊老师见了，就要检验我儿子的学习成果。开始时，我儿子完全不是熊老师的对手。但熊老师对他掌握的基本功表示肯定，并鼓励他好好练，希望要不了多久我儿子就可以和他交锋。不到一年，我儿子就可以和熊老师打个平手了。

熊老师常常比较乐观。我们和他交流，总能看到他的笑脸。我们“逗”他，也不见他生气。他到了人堆里，常常会给大家带来欢声笑语。

祝愿熊老师身体健康！永远可亲可爱！

2021 年 1 月 27 日于桂子山

（作者单位：华中师范大学物理科学与技术学院）

可亲可敬的熊爹爹

纪　红

来历史文化学院工作之前，就知道熊铁基老师的这个习惯：每天定时到校园各地走一走，转一转，溜达一两圈。2018 年底我到一号楼上班后，几乎每个工作日都能看到他的身影。上午十点半左右，下午四点左右，他都会拄着手杖，一步一个脚印漫步来到学院，从一楼转到三楼，再从三楼转到一楼，既是换脑休息，又是散步锻炼。每个开着的房间，他都要进去看一看、问一问。碰到新来的老师，他就问得更仔细些。由于我家先生曾是历史系的学生，我和熊爹爹很早就认识。在院办第一次碰见，他就问我："你来我们学院当书记?"我笑着一边点头一边说："您要多多指导哦。"他慢条斯理地说："jì－shū－jì，有点拗口，呵呵，不过，领导叫起来大都拗口，这样也好，容易记住。"

院办庞老师笑呵呵地对我说："书记不要太客气，我们都叫他'熊爹爹'。"看得出，办公室的工作人员都跟熊老师很熟，可以时常和他开开玩笑，熊老师也不言语，只是一边笑着一边慢慢走到其他办公室去了。武汉人习惯给话多、啰唆、爱管闲事的人起外号，称作"婆婆"。他们叫他"熊爹爹"，不知是否也含有此意。

2019 年 9 月 6 日，一个星期五下午，学院召开教职工大会，会议结束时已经快到 6 点了。我正在办公室整理东西准备回家，罗老师匆匆忙忙跑到我办公室说："书记快下去看看，熊老师摔倒了!"我急忙冲到学院大门口，见不少师生围成一团。我走近一看，熊爹爹正无力地靠在一把临时搬出来的木椅子上，满脸瘀青。我焦急又难过地问："熊老师怎么不小心摔跤了？”熊爹爹蚊子般的声音答道：“下门口的台阶时，跟一个学生在说话，没注意一下踩空了。”说话间，120救护车开到了一号楼门口，几个教师、学生协助医护人员小心翼翼地把熊爹爹送上救护车，几名师生争相跟车前往医院……救护车开走了，不少老师、学生仍聚集在院门口议论着，担心着。

当天晚上，电话传来熊爹爹的消息，经医院CT等各项检查，熊爹爹此次幸无大碍，就只是一些皮外伤，再观察一下就可以回家了。啊哦，一直悬着的心终于放下了，打心眼里为熊爹爹感到庆幸！第二天，得知熊爹爹已经回家，我们就准备上门看望。电话联系他时，平时极其随和的熊爹爹一口拒绝了，很坚决地说：“我没有什么事，单位那么忙，领导们不要来啦。”放下电话，同事对我说，熊老师可能不想让你们看到他脸上瘀青的样子。没过几天，我又听见熊爹爹拄着手杖来学院漫步的声音了。我走出办公室，看见熊爹爹微笑着，脸上的瘀青几乎没有了。

2019年11月2日，来历院将近一年的时间，我作为学院受邀领导代表参加在我校举行的“史学与文学的对话：《史记》研究的问题与趋势”学术研讨会。开幕式安排了三项议程，首先是我代表学院对莅临会议的近百名专家学者致欢迎辞，接下来的两项内容分别是中国史记研究会会长张大可先生讲话，华中师范大学历史文化学院熊铁基先生讲话。

这是我第一次在这么正式的场合近距离聆听熊爹爹讲话。我竖起耳朵，握着钢笔，做好记下一字一句的准备。熊先生说：“这个研讨会的重要性在于，《史记》是很多人一生要读的书。张大可先生就是如此，我自己也是有四十年的阅读历史。因为我们可以在阅读的过程中发现很多问题。《五帝本纪》的第一篇就是写黄帝，司马迁将黄帝定义为中华文化的人文始祖。黄帝的神话是从庄子开始，黄帝的人化就是从司马迁开始。关于‘炎黄’的考证，很多也是以《史记》为依据来考证的。朱熹讲得很好，司马迁不仅是‘才高’，而且是‘识高’，就是司马迁的判断力很强，能够将历史传说进行准确的判断整理。《史记》的史学问题与文学问题，是可以深入研究的。《史记》是一部综合性的百科全书。”

熊先生时年已过86周岁，讲话声音洪亮，谈吐自如，思维敏捷，完全未看讲稿，虽然少了些平时说话时的随意和笑容，却让我又增加了一分对熊爹爹的认识和敬佩。

2020年寒假突发疫情，武汉封城，校园封闭，小区封锁。学校指挥部想师生所想，急师生所急，成立华师社区志愿者服务队，每周征求各单位离退休困难老教师的需求，订单式为他们提供送货上门服务，一周一次。我第一时间想到我院几位高龄独居困难老人。一天上午我打电话告诉熊爹爹这个消息，他详细问了问此次可以订购的菜品种类后说，这周不需要，家里还有菜，下周再说。听了他的话，我一下安心了很多。之后熊爹爹又订过几次，但更多的时候是他亲自解决。他说："你们都那么忙，我自己能做的，就不给领导们添麻烦。"这是一位87岁的老先生，在疫情最严重的时候对我说的话。

更让我感动的事在后面。

正常上班了，熊爹爹又恢复了往日一天来学院"巡视"两次的习惯。7月初的一天下午，他手里拿着一份报纸走进我的办公室，坐到沙发上后对我说："我刚才到院办找一份报纸，《光明日报》上面刊载了我的一篇文章。"我问："找到了吗？"他点点头说："找到了。"他打开报纸，2020年6月27日《光明日报》国学版，刊载着他的大作《孔子问礼于老子再议》。我把敬佩的目光从报纸转向他，他微笑着说："不要光局限于写大论文，有时小文章可往报纸上投投，一样能发挥弘扬优秀传统文化的作用。"一个多月后，熊爹爹的另一篇文章《黄老献疑》又一次刊登在8月1日的《光明日报》国学版上。

这可能仅仅是我知晓的他这两个月的部分成果。此时，我对他的佩服已转为深深的敬意了！

2020年12月，第五轮学科评估开始了。学院的老师们纷纷忙着收集资料、整理数据、联系师生、撰写案例……材料中有一处提到熊老师，在给他前面加定语时，提法较多。一次学院专题讨论会上，他的学生——学院的刘固盛教授发表的意见被大家广为接受。刘老师说，熊老师的前面可以加上“著名历史学家”——著名历史学家熊铁基老师。

哈哈，我是多么幸运，工作在这么一个地方，每天有著名历史学家来漫步，来“督查”，来探问，来指点和关心……

（作者单位：华中师范大学历史文化学院）

熊铁基教授的执着与真诚

张艳国

日前，范军师兄发来微信约稿，告知今年（2021 年）是著名历史学家熊铁基教授的米寿，同门高兴之余踊跃写稿，庆祝熊先生米寿之喜，也希望我参与凑乐。范军师兄知我与熊老师素有交谊，颇有渊源，有故事可讲，有人情可述，而我也欣然应允，愿为熊老师米寿略尽绵薄，喜上添喜。其实，前些时，我在网络上拜读了校友戴建业教授的《喜感——祝熊铁基先生米寿》之后，就颇有共鸣，觉得我也可以说上一些什么与大家分享。静心一想，细细梳理在与熊老师几十年的交往中，他给我印象最深、最有教育意义的是他在待人接物、治教立学中所体现学者的执着与真诚，对我启发和影响尤巨尤深。

从 1985 年夏天我大学毕业后入职湖北省社会科学院《江汉论坛》编辑部史学编辑室伊始，就与熊老师开始有了来往。我在华东师范大学历史系读书期间，从我与湖北籍老乡谢天佑教授（1932—1988）的交谈中，就知道了在华中师范大学历史系任教的熊铁基老师。谢老师告诉我，熊老师与他既是华中师范学院历史系的同学，又是华东师范大学历史系中国通史研究生班的同学。他们在著名历史学家吴泽（1913—2005）、束世徵（1896—1978）、李平心（1907—1966）、戴家祥（1906—1998）教授的精心指导下顺利完成学业，谢老师留在华东师大历史系任教，熊老师则回华中师院历史系任教。他们都专攻中国古代史，尤其主攻秦汉史，以此在史学界知名。谢老师对熊老师勤勉治学很肯定，给我留下了很深的印象。这样，我虽是后学，但与熊老师是名副其实的校友。因为有谢老师的介绍，上班后，我很快去拜访了熊老师，由此建立了常态化联系。两年后，我与在华中师范大学历史系读书的康同学恋爱，她毕业后我们结婚成家，偶有机会，我陪她回母校母系走访师友，也会拜访熊老师。熊老师是康同学的中国古代史任课教师，熊老师的夫人李雪松老师是康同学的世界近代史任课教师。我经常听康同学讲她在大学读书时的回忆，特别喜欢听她关于老师授课的讲述。她说，熊老师和师母李老师都是敬业乐教、爱护学生的良师，但各有特点，令人难忘。熊老师讲课潇洒自如，洒脱发散，每次都带上一大摞文献古籍，总不忘结合史料讲，永远都唯恐没能讲尽知识点，生怕学生学得不深不细；李老师则线索清晰，条理清楚，娓娓道来，学生听后一下子就记住了。加上康同学与熊老师夫妇这一层师生关系，我后来与熊老师的联系更多，交往也就更加轻松惬意了。

熊老师待人一向热心快肠、乐于助人，蕴藏在他这样待人接物言行深处的情感，是炽热执着的，是真诚坚定的。1988 年初，华中师大历史系中国古代史教研室邹贤俊教授指导的一名硕士研究生就要毕业了，按照常情，应该是研究生本人的导师要更着急、更积极一些地思考和筹划学生的未来。但是，在我的记忆里，熊老师对这位并不是自己指导的青年学生的关爱是火热的、无私的。其时，熊老师隔三岔五地向我了解《江汉论坛》历史编辑室的用人情况。刚开始，我并不知道熊老师有推荐人的意向。当时，我们编辑室已有两人，除我而外，在上一年刚刚从武汉大学历史系挑选了一名优秀毕业生，加上何浩先生（1929—2005）刚刚退下来，我们打算还请他看一段时间的稿子。按照当时的设岗情况，史学编辑室是不缺人的。当我把这一情况和熊老师沟通后，他直言不讳地向我推荐一名优秀的硕士毕业生。当时，因为我刚刚主持史学编辑室的工作，加上年轻，没有经验，感到难度不可想象，简直是没有可能。但是，对熊老师给我们推荐人才、支持我们工作的好意，我也不能推辞。但我心底里相信，这应该是没有戏的事情。因此，我的态度犹豫模糊。在一段时间里，熊老师经常来电话，甚或是从桂子山骑车来我们所在东湖之滨的办公室找我反复说，诚恳地请我支持。我终于被熊老师感动了，由态度犹豫转为坚定支持。我告诉他，编辑部和院里我就说不上话了，成与不成，与我无关。熊老师对此，只是向我报以神秘而自信的微笑。此后，熊老师隔三岔五地来编辑部，不过，找人的对象换成了编辑部主任荣开明同志。熊老师之所以能够不厌其烦地找荣主任，一是因为他们是老熟人，在几个重要的历史时期都有交集，交谊深厚，特别是在荣主任回城进入《江汉论坛》工作后，他们更是建立了和谐的作者与编者关系；二是因为他们是湖南老乡，常有联系，常共叙乡情。据我观察，他们之间的沟通很长时间内都不是很顺畅。但在当年五月末的一天，荣主任找我商量史学编辑室的进人问题，而荣主任倾向于进人时，我意识到"关键的堡垒"已经被熊老师的锲而不舍、真诚执着攻下了。后来，这位青年学子顺利入职，发展得很好。时隔多年之后回忆起这段故事，从中更能感受熊老师的责任担当力量和人文人性的温暖，更觉得教师的称号"神圣而光荣"。

熊老师待人处事的执着真诚并非此一孤案，与他共过事的人，都有这样的共识性评价。我的仙桃同乡、曾任康同学班主任的郑敬高教授（后偕夫人调入中国海洋大学）在与我回忆他自己的成长经历时，对熊老师的真诚帮助总是不禁唏嘘叹息、由衷感激的。郑敬高同志师从著名历史学家唐长孺先生（1911—1994），他从武大历史系硕士毕业后被分配到华中师大历史系中国古代史教研室任教，由此与熊老师成为同事。在郑敬高同志入职后的较长一段时间里，熊老师经常到青年教师的筒子楼转悠，"察看"小郑同志在干些什么。开始一段时间里，小郑同志很不适应，甚至感觉很不好。但过了一段时间，小郑同志觉得这是熊老师善意的监督和督促，便由不适应变得很配合了，主动向熊老师汇报读书体会，主动与熊老师进行学术交流。在教学科研中，他们成为亲密的合作者。在华中师大历史系工作期间，小郑同志感觉很愉快，与古代史教研室的老师们配合得很好，而他自己也进步很快，慢慢变得很自信，很主动积极地从事各方面的工作。虽然他已经从华中师大调离多年了，但只要我们一谈到那时他与熊老师他们共事的日子，他总是充满幸福的深情和对往日的依依不舍。对待别人以执着和真情，幸福着别人，我想，熊老师自己也一定是幸福的，用时下的网络语言来说，“快乐着自己的快乐”。如何回答戴建业校友在文中的“熊先生喜乐之问”，我认为，熊老师待人接物、为人处世是执着而真诚的。因此，在他的内心世界里，一定洋溢着无尽的喜乐。

在史学研究中，熊老师给我留下的印象也是执着和真诚的。1987 年春夏之际，熊老师来编辑部史学编辑室几次，同我和何浩老师交流。他先是向我们介绍他正在做国家教委社科研究“七五”规划项目“汉唐文化史研究”，并交流当时学术界“文化热”的进展，以及他对一些具体学术问题的看法。然后他就研究设想、运用的理论与方法、所借鉴的主要学术资料和史料，与我们进行比较深入的互动。对于一些心得体会，熊老师讲得兴奋头上，以至于像上课一样畅达，我听得津津有味，何老师不时插话点评，场面十分融洽而热烈，堪称作者与编辑互动的经典。最后，他在确知我们对他的研究感兴趣，得到“有新意、有价值、有前途”的肯定性评价后，就兴冲冲地拿了几篇文稿来供我们挑选一篇，作为向杂志社的正式投稿。客观地说，这样与编辑深度交流，投稿成功率是很高的。根据我刊发稿特点和办刊风格，我们最后选取了其中一篇文章《秦汉以后中国古代文化发展的轨迹》予以发表，而其他两篇文章《汉唐文化发展的特点》《从制度文化的建设到精神文化的发展——汉唐文化史研究之一》，则由《华中师范大学学报》发表。这组文章发表后，受到学术界的重视。发于我刊的这篇论文被人大复印资料《秦汉史》全文转载，并被《史学年鉴》介绍。等到几年后，他的《汉唐文化史》出版了，他也不忘记亲自骑着自行车送几本到编辑部来，荣主任、何浩老师和我各有一本，熊老师还亲手签上大名，一边向我们表示感谢，一边笑着说送我们“请指正”。他在秦汉文化史研究之中的炽热执着，他在研究中寻求友谊和支持的真诚坦率，他在与我们的交往中善始善终的严谨严整，深刻地感染了我们每一个当事人。他给我留下的印象难忘，使我深受教益，这是显而易见的。针对有的作者缺少知识分子应有的教养和文化气质这一现象，何浩老师还几次认真地以熊老师的汉唐文化研究与我们的交往交流为例，进行对比和点评，使我增强了人生和业务的双重感悟。我们被熊老师的真诚与执着感动着，因此，我们由被动地走进他的精神世界和他的研究之中，到自觉自愿地支持他的工作。等到他的这部专著出版后，我们就积极组织院内历史学者撰写书评并及时发表。这篇书评对熊老师关于汉唐文化史的研究做了积极的肯定性评价，认为这种将宏观和微观两个方面结合起来的深入探讨，“将有利于推动文化史学科研究的进展”。熊老师的执着与真诚，换来了杂志社同他真诚地进行同情共感、互动合作。由此看来，这就不能仅仅简单地看作只是熊老师的一种生活态度了，而应该将此看作是熊老师的一种具有深厚底蕴的工作方法，看作是一种做事成事的人生智慧。

1992 年春，我与武汉出版社商定选题，计划主编出版一本史学家自述其史学研究经验、方法和史观的大书，在启动计划并组织一批史学家参与时，得到全国范围内史学家的赞同、支持和响应。在湖北省内选择史学家参与时，我想到了熊老师，并积极与他联系。在向我了解参与名单之后，他犹豫了好一段时间才答应下来。后来我才明白，他起初的犹豫不决，既是一种对师长辈史学家敬畏的真诚，也是一种出于职业敬畏的谦虚。正如他在文中真实真情的流露：“我现在该不该写这样的东西，犹豫了一番：原因之一，本书的作者不少是我的师长（如华东师范大学的吴泽教授、夏东元教授——作者注），我不该和他们平起平坐；原因之二，有人说我也算‘功成名就’了，可以写，我不以为然。‘功’在何处？名有多大？但几经邀约，几经考虑，我又动手写了。一是表明我的师长们后继有人，二是我的经历和体会或者对部分青年的学习多少有点启发。这样，我怎么想（当然也还是比较认真地想）就怎么写出来，如实地写，不过，这个‘实’也不是完全可靠的，首先是记忆不一定准确，写的并非真正的‘实’；其次是观点和看法的问题，严格地说只是此时此刻我的一些想法。”他在文末还有“附记”，读来也觉得真情感人：“此文预约很久了，此次恩师吴泽教授从教治学六十年及八十华诞的纪念活动，我专程赴沪，利用途中这几天时间，有特别意义地完成此文。”对老师的感恩感激、反思不忘所来的路跃然纸上，这不是一种真情实感，又是什么？唯有真情，才能感人、动人。时隔近三十年了，他的这种真诚坦荡依然是浓烈的，依然十分感人。除了情感浓烈之外，其中还内蕴着一种深厚的文化力量吧！熊老师答应参与本书后，认真撰稿，一丝不苟，其间还数次与我交流、切磋。他说，他在最后一部分要写一段与主题无关的文字，希望我不要删去。接到稿件后，我深深地被他倾注的真情实感和他对史学研究的执着追求所感动，我觉得这些文字大有益于史学研究事业，我怎么舍得删除这段精彩的文字呢！在名为"学无止境"的第十章，他说，"这里最后谈一个'学无止境'的问题"，"好在我还人老心不老，这也是很重要的一条。因为毕竟是老，又仍然是和书本打交道，所以对'活到老学到老''学然后知不足''学无止境'之类的格言，就有些切身的体会了……这就要求自己活到老学到老，恐怕还要到死"。这些年来，熊老师无一日懈怠，坚持"学无止境""学到老活到老"，带研究生教书育人，写论著留下智慧结晶，精气神十足，忙得不亦乐乎。据我所知，生活在他身边的人，深受陶染，而母校历史系正是将他的这种情操视为学院的"宝贝"。今天，我们一起重温这些温馨、温暖的故事，可以从中获得人生经验的启发，把它积累并转化成一种向上向善的文化，予以光大，泽惠后学。

内心的执着与真诚，是一种人性的坚定和坚韧；待人接物的执着与真诚，则是一种发自内在的生命活力与激情。从本质上说，执着是一种勇往直前的力量，真诚是一种经由长期积累而由内向外抒发的善良。人生的执着与真诚，既是一种自己坚定的人生态度和生活情趣，也是一种深藏于自身的处事为人方法，它具有中华优秀传统文化的人生智慧所具备的那些特性、特点和特征，《论语》曰："居之无倦，行之以忠。"《尚书》云："功崇惟志，业广惟勤。"熊铁基先生对人对事的执着与真诚，对他自己立业立言来说，是极其难得的；对后学作为精神文化滋养来说，也是极其可贵的。这些可贵的文化内容，无论在何时何地，都是对人具有闪光智慧，因而是具有教育意义和借鉴价值的。

最后，祝愿熊铁基先生健康长寿，学术之树常青！

（作者单位：江西师范大学中国社会转型研究中心）

问学熊先生片忆

盖建民

辛丑上元节后的一天，春雨霏霏，颇有些凉意。笔者起床洗漱后，像往常一样，伏在半年前从青城山建福宫古玩店淘来的楠木桌前，临帖写字。刚刚才随性涂抹了几笔，就收到熊铁基先生高足固盛教授发来的微信，云《熊铁基的学术人生》纪念文集决定不收专题学术论文，故余早先提交的一篇恭贺熊老师米寿的小文就无法收录了，固盛兄希望我能够抽空再写一篇回忆老先生学术人生的文章，余未加思索便应承下来，允诺开学处理完俗务后交稿。回复此短信后，我本想接着泼墨，然而已找不到先前的感觉了，脑海中不时涌现出二十多年来向熊先生问学的往事，历历在目。于是乎我索性掷开毛笔，打开电脑，敲下如下文字，摭拾几段脑海记忆犹新的往事，以贺老先生米寿之喜。

熊老先生是晚学十分敬仰的学术老前辈，与先师卿希泰先生有着长期的学术交谊。熊先生创立的华中师范大学道家道教研究中心是享誉学林的老庄道家和道教老学的研究重镇，华中师范大学道家道教研究中心与四川大学宗教所几代学人之间你来我往，彼此学术互动频繁。

熊老先生长期热情关怀、支持四川大学宗教所的学科建设与学术梯队人才的培养，利用各种场合与机缘提携奖掖乃至鞭策后学。先生与川大宗教所同仁之间亦师亦友的长者之范，隆情难忘，高谊可风。

记得第一次得悉熊先生的大名是在 1995 年，笔者当时还在闽省师大任教时，有天周末闲来无事，携幼子进城逛书店，从长安山 23 号筒子楼，漫步到校门口乘上 20 路公交汽车，约莫一个小时后就到鼓屏路上颇有名气的晓风书屋。老板热情地介绍说店里刚刚新进了一批学术著作，一本名为《中国老学史》的新书映入眼帘，书皮装帧素朴，一看署名，领衔者熊姓，名字很独特“铁基”，匆匆翻检了一下，感觉内容很吸引人，可是一看定价好贵，25 大元，当时书店也没有打折一说。犹豫片刻，囊中羞涩，只好把前面挑的一本书舍去，掏钱买下了。要知道，笔者当时拿的是讲师的微薄薪水，每月区区几百大元，养家糊口不易。90 年代商品经济大潮席卷神州大地，许多和我前后入职的年轻同事纷纷出洋或者下海捞金，而且当时也不像现在可以有充沛的课题经费到书店狂扫一番。后来才发现，这部“价格不菲”的著作的确是物有所值，由此我才第一次意识到，还有一门学问是专门探究《老子》的文本及其流传的。就在这一年秋季，我入蜀忝列卿先生门下。在卿先生讲授“中国道教史”的整整一学年课程中，笔者从卿先生口中知道熊先生是一位研究秦汉史的资深专家，熊先生的这部大作可谓奠定了老学史研究的基础。《中国老学史》一书随我搬迁了好几个地方，至今仍然摆放在陋室书架上，与二十多年以后笔者购置的先生主编的蔚为大观的《老子集成》丛书，成为治道教老学的必读基本典范。

博士毕业后，我回到福建。1999 年在武夷山道教南宗研讨会上，我与熊先生的高足固盛博士结识，从熊老师的弟子那里又了解了不少熊先生治学之道。但真正亲炙熊先生是几年后的事情了，大约是在 2003 年，我到厦门任教后。一天，接到詹石窗师兄从外地打来的电话，说熊先生到厦门大学讲学来了，他不在学校，故希望我能出面接待一下熊老师。得此消息，我十分高兴，就与厦门大学高教所负责接待熊老师的张亚群老师（华师校友，熊老师的弟子）联系，希望能够有机会请熊老师吃个便饭，当面请益。张老师回复说熊先生的行程很满，吃饭就免了，希望能够安排熊先生到哲学系与有关同事交流一下即可。刚好我正在给中国哲学专业的研究生开“道教文献选读”课程，于是便利用这个时段，邀请熊先生来系里做个讲座。

上午一大早，熊老师就在张老师陪同下，信步来到厦门大学新建的行政楼六楼哲学系会议室（哲学系当时还未迁到南光楼）。那天具体的讲学内容已经记不清楚了，大体上是熊老师给同学们讲述了如何治学以及老学研究的一些前沿学术问题，听讲的还有哲学系几位年轻同行。熊老师引经据典，谈古论今，大家听得津津有味，互动热烈，讲座持续了两个多小时，直到陪同的张老师提醒下午还有活动，熊老师才结束讲座。这是我第一次见到熊老师，先生给我的第一印象是精神矍铄，博学多识，诲人不倦。熊老师风趣幽默的话语常常给人带来欢乐与警醒，引人思考。那次讲学后不久，厦门大学宗教文化研究所在武夷山召开了武夷山道教思想文化学术研讨会，熊先生亦携众弟子们莅临武夷山。记得在会议闭幕阶段，发生了一个小小插曲，会议安排我在闭幕式上做会议综述，由于当时太年轻，缺乏这方面的经验，所做会议综述都是事先根据与会学者提交的论文择要分类归纳的流水账，记得我最后一句话是“挂一漏万，请与会学者海涵”。我的话音还未落，坐在前排的熊先生就慢慢悠悠地站起来，用很幽默的语调说道：“盖建民，你把我在开幕式即席演讲的内容漏了，我讲的有关问题很重要，你们写会议报道一定要补上！”熊先生的话引起全场一片笑声。这个小插曲凸显了熊先生对学问之道的执着与真性情，也使我意识到自己的不足。做好学术会议的综述是一门学问，要善于从学者们的即兴发言、对话讨论中捕捉有价值的学术观点。

随着国内道教研究持续升温，近二十年来道教研究学术活动日益频繁，我与熊先生见面请益的机会就更多了。无论是在桂子山熊先生领衔主办的多次“全真道与老庄学”学术研讨会上，还是各学术单位、中国道协和地方道协筹办的各种各样的学术会议中，都能见到熊先生活跃的身影，不时能听到熊先生有关全真道历史思想与老庄学研究方面极富启发意义的演讲发言。回想起来，给笔者治学思路冲击较大、留下记忆的，有下面几个学术议题。

首先，熊先生曾在不同场合引用朱熹之言，说明老庄之学对建构道教义理的重要性，指出后世道教舍老庄而趋禅宗的弊端，启迪后学深入思考道教南宗与朱子理学和佛教禅宗之复杂关系。笔者刚刚在《哲学研究》上发表了《道教南宗白玉蟾“道心论”考述》，可以说该文当初的选题也受益于此。

其次，熊先生在老学史研究领域特别强调道教老学的核心地位，指导门生弟子探索道教老学。这一远见卓识已经开花结果，熊门高弟固盛教授《道教老学史》的出版，为建构完善道教学学术体系和话语体系提供了本土经验。

复次，随着地域道教史研究的蓬勃开展，有关田野口述史料的运用越来越受到重视，许多年轻学者纷纷脚踏实地，奔向广阔的田野，将地域道教史的学术建构在丰富多彩的田野口述史料上。对此新动向，记得熊先生在一次学术会议上，以自己的亲身经历说明口述史料很有可能失真，口述史料的运用也要辨析，谨慎使用。这无疑是很有见地的观点，提醒我们考察道教历史时，要注意田野口述史料的局限性，要把田野与传世文献结合起来，互释互证。

最后，还要说一点的是，我们更要学习熊先生以学术为志业的治学精神。熊老是一个纯粹的学者，率真自然。多年来，每每见到的熊老师都是一副乐呵呵的老顽童形象。熊先生秉持"老骥伏枥，志在千里"的精神，不顾年事已高，至今还著述不辍。尤其是先生近年来在《宗教学研究》等刊物上发表了数篇有关早期道教史研究的论文，提出有关早期道教史研究的一些问题。道教创立的时间与标志问题，海内外分歧很大，一直是困扰学界的难题，也是一个常谈常新的问题，近年又意外成为一个热点。笔者对道教历史与道教创立的标志持传统的二分立场。笔者以为，道教是一个"化生型"的本土宗教，与西方"创生型"宗教不同，也与"原生型"的中国古代宗法宗教有一定的差异，道教内部提出的以老子为道祖、轩辕黄帝为始祖、张陵为教祖的"三祖说"，可以较圆融地化解道教形成标志这一学术难题。虽说如此，但是熊先生强调治道教历史文化必须开阔思路，要追溯黄老道家与道教创立关系问题，无疑是一条可行的探索路径。

熊先生近九十年的学问人生丰富多彩，先生的为人为学还有很多方面值得后学认真总结学习。笔者上述应景文字，仅仅是检视过往岁月中，摭拾问学熊先生的一些细琐片段，匆匆草成，不成敬意。纸短情长，愿先生永葆学术青春，岁至耄耋望期颐！

2021年3月1日修订于成都望江楼

（作者单位：四川大学道教与宗教文化研究所）

学通古今存忠恕　气动人天有热心

——忆熊铁基先生对我的鼓励和影响

杨立志

有幸认识熊铁基先生，做熊先生的学生，快四十年了。今年恭逢熊先生米寿之喜，春节后这些天，总在回忆聆听熊先生讲课和做学术报告的情景，回忆跟熊先生学习受教的经历，许多往事浮现眼前，许多教诲和鼓励在耳边响起。想写一篇师恩难忘的文章，又怕写不好。后来想到熊先生对学生的热情爽朗，想到熊先生的通达睿智，感觉写不写得好是水平问题，写不写是态度问题，只要态度诚恳，即或文章写得不好，也许熊先生是不会怪罪的。

一、教诲与启迪

我是华中师范学院（今华中师范大学）历史系七九级的本科生，刚进校时就听到高年级同学介绍一些老师和他们的研究方向。大概在大一时就听说过熊先生的大名。但真正了解熊先生的学问，是大四听熊先生的课。当时，熊先生为本科生开设的选修课是“秦汉思想史”。我们历史系七九级同学选修这门课的人比较多，记得是在一号教学楼门庭之上的二楼教室上课。我们年级的同学有一部分曾经“上山下乡”或进厂矿当过工人，多数同学是应届高中毕业生，受七七级、七八级学长们的影响，我们年级的同学勤勉好学，听课、读书都非常认真，学习笔记也做得很仔细、很整齐。我记得自己从头至尾听完了熊先生这门课，用活页纸记了一本听课笔记，后来还装订成册，伴随我好多年。近些年来因工作调动两次搬家，书和资料分别存放在几个位置，不知现在还在不在。

熊先生这门课给我的最大收获是启发了我对中国思想史的学习兴趣。当时印象比较深的是，熊先生介绍了自己最新的研究成果，认为《汉书·艺文志》把《吕氏春秋》《淮南子》归入杂家不妥，指出这两部书是秦汉新道家的代表作。我们年级的同学都感觉这是中国思想史研究领域的最新观点。我个人也因为听熊先生的课，更加重视对中国思想史的学习，更加重视对《老子》《庄子》等经典的阅读思考，长期保持对道家道教思想领域前沿学术成果的关注。20世纪80年代，我购买过詹剑峰先生的《老子其人其书及其道论》、张舜徽先生的《周秦道论发微》、陈鼓应先生的《老子注译及评介》、熊先生的《秦汉新道家略论稿》等书。虽然我没有发表过有关秦汉道家思想的专题文章，但受熊先生启发培养起来的对道家道教思想史的兴趣始终未减，这为我学习研究道教思想史和武当山道教历史文化打下了一定的理论基础。尤其是进入21世纪之后，人们开始重视中国文化的基本精神和核心价值观的探究，2002年十堰市委宣传部组织撰写《沧桑与瑰丽——鄂西北历史文化论纲》，编写组负责人邀请我撰写武当文化部分，并特别要求要根据道教经典和历史事实，精准概括武当文化的基本精神。因为有多年关注中国思想史和道家道教思想史前沿学术成果的习惯，加上长期研究武当山道教历史文化，对《道藏》比较熟悉，因此我用较短时间对相关经典的核心理念做了梳理和分析，将武当文化的基本精神概括为六个词三句话："道法自然""清静无为"，"保合太和""天人合一"，"重人贵生""诚信向善"。当然，武当山道教文化是一个包含诸多理论要素的思想体系，历代道教经典的思想蕴涵丰富多彩，但要对其做顺应时代精神的阐释，我认为上述六个词三句话是符合时代潮流的价值取向和思想观念的。《沧桑与瑰丽——鄂西北历史文化论纲》已出版十六年了，十堰市文化旅游界人士多已接受了这些观点，并写在武当山导游词中；道教界对这些观念也是认同的，武当山道教协会近几年铸造的消防铜缸上就镌刻着"道法自然""天人合一"八个字。

二、鼓励与奖掖

1983年7月，我被分配到郧阳中学教书，生活条件的艰苦尚可忍受，最痛苦的是查不到文献资料，看不到想看的学术期刊，研究工作不得不中断。1985年，我调入郧阳师专任教，教授“世界现代史”等课程，也没时间深入开展武当山道教历史的研究。直到1986年秋天，我争取到去南京大学历史系进修的机会，才比较系统地查阅了宋元明道教文献、地方志和相关文人别集，并全面了解了国外以及我国港台地区的道教历史研究成果。1992年，著名道教研究专家李养正先生跟我和武当山道教协会王光德会长交流，建议撰写一本记述武当山道教历史的书。因为我们已有十多年的资料积累，所以大约用了半年多时间写出了《武当道教史略》的书稿，1993年9月由华文出版社出版。同年10月，中国道教协会道教文化研究所和武当山道教协会在武当山召开中国道教文化学术研讨会，邀请了华中师范大学历史文化学院的熊铁基先生和文学院的刘守华先生莅会指导。

会议期间的一天早晨，熊先生约我散步，肯定我提交会议交流的学术论文和《武当道教史略》。我当时感觉武当山道教历史的研究可以告一段落，对未来学术研究选什么方向比较迷茫，也向熊先生汇报了个人的工作情况和因为事业无成不敢回华师的心理纠结。熊先生与我边散步边交流，认为道教历史文化和经典思想研究方兴未艾，鼓励我在这些领域继续努力。熊先生很豪爽地告诉我，“华师是你的母校，你有什么困难可以找母校，母校的老师们会帮助你”。听了熊先生的这些话，我感觉心里很是温暖，一方面增进了对母校的感情，另一方面也增添了重回桂子山的勇气。

此后十多年，因为工作性质的改变，我把主要精力用到郧阳师专政史系和学校行政管理方面，做学问的时间少了。熊先生对我一直很关心，只要见面就会问我在研究什么课题，提醒我既要搞好行政工作，也要继续搞学术研究。2002年10月，华中师范大学道家道教研究中心成立，熊先生邀请我参加挂牌仪式和学术研讨会。应邀出席研讨会的专家学者有台湾学者黄胜得先生和北京大学的陈鼓应教授、王博教授等。该中心主任为熊先生，下面设有老庄学研究室、全真道研究室、地方道教研究室等专门研究机构。马良怀、刘韶军、董恩林、周国林、刘固盛等教授，都是学术造诣深厚、科研成果丰硕的专家。经过多年耕耘，中心先后出版了《中国老学史》《中国庄学史》《秦汉新道家》《二十世纪中国老学》《宋元老学研究》《道教老学史》《老子集成》等一批学术成果。中心于2009年获批为湖北省人文社会科学重点研究基地。2010年初，我奉调赴十堰市政协工作，熊先生知道后提醒我不能放弃学术研究，并嘱咐固盛主任邀请我担任中心的兼职教授。想想这么多年来，熊先生对我耳提面命，既鼓励又奖掖，希望我好好做学问，但我天资驽钝，学无所成，真是辜负了先生的一片苦心。

2012年4月中旬，香港青松观全真道研究中心和华中师范大学道家道教研究中心联合主办的“第二届全真道与老庄学国际学术研讨会”在桂子山举行。我接到通知后，感觉这是熊先生抬爱，应该围绕主题写一篇题为《明代武当山全真道碑刻考略》的论文参加会议，向熊先生和海内外专家请教。此前我在武当山收集到的明代全真道碑文有7通，每通都测量了形制，拍摄了照片。后听武当山文物管理所的朋友说梯子岩（又称太玄洞）还有一通全真道碑刻。虽然我在张华鹏先生编的《武当山金石录》中看到了这通碑，但由于没有拍摄该碑照片，没有取得第一手资料，总觉得心里不踏实。熊先生曾说历史研究领域的创新，主要包括新材料的发现和研究、对旧材料的新解释、新问题的提出和探讨以及新观点和方法的运用。在具体的研究工作中，老实的态度、扎实的功夫是学术创新的前提。我们既然是应熊先生之邀研究武当山全真道碑刻，必须以老实的态度、扎实的功夫，把每一通碑刻的存佚、形制和内容搞清楚。想到这些，我就下决心到实地去考察一下。

行前翻阅了新编《武当山志》，卷二《山水胜景》云：“太元洞，在拄笏峰下，与大夷峰相连。幽静深邃，云出雾归。”当时看到这段话，也没感觉有什么特别，直到现场考察时遭遇大雾，才知道“云出雾归”并不全是浪漫好玩儿的事。2012年3月19日，我和十堰市政协机关熊尉延同志一起从琼台观步行到梯子岩。由于从地图上看没有多远，所以我们也没有请当地人做向导。早上八点半左右出发，爬到半山腰，手机信号时断时续，天上下起了小雨，云雾从岩壑中涌来，2 米开外的距离看不到参照物。我和小熊分头在二层崖壁上寻找，我找的这一层崖壁怪石嶙峋，走了100 多步也没发现架着梯子的岩洞。一团团黏湿而冷酷的浓雾不时扑在脸上，掠过身旁，旁边是几十米深的悬崖峭壁，到处是盘根错节的杂树藤蔓，脚下湿滑难行，有两次踩到松动的山石差一点摔到悬崖下面。我扶着悬崖边的小树站起来，一时间产生了放弃寻找梯子岩的念头。但想到熊先生的抬爱和期许，想到熊先生经常说的“求实来不得虚假”“研究不能粗心大意”等话，我感觉不能打退堂鼓，必须增加勇气，找到梯子岩，完成这次实地考察。经过一个多小时在浓雾中的攀爬摸索，我终于找到了梯子岩，找到了明万历七年立石的《太玄洞记》。抚摸碑石，感慨颇多。学术研究是实实在在的事情，需要花费时间、精力和汗水，无论是在书本上搞“调查研究”，还是到实地去搞田野调查，都必须下笨功夫，克服困难，坚持到底，不能半途而废。我在研究武当山道教历史过程中，努力按照熊先生的教导，扎扎实实地在宫观和山林中搞调查研究，虽然摔过跟头，吃过苦头，经历过一些让人心惊胆战的危险，但学术上的些许创获也得益于实实在在的田野调查。

三、示范与引领

近些年来，熊先生开始关注道家道教与生态文明建设的关系，撰写了《洞天福地是道教神仙思想发展的产物》《洞天福地是生态文明的样板》等文章。熊先生认为，洞天福地是神仙管理的，也是神仙建设起来的，从唐代始有十大洞天、三十六小洞天、七十二福地的说法，实际上远不止那些，后来更有有名的武当山、崂山等许多洞天福地。洞天福地是最理想的宜居之地，开辟者建设它就秉承道教的“清”“幽”二字精神，顺应和保护自然，这是当今生态文明建设完全应该借鉴的。我在研究武当山道教历史文化的过程中，对道教与生态文明的关系也有一些思考，撰写过《明代武当道教与生态环境保护》等小文章。2014年5月30日至6月2日，“道家道教与生态文明国际学术研讨会”在华中师范大学举行。本次国际学术研讨会是在世界著名哲学家、美国夏威夷大学哲学系教授成中英先生倡导之下，由美国国际易经学会与华中师范大学道家道教研究中心联合主办的。按照熊先生的要求，提交论文要扣紧会议主题。我特意撰写了《试论道教生态智慧与生态保护实践——以武当山道教生态保护史料为中心》一文，将道教生态智慧概括为保合太和、天人合一的生态保护理想，善利万物、慈爱一切的生态保护理念，曲成万物、助天生物的生态保护实践等内容。这些理想和理念通过道教经典和口口相传的故事在道教信徒中广泛传播。历代道教信徒积极投身于生态保护实践，促使帝王及官府关注道教名山生态保护，制定相关政策措施，引导民众尊重自然、顺应自然、保护自然，形成民风民俗，从而把道教名山宫观建设成了人间仙境。其中一些观点也受到熊先生文章的启发。

熊先生认为搞历史研究要从具体问题入手，与现实相结合。他说：“我始终相信没有一个不受当时社会影响的学术，单纯的学术实实在在是没有的。你自觉不自觉地都会受到政治和社会环境的影响，自古以来都是如此。司马迁写《史记》，标举‘究天人之际，通古今之变’；司马光作《资治通鉴》，更直接表明以史为鉴的宗旨，脱离这一点就不能称之为良史。因而甚至今天，要讲爱国主义，要讲传统文化，都是为了现实，也是为了今后，这是一个既深刻又不言而喻的问题。”熊先生主张学术研究要与现实相结合，并不是停留在嘴上说说，而是付诸行动，知行合一。2003年4月，经熊先生沟通联络，华中师范大学道家道教研究中心与湖北省道教协会合作，在华中师大桂苑宾馆举办了湖北省首届道教文化研习班。这是高等学校研究机构与道教界合作的一次有益尝试。应熊先生的邀请，我也为研习班做了专题讲座。熊先生在开班仪式上说，道教是中国土生土长的宗教，道教有它的好处，它是生活中的道教，是讲现在的人，不是讲来世，不是讲将来，你不去扶持它，不能宣传它，你说道教是迷信，这种看法是不对的。高校的学者要研究道教，也可以为道教协会培训道士做些工作，提高一下道士的文化水平，这是有益于构建和谐社会的。

我认为熊先生讲得非常好，非常有启发意义。我甚至认为熊先生的有些话是专门讲给我听的。我当时的工作单位郧阳师专在武当山静乐宫附近，武当山道教协会的领导也和我谈过青年道教徒培训和开办武当山道教学院的事，但我一直没有付诸行动。熊先生组织的这个湖北省道教文化研习班，实际上是为学术界与道教界合作培养年轻道士做了示范和引领。2004 年，武当山道教协会李光富会长与我交流，说目前道教徒文化程度普遍较低，人才缺乏，青黄不接，你要支持我们办一所武当山道教学院，为武当山道教协会培养一批合格的宫观管理人才。因为有熊先生的示范和引领，我爽快地答应了李会长的建议。武当山道教学院基建工程于 2005 年 3 月动工，2007 年 6 月一期工程竣工。2007 年 4 月，武当山道教学院与郧阳师专签订《合作办学协议书》，邀请郧阳师专的 10 多位教师为道教学院的兼职教师。2008 年秋，武当山道教学院正式招收第一届专科学员；2015 年秋，该院开始招收本科学员。十多年来，武当山道教学院已为全国各地道教宫观培养本、专科生 160 多人，在校本科生 100 多人，成为全国知名的道教人才培养基地。2016 年之前，我利用周末的时间为该学院学生讲授过“中国道教史”“武当道教史”“玄天上帝经典选录”等课程，也算是受熊先生影响，应熊先生号召，为道教人才培养略尽绵薄之力吧。

以上这些往事，有的向熊老师报告过，有的是自己的内心活动，没有详细向熊先生汇报。借着写这篇文章的机会，把熊先生对我的鼓励和影响写出来，以表达学生对老师无尽的感谢。

祝熊铁基先生青春不老！福寿康宁！

辛丑年二月初二日于武当山麓

（作者单位：湖北汽车工业学院武当文化研究与传播中心）

喜　感
——祝熊铁基先生米寿

戴建业

一、仁智

几个月前听范军兄说，明年恰好是熊铁基先生的米寿，他的弟子们正张罗给他出一本纪念文集。范兄顺便也向我为文集约稿，我当即便一口应承了下来。

孔子说，“智者乐，仁者寿”。熊先生“仁”而又“智”，所以他老人家“乐”而且“寿”。这对他个人和家庭来说是喜事，对华师乃至学术界来说是幸事，对我们这些后学来说是乐事——看到“不知老之将至”的熊先生，我们这些晚辈谁敢言老？看到“老而好学”的熊先生，我们这些晚辈谁敢懈怠？看到成天“乐以忘忧”的熊先生，我们这些晚辈还哪有烦忧？

因而，给熊先生为文祝寿，于我是一种义务，也是一份快乐。

其实，从传统意义上讲，我与熊先生之间并非师生关系。熊先生是历史系的名教授，我读书和教书都在中文系。尽管华中师大历史系和中文系相隔咫尺，两系分别在一号楼和二号楼，尽管人们常说“文史不分家”，历史系讲《左传》《史记》《汉书》，中文系也讲《左传》《史记》《汉书》，可我们两系基本上是“河水不犯井水”。熊先生早已著作等身，他的学术盛誉也早已闻名遐迩，无奈自己是根不可雕的朽木，我从没有跨系去听熊先生讲课，私下又不曾向熊先生请益，他的大著也只读过《秦汉新道家》《秦汉军事制度史》两种。

不过，从这些年来的学术江湖看，我觉得“师生之谊”应当论心不论迹。有些人论迹是师生，论心他们又是“路人”甚至“敌人”。先生糟蹋自己的学生，学生举报自己的先生，这种事情已经不算什么新闻。我与熊先生之间，虽无师生之迹，却有师生之情。虽然我们在一起很少谈学问，多半是嘻嘻哈哈地开玩笑，但我打心眼里尊他为师。

之所以尊他为师，当然是因为熊先生的道德文章；之所以常和他开玩笑，是因为他没有派而有趣，尤其是他特别有“喜感”。熊先生的道德文章，他的朋友和学生已经谈得很多，今天在这个特别喜庆的场合，我要来和大家聊聊熊铁基先生的“喜感”。

二、和乐

眼下，有些名流学问不大但派头不小，不是官员却又满口官腔。要是不幸碰上这种人，年长于己的我便敬而远之，同辈人那更避之唯恐不及。发声作意处处“端着”的“大师”，往往是用傲慢来掩饰心虚，他们酷似柳宗元笔下的“黔之驴”，看上去“庞然大物”，叫起来让人“大骇”。

熊先生为人不立崖岸，也没有“夫子之墙数仞”，让人“不得其门而入”。这一半来自他和乐的天性，一半来自他对自己学术成就的自信。和乐的人不会“端着”，有底气的人不用“端着”。

我拜识熊先生的时候，熊先生已步入老年。他在我脑中定格的印象，就是一个又矮又瘦又敏捷又搞笑的老顽童。一开口两眼就眯成一条缝，一发急尖下巴马上就上扬，再加上那满脸皱纹，那满头白发，我一见到他就特别想笑。从来没有见过他吵架，估计他吵架也会像上演喜剧。

的确，华中师大就是熊先生的舞台，他在这儿演出的许多喜剧让人捧腹。

三、“查岗”

年龄稍长一点的华师人，大多能绘声绘色地讲述许多熊铁基先生的“八卦”，有些“八卦”比春晚的喜剧小品要精彩得多——

熊先生在华师读书教书七十年，他开始在华师任教的时候，当今校一级的这些头头脑脑都还没有出生。从科研处到后勤处，从党办到校办，从处长到科员，桂子山上谁人不识熊先生？

十几年前，每当早晨8点上班的时候，熊先生常常出现在我校行政楼的大门口，两眼紧紧地盯着出出进进的人群。要是以为他是在找什么要人，或是在恭候头儿们签字盖章，或是要央求人家给他“行个方便”，那你就错得离谱了。相反，他不是求头儿们给自己帮忙，而是盘查头儿们上班是否迟到。说白了，他不是要恳求他们，而是来监督他们。

怕堵在行政楼门口会有“漏网之鱼”，半小时后他又到各科室查看。新来的办事员以为是老教授有事，连忙问“老师有需要帮忙的吗”。每当遇到这种情况，熊先生总是斩钉截铁地说：“没事，只是来看看你们哪些人迟到，哪些人旷工。”新手不明就里，一听到这样的回答，还以为来了领导视察，马上一脸的毕恭毕敬。

第一次听到这条“八卦”，连我这个局外人也快要惊掉下巴。

大清早的，一个平头教师跑到行政楼门口“查岗”，接着还要去每个科室“清人”，既非义务，又非职责，也无权利，更无报酬，你说这属于哪种“国际共产主义精神”？

熊先生这一“英雄壮举”，简直就是电影中的“无厘头”，我越琢磨越觉得滑稽。

觉得像“无厘头”的，圈内人大概“英雄所见略同”。去年饭桌上聊起这件“八卦”时，大家都笑得前仰后合。有位武汉兄弟院校的老兄困惑地问道：“熊先生这是为哪般呢？”

是呵，熊先生这是为哪般呢？估计大家也为此纳闷。

于是，就出现了各种各样的猜测，有的认为熊先生起个大早，为的是去行政楼看美女，“查岗”“清人”不过是个借口；有的认为可能是熊老师太寂寞孤独，大清早到行政楼找人聊天；有的认为是熊老师平时受了行政楼的窝囊气，“查岗”不过是借机发泄怨气；有的认为是熊老师清早到行政楼“查岗”，是对大学行政化的一种调侃和反讽，他是今天中国大学里的堂吉诃德。

这四种猜测哪一种更为靠谱呢？首先，武汉人谁不知道“爱在华师”，桂子山上处处都是美丽的风景，还用得着跑到行政楼里去偷看美人？更何况，成天要为复杂的人事关系劳神，要为堆积如山的表格烦心，行政楼里再美的美人也花容憔悴。其次，熊先生每天坐拥书城不亦乐乎，天天都能尚友古代哲人，“太寂寞孤独”又何从谈起？退一万步讲，即使真的“太寂寞孤独”，撇开自己学界的朋友和身边的弟子，偏要去找那些行政楼里的人聊天？……

那么，到底熊先生这是为哪般呢？

谜底锁在上帝的柜里，烂在熊先生的肚里。

四、球艺

翻过他在行政楼“查岗”这一页，我们再来看看熊先生打乒乓球的精彩片段。

每天下午大约五点光景，熊先生就准时放下书本，换一身运动员行头，操起乒乓球直拍，蹦蹦跳跳地来到乒乓球室。

他随便到哪个乒乓球室，立马就会给哪个乒乓球室带来喜气。轮到他本人上场之前，他通常要向大家宣告自己前一天的战况。你不难想象，他的战况和我们的新闻差不多，基本上全都是“好消息”。如果不到实地观摩他打球，仅听他描绘自己的“辉煌战绩”，你八成会认为他是刘国良和孔令辉的队友。

桂子山上打乒乓球高手如云，且不说体育系教乒乓球的教授、学乒乓球的专业研究生，且不说前国家乒乓球队的退伍队员，单是教师队伍和学生中就藏龙卧虎，许多人从小便受到正规的乒乓球训练，从那一招一式就能看出他们的专业水准，或大力扣杀又凶又狠，或滑板快攻刁钻古怪，或加转弧圈无法招架，或正手快点防不胜防……

特别难得的是，熊铁基先生在桂子山上打乒乓球，几十年如一日地坚持推挡打法。你重扣他是推挡，你侧旋他是推挡，你快攻他是推挡，你高抛他是推挡，你削球搓球旋球短球高球他还是推挡，他始终如一地以不变应万变——全用推挡来接招。

当然，熊先生偶尔也来一下扣杀，扣起来的样子也十分吓人，虽是八十多岁的高龄，但弹跳力仍不减当年，只可惜大多情况下球都没扣到对方台上去，结果扣杀的是他自己，被杀的也是他自己，所以他的扣杀就是“自杀”，难怪他慎用扣杀这一狠招。

熊先生打乒乓球最大的特点是短平快——对抗时间短，结束比赛快。另一大特点是，熊先生的心理素质特好，打球的成绩都特别稳定，和每个高手比赛都能稳拿第二名。哪怕与国手刘国良过招，我敢保证，他肯定也会稳夺亚军。正因为这样，熊先生喜欢到处赶场子，所有比赛他都乐意参加，越是高手他越是来劲，反正他和谁打成绩都是一样，和高手更是没有心理负担——输给了低能儿还多少有点难堪，输给了高手并不丢脸，因而和高手对阵反而更能超常发挥。没准哪一天他沮丧地对我们说：“昨天发挥失常，输给了刘国梁。”

熊先生打乒乓球最大的优点，在于它极具观赏价值。每次看到他老人家发球，不知怎的，我便想起了山上抢食物的猴子。他推球挡球扣球的动作都十分夸张，特别是他发球的姿势，比我的普通话还有“个性”。

要是看过熊先生打乒乓球，我保证你再看任何杂技表演都不过瘾。

要是没看过熊先生打乒乓球，那将是你今生今世最大的缺憾。

华师相关负责人对此没有经济敏感，熊铁基教授打乒乓球，场场都是绝妙的表演赛，如果卖门票肯定场场爆满。

有人不怀好意地说，除了单调的推挡之外，熊先生打乒乓球便没有别的招数。这纯粹是对熊先生的污蔑！熊先生在乒乓球场上鏖战数十年，乒乓球的十八般武艺哪样不精？人家只“用”推挡，不是只“会”推挡，与桂子山上这些虾兵蟹将对垒，他老人家杀鸡焉用牛刀？

从球艺和球风上讲，熊先生打球只用简单的推挡，就像陶渊明诗歌只用朴素的文字，同样都是绚烂至极而归于平淡，是极尽锤炼而归于自然。

当然，熊先生的球艺虽然高超，但与他的学术相比还不在一个档次，他的学术水平堪称国手，而他的球艺只能和我打个平手。

令人不解是，熊先生对自己的学术向来十分低调，而对他的球艺却一向极其张扬。

熊先生对自己长短优劣的认知错位，逼得我们这些学生晚辈不知所措，不得不硬着头皮去赞赏美人的智慧，去欣赏哲人的容颜。

五、讲习

张舜徽先生曾为熊先生的《秦汉新道家略论稿》题辞说：“熊君铁基，好读书，喜博涉，能为深沉之思。始治本国古代史实，多所辨证；后乃廓其封域，以及周秦两汉诸子。于《吕览》《淮南》，治之三反。持以上衡先秦百家言，时有不合，比其异同，校其趣向，始悟秦汉道家之论与先秦道家之论，相因而实不同。因揭橥‘新道家’之义，扬榷古今，论说益广。每有所得，辄奔走相告，因与赏奇析疑，有朋友讲习之乐。”

熊先生“有朋友讲习之乐”，为我所耳闻目见。熊先生是桂子山上的“开心果”，他“查岗”让人乐，他打球让人乐，他讲习同样让人乐。

十几年前，我很荣幸获邀参加熊先生的论文讨论会。与会的多是他的弟子和同事，文学院只邀了我和周光庆教授。周教授是历史文化学院的女婿，他的夫人刘伟是历史系著名教授。记得学校还派了社科处处长石挺兄参加。讨论前一周我就收到了熊先生的论文，熊先生还郑重地叮嘱我“要多提意见”。我以学生晚辈的身份虔诚地读了两遍，还随文写了密密麻麻的读后感。

参加过学术研讨会的人都知道，这种会已经完全程式化了：先充分肯定论文的优点，再无关痛痒地谈一点“美中不足”。优点说得越充分，越是表明读得认真，选择性地谈谈缺点，说明发言者诚恳而有分寸。其实，这已经不算学术江湖上的世故，而是学术讨论中的“惯例”。

那次讨论会只讨论熊先生自己的一篇论文。会议一开始，我和周光庆教授全都傻眼了。他的弟子们对老师的论文火力全开，论文讨论会开成了论文批判会。其中有一位他的弟子，对老师论文的论旨、论据和论证，统统都批得体无完肤，把该文说得一无是处。

轮到我发言时，说实话当时头脑有点晕。会上没有一个人说论文的好话，弄得我也不敢说文章的优点，我怕熊先生和与会者说我敷衍。

“批斗”结束后，熊先生做总结发言，他一开口就笑着说：“这篇文章我写了几个月，难道就没有一处亮点?”

他的弟子马上就接过了话头：“老师是叫我们来提意见的。亮点您自己也看得到，还用得着我们来指点？缺点都藏在暗处，我们不提出来，怕老师自己看不清。”

大家气氛特别融洽轻松，这才是真正的学术讨论会。

这次讨论会让我体悟到，教育学生有两种办法，有时老师用自己的杰作，告诉学生要怎样写论文；有时老师用自己的“劣作”，告诉学生不能这样写论文。

要做到这一点，关键在于老师要有足够的坦荡和自信，既给学生亮出自己的优点，也给学生袒露自己的弱点。

在任何一种意义上，熊先生都是优秀的学者，也是优秀的教育家。

讨论会结束时，熊先生开心地问道：“大家学会了要怎样写论文吗?”有一位仁兄大声回答说：“老师，今天我明白了不能怎样写论文。”

我们都笑得抽筋。

熊先生富于浓烈的喜感，这种喜感来于他的幽默，他的幽默来于他的自嘲，而他的自嘲来于他的自信。不自信的人，不会有幽默，不会有喜感。不自信的人只知道嘲笑别人，只嘲笑别人那不叫幽默，那叫贫嘴，那叫尖酸刻薄。

最深刻的幽默，最欢乐的喜感，就是自嘲——我说的是熊铁基先生。

近年来我写了点古典文献学的论文，在历史文化学院的迎新会上，熊先生夸奖我的文章“写得好”。熊先生像苏轼一样，“于人一句之善，即极口称美不置”。他只读过我两篇文章，便“到处逢人说项斯”。由此我不只看到了熊先生身上的喜感，还感受到了熊先生的宽厚温暖。

熊先生身上这种特有的喜感，这种珍贵的温暖，给人间带来了许许多多的欢乐和笑声，使沉重的劳作变得轻松，让乏味的生活充满乐趣。

这里，不妨套用白居易的诗句，“天意君须会，人间要笑星”，衷心祝愿熊铁基先生健康长寿！

熊先生听到了吗？您的弟子们约定给您做白寿和茶寿哩，到那天我还来给您写祝寿文。

2020 年 11 月 24 日初稿于华师南门

（作者单位：华中师范大学文学院）

熊铁基先生治学为人印象记

张三夕

我认识熊先生是在1983年春天。那一年的3月8日，作为华中师范大学首批博士研究生，我到桂子山来报到，开始了自己攻读历史学博士学位的三年历程。因为导师张舜徽先生的关系，我见到历史系古代史教研室诸位老师。最早认识的是吴量恺老师，吴老师当时是历史系主任，我联系报考博士研究生事宜时，张舜徽先生曾把我介绍给了吴老师，吴老师待人谦和，说话彬彬有礼。随后相继认识了历史系的王瑞明、邹贤俊、熊铁基等老师。不久，教育部正式批准华中师大成立历史文献研究所，张舜徽先生任所长。我攻读博士学位的隶属单位也由历史系转入历史文献研究所。当年，包括熊老师在内的一批古代史老师都还是年富力强的中年老师。不知不觉37年过去了，我们迎来熊老师的米寿，我自己也要“奔七”了。无论从哪个角度讲，熊老师喜迎米寿都是值得庆贺的，我们对健康长寿的熊老师都充满敬意。

首先从我个人来说，熊老师虽然没有直接教过我，但他是我心存感念的“座师”。我的博士论文写好后，曾先经过武汉大学、湖北大学、中南民族大学以及华中师范大学等高校十几位专家学者的预审。我清楚记得1986年1月18日召开预审会的情形，那就相当于今天的预答辩。因为我和国林兄是华中师大首届毕业的博士，学校对我们的博士论文把关非常严格，预审会开了整整一天，舜老和章开沅校长都与会听取意见。上午是外校的童恩翼、陈仲安、关文发、吕名中、王陆才等老师发言，下午是本校历史系的王瑞明、吴量恺、邹贤俊、熊铁基等老师发言，每位老师的发言都很认真。熊老师对我的论文具体提出哪些意见，我已记不清楚了。但可以肯定的是，包括熊老师在内的这些老师对我的论文提出的不少中肯的意见，对我修改和完善博士论文并在两个月后顺利通过答辩大有裨益。我在我的博士论文《批判史学的批判——刘知几及其〈史通〉研究》之再版前言中曾回忆此事并表示由衷的感谢。顺便说一句，我的博士论文先是1992年在台湾文津出版社出版繁体字本，2010年，在华师出版社范军社长的支持下，我的这本博士论文得以在华中师范大学出版社出版简体字本。范军老师是熊先生的博士高足，本文的写作也是范军老师的约稿，因此，我也想借此机会对范军老师表示谢意。

熊老师的学问做得好，至少在两个领域其学术贡献被大家所公认：一是秦汉史，二是道家道教文化。我在这两个方面都没有系统而深入的研究，因此也无法全面评价熊老师的学术成就，好在友人赵国华教授对熊老师的学术成就写过多篇文章评述，早在2006年就有《熊铁基教授访谈录》（《史学史研究》2006年第1期），全面介绍了熊老师的学术经历、学术志趣、学术成果，有兴趣的读者可以透过国华教授的文章去了解熊老师的学术成就。

关于熊老师的秦汉史研究，我只想谈两点个人印象。我进华师读博不久，就购得熊老师与安作璋先生合著的《秦汉官制史稿》，当时是作为工具书置于案头经常翻检学习的。这部著作是20世纪中国秦汉史研究的一部代表作。几年后，熊老师又独自完成《秦汉官制史稿》的姊妹篇《秦汉军事制度史》，弥补了中国军事制度史研究的薄弱环节，从而奠定了熊老师在秦汉制度史研究方面的学术地位①。官制史和军事制度史在中国古代史研究中均占有很重要的地位。从《春秋左传》到前四史再到《资治通鉴》，政治史和战争史占据了历史编纂学的主体内容。可以说，不了解官制史和军事制度史，是无法了解中国古代史学的传统的。因此，熊老师有关秦汉制度史的两部大著，已成为我们治中国古代史必备的参考书。

在道家道教文化研究方面，我最早拜读的是熊老师的《秦汉新道家略

---

①　参看赵国华、贺科伟：《熊铁基先生与秦汉史研究》，《邯郸学院学报》2008年第2期

论稿》，这本篇幅不大的书，似可视为熊老师的学术成名作（后来又增订为《秦汉新道家》）。这部论著把秦汉新道家与先秦道家做了有价值的区别。我之所以看重此书，还因为舜徽先生给这本书写有题辞，我曾经反复诵读，好在题辞不长，我愿意抄录如下，为喜欢熊先生论著者共赏之：

> 熊君铁基，好读书，喜博涉，能为深沉之思。始治本国古代史实，多所辨证；后乃廓其封域，以及周秦两汉诸子。于《吕览》《淮南》，治之三反。持以上衡先秦百家言，时有不合，比其异同，校其趣向，始悟秦汉道家之论与先秦道家之论，相因而实不同。因揭橥“新道家”之义，扬榷古今，论说益广。每有所得，辄奔走相告，因与赏奇析疑，有朋友讲习之乐。余虽未尽究其义，而深叹君新意创见层出迭起之为不可及也。顷裒其所为文十余篇，都为一集，题曰《秦汉新道家略论稿》。君年未五十，而所学专精至此，继自今以往，恢弘其志业，精进不已，其所诣殆未可量。余虽老，愿观其成也。一九八二年十一月五日。①

这一篇写于1982年的题辞，我以为有两点值得拈出来讲一下，一是舜徽先生称赞熊老师的治学风格：“每有所得，辄奔走相告，因与赏奇析疑，有朋友讲习之乐。”舜徽先生概括得非常精到。有一则桂子山上中青年教师传为美谈的轶事可以证明熊老师的这一治学风格。有一年，熊先生写了一篇自认为有新意的长文，邀请桂子山上文史两系的一批中青年教师开会，讨论他的论文，征求意见，本人也“忝列”其中。结果，大家把熊老师的大作“痛批”了一顿，熊老师不仅不生气，还觉得大有收获。熊老师开阔的学术胸怀，赢得桂子山上中青年教师的尊敬。一所大学的老师，如果能广泛地做到“每有所得，辄奔走相告，因与赏奇析疑，有朋友讲习之乐”，则这所大学的学术氛围一定是百花齐放、百家争鸣。舜老的题辞中值得特别讲论的另外一点是结尾时说：“君年未五十，而所学专精至此，继自今以往，恢弘其志业，精进不已，其所诣殆未可量。余虽老，愿观其成也。”应该说，

① 张舜徽：《霜红轩杂著》，华中师范大学出版社，2009年，第447页。

舜徽先生对熊老师的期许没有落空，从《秦汉新道家略论稿》开始，熊老师“恢弘其志业，精进不已”，硕果累累，早已蜚声学术界了。仅就道家文化研究而论，熊老师跟我的几位师兄弟合著的《中国老学史》《中国庄学史》等道家经典的专书学术史，我以为都是带有一定总结性的学术成果。

我常常以为一个学者在学术上有宏阔的学术胸怀，一定伴随着较强的学术自信。谈到学术自信，有的学者放眼于未来，比如我的老师舜徽先生常说的一句名言：“吾离后人近，而离今人远。”有的学者着眼于当下，比如熊先生。20 世纪 90 年代，有一年我和熊老师一起坐火车去外地开会，在车上聊起学术江湖，熊老师语出惊人，他说：“在中国秦汉史学界，无论怎么算，我熊铁基都名列前五。”我当时觉得熊老师的这个说法很自负，我的印象中熊先生那一辈人中“二林”（林甘泉、林剑鸣先生）和“二田”（田余庆、田昌五先生）都是很厉害的，还有负责点校《汉书》并做了《汉书新证》《史记新证》的陈直先生，以及研究秦汉户籍制度、赐爵制度、徭役制度等制度史颇有成就的高敏先生也是我很敬佩的秦汉史专家。于是，我曾带着些许疑惑去咨询赵国华教授，这个说法是否“服众”，国华肯定地说，没有问题。国华是秦汉史研究专家（现任中国秦汉史研究会副会长），他的肯定打消了我的疑惑。其实，学术江湖就是学术共同体，某位学者的学术成就在多数情况下自有公论。我个人并不喜欢“排座次”，我想熊先生也并不是要“争”所谓的“前五”，我只是用这个例子来说明熊老师是有学术自信的人，而这种学术自信也是推动一个学者活到老、治学到老的积极动力。一个缺乏学术自信的人，很难有大成就。

熊老师身材不高大，但瘦小个子的熊老师永远充满活力。他在学术研究上属于那种能与时俱进的学者。比如争取科研项目和科研经费，熊老师就是一位能力极强的学者。舜徽先生那一辈人可以不申报科研项目，潜心著述，而到熊老师以后的中青年教师这一辈，随着高校科研评价机制的变化，情况已今非昔比。今天的一位大学教师如果没有科研项目和科研经费的支持，在高校就寸步难行，教授或博导肯定评不上。熊老师的可贵在于，他这个年龄的教授，没有科研项目和科研经费，在高校也能“混”下去。

但是，熊老师与他的同龄人不同，不是消极对待科研项目和科研经费的体制要求，而是广开渠道，积极争取学术资源。有一年，我在贵州出差，碰到国家宗教局贵州籍的某领导，我们餐叙时，那位领导得知我是华中师范大学的，主动谈起我们学校有位熊铁基教授，他们给他批了道教研究的大项目，并称赞熊老师在道教研究方面很有成就。我这才知道，熊老师的学术资源及其影响力已经“旁及”国家宗教局了。熊老师是一位人脉关系广泛的学术活动家。2002年11月，华中师范大学创立道家道教研究中心，得到了黄胜得、陈鼓应、王博等先生的大力支持，他们远道而来，亲临成立大会。2005年，熊老师与江苏茅山道教文化研究中心商定，共同出版一套“道家道教文化研究书系”，此前他已在华中师范大学出版社出版了近二十种学术著作。这套丛书无疑已在道家道教文化研究领域产生了较大影响。熊老师还与香港青松观建立了长期的合作关系，由青松观支持，在道家道教研究中心下面设立全真道研究室，并联合青松观在华中师范大学举办了三次规模较大的“全真道与老庄学国际学术研讨会”。这对一位年届八旬的老学者而言，确实是难能可贵的。

熊老师不仅是一位学术成就卓著的大学者，一位学术交往能力极强的学术活动家，同时也是一个有故事、有情趣的人。熊老师开放活泼，坊间流传一些有关熊老师“特立独行”的轶事趣闻，比如说，熊老师喜欢经常到学校行政楼去，不是去办事或见某某领导，而是逐个办公室“视察”工作，主要查看办公室里人员的“出席”情况，我本人就碰见过若干次。有人说名曰“视察”，实际上是“看美女”。有科学研究成果证明，男性经常看美女可以长寿。我由此联想到重庆人的一种习俗即“打望”，“打望”系重庆方言，指在街头热闹处观赏美丽动人的女孩子。解放碑广场一带，据说是重庆最佳“打望”处。我去重庆讲学，有一位重庆朋友告诉我，重庆男子外出一段时间，回到重庆却不急于回家，而是先到解放碑广场“打望”。我觉得“打望”这个词挺好（2006年曾和友人同游解放碑广场，写了一首小诗，诗中两联云“高楼衬托碑身小，美女突出人面红。‘打望’游人灯灿烂，坐看食客月朦胧”），并希望熊老师能够继续在桂子山上“打望”。

只要熊老师坚持“打望”，茶寿可期。

庚子立秋日写于武昌大华寓所

（作者单位：华中师范大学文学院）

深厚的学术涵养　无私的助人精神
——我与熊铁基教授的学术故事

黄永林

在华中师范大学历史文化学院，有一位精瘦、精干、精明且年近九旬的老人，他主要研究中国古代思想文化史，在秦汉史、汉唐文化史、老庄学史等方面都有丰富成果，尤其是在道家道教研究方面独树一帜。他出版有《秦汉新道家略论稿》、《秦汉新道家》、《中国老学史》（合著）、《二十世纪中国老学》（合著）、《中国庄学史》（合著）等著作，主编有《道家道教文化书系》《道教文化十二讲》《老子集成》等。特别是《老子集成》这部15卷1100万字的丛书，收录自战国至1949年有关《老子》的传本和注疏本265种，全部加以标点、校勘和整理，被誉为中国老学研究史上的一座里程碑。他的研究为中国哲学与道家文化研究开辟了一片新天地，奠定了老庄学研究在道家文化研究领域的重要地位。这位学养深厚、受人敬重和爱戴的老人就是熊铁基先生。

我国文化研究有着文史不分家的传统，在华中师范大学，文学和历史学是学校的两大传统优势学科，两者之间无论是学术研究还是人才培养都有着密切的联系，共同促进学校学术的发展。熊先生与我的师生情谊也正是源于文学与历史的学术渊源。1979年，我考入华中师范大学文学院，师从著名的民间文艺学家刘守华先生研究民间文化。刘先生为扩大我的学术视野，让我多读历史文化书籍，其中就推荐了熊铁基先生有关道家道教研究的著作和文章。我虽然不是熊先生门下的嫡系学生，但熊先生的治学严谨、学养深厚，以及乐于助人、诲人不倦的精神，却给我留下了深刻的印象。这里讲述我印象比较深的几件事。

一、参加相关学术活动，感受先生人格和学术魅力

2004年12月18日，“湖北省哲学史学会2004年年会暨道家思想的现代诠释学术研讨会”在华中师范大学召开。我时任学校副校长，熊铁基先生任道家道教研究中心主任，会前他邀请我参加开幕式并代表学校致辞。得到熊先生的邀请，我受宠若惊，深感荣幸，欣然同意。会前，我重新阅读了熊先生的部分著作，研读了学校道家道教文化研究成果，深为他们所取得的成绩所感动。在致辞中，我这样讲道：

> 道教生于中国，长于中国，与中国文化浑然一体，密不可分。可以毫不夸张地说，每一个中国人的潜意识中，都有道教文化的影子。因此，道家道教文化的重要性正为愈来愈多的人所认识，道家道教文化的研究也愈来愈引起更多学者专家的重视。可以这样说，研究中国文化的学者，几乎都不能或者不应该回避道教。
>
> 道家道教文化研究是我们华中师范大学一个具有良好研究传统的学术领域。早在20世纪七八十年代，我校老一辈学者张舜徽、詹剑峰先生就率先推出了《周秦道论发微》《老子其人其书及其道论》，以后熊铁基先生又撰著《秦汉新道家》，在国内外产生了广泛的影响。在熊先生的带领下，我校已形成一个学术梯队稳定合理、中青年学者较突出研究群体，他们通过对历史、哲学、文学、宗教等多个人文学科的交叉与整合，集中力量对道家道教文化做了多角度、多层次的研究，并取得了较为丰富的成果。我校的道家道教文化研究，目前在国内已产生了一定的影响。
>
> ……以“老庄学”为中心的道家道教文化研究是一个能够作出原创性研究成果、特色鲜明、具有发展前途的学术领域。这次道家思想的现代诠释学术研讨会的召开，对于推动道家道教文化的深入研究、提升我校相关学科的学术水平、促进我校新的研究品牌的形成具有重

要的积极的意义。

我的致辞得到了与会代表的充分肯定，熊先生很高兴地对我说："没有想到你一个学民间文学的领导对学校道家道教研究还这样了解，讲话还这样到位。"我告诉熊先生："我们做中国民间文学研究必须研究中国人的信仰，而道家道教是我们必须学习和研究的重要内容。"熊先生很热情地说："今后你在研究中国民间信仰方面遇到问题可以来找我，也许我能给你一些帮助。"我非常感动，立即拜师。

开幕式上熊先生的精彩讲话使我深受启发，他讲道：

> 道教历史悠久，独具特色。它虽然重来世（死后），但尤其重长生（今世）。它既有"阳春白雪"的内容，包含很深奥的哲学、瑰丽的神话、奇妙的方术等，给人高深莫测之感；又有"下里巴人"的生活，包括民间的愿望、民间信仰等，散发泥土气息。对于道教，尽管历来褒贬不一，但是，道教与儒家、佛教在历史上并称"三教"，当前为我国五大宗教之一，在过去和现在都对中国社会产生过重大影响，这一点任何人都无法否认。研究道家道教对宗教信仰、人生哲学、民间文化研究都具有十分重要的意义。

在熊先生的启发和帮助下，我更加关注湖北有关道教的民间故事、民间歌谣、民俗信仰，曾多次到湖北武当山一带考察当地的民间文化。

时隔近十年的2014年6月2日，湖北省人文社会科学重点研究基地道家道教研究中心学术委员会2014年度会议在我校召开。中国社科院世界宗教研究所道教研究室主任、中国社科院长城学者王卡研究员，教育部人文社会科学重点研究基地四川大学道教与宗教文化研究所所长盖建民教授，美国罗格斯大学中国学研究中心主任刘迅教授，西北大学中国思想文化研究所副所长谢扬举教授，武汉大学哲学学院院长吴根友教授等校外著名学者出席会议。由于我当时是分管学校科研的副校长，熊先生再次邀请我参加会议。这次会议新成立的学术委员会主要组成为：熊铁基教授为学术委员会名誉主任，王卡研究员为学术委员会主任，刘固盛教授为学术委员会副主任。我代表学校为基地学术委员颁发聘书后致辞，在致辞中我回顾了以熊先生为旗帜的道家道教研究中心所取得的成绩：

> 华中师范大学道家道教研究中心成立于2002年10月，在熊铁基先生的带领下，中心近年来取得了一批有影响的研究成果，特别是老庄学研究，已具有一定规模，形成了自己的特色，得到了学术界较高的评价，其研究在国内外处于领先地位，道教研究也在快速发展。……特别是由熊铁基先生担任主编、刘固盛教授担任副主编的《老子集成》共计1100万字，2011年由宗教文化出版社出版。国家宗教事务局局长王作安评价说，《老子集成》是一笔巨大精神财富，对道教和整个中华文化来说，都有着重要的意义。它是老子文化的集大成，是老学发展的里程碑式标志；是中国道教文化扩大影响、持续发展的重要助推；也是中华文化走出国门、走向世界、推动文化交流的重要介质。……中心与学术界和道教界开展了广泛的交流与合作……中心和江苏茅山道院、湖北道教协会、香港青松观、台湾道家三清基金会等保持着紧密联系与合作，在学术界和社会上产生了广泛的影响。

据我所了解，在这十多年中，为了开展道家道教研究，熊铁基先生老当益壮，积极著书立说，经常奔走于海峡两岸及香港，参与各种学术活动，或发表学术演讲，或引领集体讨论，赢得了同行们的敬重。这次会上，来自世界各地的代表对熊先生及其团队在道家道教研究方面所取得的突出成绩，给予了高度评价。熊先生在会上发表了热情洋溢、充满学术智慧的讲话，赢得与会者阵阵掌声。会议茶歇间，一些学者纷纷向熊先生问安求教，不少学生还请熊先生合影签名。这再次让我感受到了熊先生的人格和学术魅力。

二、主持非物质文化项目，得到先生亲自指导支持

荆楚文化博大精深，源远流长，资源丰富，品位独特，是中华民族优秀传统文化的瑰宝。湖北非物质文化遗产是荆楚文化孕育出的一朵奇葩，其历史文化内涵深厚，地域特色鲜明，作为一种传统的活态文化，这些非

物质文化遗产随时都在变化发展，也随时可能消失。这些荆楚先民流传下来的“活化石”，凝结着千百年的智慧，是荆楚文明的底色与基因。因此，保护与传承优秀的荆楚非物质文化遗产，是我们义不容辞的责任。为保护湖北优秀荆楚非物质文化遗产，2015 年 3 月，华中师范大学国家文化产业研究中心与湖北九通音像出版社有限公司签订了“荆楚国家级非物质文化遗产精粹（音像制品）制作”项目合同。该项目还先后入选湖北省出版基金和国家出版基金项目。该项目定位于普通大众欣赏的文化音像产品，既概述地展示荆楚国家级非物质文化遗产项目全貌，又按类别重点展示其中典型的、稀缺性的非遗项目，既揭示其历史性和文化性，也要体现大众性和趣味性。

该项目由我主持并任总导演。由于民俗项目的民间信仰中有武当山庙会、汉阳归元庙会、当阳关陵庙会和嫘祖信俗等项目，我特别邀请熊先生做总片的学术顾问和分片的特别顾问，他欣然答应。在整个民俗项目的设计、文本写作、拍摄制作过程中，我多次向熊先生请教，他都既能站在学术的高度给予方向性把握，也能从操作的细处给予具体指导。

比如，我们在拍摄国家级非物质文化遗产武当山庙会时，熊先生就给予精心指导。位于湖北省十堰市境内的武当山，是中国道教圣地和武当武术的发源地，素有“亘古无双胜境，天下第一仙山”之美誉。1994 年，“武当山古建筑群”被联合国教科文组织列入《世界文化遗产名录》。钟灵毓秀的武当山还孕育了武当山庙会、武当武术、宫观道乐等一批国家级非物质文化遗产。其中，武当山庙会是祭祀真武大帝生辰和飞升的盛大民俗活动，于 2008 年入选第二批民俗类国家级非物质文化遗产名录。在拍摄武当山庙会时，项目组专题采访了熊铁基教授，他在全面指导后指出：

> 在道教文化当中，真武大帝诞生在农历三月三日，飞升是在九月九日，每年这两个日子，武当山都会举行大型的庙会，很多道教徒或信仰道教的人士，都会到这个山上来进行朝拜。武当山庙会最早可追溯到唐代，大规模的朝山活动形成于元代，在明成祖的极力推崇下达到顶峰。据古书记载，明代的香客有“百万之众”。

他的精要介绍和精辟分析给我们以启发和深思，增添了影视片的学术力量，得到观众的好评。

2017 年 7 月 11 日，湖北九通音像出版社有限公司组织召开“荆楚国家级非物质文化遗产影视精粹”项目评审会，熊铁基先生作为评委参加会议，并作为民俗类项目评委会主席，在会上做了十分中肯的发言。他既充分肯定了该项目的意义价值和创新创意，又指出了项目存在的不足，并提出了具体修改意见。最后他给予该项目的评价是：

> 该纪录片面向普罗大众，追求知识性、本真性、艺术性、趣味性，既有全局性宏观概览，也有典型性微观刻画；既有代表性传承人讲述展演，也有研究专家采访点评；既有客观的理性呈现，也有主观的情绪渲染。在挖掘非遗项目的本真性、学术性的同时，注重细节的生动传神刻画，既有一般知识的普泛讲解，也有地方性特征的深度展示。
>
> 总体来看，民俗组系列纪录片内容准确、线索清晰、叙述流畅、细节生动，揭示了民俗类非遗项目的历史性、文化性及趣味性，挖掘了它们的民俗内涵，展示了它们的价值意义，画面充满美感和质感，视觉震撼力和冲击力强，适合省级及以上电视台播出。

这一评价给我们项目组以很大的鼓舞与鞭策。后来，我们根据包括熊先生在内的专家们的意见做了进一步修改完善，尽可能做到精益求精。

历经 4 年的研究、编撰、摄制，《荆楚国家级非物质文化遗产影视精粹》于 2019 年由九通电子音像出版社出版。该系列专题片共 13 集，由民间文学、传统音乐、传统美术、传统舞蹈及民俗五大板块组成，从湖北省入选国家级非物质文化遗产名录的 101 个项目中精选 52 个较有代表性的项目，对每个项目的起源、发展、内容、社会影响及现状进行抢救性发掘与数字化记录、保存，旨在真实、生动、完整地再现荆楚优秀的民族民间文化，展示荆楚非物质文化遗产保护成果。经过广泛推荐、专家评审、政府审批，2020 年 6 月，《荆楚国家级非物质文化遗产影视精粹》被湖北省人民政府授予“第四届湖北出版政府奖”。

在我得知《荆楚国家级非物质文化遗产影视精粹》获奖的消息后，第一时间打电话给熊先生向他报喜，并再次对他的指导和支持表示衷心感谢时，他向我们表示祝贺，并表示今后如有需要，他一定大力支持。最后，他开玩笑说："这个项目我没有收到你们一分钱，奖金是不是可以让我分享一点点?"我一般只管项目研究不管经费支出，我请人查了一下，原来给熊先生唯一的一笔专家评审费，也因账号错误被退回，但先生从没提起。我深知先生的无私，他从不为项目提钱的事，他只是希望能分享我们更多成功的喜悦，这就是先生的魅力！

2020 年 12 月 13 日

（作者单位：华中师范大学文学院）

在淡淡的微笑里思与时代俱新

——我所知道的熊铁基先生

阮　忠

熊铁基先生脸上总是挂着淡淡的微笑，他不太像那些“望之俨然，即之也温”的老师，他是望之也温，即之也温。在桂子山校园里，也许是缘分，我常常能够见到他，三十年前是这样，三十年后的现在也是这样。略有不同的是，三十年前看到手上拿着乒乓球拍的熊老师少，三十年后看到手上拿着乒乓球拍的熊老师多。他有时还会把球拍轻轻地挥一下，说声“打球去”，笑着一溜烟地朝历史文化学院走去。而我说的三十年后的熊老师，已是年过八旬的老人，远没有像有的同龄人的老态龙钟、步履蹒跚。

这三十多年来，熊老师的微笑没有变化，而熊老师的学术走向常在变化。至于我，学术磕磕绊绊的小变不足挂齿，三十年的人生都有很大的变化。因为我2002年底离开桂子山南下，到了人称满是海风椰韵的海南，此后一直在海南师大文学院工作，距离微笑的熊老师很远。好在我年年都回桂子山，年年都能在桂子山上见到熊老师。不论春夏秋冬，他老人家淡淡的微笑还是旧时模样。熊老师知道我去了海南，有时会问我：“现在情况怎样，有什么书可以送我?”在这样的时候，他还是把我看作当年的学生，说话轻声细语。

1985年9月，我从鄂南的咸宁师专考入华中师大，在温洪隆先生门下学习先秦两汉文学。大概是1986年下半年，温老师说：“给你们几位硕士安排了中国思想史的课程，上课的是历史系的熊铁基老师。”温老师还说了一句：“熊老师是我很好的朋友。”随后，我和同门王丽洁、唐玲玲老师的学生熊开发、李广柏老师的学生伍福美一道去拜访熊老师。他当时住在华师东区，在两室半的客厅里微笑着接待我们，问我们各自的情况。我告诉他谁是谁的学生，当说到我和丽洁是温老师的学生时，熊老师说了一句：“我跟你们温老师是很好的朋友。”熊老师和温老师都治先秦两汉，温老师治文学，熊老师治历史，两位先生年龄相仿，学问上的切磋常有，且二人的性情都很温和，交情甚笃也是自然的事。

丽洁说她记得清楚，那时我们的课是跟着历史的助教班一起上，学了先秦诸子的思想。熊老师上课很率性，他总是戴着一顶蓝色的帆布帽，讲得兴起的时候，会用手把帽子往额头上推一推，还会偶尔停下来看着大家，说道：“你们看呢？”他是湖南常德人，与湖北荆州只隔着一条长江，口音听起来十分亲切。当时班上或有人应答，或无人应答。有人应答时，熊老师会聚精会神地看着他，静静地听他讲了什么；而无人应答时，他会补一句：“大家都没想说的。”无论怎样，熊老师仍然是微微地笑着，课堂的气氛十分轻松。

那时，熊老师已有《秦汉官制史》和《秦汉新道家略论稿》出版，这让学生很仰慕，仰慕之下，问学也就虔诚。记得有一次在桂子山最有名的桂花路上，我与熊老师相遇而同行，说到读书，他说了两点，一是读书要读出问题来，二是要自觉训练写作。熊老师的口气随便，不像是给我特别的教诲。

我读先秦两汉文学的研究生，与我在咸宁师专教了几年的先秦两汉文学相关。恍如昨日的记忆是 1984 年国庆节，我到武汉为系里购买图书。回校后，余虹兴冲冲地到我家对我说，学校让考研究生了。一时间大家都积极备考，虑及距离 1985 年元月的考试只有三个多月，各自都从所教的课程考虑，因为毕竟专业比较熟悉，不用花太多时间准备，而英语又得耗大量的工夫，这样就选择了先秦两汉文学的专业，从此与它终生相伴。这无须多说，但我在咸宁师专任教时，研究是很大的问题。那时只觉得先秦两汉文学是前人耕耘得烂熟的土地，哪还有什么问题需要我来研究？这种压力延续到了我在华师读研时期。熊老师这话教给我方法，当然他不会想到这多少给我带来了压力，从先秦两汉的典籍里，怎样才能读得出问题呢？何况经历过“文化大革命”“上山下乡”和工厂岁月的我，那时年龄已经不小了。当然，年龄不是想不出问题的根本，关键还是读书太少，不容易遭遇问题，或者是本来该有问题的地方，会在自己的眼皮下悄悄地溜过。我在咸宁师专教书时，业师曹善春先生（1964 年毕业于华中师范学院中文系）经常说，要给学生一碗水，自己得有一桶水。他说要多读书用于教学，对于刚上讲台的我来说，会比学生多读一点，终究还是有限，还没有到读得出问题的程度，令人有点苦恼。多少年以后，这样的苦恼才渐渐淡化。

熊老师说的写作训练，至今想起来仍是学问道上的大事。我进华师读书以前，就听到了一种告诫，说是要谨慎写作，书没读好不要写作。这里说的写作，是说就某些问题发表自己的意见，包括不要轻易写文章发表。我那时书读得不多，实在谈不上写文章发表，但熊老师说的写作训练，像他说的读书要读出问题一样，被我记在心里了。其实那时我懂的不是写作与学问的关联，而是经历了“上山下乡”和工厂生活之后，知道写作这手和脑的功夫如同农村的耕田耙地、工厂的锯弓锉刀这些基本功一样，要不断做才行，才能做到熟能生巧的程度。否则，即使书读好了，也写不出文章来。何况人生有涯而知识无涯，每个学人面向的都是无垠书海，何时敢说书读好了呢？何时真的书读好了？

这里面还要勤奋，我那时听说熊老师很勤奋。现在回头看，熊老师果真是勤奋得很，不然继我上面提到的两部著作之后，又怎么会有《秦汉军事制度史》、《汉唐文化史》、《秦汉文化志》、《秦汉新道家》、《中国老学史》（合著）、《二十世纪中国老学》（合著）等一系列著作问世呢？还有一个印证是赵国华兄在《熊铁基教授访谈录》里记述的，熊老师自己说：“要做好学问，还必须勤奋。我个人虽难说勤奋，但也很少偷懒，为了写成一本书，往往几年当中，总和‘平常’一样，无所谓严寒酷暑，无所谓节日假期，只有必要的工作、交往和生活，才会有所中断，书稿是从来没有收捡过的。身体不算太好，病病痛痛也较经常，只要坐得下来，就不会停止读书和写作。”所以国华才会以“只有春耕夏耘，才得秋收冬藏”评价熊老师。

1987 年上半年，在和温老师反复讨论后，我的硕士论文选题定在《庄子》，最终形成的论文是《庄子寓言的艺术表现与美学思想》。在论文写作的过程中，因庄子而虑及道家，因道家想到熊老师的《秦汉新道家略论稿》，翻阅过这本以汉砖画为暗纹的浅蓝封面的著作，我从熊老师的著作里看出了什么、想到过什么现在已经没有印象了，有印象的是张舜徽先生的题辞以及因这本书我问过熊老师一个问题。

那时，张先生拄着拐杖、戴着鸭舌帽在校园缓缓散步也是桂子山的一处风景。张先生的题辞写得很雅，读来只觉文气洋溢。他是熊老师的老师，很欣赏熊老师，在简短的题辞里写道："熊君铁基，好读书，喜博涉，能为深沉之思。始治本国古代史实，多所辨证；后乃廓其封域，以及周秦两汉诸子。于《吕览》《淮南》，治之三反。持以上衡先秦百家言，时有不合，比其异同，校其趣向，始悟秦汉道家之论与先秦道家之论，相因而实不同。因揭橥'新道家'之义，扬榷古今，论说益广。每有所得，辄奔走相告，因与赏奇析疑，有朋友讲习之乐。余虽未尽究其义，而深叹君新意创见层出迭起之为不可及也。顷裒其所为文十余篇，都为一集，题曰《秦汉新道家略论稿》。君年未五十，而所学专精至此，继自今以往，恢弘其志业，精进不已，其所诣殆未可量。余虽老，愿观其成也。"张先生的题辞我之所以有印象，实乃因为这段小文的滋味。再则张先生的《周秦道论发微》当时也是我并未读明白的案头书，可能促成了这种印象，只是没有用心体会张先生对熊老师的褒奖。所以有一次在校园内碰到熊老师，闲聊之际我傻傻地问了一个问题："为什么说秦汉是新道家？"

熊老师还是那样亲和地微笑，他说："这秦汉的新道家和先秦的道家不同，那不就是新道家？"我当时没有深读熊老师的《秦汉新道家略论稿》，所以会有这样浅薄的问题。后来读到了熊老师与同仁合著的《中国老学史》，也看到了熊老师引述过的宋元之际道士杜道坚说的："道与世降，时有不同，注者多随时代所尚，各自成心而师之，故汉人注者为'汉老子'，晋人注者为'晋老子'，唐人、宋人注者为'唐老子''宋老子'。"熊老师还有发挥，说在宋以后，自然有"明老子""清老子""近代老子""当代老子"。他说这是中国老学史的特点，也是中国学术史的一个重要特点。我看到熊老师这些话的时候，已经深刻理解了一代有一代之文学，理解了早年在韩非的《五蠹》里读到的"世异则事异"以及他讲的"守株待兔"的故事。相形之下，当然是一代有一代的思想，不仅秦汉的道家是新的，秦汉的儒家也是新的，先秦流传到秦汉的其他学派的思想莫不如此。熊老师说读书要读出问题来，这正是他一个重要的思想方法，或者说是学术方法。他从这样的角度常常通过比较生发出值得研究的问题，从而使自己的学术常新。难怪他从秦汉制度研究能够进入秦汉文化研究，又转到中国学术史研究。人与岁月同行，思与时代俱新。熊老师淡然面对前者而钟情于后者，年迈而思维前卫，不仅是案头的研究，还有学术会议。我曾有两次在国华兄主持的《史记》研讨会上见到他，熊老师总是笑着说："你也来了。"他知道，我是从海南来的。我说："您怎么也来了?"熊老师说："来看看，看有没有新东西。"说完依旧笑了。

还有一件事得说说。

大概是1996年的某一天，在桂子山西区邮电局后面的下坡路上，我遇到熊老师。他停下脚步，忽然问我："你能不能写一下中国庄学史?"熊老师说这话有一点缘由，我1993年写过一本《庄子创作论》的小册子，是以我当年硕士论文为基础写成的。这本小书的第一章庄子篇里有一节历史进程中的庄子。其中分别写了战国孤立的庄子、两汉潜行的庄子、魏晋走红的庄子、隋唐入仙的庄子、宋代入儒的庄子、明代入佛的庄子、清代庄子在古代社会的终结，可谓是简明的庄子学术史。熊老师这样问我，因为当时他与同仁的《中国老学史》已经在福建人民出版社出版，庄学史的问题已经在他的脑海中，只是没有决断怎么做。我那时正在写《唐宋诗风流别史》，时间紧张，因此婉拒了。当时熊老师没有再往下说，后来想想，熊老师问得实在，我也答得实在，我怎么没有想到先把这个题目应承下来，日后再慢慢写呢，真是的。

熊老师那时的学术研究正转向中国学术史和道家道教文化研究，2002年还成立了华中师范大学道家道教研究中心，下设有老庄学研究室，并在2002年9月以后，开始和同仁一起着手《中国庄学史》的写作准备，2008年由湖南人民出版社出版。在这本书的第二章秦汉时期的庄学里，第二节潜行的《庄子》开头说："有的学者说'西汉是庄子影响的潜行期'，我们认为这个说法很恰当。……（《庄子》）影响肯定有，但又不是彰明昭著的，所以采用'潜行的《庄子》'以概说汉代庄学。"他的页下注说明，

“有的学者”指的是我。我的说法得到熊老师的认可，这当然是很高兴的事。只是我对两汉潜行的《庄子》论说得较为粗略。不像熊老师后来的《中国庄学史》，既说了两汉庄学的发展，又往前行了一步，论述了《庄子》在两汉潜行的原因。

我在得知《中国庄学史》出版之后，想到熊老师张罗成立的道家道教研究中心以及出版的一系列著作，想到张舜徽先生的《周秦道论发微》、詹剑峰先生的《老子其人其书及其道论》，再到熊老师的秦汉新道家研究、老庄学研究，张、詹二位先生大概不会想到，道家道教研究在桂子山有了这样大的声势。熊老师的弟子刘固盛曾说：“从《中国老学史》问世到《中国庄学史》的完成，熊铁基先生奠定了老庄学研究这一新的学术领域在道家文化研究中的重要地位。”① 这实在令人高兴。而我自己的庄子研究，由于学术视野的下移，止于《庄子创作论》，只是在 2013 年修订后再版；再则有在全国多地演讲的“庄子演讲录”和“老子演讲录”，借此和老庄保持着若即若离的关系。在这样的时候，我有时会闪出一个念头，假如我没离开桂子山，会参与熊老师道家道教的研究工作吗？这话也许该问问熊老师。

光阴荏苒，我在海南不觉已近十八年。范军兄日前说要编一本《熊铁基的学术人生》的书，约我写一篇稿子，从而勾出上述这些陈年往事，也算是我对那段岁月的纪念。

2020 年 6 月 21 日于海口板桥居

（作者单位：海南师范大学文学院）

① 刘固盛：《熊铁基先生与老庄学研究》，《邯郸学院学报》2008 年第 2 期。

熊铁基先生的几件小事

刘为钦

范军师兄约我写一点关于熊铁基先生的文字，这又勾起了我对很多往事的回想。

刘固盛博士回华中师大，范军兄在一篇文章中是提及过的，事情的原委是这样的。固盛兄在熊先生的门下博士毕业，投奔到西北大学张岂之先生名下做博士后。西北大学、岂之先生都是准备把固盛兄留下来的，但熊先生希望壮大自己的队伍，也想把固盛兄引进过来。熊先生为了引进固盛兄，找学校领导，找学校的职能部门，真可谓使尽了浑身解数。高等学校，大凡引进一个人才，都不免要谈到待遇问题。熊先生也为固盛兄向学校开了一个待遇清单，诸如住房、安家费、安排配偶工作、解决孩子入学等。当熊先生告诉我这个清单的时候，我不禁笑了一下，暗暗地笑熊先生好心办事却抓不住要害。熊先生见我笑中有话，盘问我是什么意思。我告诉熊先生，按照学校的规定，只要是教授，前面所说的一切问题都可以解决。熊先生接受我的建议，向学校提出了固盛兄教授职称的事情。当时的博士后工作刚刚起步，博士后比较稀缺，再加上固盛兄的确已经做得相当不错，学校也很看重引进博士后，于是同意给固盛兄解决教授职称，固盛兄就自然地回到了华中师大。

熊先生不仅对学生关怀备至，对学校的事业也关心有加，以致有人认为他有一点章士钊先生的“臭脾气”——爱管闲事。据说章士钊先生在新中国成立之后经常向毛泽东主席推荐人才，经常向毛泽东主席提出建议，毛泽东主席还真的采纳过他的不少意见。章士钊先生爱管的是国家的闲事，熊先生爱管的是学校的闲事。熊先生管闲事的方式也恐怕与章士钊先生不同。他喜欢到学校的一些职能部门转悠，见到有他认为不妥的，他都要说出来，有时甚至让别人感到难堪。有一天，熊先生对我说，你写的“同等学力申请硕士学位”的“力”字写错了，应该写成“历”。我那时还是气盛的年龄，毫不客气地拿出国务院学位办公室的有关文件，给熊先生看，以此来证明国家的文件是这样写的，不是我错了。其实，我当时的想法也和熊先生一样。“学力”和“学历”有一定的联系，但毕竟表达的含义大相径庭：“学力”是指通过学习知识而获得的能力，“学历”则是指学习的经历。所谓“同等学力申请硕士学位”肯定是要具备申请硕士学位的学业能力，而且是在没有硕士研究生学习经历的情况下以硕士研究生同等的学习经历来申请硕士学位，即没有这类学习过程（学历）而已经具备申请这类学位的能力，所以应该是“同等学力”。搬出国务院学位办公室的文件证明我的清白，也不过是为了吓唬熊先生，打击熊先生爱管闲事但还不算十分嚣张的气焰。

我发现，像我这样顶撞熊先生、给熊先生为难的不止我一个，还有很多人。比如熊先生喜欢打乒乓球，水平比他高的故意放高球给他拔，把他折磨得要死，气得要命；水平比他低的，故意找他的茬。我自然是后者，十打九输。别看熊先生个子不高，但他精神矍铄，动作灵敏，打起球来很有力量。有一次，我非常侥幸地打赢了熊先生一局，那一局是在熊先生打了很多局，体力已经消耗殆尽之后。况且，我还采用了专门打熊先生的两个角的办法，这样才总算打赢了一次。现在想来，要想超越像熊先生这样的前辈还是很困难的，如果为了达到超越前辈的所谓球技或者学术的进步，采取一些不正当的小伎俩，那更是自己的渺小与无赖。

受固盛兄博士后就可以当教授的影响，我博士毕业后也联系中国社会科学院去做了两年的博士后。出站后，我到了中南民大。有一次，我在广埠屯菜市场遇到熊先生，告诉了他我到中南民大工作的信息。熊先生对我说，说不定到中南民大工作，更能派上用场。有什么派得上用场的呢？也不过是混一碗饭吃罢了。还有一天，我的内人回家，告诉我说熊爷爷（我们平常都是跟着孩子叫熊先生为“熊爷爷”）问你为什么不去看他。我听了之后，惭愧了很久：繁杂而无序的生活竟然使我忘记了曾经和我有过“嫌隙”而又经常对我很关心的、那么慈祥而又那么宽厚的熊师铁基先生。于是，我第二天就带着内人一起到熊先生家拜访。我们的闲谈之中，谈了很多学术的、人生的、社会的问题，自然也离不开桂子山的话题。

桂子山，这个我曾经学习和工作的地方，始终还是与我联系着的。我在梦中也经常梦到桂子山每年十月飘逸的桂花清香。

（作者单位：中南民族大学文学与新闻传播学院）

凯风自南　吹彼桂子
——致敬熊铁基先生

杨亚东

读书人之间的交往可以跨越年龄，可以不接一言笑而意已相孚。

晚辈亚东与熊铁基老先生之间就是这样。

熊先生是华大的前辈学者，鄙人是晚学后辈。我 2007 年春天，蒙华大收留，厕身桂子山物理学院读书教书，听同仁讲过很多熊先生为人为学的故事。神往久矣，想请先生小酌。其一，我想面陈后辈仰慕之腴言以娱先生。其二，我常以文史自娱，读过些老庄之学，想就教于先生。其三，我想触摸华大文华的老根，就如我痴爱铜器一样，仅远观必然心痒难耐，只有摩挲把玩才能称心意。

晚辈这么轻浮地讲，熊先生一定不会怪罪的。先生以通达、大气、率真名闻于华大。大学者的风范当如是。

鼎固然是青铜的好，炉固然是黄铜的好。但是，只有穿越过年代烟火的鼎炉才是真好，无关乎材料，无关乎工艺。就如一个学者的学问、风度、襟怀、性情，是不可以用职位、帽子、架子“装”出来一样。

熊先生在鄙人的眼里是位大学者，有学问、有风度、有襟怀、有性情，是“四有”大先生。因而，我才想套近乎，碰个瓷，或有“嘤其鸣矣，求其友声”之意。一个学校的学者之间相互仰慕、钦佩，他们相识或不相识，都常引为同类。

熊先生治秦汉史学、老学、庄学，为学界名家。秦汉史，英雄气贲张；老庄学，清静率真。先生治学，可敲铁板，可拨铜筝，可清风入松，也可月照秋水。

亚东猜测，也许是这些学问浸润先生既久且深，形成了先生的风度和性格吧。

先生米寿，身体康健，犹能挥拍扣球，伏案治学，杏坛之上花雨缤纷。

桂子山，山不高，以华大的文华而名。

桂子山上，一代又一代学者，经历时代风雨，身世随潮流跌宕，仍弦歌不辍、薪火相传，孕育了华大的文华。

桂子山上，人来人往，熙熙攘攘，或为学问，或为名利。华大胸怀宽广，皆能容纳。呵护华大的青翠，守护华大的文华，是学人的道义。

桂子山上香樟和法桐皆为前辈所植，华盖亭亭。我以授物理为生活，厕身东边的九号楼，时常眺望楼前的大树，也常眺望居西边的人文学者大匠。

三年前，我请范军老兄约熊先生小酌，由于种种事由，未能成局。后又由于疫情，更难成约。

今逢熊先生米寿，亚东以此拙文略表晚辈对先生一代学人的仰慕之情。恭祝先生四时健旺、岁月优游！

2021年6月19日

（作者单位：华中师范大学物理科学与技术学院）

长者风范：熊铁基老师印象记

徐　梓

熊铁基老师米寿在即，他那些多才多艺、多技多能的弟子们继《熊铁基八十华诞纪念文集》之后，谋划再编一本纪念文集。我大学同班同学、后又同在华中师范大学读硕士的“双料同学”张亚群是熊老师的入室弟子，也在积极参与其事，可能是鉴于我前段时间在微信上转发戴建业教授的《喜感——祝熊铁基先生米寿》一文时说了几句话，约我也写一篇。我很高兴有这么一个机会，向在我成长过程中给予我鼓励和提携的熊老师表达我的感恩和敬意。

1983 年 9 月，我从北京师范大学历史系毕业，回到自己的家乡湖北，来到桂子山上，在华中师范大学中国历史文献研究所师从张舜徽、李国祥先生攻读硕士学位。由于文献所是从历史系分离出来的，特别是当时华师的研究生并不多，大家同住一栋楼，历史学约 20 位同学就更是左邻右舍，交往非常密切。熊老师的几位学生中，无论是同年级的赵国华兄，还是低一年级的桑世显和刘付靖，都和我交往很多，非常友好。那时的研究生课程显然没有现在多，不只是跨院系，甚至本单位老师的课都很少。所以，我没有听过包括熊老师在内的历史系老师的任何课，但熊老师的大名，是我们都知晓的，加上他生性爽朗大方，凡事主动，率性直言，精力旺盛，校园认识的、不认识的人，见到都会主动打招呼。我本不善于交际，但到校不久就和熊老师认识了。

无论是在历史系和文献所办公楼一号楼遇到，还是在校园其他地方邂逅，我都会主动上前请安问好。熊老师也会以他特有的热情，停下来关切地询问我在做什么工作，读什么书，有时一谈就是好久。记得有一次，我对熊老师说我在读《社会心理学入门》，并具体向他报告了其中的一些理论，认为可以用于历史研究。熊老师虽然已是教授，但依然保持着旺盛的求知欲，后来借走了这本书，读完后又送还给了我。这本书现在仍在我的藏书中，我查看了一下，是群众出版社 1985 年出版的。该书的作者埃利奥特·阿伦森更是“大牛”，他是美国心理学会 110 年历史上唯一一位获得所有三项大奖的心理学家，杰出研究奖（1999 年）、杰出教学奖（1980）和杰出著作奖（1975），1992 年当选为美国艺术与科学学院院士。有人称他是当代最著名的社会心理学家。所谓的《社会心理学入门》，其实是他《社会性动物》最早的中文译本。

往来多了，熊老师对我有所了解，对我这样一个读历史文献学的学生注意理论的学习和关注新的社会思潮颇为认可，不仅当面鼓励奖掖，而且背后也赞赏表扬。有一次，他的学生桑世显告诉我，熊老师一次和他谈话时，叮咛他要以我为榜样，时时关注社会发展的趋势，关注学术的最新动态，在夯实文献学基础的同时，努力提升自身的理论素养。熊老师对我的赞誉，固然属于溢美之词，但对我确立“中外比较、史论结合、古今沟通”的学术追求，以较为集中发表史学理论的论文开始自己的学术生涯，是起了激励作用的。

在华中师范大学获得硕士学位之后，1986 年 7 月，我回到母校北京师范大学工作。熊老师每次来京都会和我联系，使我得以见到先生，并请他吃个饭。这样的情形应该有多次。工作后很长一段时间，我在校内都没有住房，一直住在校外，当时电话也很少，我已经不记得当时我们是怎么联系的了。我问我妻子，她说记得有一次熊老师是找到我们家来的。这样的话，那应该是 1993 年我迁居校内了。那时，我住在学校 15 栋筒子楼，离当时学校供客人住宿的服务楼不到 300 米的距离。和熊老师一起开会的历史学者，很多和我也认识，熊老师向他们了解情况之后找来我家是完全可能的。

那时大家经济上都不大宽裕，不时兴在宾馆酒店请客，通常请客人吃饭都是在家里。给我印象最深的是，熊老师不吃鱼肉，只吃点鸡蛋。我至今也不清楚，这是熊老师为照顾当时经济上捉襟见肘的我的一种说辞呢，还是真的如此。只记得每次请先生吃饭，都十分简单，但聊到熟识学人的近况，谈及来京召开的会议和参会的师友，熊老师总是兴致盎然，劲头十足。

1991 年 5 月，中华炎黄文化研究会在北京正式成立。在学会成立前后，复旦大学的姜义华教授就向执行会长萧克将军提出了编纂百卷本《中华文化通志》的建议。经过一年多的学术论证和经费筹措，1992 年 9 月 8 日，《人民日报》以半版的篇幅，刊登了《中华文化通志》的招标通告，向海内外公开招标、竞聘百志的作者。这是我国第一部对中华文化从古至今进行全面概括和总结的巨著，也是第一次运用竞争机制、采用招标办法集中海内外专家学者进行大规模学术工程建设的举措。当时，“万元户”还很少，为人们所艳羡，而《中华文化通志》的招标通告宣称，将给予每个志的作者科研经费 1 万元的资助，而且直接打入个人账户。招标通告发布后，收到海内外一千多位专家的投标申请。幸运的是，熊老师申报的《秦汉文化志》和我申报的《家范志》都得以竞标成功。

1993 年 1 月 3—6 日，《中华文化通志》作者第一次全体会议召开，来自全国各地的 130 多名作者齐聚北京西郊的国防大学，除了编委会说明编写要求之外，主要就是按十个典分组讨论。但百志作者名单的中标通告，直到 1 月 6 日的《光明日报》刊登《中华文化通志》中标通告才发布。当时，我们在全国政协礼堂参加这次会议的闭幕式暨新春开笔仪式，每个人都收到了一份当天的《光明日报》。所以会前，熊老师和我相互不知道对方竞标成功。相见时，我们都很高兴，互道祝贺。只记得熊老师以他一贯的直率说了一句：“很多人都是冲着万元户来的呀。”

一年后的 1994 年 2 月 17—19 日，第二次全体作者大会在广东花都芙蓉度假村召开。当时正值春运时节，交通紧张，一票难求。由于萧克将军的努力，我们北京的作者是和费孝通副委员长等乘坐军用专机，从南苑机场飞赴广州的。北方各地的学者也是在北京集合之后，乘坐同一专机前往。这么多年过去了，犹记得万米高空上，和坐在一起的老同学、《海外华侨华人文化志》的作者谭天星谈论外语学习的情形。

花都会议上，见到熊老师后，我们相互交流《中华文化通志》的写作情况。他告诉我他每天以一两千字的速度在推进，当年就可以完工。他如此着紧用力、专心致志，对我无疑是一种鞭策。也正因为如此，熊老师在这次会议上被选为作者代表，做了大会发言。这次会议上，熊老师给我印象最深刻的有两件事。一是会议晚上组织舞会，参会的很多专家学者根本不会跳舞，但熊老师最先进入舞池，翩翩起舞之时，还不忘乐呵呵地邀请别人也加入。二是有一次一个编委在主席台上讲话，涉及熊老师所在的典，熊老师不同意这位老师的意见，在会场上当即起身辩论，他又因为担心对方听不到，直接走到主席台前表达自己的意见。我因为座位靠近走道，熊老师从我旁边快速走过的情形，我记得非常真切。后来，我有机会听到这位编委老师说："熊老师的意见，非常尖锐呀。"

《中华文化通志》直到 1998 年才出版，但花都会议之后，我就不曾有与熊老师私下交流的机会了。自 1986 年从华师毕业后，我多次重回母校。比如，2003 年 10 月，到桂子山参加华中师范大学历史文献研究所建所 20 周年暨新世纪历史文献学学术研讨会；2011 年 6 月，回华师参加纪念张舜徽百年诞辰国际学术研讨会暨中国历史文献研究会第 32 届年会。这两次会议，熊老师都是重要的策划者和参与者，但人多嘴杂，而且几乎所有的与会人员之间都熟悉，熊老师作为主人，要迎接、招待八方来宾，每次见到熊老师，我只是趋前问好请安而已，不曾有更多的私聊。

时间过得真快，一晃，我离开桂子山已近三十五年了。在桂子山上生活的很多细节都已遗忘，但熊老师给我的印象依然鲜活。这是一个待人宽厚、性情和蔼、脸上总带着笑意、话未出口笑先闻的老师，一个为人正直、性格直爽、反应机敏、毫不藏着掖着的前辈，一个身材瘦小、激情满怀、能量无限、永远充满活力的"顽童"。在熊老师米寿之际，我愿挤进他的弟子群中，向他祝寿，祝福他福寿康宁，永葆童心！

2021 年 2 月 5 日于北京师范大学国学经典教育研究中心

（作者单位：北京师范大学教育学部）

不觉碧山暮　微风清几重

——熊铁基先生米寿有感

段　锐

现实多是些身心辛苦的日子，但也不知为何，凡想到、提及、遇到熊老师之时，心底和眼前，都会清朗，都会明亮。

三十年前初逢熊老师的细节怎么想也想不清晰了，努力在脑中搜索出来的场景和上一次的校园碰面好像并无差别：天空是蓝色的，阳光从他身旁的树枝中穿出，照见他帽檐下带笑的眼神，话题里没有热闹也没有寒凉，只是细细地聊着一些日常，微风从面前拂过，他的语气既不高调，更无感伤……

大概是2003年吧，出差之际，有缘随从熊老师去北师大拜望了历史学家何兹全先生。在何先生府上，我第一次听到了老一辈史学家对熊老师治学的肯定。其时，熊老师已经在秦汉制度史、古代思想文化史、秦汉新道家等领域有了系统的学术表达，正在着力从社会文化维度开拓道家道教研究的路径。在返程途中，他说，我们有信心建设一个道家道教文化研究中心。

2012年3月，熊老师专程送来两本书《熊铁基学术论著选》《熊铁基八十华诞纪念文集》，并且在书上给我签名留存。作为晚辈，无以回报，便请人给他捎去了一件普通的毛背心，后来听人说，他经常穿着。

2016年的一个周末，因为一时不能够适应一些难题，自己别扭，莫名其妙就在微信朋友圈里摘发了一句古文。没有想到的是，第二天一早，我就接到了熊老师打到家里的电话，询问是不是遇到了什么想不通的事情，说遇事要乐观、积极，不要给自己设“心魔”。我惊诧之余，羞愧难当，过后就删除了那条语焉不详的说说。

“人非生而知之者，孰能无惑？惑而不从师，其为惑也，终不解矣。”虽未拜师入门，但三十年来，熊老师育我等晚辈，如师，如傅，点点滴滴融在生活的无数细节里，让我感知到何为奋进，何为情义，何为亲切，何为尊重。

经历过疫情的桂子山，依然树木葱茏，朴实坦荡。诚挚祝福熊老师健康长寿，幸福吉祥！

2021 年 1 月 17 日

（作者单位：华中师范大学发展规划处）

有知有情有义的熊老师

盘　华

说起熊铁基老师，我们80年代毕业的学生都知道他，知道他是桂子山上有知识、有学问的教授。后来接触熊老师，更多的体会是他的“情”，他对周围的人和事充满深情，以及他的“义”，他以从容和喜感面对生活中的不如意。

2009年以前，只知其名未见其人，常听学校的老师说起熊老师。从名字上看，我原以为熊老师应该是一个英俊魁梧的人，一个声音洪亮如钟的人，但是想象和现实总是有一段距离，而这段距离却充满着美感和美妙。

2009年的一天下午，我开车穿行在南湖回学校的路上，接到了熊老师的电话：“你是盘华吗?”耳边响起非常温柔的声音：“我是熊铁基老师。你考我们学院的博士，我们欢迎你!”我的第一反应是这么大的教授给我打电话，心里便想着熊铁基老师是怎样的一个教授呢？后来听说，凡是学校老师考历史系的博士，熊老师都会一一过问，真是一个充满欢喜又有情谊的老师。

考上博士之后，按历史文化学院的惯例，入学时我们这些在学校工作的老师要请导师组的老师们聚一聚。相聚之前我登门去请熊老师，这是我第一次与熊老师相见。他个子不高，和我原来想象中的他有点小距离，可熊老师那对炯炯有神的眼睛给我留下了深刻的印象。他的目光中闪烁着睿智，传递出似水的柔情，流露出岁月的坚韧和勇气。熊老师说他可以出门，但不能出去太久，因为师母身体不好，他要回来照顾她。熊老师的语言让我感到惊讶，他虽然年纪大了，语言却活泼又俏皮，语言的节奏活脱脱像有个小豆子在空气中弹奏。聚会不多久，熊老师就要回家，一路上他身体朝前、步履如飞，我想他是担心师母一个人在家孤独。

2017 年博士毕业，按惯例我又请导师组的老师们相聚，于是又登门去请熊老师。那个时候熊老师的爱人过世不久，聊天中老师说到他有时要分散注意力，他边说边在家里的客厅里来回踱步，我便知老师孤独了，对师母深深地思念。

相聚的这一天正好是七夕，我与老师推杯换盏，2009 年老师审核我考博士的情景历历在目，如今老师高寿 85 岁，耳聪目明，精神矍铄，思如潮涌，甚是喜事。今天又是七夕，今夜明月高悬，相爱的人都会念想，我想老师一定会想着已故的师母，回忆他们过往的岁月。微醺中与老师略带迷蒙的目光相遇，我整个的情绪都化成了老师的情绪，情不自禁写了一首《叫我如何不想你》的诗，表达对老师的敬意，同时缅怀仙逝的师母：

不可能我不想你
满屋的思念都让我迷醉
我知道我无法再搂你入怀
可是多年的温度怎能让我释怀
我无法再像年轻的时候
喝杯烈酒告诉你我最爱你
只是暮色苍茫的时候
我不想离开你哪怕一刻
我的担心在我的步履匆匆
桂子山最迷人的景色
也迷不过你如花的从前
我希望能牵你的手
没有松开的时候
遥望星河昭昭
在那鹊桥上
你是我最美好的身影

慢慢地，在桂子上和熊老师不再擦肩而过，相遇时一定会停下来聊一会；慢慢地，在桂子山听到熊老师有趣的事越来越多，充满着喜感；慢慢地，学着熊老师不畏生活艰难，始终保持着乐观，定格在从容和欢喜的境界；慢慢地，我的微信里会有老师传来的让人意想不到的信息，让我感到惊喜……

2021年5月于桂子山

（作者单位：华中师范大学工程中心）

熊铁基先生的“新奇”事

刘中兴

初识熊铁基先生，还是在历史系专业选修课“中华元典导读”的课堂上。作为历史系的本科生，我对熊先生可是神往已久。当先生走上讲台之时，我们才发现，满头银发、身材瘦小的先生，和名字的“威猛”大相径庭。但一节课之后，我们又发现，先生的学识和名字还是挺配的。时至今日，先生用一节课讲解“治大国若烹小鲜”的情景仍然历历在目。

和先生真正熟识起来，还是在 2003 年 7 月我本科毕业留在学院担任学生辅导员之后。时值百年校庆前夕，王玉德院长让我负责校友信息的汇总、校对以及学院专题片的制作。先生是学院最早的一批学生和老师，所以我需要经常拜访他。先生平易近人，且喜欢和年轻人打交道。我们也发现，先生不仅诲人不倦，更有发自内心的对新知识、新事物的好奇，先生的求知欲随着年龄的增长也越来越强。

2003 年前后正是手机普及之时，先生赶潮流配备了手机，还是比较上档次的翻盖机。但先生不满足于手机通话，因为事实上也没有那么多的业务，他就对短信的使用充满了浓厚的兴趣。他在数次“巡查”办公室的时候，虚心地让我教他发短信。那时的手机没有手写功能，先生在读书时也没学过拼音，只能用笔画输入法。自己能用是一回事，但教先生使用却不容易：按键太小，上面的字符更小，按几次才能显示出需要的笔画，还有怎么选中。先生像个小学生一样，专心致志地听着我的讲解，一遍又一遍地上手操作。经过不下五次的讲授，先生终于能够自己独立编写短信。当看到他的信息出现在我的手机屏幕上时，先生的那份雀跃就像个孩童。在这之后，先生热衷于开发手机的各种新功能，直到后来先生到行政楼“巡查”，遇见我还会“卖弄”他学会的新本领。

熊老师对于“新奇”事物，总是希望尝试一番。除了手机，他对我当时骑的踏板摩托车也充满了好奇。对于他想感受驾驶的想法，我果断地让他不要“妄想”。但对先生想乘坐一下的愿望，我就不好拒绝了。我骑车带着先生，让先生紧紧扶着我的肩，从行政楼转到北门。回来时先生从跨坐变为侧坐，他说看风景的角度不一样，都要体验一番。当时已是十二月初冬之时，在寒风中兜了两圈，我却出了一身冷汗：万一先生掉下来可咋办！后来先生只要在校园里遇见我骑着车，总要兜个风。以至于后来我卖了摩托车换了小车，先生还不免有点小遗憾。

在生活中充满新奇感，但回到学问一事，先生对“新奇”却谨慎很多。2013年我的博士毕业论文答辩，题目是《晚明东林运动与公共舆论》，为了让东林党这个老题目有点新意，便采用了传播学的“拉斯维尔传播模式”来解读东林党的舆论活动和效果，自认为较有创新之处。先生是答辩委员之一，对我的创新之举，兜头泼了一盆冷水，“虽然能通过答辩，但西方传播学理论的基础是建立在大众传播之上，至少在晚明社会还没有大众传播的条件，而且论证显得碎片化，如果论文想出版，就要老老实实从东林党本身入手，按照东林运动的发展与社会舆论的互动变迁进行讨论”。先生还尖锐地批评：“你是文件写多了，论文里面这么多时代新词汇，都不是史学论文的语言表达方式。”先生的话语振聋发聩，告诫我们史学研究来不得半点投机取巧。现在答辩已经过去八年，我的博士论文还没有出版。按照先生的建议，我以东林党的发展轨迹为轴，重新拟定框架进行改写，争取十年能达到先生的要求和期望。

以“新奇”为乐，不以“新奇”治学，我想这就是先生的长寿之道和学问之源吧。所以，现在每次遇见先生，我也习惯了问先生：“最近有什么好玩的?”

（作者单位：华中师范大学社科处）

率真、随性、自为的熊铁基老师

冯会平

认识熊铁基老师，是在我于 2007 年接手华中师范大学出版社总编室主任（兼管文编室）一职后。当时出版社正在做由华师历史文化学院的教授、博导熊铁基老师主编的“道家道教文化研究书系”。该书系既有个人的学术专著，也有国际性研讨会优秀论文的结集，是一套具有鲜明中国传统文化特色的学术图书。目前已出版了包括《论道崇真集》在内的图书 16 种（2007 年“道家道教文化研究书系”的前 7 种图书获湖北省“100 种好书”称号）。道家道教文化的研究者们一直在为这个书系“添薪加火”，我开始做的第一本书是广州大学王丽英老师的《广州道书考论》。因为时不时会有新作要出版，每做一种都会跟熊老师打交道，我们慢慢地就熟悉了。交往越多就越觉得熊老师有趣、可爱，难怪别人都称他为“老顽童”。他的有趣和可爱就表现在率真、随性、自为的个性上。

率　真

记得大概是在 2013 年，我们在整理出版现代著名教育家和国学大师钱基博先生（钱基博先生曾执教于华师，整理出版钱基博先生的文集，对弘扬中国传统文化、张大国学具有重要意义）的文集。由于《钱基博集》内容丰赡、卷帙浩繁，出版社的规划是从 2011 年起，每年推出一辑，约 5 卷，分 5 年推出。每出一辑，我们都会赠送一套给熊老师，也是希望他这个历史学专家能提提意见或建议。第三辑出版后未能及时送达，熊老师“责问”

了当时的范军社长（熊老师的学生），社长就“责令”我们尽快送书。因为熊老师的美女学生李宗奇就在鸿图公司（华师出版社的教辅图书分社），就想请她代劳。我找到李宗奇，她拿起手机就给熊老师拨通了电话，还开通了免提模式。当时熊老师好像是在外面出差，接到电话后就问：“怎么是你给我打电话？为什么不是冯主任给我打电话？是不是你觉得自己比她年轻漂亮？”这一问太突然，搞得李宗奇很不好意思。事后我总是在想，这得多率真的性情才能这样质问自己的学生、赞美自己的学生？因为我们都知道，有些话尽管是真话，也是不需要在某种场合或某个时间讲的。这是我初次见识熊老师的率真。

还有一事是最近才听说的。2017 年，我们正在编审《第三届全真道与老庄学国际学术研讨会论文集》，由于书稿的专业性强，加上有香港和台湾等地作者的稿子，需要特别慎重，编审难度很大，进度比较缓慢。因为是会议用书，出书时间在即，熊老师就亲自跑到我们的办公室如此这般地说了一通。这倒也没什么，作者总是会嫌出书时间太慢的。问题是当时熊老师把一个给我们做社外编审的朱纪新老师当成我们科室的工作人员批评了一顿，而我却一无所知。还是前不久听朱老师说起才知道有此事，并说我是因为怕熊老师而借故出去了，但我是一点印象都没有了。无奈，只好向朱老师说声“对不起”，让他“代为受过”了。

随　性

熊老师的随性也是有据可证的。

我们出版社的惯例是，推出了重点图书都会召开一次出版座谈会或新书发布会。2019 年底，在华中师大老书记刘介愚的纪念文集《永远的怀念——忆介公》一书出版后，我们举行了一个小型的出版座谈会。会议邀请了与刘介愚书记共事过的华师的一些老领导、老教师和现任的有关领导及出版社的相关人员，熊铁基老师属于被邀请的嘉宾之一。在会议议程进入嘉宾发言阶段，熊老师请求第一个发言，理由是会议的发言顺序往往是按照级别的高低，加之这样的会议大家都有很多话要讲，熊老师担心如果不抢着发言就没有机会了。尽管在我看来熊老师的担心有些多余，会议的主持人当然也满足了他的要求。熊老师发言时间还不短，具体讲了些什么我已经记不太清了，但有一点我却印象较深，就是熊老师在讲到该书出版的意义时，特别强调刘介愚老书记就是进行“不忘初心、牢记使命”教育的最好材料，建议学校给每位领导买一本，以便大家好好学习。这说明我们出版的图书确有其社会价值。更为有趣的是，那天开完会后，大家一起在桂苑吃便饭，我因为有事没有参加。听当时的参会者之一、华师教师教育学院副院长董中锋（华师出版社原副社长）说，吃饭前熊老师一个包房、一个包房地找我。这或许只是董院长讲的一个故事，但却并不影响熊老师在大家心目中有趣、可爱的印象。

自　为

此处所说的熊老师的自为，主要体现在他的作文和著书中。熊老师的著述主要是关于道家道教的，我自知读不懂，也没读过，只看过他的几篇短文，感觉都是言由心生，畅所欲言；有话则长，无话则短；没有媚时语，也没有应景文。这也应该是他率真、随性的性格使然。

我们现在正着手做《熊铁基文集》（10卷本，约400万字），文集的初稿都收集齐全了，现在最大的问题就是著述形式特别是注释的相对规范和统一。尽管文集绝大多数都是公开发表了的，但由于文章的时间跨度长，且各种出版物的要求不尽相同，导致同一本书中注释的著录格式不一致，因此我们提出了尽量统一的建议。但熊老师对此有自己的看法，就专门打电话给我说，希望我们不要机械地统一，并问是哪个质检部门要求的，自己可以直接跟他们讲古籍文献引用的特点。其实这不仅仅是质检的问题，也是出版规范的要求。不过，熊老师所说的古籍文献，确实不宜按现在的规范统一。后来我们要求熊老师在文集的前言中加以适当说明，这一点熊老师是认可的。

有一种人生境界叫作“从心所欲而不逾矩”，想必就是熊老师的这种境界吧。

（作者单位：华中师范大学出版社）

我与“老顽童”的忘年之交

谢　琴

2005年，我从中南财经政法大学研究生毕业后，带着依旧无法割舍的教师梦和浓厚的专业情结，误打误撞进入了出版行业，却不曾想因为与一群可敬可爱的华师人的交往，爱上了华师，爱上了华师出版社，也爱上了这样一个时时充满挑战的行业。而与“老顽童”熊铁基教授的友谊，无疑对我思想与情感的变化起到了非常重要的作用。

一、相识于宜昌快乐之行

初识“老顽童”，大约是在我参加工作的第二年，在他的两位得意门生“蓄谋已久”的一次宜昌之行中。当时三峡大学的王作新老师多次邀请熊老师去宜昌看看，去三峡大学给学子们做做讲座，而我社领导基本每年都会亲自带队去宜昌开展选题调研活动，于是师兄弟二人精心筹划，有了这样一次难忘的宜昌之行。而我作为当时高教编辑室的一名新策划编辑，有幸随行。

记得出发那天早晨阳光明媚，范军社长一上车，就对我们说同行的还有熊铁基老师。赵宏主任连忙跟我解说道：“熊老师可是范社长的老师哦!”顿时，我肃然起敬，很是期待一睹这位大家的风采，并且心里也有点小小的紧张。车在熊老师楼下缓缓停下，我未来得及下车迎接，一个健硕、清瘦的身影就已经闪现在了车里。赵宏主任看着我一脸惊讶，笑着说：“熊老师长年坚持体育锻炼，乒乓球打得溜啊!”“呵呵，原来又是一个全才!”心中的敬佩之情更浓烈了几分。一路上，范社长跟熊老师交流着同门师兄妹的近况，这再次让我感到诧异，因为许多新料都是从熊老师口中说出，看来他对自己的每一个学生都关心得无微不至。

来到三峡大学后，熊老师忙着做讲座，范社长忙着带领我们到各院系走访调研。待一切工作结束，王作新老师的爱人郭穗老师陪同我们一行参观了三峡大坝、三峡人家等宜昌市著名景点，这也让我有机会与这位著名学者近距离交流。由于宜昌是我的家乡，那里的风土人情、民风民俗我都非常熟悉，加之熊老师与我说话时，脸上又总是堆满笑容，我对大学者的敬畏之心便消失得无影无踪，一路交谈得非常愉快。

在回城的路上，我介绍着自己老家当阳的名胜古迹玉泉寺、关林庙，没想到大家对它们的知识储备比我这个本地人还要丰富，一种油然而生的自豪感扑面而来，我的胆量瞬间变大数倍，邀请大家去当阳转转，中午再顺便到我家吃吃本地菜。大家都欢笑起来，说那要看我是否可以请得动熊老师。哈哈，当我把满带祈求与希望的眼神投向熊老师时，他竟然面带微笑、爽快地答应了。

可惜的是，由于当天路程较堵，游览玉泉寺的计划只好取消。不知道是不是熊老师发现了我不经意间流露出的失望小眼神，他笑着说："中午去小谢家吃饭的计划可不能取消啊，我们一起去看看小谢出生的地方，看看她的父母。"熊老师这话说得朴实，但却充分反映出他是一个信守承诺之人，而无论他承诺的对象是谁。我和我的父母也都是朴实之人，那顿午餐没有什么山珍海味，全部是家常菜，但也承载着当地百姓对待贵客的最高礼仪。虽然当时我们没有留下一张照片作为纪念，但这段美好却永远静静地印刻在我们全家人的记忆深处。

二、感动于细微处的关爱

对于我这样一个无名小辈，本想熊老师是不会挂心上的，而我与熊老师当时也没有业务上的对接。没承想，在好几个月后，我们在北区偶遇，还是熊老师那炯炯有神的闪亮双眼先发现了我。嘿嘿，当熊老师叫我名字的那一刹那，一股暖流涌入心田。我寻声瞧过去，“老顽童”三个字不知从哪儿冒出来，瞬间闪现在脑海里。熊老师关切地问：“你还是每天上下班跑汉口吗？房子找到没？”我告诉他自己现在也习惯了，婆媳关系也还融洽，这边各方面合适的房子也不太好找，不准备找了。他看了看我，说：“那你很辛苦啊！我一直在关注周边的租房信息，不过也没有发现合适的。”没想到，我随意说的一句话，熊老师还一直记在心上。那天熊老师还询问了我父母的身体情况和爱人的工作情况，有关于他们的一切，只要是我讲过的，熊老师都还记得清清楚楚。这真的是不得不令人感动啊！

和熊老师分别后，我在头脑里仔细比对和琢磨，为什么今天一看到熊老师，就想起“老顽童”呢？他和我最爱的82版《射雕英雄传》里的周伯通人物造型也不一样啊，一个胖一个瘦，一个穿着邋遢一个干净利落。最后我终于想明白了，因为他们都是业内高手，骨子里都带着异于常人的大智慧，特别是都拥有招牌式笑容，以及都愿意和年轻人成为好朋友，更重要的是，我自己觉得他们都很有趣。

后来我考取了华中师范大学政法学院的博士研究生。政法学院与熊老师所属的历史文化学院正好都在一号楼，于是我就常常在一号楼门口碰到熊老师。记得第一次碰到熊老师时，他笑呵呵地对我说：“听说你考上博士了！”我一愣，心想“您真是消息灵通啊”。后来因为博士论文的撰写出现困难，我碰到熊老师时，不自觉地显露出苦笑与无奈的神情。熊老师笑着对我说：“是不是范军不给你时间写作啊？”“没有，没有，是我自己选题方向出现了问题。”我忙解释道。再后来，也许是他怕我有压力，就再也没有问过我论文撰写的事情，只是偶尔会问我一句：“毕业没？”再后来，在出版社大门口，我又碰到了去桂苑宾馆开会的熊老师，我扬眉吐气地告诉他：“我毕业了！”他那笑容再次堆满整个瘦小的脸庞，露出白白的牙齿。

三、神游于上下穿梭的身影

据说在行政楼，熊老师也有几个年轻好友。每次去行政楼，他都会一一去问候一番。而在我们出版社，熊老师同样有包括我在内的几个好友，同样每次来出版社，都会一层一层看望。这些年因为岗位的变动，我办公室的楼层未变，但具体位置却处于变动之中。每次在办公室门口见到熊老师时，他的身后总围着好几个同事，大家都发出高昂的嗓音：“谢琴，熊老师来看你啦!”没办法，熊老师在我们出版社太有名了，大家都愿意放下手中忙碌的工作，陪他走这一段儿。出版社没有电梯，而我在四楼，时间在流逝，我却从未看到过熊老师气喘吁吁的模样。他看起来总是那么阳光，那么笑容满面。来到办公室，他从不坐会儿，只是笑着说一句：“我就是来看看你。”有时，我会调皮地问一句：“您来社里找范社长的吗?”他则会同样调皮地回复我一句：“他的事儿我不管，我不找他。”呵呵，真是个口是心非的老师啊，明明前段时间还在问我，怎么在某某大奖上，没有看到华师出版社呢!

这两年，我在出版社没有再见到熊老师，又因为在学校东门附近买了房子，每天下班后还要忙着照顾孩子，也就自然失去了与熊老师在北门附近偶遇的机会。但有时候看到刘守华老师来出版社，或者翻阅到与熊老师有关的道家文化方面的书籍时，又或者当其他人讲起华师的一些著名学者时，我的脑海中就会自然浮现出熊老师穿梭在出版社二、三、四楼看望我们的场景，想起熊老师那堆满笑容的脸庞和他那精干有力的身影，念起熊老师曾给予我的关怀与温暖。

我们常说“爱在华师”，那绝不仅仅指华师女生多而引来周边众多高校男生追求的情爱，其中还包含华师人作为教育工作者对自己的学生、对晚辈的关爱，而华师正是有了像熊老师这样传承大爱之人，“爱在华师”的精神才愈久弥香，传为佳话。

2020 年 12 月 28 日

（作者单位：华中师范大学出版社）

春风化雨　润物无声

——贺熊铁基教授米寿

李宗奇

每每跟旁人提起自己曾经是华师历史人，内心立刻就会涌出一股暖流。往往这个时候，我还要如数家珍般地提起哪位老师讲课形象生动如浓汤，余味无穷；哪位老师讲课娓娓道来如清茶，沁人心脾。而作为殿堂级学者的熊铁基老师讲课，更是齿颊生香般的珍馐。当然，不光是熊老师讲课，熊老师其人其事都是我珍藏的陈酿。

记得2005年我刚入学的时候，上的第一堂专业课就是以熊老师为首的历史文化学院的大咖们给我们讲的“史学入门”。那是第一次近距离“遥望”熊老师，那种儒雅的气质，还有那一脸慈祥的笑，最让我们这些徒子徒孙痴迷。可惜的是，本科四年，我除了在“中华元典导读”的课上受教于熊老师外，也没有别的机会“接近”熊老师。现在回想起来，仅仅是那几节课、几次对话，“有如时雨之化者”，对我的历史观、人生观产生了很大的影响，我相信这就是师者的力量。

熊老师在课堂上严谨缜密，生活中却是那般风趣暖人，而这些是在我读研究生的第一个学期才逐渐体会到的。那时，我经常跟随导师杜芳教授出入历史文化学院的行政办公室，一来二去就跟那里的“常客”熊老师熟络起来。“熟人”熊老师脸上似乎就写着“和蔼可亲”四个字，不管是认认真真的关怀，还是家长里短的玩笑，都让人觉得他不光是一位带着光环的学术大咖，更像是一位邻家爷爷，怪不得我的同学梁琳玲总要喊他“熊爷爷”。

做学生的美好时光总是过得很快，转眼间我就从历史文化学院毕业，投身出版行业。从距离上看，好在我仅仅是从西区的历史文化学院挪到了东区的出版社，况且敬爱的熊老师还能顺道从出版社四楼溜达到二楼来看我，让我备感温暖。记得有几次，熊老师准时在上午的十点多溜达下来，先去隔壁我的领导的办公室打招呼，然后我的领导再带着他过来喊我："宗奇，熊老师来看你!"那几次，我都是带着同事们羡慕的目光，大步流星地走过去迎接熊老师，之后我还会骄傲地给他们科普熊老师的学术地位。只不过，工作后的我变得异常忙碌，总是腾不出时间去探望熊老师，反倒是熊老师经常来看我，这让我惭愧至极。但是每当看到耄耋之年的熊老师，每天都精神矍铄地信步校园，笑呵呵地回应所有人的问候，我又觉得——这就是熊老师呀！

记得有一天早晨，我在北区食堂碰到买早餐的熊老师，熊老师问我准备吃什么，我说我准备买油条，熊老师立马跟我说："你站着别动，我来买油条，我们一人一半。"我说："熊老师，您少吃油条，对身体不好，或者您想吃，我来买一根，我们分着吃。"熊老师笑着用手摇晃他的饭卡，跟我说："这里吃不完!"最后让我感动的是，熊老师还给我买了一杯豆浆，说油条一定要配豆浆吃才健康。当时，我的鼻子一阵酸楚，因为这种温暖就像是千里之外我的至亲给我的一样。

之后，我趁着回老家之际，给他带了两盒自家产的银杏茶叶。开门迎接我的不仅有熊老师，还有他的夫人李老师，我顿时觉得手里的茶叶有点寒酸。熊老师似乎看出了我的心思，赶紧接过茶叶，并把我拉到屋子里坐下。我四下环顾，发现偌大的房间，仅摆放了一些简朴却很实用的家具，整个空间大部分都被图书占据了……在我凝视熊老师的书桌时，他捧了一大把红枣塞到我的手里，说："很甜，很好吃，你多吃点!"我又一次泪目了。这种春雨般柔和的关爱，来自学术上让我敬仰的教授、生活中让我感动的"熊爷爷"。

当然，除了这些，我还真有一次实实在在地在熊老师那里薅了一把"羊毛"。当时，熊老师让我帮他录入一篇手写的序，我拿到手一看，嚯，这个要是挂在孔夫子上，肯定抢手。于是，“利欲熏心”的我把熊老师的手稿私藏了。待我“交作业”的那天，熊老师问我手稿去哪了，我说我留着准备“发大财”的。熊老师笑眯眯地对我说：“你是要给我卖了吗?”之后，他也就不再追问手稿的去向了。直到现在，那篇手稿还在我家书房珍藏着，到现在我还有如获至宝的感觉。

还有一次……

还有太多次，我都记不清了。光阴就这么流逝在掰指回首间，我恍然发现熊老师已到八十八岁高龄。虽是耄耋之年的熊老师，依然精神矍铄、活力四射，他的学术思想、人格魅力滋养着一代又一代华师历史人。作为一直备受熊老师关怀的晚辈，我虽然没有继续在学术的道路上奔跑，但在自己的工作岗位上一直兢兢业业、勤勉不懈，这很大程度上得益于熊老师对我的影响。我也将继续秉承华师历史人的理念，带着熊老师给我的关爱和教诲砥砺前行。

零零散散地记录这么多，我对熊老师的祝福却只有一个：祝愿熊老师福寿康宁！最后，我还想用拙诗一首献给敬爱的熊老师：“八十八载春华秋实，六十三年桃李天下；满腹经纶著作等身，立德树人薪火相承。”

（作者单位：华中师范大学出版社）

历史学家熊铁基

董中锋

2013年5月20日，《华中师大报》登载了范军兄写的《熊老师的故事》。文中所记熊铁基老师的故事，有的听说过，有的则未有所闻，但据范兄说，都是真实的。文章发表不久，我在校医院偶遇“闲逛”的熊老师。熊老师没什么事，只是到校医院各科室走走。我只知道熊老师平时常到校行政楼各处室“巡查”，没想到校医院也是他“检查”的地点。熊老师乐观开朗，真性直率，人气甚旺，他到哪里，总有人免不了和他聊上几句。我也不例外，和熊老师聊的自然是范兄的文章了。熊老师说：“范军写的都是经过了艺术加工的，事情不是无中生有，但经过了艺术加工。”因熊老师平日待人随和，即使是后生晚辈和他交谈也颇为放松，所以我还没“斗胆”就不知不觉地和他论辩了起来。为了证明真实性，我还对文中的故事举出两例加以“论证”。其一，在学校的一次会议上，领导在台上大讲学校形势如何大好，熊老师接着说“我看不见得”。为了证实，我特别强调了我就在现场，而且还把时间、地点、人物说了出来。见我言之凿凿，熊老师疑惑地说：“顶撞领导的事是有的，但说没说这话，我记不得了。”其二，熊老师有坐长途汽车晕车的毛病，但与出版社的美女编辑一起坐车到宜昌一点都不晕车。熊老师听后连忙肯定：“这是真的!”一个月后，我在桂香园餐厅的走廊上又遇到了熊老师。熊老师穿着一件深色T恤，显得格外精神。他虽然右手拿着手机一直放在耳边，好像在听电话的样子，但和我说话时又感觉他没听什么。他疑惑地问我：“你说的‘我看不见得’，我怎么一点都记不起来?”于是，我又将时间、地点、人物和当时的情形描述了一番，熊老师听后，一边自言自语地念着“1990年前后，五四青年节，大礼堂西头”，一边向餐厅的包房走去。

熊老师对他在意的事情很认真，无论是生活上，还是学术上，都是如此。同行都知道，他的秦汉史研究早已是硕果累累，可以说久负盛名。当学界有人称他为“五位秦汉史学术名家之一”时，他“感到有点不安”；当又有人称他为“秦汉史学界泰斗”时，他“感到惶恐”。为此，他还专门去查词典，当看到“泰斗”一词不是指一个而是指“七星北斗”中的一群时，虽心里好受了一些，但“仍然很不自在”。其实，学界的说法还是有一定根据的，只不过熊老师比较谨慎和谦虚罢了。如果对熊老师的学问和学术稍做一些了解，你就不得不由衷地对他敬佩和仰慕三分。至于懂行的学界之人，那就更是如此了。

熊铁基，1933年出生，湖南常德人。1940年入教会大学——湖南常德三德小学学习。三四年后，因日寇飞机空袭，上学不便，读过一段私塾，后入桃源芦花潭平阳小学学习。1945年，进入常德一所私立中学——隽新中学读书。1948年，到长沙兑泽中学读高中。1952年，考入华中师范学院历史系。1956年，大学毕业后被保送考入华东师范大学中国通史研究班。1958年，毕业后到华中师范学院任教至今。曾任中国秦汉史研究会副会长，现任华中师范大学道家道教研究中心主任，享受国务院政府特殊津贴。

“研秦汉史史德史才史识兼备，治老庄学学品学问学风俱佳。”这是熊铁基先生八十大寿时他的学生范军教授所作的一副寿联。熊铁基先生长期从事中国古代史的教学与研究工作，成果丰硕。他先后出版学术著作9种，主编学术著作十余部，发表学术论文数十篇，在秦汉史研究和道家道教文化研究等领域取得了非凡的成就。

秦汉制度史研究，是熊铁基先生较早关注的领域。早在20世纪80年代，他就与安作璋先生合作出版了《秦汉官制史稿》，分上下两册。《秦汉官制史稿》系统论述了秦汉官吏制度的基本构架和发展变化，揭示了秦汉官吏制度的主要特点及其在中国古代官制史中的特殊意义，“不仅填补了断代官制史方面的空白，而且在许多方面有新的开拓，它的出版在中国官制史研究的漫长进程中树立了又一块新的里程碑”（袁祖亮语），是20世纪中国秦汉史研究的代表性著作。他的《秦汉军事制度史》是反映秦汉军事制度全貌的综合性著作，把秦汉军事制度放在当时整个社会发展中去考察，特别注意它与秦汉经济发展的内在联系，改变了中国军事制度史研究的薄弱环节，并为古代史学研究提供了一种新的研究范式。

秦汉思想文化史研究，是熊铁基先生用力最深的领域。1984年出版的《秦汉新道家略论稿》，对秦汉新道家的代表人物、思想特点进行了专题讨论，因“立论有据，自成一说，见解新颖，引起了颇多同行的注意”，被称为“秦汉思想史研究的新成果”（赵吉惠语）。16年后，他的《秦汉新道家》在前著的基础上做了较大修订，不仅字数增加了两倍，而且内容上有新的研究。《秦汉新道家》“从‘变’的角度，对新道家演变的历史进程及其原因、特点进行分析，从而构成了一个完整的学术体系。这在近20年的秦汉思想史研究中是有着鲜明的个性特点和学术创新特色的”（臧知非语）。他的《汉唐文化史》从宏观和微观两方面论述了汉唐文化的发展历程及其历史地位，揭示了它们共同的特点和规律。他的《秦汉文化志》从文化的视角观察秦汉社会，将秦汉史与秦汉文化严格区别开来，提出了一些独到的学术见解。

道家道教文化研究，是熊铁基先生最近的学术领域。他与人合著的《中国老学史》，“文字内容颇简略，而创见屡出，可使当前学界所面临的一些问题得以澄清，有很高的学术参考价值，称其为道家研究的最新的、最值得当前学界重视的学术成果，绝不为过”（王葆玹语）。的确，《中国老学史》作为我国研究老学发展的第一部系统专门之作，在道家学术领域的开拓以及奠定老学研究的基本方法与范式方面，都是有重要贡献的。他与人合著的《中国庄学史》运用历史文献与哲学思辨相结合的方法，对中国庄学从先秦至清代两千余年来的发展情况进行了系统的总结，是一部真正意义上的专门史，极有价值，以至于学界评论说“历来并没有人把诠释庄子的历史加以系统的整理、研究，有之，则从熊铁基教授开始”（郭齐勇、秦平语）。他主编的“道家道教文化书系”及《道教文化十二讲》《传统文化与中国社会》《中华道藏》（第 9－12 册）等多种图书，均有较大的社会影响。

此外，熊铁基先生还对秦汉时期的法律制度、邮传制度、社会基层组织、历史人物评价等方面均有研究，其中的一些观点，受到史学、哲学、宗教学各方面同行专家的关注。

作为老师，熊铁基先生是很受学生爱戴的。他教育学生从来不用训导之语，总是说应该这样或不应该那样，常常在聊家常的过程中用片言只语给学生以鼓励和希望。他对学生像对自己的孩子一样，学业上精心指导，生活上嘘寒问暖。当有些“调皮”学生和他开玩笑的时候，他又能平等对待，丝毫不予计较。所以，他的学生葛立斌博士深情地说：“在武汉的时候，常常有同学亲切地称熊先生为‘熊爹爹’，老师已不单纯是老师，学生也已不单纯是学生，在师生情谊中亲情在维系着，这也常常让同宿舍的其他学院的同学羡慕不已，觉得有这样的导师真是人生的一大幸事。”

（作者单位：华中师范大学教师教育学院）

熊铁基：畅游学海　乐此不疲

郝日虹

“我还记得你，咱们以前见过的。”如今，人至米寿之年，历史文化学院熊铁基教授依然精神矍铄，笑呵呵地对记者说。“今天还要拍照啊？那你们等等，我去换件衣服，还是要穿得正式一些。”老人家步履稳健地走进房间，换了件黑色棉服，脖子上还系了一条围巾。“你们来之前，我正在整理照片，准备放在我的文集里。”熊铁基边说边指着茶几上的一叠老照片。除了照片，茶几上还堆放着很多书，显然是经常翻看的。这位年逾八十的老人依然“老而好学”。

结缘秦汉史研究

熊铁基回忆说，他的学术“追梦”之路还是兜了一番圈子的。1951 年，正值高中毕业的他，立志要在考古界成就一番作为，北京大学历史系考古专业是他高考志愿书上的唯一志愿。遗憾的是，最终未能如愿。

1952 年，他重整旗鼓，考入了华中大学师范学院（现为华中师范大学）历史系，开始正式学习历史。1956 年大学毕业之际，成绩优异的他被保送考入华东师范大学继续深造，成为吴泽先生的学生。读研期间，熊铁基一度想在明清史方面深挖下去，孰料由于个人和大环境等诸多因素影响，他的研究生学业提前结束，返回华中师范学院历史系任职。

尽管熊铁基的身份已经从学生变成了老师，可是他求学的理念仍然一如既往。只要有机会，他就去拜访学者。他曾多次向吕振羽、侯外庐、李达、唐长孺等史学大家请教过学术问题，希冀从中找寻到治学方向。

一个偶然的机会，熊铁基接触到了云梦秦简的一些资料，并产生了浓厚兴趣。于是，他找来很多秦汉典籍和史料，边阅读、边揣摩、边学习。灵感的乍现实则有赖于厚积薄发。经过几年的积累，一本十几万字的《秦汉新道家略论稿》薄册子，让熊铁基在学界崭露头角。此后，他便与秦汉史研究结下了不解之缘。

勾勒老学发展演进历程

从《秦汉官制史稿》到《秦汉军事制度史》再到《秦汉文化志》，熊铁基略带诙谐地说，自己在秦汉史领域耕耘了近四十年。跟很多学术同龄人相比，所出著作总计十来部，自认为有价值的不过四五本，撰写的学术论文也就百把篇，远达不到著作等身的级别。不过，让他欣慰的是，他提出了一些有点新意的思考和观点，并对学界相关研究产生了不同程度的影响。

最让老人津津乐道的就是，他率先提出并阐释了汉人改造先秦典籍这一问题。熊铁基认为，这是秦史和汉史研究的基点之一，经由此去，可以重新认识很多问题，特别是对于推进传世文献研究来说，有着重要的参考价值。

得益于此前扎实的道家思想研究功底，除了秦汉史之外，20 世纪 90 年代，熊铁基开始尝试梳理老子和庄子的学术史，并撰写了我国首部勾勒老学发展演进历程的著作——《中国老学史》。后来，他又在此基础上，用了五年的时间，主持编撰了《老子集成》。这部著作共搜集、整理了 265 种历代《老子》注疏的文本，为深入开展老学研究夯实了基础。

在熊铁基看来，正因为老子在不同的时代“面貌各异”，所以对历代老学文献的编纂与整理，不仅是一项有益于中国思想文化史、哲学史研究的文献工程，对道教文化的发展与提升也是大有裨益的。

希望活到老学到老

如今，熊铁基依然乐此不疲地在学海中畅游。“近五六年来，我主要在研究道教的起源问题。长期以来，道教产生于东汉末的说法影响很大。我之前没有认真思考过，所以也是接受这个观点的。后来读到论述‘方仙道’之类的文章，觉得道教在战国时期可能已经产生，它的起源需要重新讨论。围绕这个问题，我写了一些文章，其中一篇被《中国社会科学文摘》转载了。最近，还有一篇文章已经写完了，正准备投稿。”

思考、研究，然后认真地把对某个学术问题的探究诉诸笔端，对熊铁基而言似乎已经习惯成自然。他现在的生活都很简单，除了日常起居，每天都会花两个小时左右看看书、写写文章。活到老学到老、保持思维的活跃大约也是他长寿的重要秘诀。“我之前想过要不要去养老院，琢磨了一下，好像不行，我这么多书怎么带过去呀。要是只看几本书大概还可以，但是有时候查资料，就得这里看一下，那里翻一下。”老人笑着指了指沙发背后几柜子满满当当的书。

在桂子山上生活了六十多年，熊铁基见证了学校的诸多变化，老人虽有感慨，却也非常豁达。直率坦诚，开朗风趣，性格使然，走在校园里，向熊铁基问候、打招呼的人很多，其中不少都是他的学生。尽管早就从教学一线退了下来，熊铁基还是非常乐意跟学生交流。“不管是本科生、研究生还是博士生，只要学生把文章给我看，我都会仔细阅读，给他们提出修改意见。前几年，我还会给本科生上‘开学第一课’。我很愿意把自己的所知所学分享给大家。”老人诚挚地说。

“做学问这件事情我大概会一直继续下去。十年八年不敢想，三年五年我争取，毕竟年纪大了。现在我的文集，十卷本，正在筹备出版。写前言的时候，我还专门查了下出版作品集到底有什么用，结果就两个字——炫耀。”熊铁基略带戏谑地调侃道，“后来我琢磨了下，我不是为了‘炫耀’著作等身或者自己的学术成就多么斐然，而是希望今后从事这方面研究的人查阅资料更加方便。”

“其实，只要留心，处处都有学习的机会。脑子不停转，保持一颗敏锐的好奇心，才能真正品味到畅游学海的乐趣。这也算是我多年治学的心得之一吧。”熊铁基是这样想的，也是这样做的。

（作者单位：华中师范大学党委宣传部新闻中心）

下　篇

师门忆旧：
熊铁基与研究生培养

熊师的第一届博士

吴　琦

我与熊师的硕士研究生桑士显是极好的朋友。硕士毕业之后，我留校任教，桑士显联系到华中工学院（现华中科技大学）出版社文科编辑室当编辑，他能力超凡，短短两三年时间便崭露头角。然而，风华正茂之际，桑士显却英年早逝，痛哉！随后的两年，我陪熊师有两三次骑着自行车前往桑士显的家中探望其家人。记忆中，正是在探视的路上，我得知熊师获批博士生导师并开始招收博士研究生。于是，我决定报考熊师的博士。

1994年，我成为熊师招收的第一届博士研究生，与我同时入门的还有姚伟钧、王作新、郭康松，按年龄依次排序，我居其三，当时有人称我们为“四大金刚”，清一色雄性。三年的读博时光一挥即逝，但留下的记忆和情谊却是永久的。我想，每个博士研究生都会留下许多难以磨灭的对导师的情怀，这是我们人生的一个重要部分。今天，我想通过第一届博士与熊师共同经历的二三事，表达我们的感怀之情。

一、两次喝酒的经历

熊师十分看重师生的缘分。入门之初，熊师在家中设宴，招待我们四位弟子，师母李雪松老师亲自下厨，做了满满一桌菜肴，自然是以荤菜居多。那天，一同受邀入宴的还有周国林、马良怀两位老师，他们当时也是历史文献学博士培养组的导师。我估计，熊师可能从来没有一次性招待六个饕餮大男人吃饭的经历和经验。招待这么六个男人吃饭，除了肉，自是不可少酒的，熊师充分地意识到了这一点，拿出了一瓶似乎是开过封的黄鹤楼白酒，小心翼翼地问我们："你们能喝这个酒吗?"大家客气地说："没问题。"没问题？有问题啊！一瓶不足量的白酒，对这六个人来说，不啻一点开胃酒。这六人当时的酒量应该都处于巅峰期，毫不夸张地说，人均一瓶的量还是有的。后面的情况可想而知，熊师仅拿出一瓶黄鹤楼肯定是无法打发这六条汉子的（我忘了最后干完了熊师收藏的几瓶酒）。那一天，熊师小小地吃了一惊。

博二的时候，熊师带我们师兄弟前往贵州参加中国历史文献学会的年会，地点在贵阳花溪大酒店。我和作新、康松三人是以在读博士生的身份参会，没有住在主会场大楼。会议期间，熊师一方面给我们充分自由活动的空间，让我们广泛地结交学界朋友；另一方面，他不失时机地给我们引荐诸如李学勤先生等前辈学者，使我们在会内会外均有不菲的收获。贵州乃茅台产地，在几次主办方举行的招待宴上，主人盛情地在桌上摆上了茅台酒。那一次可是便宜了我们师兄弟，我们不仅饮尽了自己桌上的茅台酒，还收集其他桌上代表们不饮的茅台酒。总之，那时候的我们豪放有加，岂能放过如此美酒！熊师对我们这种有些放肆的行径并未干涉和阻止。在熊师的理念中，能学还要会玩，玩是一种放松，一种调节之道，只要不过分、不沉溺，便是对学习的促进。我们自然是充分理解了熊师的精神。

二、每学期的两次训学

我们第一届的四位博士研究生都是在职攻读博士学位，都肩负着教学和科研方面的工作和任务，同时我们师兄弟都已经有了相对稳定的研究领域。基于此，熊师并未给我们笼统地开设课程，而是在尊重我们每人学术兴趣的前提下，以分别指导为主。应该说，这种方式是科学而有效的，充分利用了我们已有的研究基础，发挥了我们各自的研究特长，给予我们自主发展的空间。

没有集体的授课，但有集体的训学。每学期初和学期末，熊师一定会召集我们进行训学，这个活动几乎贯穿读博三年的始终。学期初，当我们都到校之后，熊师在桂子山一号楼三楼历史文献研究所会议室对我们集体训导，大致内容包括该学期学习工作的大致布置，每个人学习状况和进度的征询与交流，学界一些动态的介绍等。当然，这个课堂上，熊师一般会用相对较多的时间讲述学校、学院的历史，尤其是历史文献学专业、中国古代史专业等的源流、人物、学术发展等，也会讲到不少熊师个人的学术发展情况及治学的心得。总之，熊师是希望给我们讲述历史与传统，鞭策我们奋力问学。

期末的训学在形式上与开学初并无差别，但内容上却是十分不同。临近假期，熊师十分重视纪律，反复强调我们不能过早离校，虽然大家都是有家之人，但也无须滞留在校，一切按照学校的规定便好，熊师是希望我们保持一种稳定、有序的学习状态和节奏。期末的训学，熊师会反复询问我们一个学期以来的读书情况、研究进展，敦促我们尽早确定毕业论文的方向。熊师也常问及我们的工作现状、个人在一个学期中的一些活动，尽量把握我们的总体状况。由于我们都是在职读博，熊师每每都会叮嘱我们一定要处理好学业与工作、家庭事务之间的关系。面对我们四个成人，熊师总是似在不经意间抓住我们言谈间的一些关键内容，予以深入询问和点拨。

三、我们的毕业

那个年代，博士研究生的数量不多，在管理上不甚规范，当然也没有现在这么复杂，但毕业的要求和难度却不小。记忆中，我们是在博二与博三之间举行博士论文开题，我们的开题报告十分简单，准确说只有一个简单思路。伟钧大师兄的选题在中国饮食文化史方面；二师兄作新的选题则在语言文字研究方面；康松师弟的选题确定在清代考据学的研究；我的选题则有反复，开题时意欲研究一个兴趣中的新选题，即明代王学左派的思想传播与社会影响，这个选题后来完成了大概三分之一的内容，由于时间紧张的缘故，我停止了该项研究，最终提交的博士毕业论文仍是一直致力研究的《漕运与中国社会》。

那个时代的博士学位论文虽然无须盲评，评审环节仍是压力巨大。每篇博士论文须经七位专家的评审（印象中评审专家与答辩委员是对应的），我们的论文需要收到七份通过的评阅书方可进入答辩环节。熊师分别给我们在全国学界联系了专业对口的专家评阅我们的论文，这项工作看似简单，实则费心费力。在熊师的悉心安排下，我们的论文评阅总体是顺利的，答辩也如期举行。

我们四人的答辩分为两组，每组两人，用时半日。伟钧师兄和作新师兄两人一组，答辩主席是裘锡圭先生。我和康松一组，答辩主席是李学勤先生。答辩委员会由七人构成，阵容庞大，用今天的话来说，大咖云集。我们这个答辩组的答辩委员除了李先生之外，校外的还有武汉大学的黄惠贤先生、中南民族大学的吴玉章先生，然后就是我院历史文献研究所和中国古代史教研室的诸位教授。答辩紧张而热烈，学者们从不同的角度发表看法，指出问题。客观地说，我们在答辩中收获巨大。毕业之后，我们的毕业论文都作为自己的代表作出版，而答辩中获得的指导一一都成为我们日后修改毕业论文的主要依据。那时的答辩是值得回味的，热烈的场景，观点的碰撞，犀利的批评，指正中的拳拳爱护之意，都让我们这些后学受益无尽。

我们四人最终都顺利通过了答辩。虽然熊师并未喜形于色，也没有语言上的表达，但我似乎感受到了熊师心中的释然，毕竟这是他培养的第一届博士研究生，人数众多，专业领域迥异，培养质量究竟如何，应该是有不少审视的眼光在密切关注。因此，通过答辩，绝非仅仅是我们完成了学业，于熊师而言，也昭示着他在高层人才培养方面的成功。

四、毕业后的我们

我们从 1994 年到 1997 年攻读博士研究生，至今，博士毕业已经 23 年了。我们的发展状况，可为反映熊师人才培养成就的一个小窗口。我们四人一直坚守高校教学和科研的第一线，这么多年似无他念，十分稳定地在自己的本职工作岗位上劳作，我们的品行是可以经受考验的，学风也是端正的，这也十分符合熊师早期要求我们的发展路线。我们四人中，伟钧师兄、康松师弟和我后来也都成了博士生导师，作新师兄因为所在高校没有这个方向博士学位点的缘故，未能成为博士生导师，但以他的学术水平完全可以培养优秀的博士研究生，他当选为三峡大学校学术委员会主任委员便足以说明这一点。我们四个都培养了大量的学生，其中不乏优秀和成功者。我想，人才培养薪火相传，我们接过上一辈的接力棒不断传续下去，这不就是从师、从学的意义吗?!

时光流逝，岁月无情。我们四个人中，伟钧师兄和作新师兄已然退休，熊师也已是米寿之年。“岁老根弥壮，阳骄叶更阴。”在此，我们第一届博士研究生唯愿熊师健康长寿!

（作者单位：华中师范大学历史文化学院）

入熊门记

郭康松

能成为熊铁基老师的博士研究生是注定的缘分。

1981 年高考，我懵懂之中考了 403 分（英语考了 6 分），当年的本科线是 383 分，重点线是 398 分，当时一心想当法官的我填报的第一志愿是西南政法大学法律专业。山村的孩子，生怕落选，第三志愿填了武汉师范学院（现湖北大学）历史专业，并在是否服从调剂栏目写了“服从调剂”。在 20 世纪 80 年代初，“臭老九”的名声犹在，大家大都不愿读师范院校，所以师范与农、林、矿等专业一样，是提前批录取。我没能实现我的法官梦，被录取到武汉师范学院历史专业，如果不是到武汉师范学院读历史专业，我不可能成为熊老师的博士研究生。

我读的是师范专业，毕业后的去向百分之九十以上是回到宜昌去高中当历史老师，此非我愿，故发奋考研。对高考外语靠撞大运得了 6 分的我来说，要通过研究生的外语考试实属不易，万幸的是我的英语过了国家线，让我成为湖北大学古籍研究所中国古典文献学专业的硕士研究生。如果不读硕士研究生，我也没有可能成为熊老师的博士研究生。

1988 年 6 月硕士毕业时，业师舒焚老师要我去中国社科院民族所陈述先生门下读博。陈述先生是研究辽金史宗师级的大学者，舒老师是研究辽史的大家，陈先生向舒老师询问是否有合适的博士生人选，舒老师推荐了我。当时社会上流行“下海”，读书风气淡薄，有个说法是“穷得像教授，傻得像博士”，读博的积极性不高，最主要的原因还是家里穷。24 岁的我，不想再增加父母的负担，想早点工作，于是放弃了读博，承蒙古籍研究所所长、业师朱祖延先生不弃，留校工作。当年如果有幸进中国社科院民族所读博，我也没有可能成为熊老师的博士研究生，如果不幸没有留校工作，成为熊老师博士研究生可能性也不大。

到了 90 年代初，风气为之一变，读博成了高校“青椒”们的追求，于是我准备考博。1990 年，我在襄樊市博物馆学习。1991 年回校后，与张林川兄一起去拜访张舜徽先生，准备报考张先生的 1992 级博士研究生，张先生说人选已定，要我 1993 年报考。不幸，先生于 1992 年 11 月遽归道山。当时博士点的设置与现在不同，是因人而设，要国务院学位委员会批准，不像现在拥有博士授权点的单位可以自己遴选博导。张先生仙逝后，华中师大中国历史文献学专业博士点停止招生。彼时，武汉与文献相关的专业只有华师一个点，我家小女尚幼，又无老人可以依靠，离开武汉到外地求学没有可能，我苦闷异常。1994 年，我得知熊老师被国务院学位委员会批准为这个历史文献学的博士生导师时，欣喜不已。此前我多次听熊老师的弟子、在华中科技大学出版社工作的桑士显兄讲到过他的导师熊老师，说熊老师是一个学问好，对学生特别关爱、极其严格的老师。受士显兄的引导，我还专门找到熊老师的《秦汉新道家略论稿》认真拜读过。但我与熊老师并不相识，于是找到在华中师大历史系读过硕士研究生的本科同班同学游翔引荐，拜访了熊老师。

熊老师问了我的本科学习、研究生学习、发表论文等情况，我一一作答。熊老师专门问了我本科时有哪些老师给我上过课，我纳闷熊老师为何问得这么细，是否在考察我是不是一个读书的料。熊老师告诉我，给我上历史文选课的刘及佳老师、上近代史课的朱纯超老师、上现代史课的蔡树晖老师，与熊老师和师母李雪松老师（也是华师历史系的老师）是大学同班同学。这一下子就让我与熊老师有了亲近感。朱老师与蔡老师是夫妇，我当时想，看来 20 世纪 50 年代的大学生不仅谈恋爱是很自由的，在分配工作时还尽量照顾到一起，我们 20 世纪 80 年代同学之间不仅禁止谈恋爱，而且那些偷偷谈的同学在分配时还会被分到不同城市。正当我心猿意马时，熊老师介绍了后来成为我师兄的三位考生的情况：华师历史系的姚伟钧、吴琦和三峡大学中文系的王作新，他们都是华师硕士研究生毕业，当时都已是副教授，成果颇丰。熊老师还专门拿出《文史知识》给我看，上面有王作新师兄发表的大作，印象中还不止一篇。我虽也发表过5篇文章，与三位师兄比起来是小巫见大巫，心中不免没有了底，盘算着姚伟钧、吴琦都是本校本院的，如果有两个指标应该会优先解决本院青年教师的读博问题吧，如果有三个指标应该是熊老师很欣赏的王作新吧。熊老师好像看透了我的心思，善解人意地安慰我说："你年纪小些，成果少点很正常，只要你考得好，我按成绩录取。"

专业笔试中有一道题是论述荆州学派，虽然此前在余英时的《士与中国文化》中看过相关内容，有些印象，但记忆不深，所以回答得不好，最后考试的结果不出意料的是我摆尾。虽然成绩也达到了学校的招生线，但熊老师只有三个招生计划，我当年读博的梦想已然落空，已做好第二年再考的准备。临近暑假放假前，我在古籍研究所办公室接到熊老师打来的电话，说争取到了一个定向委培的招生计划名额，问我愿不愿意读。我不知道熊老师是如何争取到这个名额的，他从来没有说过，我也没有问过。依据我后来对熊老师的了解，他为了帮助学生，是会放下身段，求告有司，找大小领导争取的。对这个来之不易的计划，我是喜忧参半，甚至忧大于喜。定向培养是要交学费的，每年8000元，三年共计24 000元，这笔钱在现在看来不是大数目，但对1994年的我来说，是一笔巨款，无论如何也承担不起。交不起学费，就会失去机会，也辜负了熊老师的一片爱徒之心，情何以堪！当时我回答熊老师："我非常珍惜您为我争取的机会，我非常想读书，但经费无着，容我过两天回复您！"熊老师说："越快越好，最好明天回复，还有其他专业的导师和学生惦记着这个指标。"

我赶紧向我的硕士研究生大师兄、古籍研究所所长张林川求助。林川兄非常支持，立即去找学校的范际燕副校长。第二天，正当我忐忑不安之时，林川兄带来好消息，学校同意承担二分之一的学费，另外二分之一的学费由古籍研究所承担。学校的条件是要签订服务协议，博士毕业后要为湖北大学至少服务十年后才能调动。机会难得，我欣然答应签订十年"卖身契”。我赶紧给熊老师报告可以由湖北大学委托培养。

我很幸运地成为熊老师招收的首届博士研究生。在 9 月开学报到后，熊老师专门跟我们谈话，算是我们的第一课吧。熊老师讲了一些学习要求，具体内容现在记不全了，印象深刻的是以下四点。

熊老师说：“把你们招进来，我的任务完成了一半。”我的理解是“师傅领进门，修行在个人”，20 世纪 80 年代的硕士研究生就是以自己研读为主，当时有个说法“研究生，研究生，要做研究才是研究生”，进入博士研究生阶段，更应是如此。不像现在博士生课程多，甚至是不同二级学科的博士生要上几门同一一级学科的课程。

熊老师说：“你们在学术界，说是我熊铁基的学生，在其他领域我不敢说，但在秦汉史学界，应该是算数的。”这既体现了熊老师的谦虚，也体现了熊老师的自信。在学界有些人没有自知之明，认为自己可以通吃，在任何领域都敢妄下雌黄。熊老师的自信是立足于其在秦汉史研究方面所取得的过硬的成果：《秦汉新道家略论稿》（1984）、《秦汉官制史稿》（1984）、《秦汉军事制度史》（1990）、《汉唐文化史》（1993）和一系列具有影响的学术论文。

熊老师说：“你们入学之前都已经工作了一段时间，都有自己的工作岗位和研究领域，所以我不强求你们做与我同一方向领域的选题。”这让我感受到先生的大气与为学生着想的爱心。所以后来，大师兄姚伟钧继续其中国饮食文化史研究，二师兄王作新继续其文字学研究，三师兄吴琦继续其漕运史研究。我的硕士论文写的是辽文献与辽文化研究，因在古籍研究所工作，所以确定以清代考据学为我的研究领域。后来我们“四大金刚”都在各自的研究领域得到较好的发展，与熊老师在博士培养中因人施教的观念有很大的关系。我承袭了熊老师因人施教的研究生培养理念，在 1997 年开始做硕士导师后，对具有不同知识结构和爱好的学生因人施教，取得了很好的效果。

熊老师说，写文章就像建房子，写文章的史料就像是建房子的沙子、水泥、钢筋等建筑材料。同样的建筑材料在不同的建筑师的手里所建成的房子是不一样的，有的美轮美奂，有的俗不可耐；有的宽敞明亮，有的逼仄阴暗，所以房子设计很重要。同样的史料在不同的作者笔下，写出的文章也大不相同，有的提纲挈领，有的言不及义；有的不枝不蔓，有的叠床架屋，所以论文构思与提炼很重要。这对我有很大启发。读博期间，我参与湖北大学古籍研究所集体项目《中华成语辞海》的编写工作，经常查阅《汉语大词典》，发现其释义、语源、用例等个别存在问题。如果仅仅是对发现的问题进行列举纠正，这也是一般通行的做法，我认为意义不大，因为从一部超大型语文工具书中要挑几十条、几百条甚至上千条不准确或错漏之处，都是可能的。我想，这些材料如果不写文章是一个浪费，怎样构思提炼才能发挥最大的史料价值呢？我经过反复的思考，决定引入校勘学中的本校法，来看《汉语大词典》所存在的问题，这样就不是简单地纠正《汉语大词典》的一些错误了，而是上升到方法论的高度。按此思路我写成了《用“本校法”看〈汉语大词典〉所存在的问题》一文，投稿到《华中师范大学学报》，幸得时在学报做编辑的范军兄不弃，刊发于 1996 年第 6 期，并被人大复印资料《语言文字》1997 年第 3 期全文转载。我当时并不认识《华中师范大学学报》的任何编辑，纯自然投稿。范军兄后来入熊门，我们才成为师兄弟。

熊老师在开学第一课的金玉良言启人心智，让我受益良多。

过去拜师，一定要请老师喝拜师酒。熊老师反其道而行之，不仅不让我们请他喝拜师酒，反而赐我们喝收徒酒。酒宴在熊老师家中举行，师母李老师做了一桌菜，参加者除了我们四个弟子外，还有周国林教授、马良怀教授。熊老师从不喝酒，在桌上放了一斤酒，认为已经足够了，不一会儿，酒瓶见底。熊老师惊讶地说：“一斤酒你们都喝完了?!”熊老师不知道我们四个弟子都是高阳酒徒，当年每人可以喝八两到一斤，周国林教授、马良怀教授也是半斤八两的酒量。区区一斤酒哪里解得了馋，我们做学生的不敢作声，马良怀教授说：“熊老师，把您酒柜中的酒都拿来，我们可以喝个精光!”熊老师说：“喝不得了，郭康松晚上还要回湖大。”我在华师有宿舍，与二师兄王作新同住，因为女儿小，需要照看，如果第二天早上没有课，我一般不在华师宿舍住，都是骑自行车返回湖大。酒宴结束，临走时熊老师不放心我酒后骑车的安全，关切地问我："郭康松，你喝了这么多酒，骑车回湖大有没有问题?"我说："熊老师您放心，今天喝了一两多酒，没有任何问题，我喝半斤骑车回去也不会有问题!"

注册入学，聆听了熊老师的第一课，喝了熊老师的收徒酒，我想应该是正式入了熊门。

2020 年 8 月 8 日于利川谋道

（作者单位：湖北大学文学院）

永远的精强
——我心目中的熊师

王作新

日前，欣获范军师弟信息，得知行将于熊师米寿出版《熊铁基的学术人生》纪念文集。作为熊师首届博士之一，得以忝列为熊门弟子，深感荣幸，且常为之骄傲和自豪。值此之际，浮想联翩，感慨甚多。

熊师从事研究生教育，今已三十年矣。熊师在研究生的培养方面，注重学术研究的基础，强调博通与专精，而致力于求实与创新，此众所熟知；而由此取得的人才培养业绩以及学术研究的丰硕成果，也已是有目共睹，无须烦言。这里谨就个人在求学间学习生活中的零星往事，略记对其专精之“精”的些许体悟，以示感怀之意。

一

一想到熊师，活跃在脑海里的首先便是先生那温良慈祥的音容笑貌，那永远充满活力、精干精敏的身形姿采。

1995 年秋，中国历史文献学会年会在贵阳召开，熊门首届四博士，当时人称“四大金刚”——姚伟钧、吴琦、郭康松和我有幸参加。曾记开幕式大气隆重，仪式结束，接着便是大会交流。交流会场很大，座无虚席。会议由刘乃和先生主持。轮到熊师发言，本以为先生会按部就班，遵常则从台侧缓步拾级而上，可是怎么也不承想熊师竟是撸起袖子，自台前纵身一跃，便轻盈地站在了发言席前。那身姿，才叫一个矫健！当时先生毕竟也已年逾六旬了，这一让学生惊异的行动姿采，自是又令人由衷地感佩。

会议期间，会务组安排有外出考察的活动。贵州的地形地貌，众所周知，其山间小径，或曲曲弯弯，或坡坡坎坎，有芳草萋萋、花香鸟语，还有清泉滴沁，也不乏碎石苔泥。我们弟子几人，力图紧随熊师，以尽护卫之职。可是，有好几次，稍不留神便不见了先生踪影。于是众里搜寻，远见得先生原已捷足先登，咱们便立马快步前行，急急跟进。现在想来，如今在城乡间跟车，常念当有比较过硬的技术和敏锐的反应，方能担当其任；如若在户外行走，想要跟上熊师的步伐节奏，那确需学习锻炼得如熊师那样精敏精干才好。

二

熊师授课极具个性特色，从而广受学生赞誉。于我而言，印象最深者或可数每期的几次训学。因为他对我们提点时所指出的问题，总是确凿无误，无容辩解，让人心服口服，这或许是先生治学中精审精察作风的又一种体现吧。

约是博士学习的第二学年上学期，熊师为了敦促抓紧学业，会时不时地转到我们的宿舍。有一次，我们几个常住学校的博士，还有其他专业的同学，正在兴致浓厚地“双升”（打扑克），酣战之际，不意熊师突然进得门来，我们齐刷刷地站起，迎请先生。熊师没有入座，站在房中微笑着短短地说了两句话，然后道：“你们玩吧！”就出门离开了。

熊师是主张学生有张有弛、劳逸结合的，并鼓励玩出水平，不过，不可贪玩，不得沉湎。尽管如此，这次打牌被抓现行，毕竟也算是落下了话柄吧，我暗想他当时虽没说什么，恐怕在适当的时候我们难免不受批评的。果然，在接下来的期末训学时节，熊师便严肃认真但又充满关爱地说：“王作新哪，以后要少打牌呀！”还说：“不要儿女情长（原因在于我曾于学期中回宜昌家中两次）。”并以自身经历告诫我“要努力勤奋，有道是‘业精于勤而荒于嬉’哦！”熊师严慈的教诲，至今犹响耳畔。

三

博士的学业最为重要的环节自当数最后的毕业论文合格通过。在此环节，我深深地感受到了熊师的精心精到。

博二与博三之间，我们举行了博士论文开题。我的选题是关于文字学的，其缘由不得不说与博士入学的面试具有不小的关联。

1994 年 5 月初，在入学考试的笔试结束之后，紧接着便进行了面试。面试在历史文献所的会议室举行。熊师率指导组全体老师整齐地坐成一圈。面试的具体程式大致是先由学生自我介绍，主要谈自己学习和研究方面的基本情况；其次老师们提问，然后学生到一旁稍做准备；最后学生就老师们所提问题一一作答。我在自我介绍时讲述了此前求学、读书方面的大致情况，硕士攻读的是汉语史，毕业后在学校主要从事“古代汉语”的课程教学工作。所读论著文献除了涉及古代历史文化的部分经典选读外，也主要是传统小学方面的书略多一点。在介绍这一内容时，稍稍多说了几句，穿插了一下 1981 年在华中师范学院（华中师范大学前身）举办的“全国古汉语教师进修班”学习的事情，那时即有幸聆听了张舜徽先生的授课，并受张先生指导，先阅读王筠的《文字蒙求》、顾实的《中国文字学》，然后就大徐本的《说文解字》进行文字的“六书”分类；在此基础上，初读了段玉裁的《说文解字注》。述毕，熊师曾有问道：“段玉裁的《说文解字注》可说是‘清代四大家’中成就最高者，读了这部书，你有些什么心得体会？有什么看法？现在，张舜徽先生撰著的《说文解字约注》也已出版十余年，是否读过？如果读过，能不能略谈一下与段氏《说文解字注》相较，《说文解字约注》有什么特点和进步性？”（大致是这意思，具体的话语现已不能准确说出）我当时的回答，其完整的内容已然不是十分清楚，是否合乎答题要求，能否让老师满意当时也未可知。但是，在毕业论文开题时，所拟的“《说文解字》与中国文化”选题得到了熊师的肯定与支持。由此看来，当时面试的答题，大概应是得到老师认可的。

毕业论文初成，我自觉轻松了一大截，总算可长舒一口气了，然而熊师似乎并没有放松的意思。首先，他看过初稿后，又帮助及时联系了本校何金松老师，请其审阅初成稿，提出修改意见。接下来，待我修改定稿后，熊师又不辞辛劳，逐一联系到北京大学裘锡圭先生、中国社会科学院李学勤先生、北京师范大学王宁先生等，请他们对论文予以评阅指导。评阅书全部返回，论文得到一致认可通过，这时，我方才隐约感觉到熊师脸上显现了些轻松的神采。

在熊师精心精到的指导和安排下，后来我们的毕业论文答辩都受到了答辩委员的一致肯定，全部顺利通过。我的论文也得到了肯定，两年后经修改完善，以《汉字结构系统与传统思维方式》为题，1999 年由武汉出版社“博士文库”出版，并于 2000 年重印。

四

博士毕业，我定向回到了湖北三峡学院（2000 年湖北三峡学院与武汉水利电力大学——宜昌校区合并组建为现今的三峡大学）。1997 年夏，受三峡学院邀请，熊师与裘锡圭先生一同来到宜昌三峡。在长江的客轮上，雄奇、险峻、秀丽的三峡风光自然是美不胜收，让人赏心悦目。熊师观赏风景之余，与裘先生相谈甚欢。在船至西陵峡行将到达南津关的一程里，熊师与我谈及我校——湖北三峡学院的情况，不经意中，从多个方面进行了询问了解，包括学科专业、师生人数、特色优势，特别是学生情况，如文科学生的分布状况、专业水平、兴趣爱好、就业去向等。

我原以为，这也就是一般地知晓一下基本情况而已，可到了晚上的讲座，方才恍然大悟，熊师看似不经意的询问了解，原是有的放矢呢。这让学生不能不敬佩先生的精实精达。

讲座晚七点在三峡学院中区学术报告厅举行。熊师来到报告厅时，学生们早已到场。在热烈的掌声中，熊师面带我们熟识的微笑健步走上讲台，没有讲稿，更没有现今惯常使用的 PPT。对着满堂的学生——主要是中文系的学生，亦有少量的政史系及外语系的学生，熊师声音洪亮，气势如虹，有条不紊，侃侃而谈。他没有讲精深的学术问题，而是结合地方性高校文科学生的特点，从励志、治学、为人等讲开去。熊师针对三峡学院的办学定位、办学规模、专业设置乃至专业师生状况等情况，娓娓道来，准确清楚，令人折服。讲座虽非专深的学术思考，但于听讲的学生而言，确实针对性强，实实在在，信息量大，启示性多，自是赢得学生热烈的掌声，受到普遍欢迎。

也就是那次来湖北三峡学院讲学，学校领导接待熊师，席间，熊师对学校领导讲道："王作新毕业了，回校了，在今后的工作中，让他多做点教学和学术研究的工作，学校建设方面的有些事情稍微出点主意，或者提点建议，他还是可以的，至于为官的事就不宜让他去做了。"是啊，记得熊师常说"官可以不做，学问不能不做。"然而，自己后来虽然说不上做了什么官，但也一直有兼任一些行政或学术管理方面的事务，以至于在专业学术方面有愧于老师的教导与期望，这也是我不能不感到遗憾的。想先生已届米寿而不言休，仍担人才培养重任，且不断有高端大作刊行发表，学生感佩不已，愿在先生的感召影响下，学习而有所进步。

最后，借此向敬爱的熊师致以衷心的感谢！敬祝熊师健康长寿！

2020 年 8 月 3 日

（作者单位：三峡大学文学院）

贺恩师熊铁基先生米寿

姚伟钧

米寿之庆喜临门，
八十八年勤耕耘。
汉唐文化结硕果，
道学研究开新篇。
高明远识传师教，
谆谆教诲滋心田。
待到百年吉祥日，
满门桃李尽开颜。

2021 年元旦

（作者单位：华中师范大学历史文化学院）

讲台与先生

——熊铁基恩师米寿纪庆

刘筱红

每当看到别人喜气洋洋地为导师庆高寿，我心里就企盼自己的恩师康健。天从人愿，恩师熊铁基先生即将米寿，且现今身体康泰，耳目聪明，不敢说生龙活虎，也可称活得意趣盎然。相信米寿之庆只是先生高寿之始，可以期待先生百岁庆寿之宴，“可爱的寿星老头”会笑眯眯地出席。先生米寿之际，虽愚生不能彩衣娱亲（师），且说两个小故事以为恩师寿。

看师兄戴建业的网红视频课，每每会想起四十年前熊铁基先生为我们授课时的感受，如果那时有网络、有抖音，熊先生的网红程度当不亚于戴师兄。1978 年春，我负笈求学于华中师范学院历史系，便闻系里有位把课讲得“叔度汪汪千顷陂、恣肆盈溢八极天”的熊铁基老师。但真正能得闻先生的课则是在大三的选修课上。此前系里开的课大多是基础课，老师们兢兢业业、步步推演，课讲得极为严谨，就连课堂上的站位也都拘在讲台八尺之内。升级到选修课，讲课的风格便开始有变化，到熊老师给我们开秦汉史选修课时，第一堂课便把我们上得眼花缭乱、目瞪口呆，先生一会儿在讲台之上挥洒，一会儿来到学生中间互动，内容从当下时兴的喇叭裤开始，勾连汉初的黄老之治，思路或逸出天外，或又飞回当下，神游海天，思行八极，最后回归到对秦汉思想的深刻剖析之上。一石激起千层浪，先生的课成为我们课后讨论和发表见解最多的课堂。把课讲得如此洋洋洒洒，推衍开去，又收回聚焦，实是令我们大开眼界。及至我自己也站在大学的讲台上，熊先生的课一直成为我学习模仿的样板。

后来受业于先生门下，学习博士课业，先生带领我们去参加了几次学术会议。往事如烟，很多情景已湮没于记忆深处，模糊一片，记不得了，但在这记忆的烟云中，有一个场景鲜明如发生在昨天。那场会议临近结束，主持人宣布，由学会副会长熊铁基先生上台做总结性发言。先生从阶梯教室的梯阶上飘下来，又轻如飞燕般跃上讲台，整个过程如侠如仙。“飘上讲台的熊老师”，是我们这一众学生看客的一致同感，当时及事后，每谈及此，恨不得惊奇拍案。须知当时先生年已六十有余，身手如此敏捷，实属罕见。

另一个故事与我本人相关。有一年先生请安作璋先生来我系讲学，我受熊老师的委托主持这场讲座，介绍完安先生后，我坐在熊老师旁边的座位上。安先生腿脚不便，坐着授课，没有板书。他在讲述中引用了大量的典故，有些典故可能学生也不一定能知晓。所以，我不揣孤陋，很不知天高地厚地主动上台，为安先生的讲课做板书，将安先生讲古史中的典故名称写于黑板之上，然后志得意满地回到座位上。过了一会儿，熊老师小声吩咐身边另一位学生将黑板上的板书擦掉。心粗如我，当时并没有觉察不对，直到次日安先生走后，熊老师才轻轻告诉我，自告奋勇上台为老师板书做得很好，但有个典故写错了。先生的话轻轻落下，但于我却是醍醐灌顶。从此我将其作为教训深深记下，好为人师可，但误人子弟不可。

2020 年 11 月 2 日

（作者单位：华中师范大学中国农村研究院）

忆师门往事

钟　瑛

偶遇同门范军师弟，得知恩师八十八大寿将近，忽然觉得先生八十大寿宛如昨日。岁月如此匆匆，自 1995 年步入师门，一晃已经二三十年了。记得初见恩师，先生精神矍铄，目光睿智有神。我被中文系黄建忠教授引荐考博，心中忐忑，不曾想见过恩师，先生并未嫌弃我愚钝，而是多有鼓励，惊喜之余，我努力备考，从此踏上步入熊门的学术之路，与刘筱红、杨秀实并肩同届，茫然混沌的人生开始有了明确的学术追求目标。

先生学问渊博，道学深厚，我因专业有别，未能衣钵相随，甚是遗憾。但是读博期间，正是我人生最为关键的十字路口，先生对我学问的指引，特别是对我人生的指引，使我终身受益。回首与先生、同门相处的漫长岁月，满是温暖和愉悦，具体的事情反倒记得模糊不清。细细追思，先生对学问的执着与对学生的爱护，我感受特别深刻。

先生对学问的执着，几十年如一日。先生博闻强记，思维敏捷，一生笔耕不辍。自 1995 年至今，一晃二十五年，我与同届刘筱红师姐每逢教师节与春节，都会相约拜见先生，近年又约上同门郭康松师兄同行。每次到访，先生书桌、茶几必是资料堆积。嘘寒问暖之后，最为先生津津乐道的便是最近研究又有哪些收获，在出版社或者媒体上发表了什么新的作品。记得前年春节，闲聊之余，先生又谈起读书，很是沉醉的样子，说最近思考“人法地，地法天、天法道，道法自然”中的“自然”觉得原来理解为“自然规律”，不妥，这里的“自然”应该是自然而然，也就是事物最本真的样子，并进一步引经据典，阐明理由。那种沉醉史籍、融会贯通、忽然顿悟的喜悦溢于言表。这样的例子感觉时常有之，只是难以一一记得。每次走出先生家门，我们便会大发感慨。我们也都接近退休之年，对学问的痴迷远不及先生，对退休生活的遐想也几乎不再涉及学问，而先生对学问的执着与痴迷，几乎在我们知晓的他的人生中就是不停地著书立说，所有的人生乐趣，除了坚持不懈地打打乒乓球就是永不间断地做学问。忽然想起许久以前先生的一次搬家，几个师兄帮忙之余忽发感慨，先生学问如此之高，家当却如此简陋。现在想来，先生应该是内心学问太过充盈，所以其他的生活琐事也就无暇顾及了吧。

先生对学生的爱护，我感受最为深切。记得刚读博士之时，我因为是在职读博，不能追随先生研究道家，先生甚至鼓励我做本专业的目录学研究。论文几经修改，耗费了先生大量的精力，先生毫不嫌弃，毕业论文给了我九十分的高分鼓励。多年以后，我自己也做了博士生导师，才明白带一个不同方向的博士生要付出导师远远更多的精力。还有一件深刻难忘的事情是，我博士毕业不久，恰逢学校职称评定，我所工作的信息管理系同龄人特别集中，人际关系特别复杂，职称竞争十分激烈。为了平衡各种关系，系主任甚至登门拜访先生，希望先生支持他所指定的人选。在这种关系学生前途命运的大事面前，先生毫不犹豫，竭尽全力地力挺我，在职称评定会议上为我据理力争，使我在十分艰难的职称竞争中最终胜出，事业之路从此得以顺畅运行。许多年里，我甚至觉得先生就像老母鸡保护小鸡一样保护自己的学生。这种比喻有点奇怪，但切切实实就是这种感受。先生对每一个学生的呵护，从学业到工作，也会时时问及家庭，在我知道的范围内，先生熟悉学生家里的每一个成员，他以独特的超强记忆力，能记住学生家庭成员的名字。忽然想起，先生曾经很骄傲地说起他给本科生上课，第一次课就能叫出每一个学生的名字。这种本领，既是天赋，更是用心与付出。

谈及先生与同门，我心中满是温暖。还记得我调离华师的时候，大师兄遇见我，说："离开华师我们就没法关照你了。"这话温暖了我许久。师姐刘筱红在我混沌懵懂的年龄里，常让我从她的睿智中受益，最终成了我人生中最好的朋友。

（作者单位：华中科技大学新闻与信息传播学院）

铁基师与我的道家研究

董恩林

一

我在20世纪70年代末80年代初读本科时，就对铁基师的学问深加敬服，那是从看他的学术论文开始的。记得大约二三年级，我每周开始尝试至少用一个下午时间到系资料室或图书馆现刊阅览室翻阅学术期刊，这也是当时任课老师教给我们的一个学习方法，戴绪恭老师（后曾任学校党委书记）给我们讲中国现代史时就曾特别强调这一点。现在我已记不清读了多少熊老师写的论文，但其中《啬夫考》一文至今印象深刻。熊老师也给我们历史系七七级上过课，其滔滔不绝、发散不羁的讲演风格，不太讲究穿着而和蔼可亲的模样，同样在脑子中留存到现在。

但真正与熊老师面对面接触与交谈，已经是1994年9月我调回华师历史文献研究所之后的事了。1995年，我用一本书的稿费9000多元奢侈地买了第一台486电脑（大约1996年文献所也有了第一台电脑，放在一间房里基本没人用）。那时我住在桂子山庄旁边的西一村，小两室一厅，只有四五十平方，一家人显得比较拥挤，老人、孩子打扰，工作效率低下。于是我经常到相距很近的一号楼使用所里的电脑，且常常工作到很晚才回家。而熊老师那时每天必到一号楼一楼打乒乓球，打球间隙则会跑到二楼三楼"巡查"一番，这样便发现了我的工作"秘密"，常常问我一些学习与工作上的事，我与熊老师才相互了解与熟悉起来。

也正是从那时开始，我有了报考熊老师博士生的打算，与他聊起时也得到他的明确肯定与支持。1997年，我与本所一位同仁聊天时，得其暗示，他也想报考，希望我晚一年再报。我当时觉得早一年晚一年无所谓，便真的没有报考。1998年打算报考时，又从熊老师那里得知他两个名额已允人有属，我感觉不能再等了，无非是想混张文凭而已，只好改报李国祥师。但没想到，在考分占优势的情况下，却不知什么原因被录取为在职自费生。心情郁闷之下，我与熊老师聊起来，询问可否转至其门下就读，他毫不犹豫地答应下来，并亲自为我跑研究生处办理相关转师手续，这样我才有幸入师门执弟子礼。

二

熊老师早在20世纪80年代初就有秦汉新道家之论，90年代开始对道家思想文化史进行系统的研究。我入熊门，正逢其《中国老学史》出版不久，熊老师正考虑如何对中国道家道教史分段进行比较全面而深入的研究，我自己则从硕士生阶段即选定隋唐五代作为自己的史学研究范围，硕士论题即为《五代官制考》，并已拆分为三篇文章发表，于是熊老师要求我以隋唐五代老学为博士论文选题范围。但这个题目当时具有极大的挑战性，因为此前已有卢国龙以隋唐重玄思想为中心的《中国重玄学》和何建明以隋唐道家思想为中心的《道家思想的历史转折》二书问世，另有北京大学强昱《成玄英、李荣重玄思想研究》、胡兴荣《老子四家注研究——河上公、王弼、成玄英、李荣》两篇刚刚答辩通过的博士论文，而我当时连《老子》《庄子》都没精细读过；另一方面，此前我就基本选定以“大唐吏制研究”为博士论文选题，此题当时除张广达《唐代的吏》（《北京大学学报》1989年第2期）一文外，几乎没有论著加以专门深入的研究。因此，对唐代老学一题，老实说当时我很有点畏难的感觉。熊老师为我分析了以上主要研究成果，认为我还是可以从文献学角度对隋唐老学文献进行更加细致的研究。别无选择，我只好赶鸭子上架，服从导师的大局安排，先从基本经典《老子》《庄子》的精细阅读开始，边读边浏览当时已有的研究成果，梳理相关学术问题与可能存在的拓展空间。熊老师则积极为我寻找北京大学那两篇博士论文，并最终弄来了强昱的博士论文打印本，为我的博士论题提供了有用的参考资料。此外，韶军兄为我提供了他精心录入并校对过的有关唐代《老子》诠释作品的全文数据，固盛兄为我提供了他多年搜集到的有关唐代老学的研究资料，等等。1998 年，也是我开始指导硕士生的第一年，本科生的课、硕士生的指导和我自己的博士论文选题，加上家务事等，工作以来我感到真正有压力应该是从这一年开始的，但终究还是把博士论题确定下来了。从博士二年级即 1999 年下半年开始，我进入阅读唐代老学文献阶段，唐代《老子》注疏先后有成玄英的《老子义疏》、李荣的《老子注》、唐玄宗的《道德真经疏》、李约的《道德真经新注》、王真的《道德经论兵要义述》、陆希声的《道德真经传》、强思齐的《道德真经玄德纂疏》、杜光庭的《道德真经广圣义》等几十家，我边读边摘录资料，并提炼问题，用了整整一年时间，才把这些主要的老学注疏浏览完，并理出论文思路，找到论题所在，随之进入论文写作阶段。到 2001 年 4 月份即完成了近二十万字的博士论文写作，得到了熊老师的认可。我这篇博士论文最后的题目为《唐代老学研究——以成玄英、李荣、唐玄宗、杜光庭〈道德经〉诠释文献为个案》，是从文献学角度入手的，即从头到尾仔细阅读每种《老子》注疏，感觉有用的资料随手摘录下来，注明出处，最后从摘录的所有资料中归纳和提炼出问题与线索，再加以理论分析与问题考证，是我所说的“竭泽而渔”的方法。这与思想史哲学史从问题入手、先有问题再证之以材料的方法，可能有所不同。这大概是我能够在已有四五种同质论著情况下仍然可以写出博士论文来的一个原因。5 月份顺利通过了答辩，答辩委员会主席是武汉大学萧汉明先生，成员有武汉大学牟发松教授等，另有中国人民大学方克立教授和四川大学魏启鹏教授等写了评审意见。如今想起来，三年时间，在完成本科教学任务、指导研究生工作、处理诸如历史文献研究会秘书处事务（我当时担任秘书处副秘书长）和历史文献所事务（大约 2000 年开始担任副所长）以及装修东区新房（1999 年）和搬家（2000 年初）等情况下，进入一个比较陌生的研究领域，最终按时写出博士论文，实在不知道当时哪有这么多时间与精力来应付。如果没有熊老师时刻的督促，我无法想象我能完成这个任务。记得我在装修东区新房以及搬进去后，熊老师常常会突然而至，进门便问："董恩林啊，房子装修好了吗？论文写得怎么样？"然后从房间到客厅到处瞧瞧，漫不经心地聊上几句，使我无形中得到点拨，感受督促，发奋前行。连我家谌虹老师至今还记得熊老师当年的这些话和笑眯眯的神态。也是 2001 这一年，我在华师学报发表第一篇道家研究论文《论郭象与成玄英独化思想的异同》，在历史文献研究会会刊《历史文献研究》发表《唐玄宗〈老子注疏〉特点简析》一文。到 2008 年共发表了 14 篇道家研究论文，基本上都是以博士论文所涉范围为题的，包括《哲学研究》2 篇、《宗教学研究》1 篇、《华中师范大学学报》2 篇等。可以说，道家研究这个方向，使我的学术研究上了一个新台阶，尤其在思想理论水平提升方面。当年我的博士论文后记中有这么几句话："几年来，从我报考其博士生到我的博士学位课程学习，从这篇论文的选题与写作到我的日常工作与生活，先生无不一一记挂在心，诚所谓'劳心谆谆，视人如子'，实为笔者入大学以来所未曾遇之良师。"表达了我对熊老师的感激之情。

三

博士论文顺利通过答辩后，熊老师本希望我将博士论文纳入巴蜀书社"儒道释博士论文丛书"出版，固盛兄的博士论文《宋元老学研究》当年即是纳入这套丛书出版的，这当然也是我非常乐意的一个选择。但 2001 年暑假一个偶然机会，有朋友提醒我，中国社会科学出版社有"中国社会科学博士论文文库"，可以申请，一旦通过评审，可以免费出版。巴蜀书社与中国社会科学出版社各自的"丛书"与"文库"，两相比较，凡夫俗子的我自然更向往"国"字号，便抱着试一试的想法。我花了三四个月时间，将博士论文的理论分析部分抽出来，以道论、修身论、治国论、方法论四个部分为框架，以博士论文原题目加上能够显示理论特色的副标题构成《唐代老学：重玄思辨中的理身理国之道》一书，提出申报。没想到竟然顺利通过匿名评审，且评价较高，并很快于 2002 年 5 月顺利出版，速度之快出乎我的意料。这本书实际上是在原博士论文分析部分基础上做了一些理论上的补充而形成的，故原博士论文的《老子》注疏分析与考证方面还有很多内容没有放进去。正好此时教育部全国高校古籍整理研究工作指导委员会（以下简称“古委会”）组织出版“中国典籍与文化研究丛书”第一辑，向各直属古籍所征稿，而文献所当时没有其他书稿应征，这显然是比较被动的，不利于本所在古委会领导层的形象和今后的发展。作为副所长的我不无忧心，便将原博士论文剩下的注疏分析与考证部分，以个案为章加以补充与修改，组成《唐代〈老子〉诠释文献研究》一书，提交到古委会。原本只想交差了事，表示我们文献所没有交白卷，并不奢望能通过评审出版，没想到也很顺利地通过了专家评审。古委会这套丛书分别由人民文学出版社、上海古籍出版社、江苏古籍出版社、齐鲁书社四家按照文学、古籍整理、古籍研究三种性质分工出版，我的书稿属于古籍研究性质，便被分配给齐鲁书社，并于 2003 年 6 月出版。2002 年 5 月，在中国社会科学出版社出版博士论文的同时，我还主编了历史文献研究所第一辑研究集刊，名之曰《历史文献与文化研究》，由湖北辞书出版社出版，收本所同仁学术论文 28 篇，约 40 万字。

那几年，在完成博士论文和相关研究著作与论文发表的同时，我还负责熊老师有关道家研究的一些具体事务。我主要是做了三件事：一是和赵国华、吴琦、范军兄等一道筹划和主编了熊老师七十寿辰纪念集《中国古代历史文化研究论集——熊铁基先生七十华诞纪念》，收入师兄弟姐妹们的论文 32 篇，2001 年 6 月开始筹划与编辑，于 2002 年 3 月由华中师范大学出版社出版。二是协助熊老师处理了道家道教研究中心成立前后的事务。根据我当时写的“大事记”，2002 年 3 月份以前我向熊老师提出成立道家文化研究中心的建议，老师感觉时机还不成熟。但 4 月份陈鼓应先生应邀来校做了一场学术报告，会后熊老师与之商谈成立道家文化研究中心的可能性，得到陈先生的支持，并建议改名为道家道教研究中心，承诺为我们寻求资助。9 月份，陈先生来电称找到了赞助企业家，10 月中旬正式敲定，月底与台湾企业家黄胜得先生一起来华师考察。于是，熊老师、韶军兄、固盛兄和我一起商定趁此机会成立研究中心，我则负责拟定了这一活动前后事务程序，我们几个分头准备。11 月 1 日在华师召开道家道教研究中心成立大会，北京大学陈鼓应教授、王博教授和台湾企业家黄胜得先生应邀出席，马敏校长、章开沅先生以及当时的社科处处长石挺兄等出席了会议，武汉大学唐明邦、萧汉明、李德永等学者也前来祝贺，会后黄胜得先生出资 20 万元支持中心的研究工作，中心成立了董事会，制订了科研计划等。三是 2003 年上半年，协助熊老师以道家道教研究中心为平台，与湖北省道教协会合作举办了第一期道教文化研习班，由全省各道观选派人员来参加学习，这是道家道教研究中心成立之后，我们开展的第一项工作，熊老师、韶军兄和我都在研讨班讲了课。办班过程中，我负责具体的事务安排与经费收支管理。由于固盛兄博士后学习结束归来，2003 年下半年，我便把道家道教研究中心的事务与收支账目等转交给他来管理，以便我腾出手来处理文献所与中国历史文献研究会的一些事务工作。

2004 年下半年，我参加了中组部“博士服务团”工作，被分配到中国井冈山干部学院教学科研部担任负责人，2005 年 10 月份回校。这一年可以说是我经历前几年如牛负重的教学科研工作之后的调整年，也使我有时间与精力对前十年的教学与研究工作进行总结与思考。上山前，我接受了两个任务，一是周国林、王玉德兄领衔的《儒藏》宋人文集部分的点校任务，我负责南宋高宗时状元王十朋《梅溪集》的点校整理工作；二是南京大学思想家研究中心卞孝萱先生交给我一个任务，为该中心的清代经学流派研究项目承担《清代扬州学派研究》书稿的撰写。卞先生是我硕士论文的答辩主席，对我颇有期望，硕士论文答辩后一直与我保持联系，时予点拨。他交给我这个任务，是想让我在舜徽先生《清代扬州学记》基础上发扬光大、推陈出新。为了完成这两个任务，我上山后开始有计划地阅读儒家经典和了解清代经学史，并于 2006 年向熊老师提出来，今后准备逐步转向儒家经学研究方向。这既是迫于当时手中上述两大儒学经学研究任务，更是基于我一年多来的考虑。我主要是觉得，我这种史学科班出身的人，理论研究能力与哲学修养功底均有先天不足的缺陷，虽然在近十年的道家研究过程中发表了一些理论研究论文，但总体来讲，根本不能与哲学界的相同理论研究相比，不具备进一步提升的空间，且我个人觉得自己更适合文献考证类研究工作，不习惯虚玄的理论研究。其实在我向熊老师提出研究转向前，固盛兄曾几次转述了熊老师的话“一定要抓住董恩林一起做道家思想研究”。

尽管如此，在后来的几年中，我还是挤出时间，参加了熊老师主持的《老子集成》的点校工作，先后点校整理了陈元赟撰《老子经通考》、郭良翰撰《道德经荟解》、龚修默撰《老子或问》、潘基庆撰《道德经集注》、洪应绍撰《道德经测》、顾锡畴撰《道德经解》、陈仁锡撰《老子奇赏》、佚名撰《老子道德经奇赏》等 8 种老学文献。同时，中华书局哲学室朱立峰编辑通过我在中国社会科学出版社出版的博士论文找到我，邀请我主持杜光庭《广成集》和《道德真经广圣义》两书的点校整理工作。可惜由于行政事务和几个项目的压力，我实在没太多的时间投入这一工作，最终只完成了《广成集》的点校工作，并于 2011 年 5 月出版，《道德真经广圣义》的整理工作则只好硬着头皮推辞掉，我和朱立峰编辑都感到遗憾。

四

2008 年上半年我接任历史文献研究所所长，结合本所过去的科研经历和全国古籍整理与研究的学术状况，我更加坚定了从经学儒学文献入手打开局面的信念。于是，2009 年我以“《皇清经解》点校整理”为题领头申报古委会古籍整理项目，幸而中选，并被列为重大项目，一下子拿到了 40 万元经费，这是古委会迄今为止最大的资助项目经费。这样一来，我便完全无暇顾及道家研究这一块了。其间，湖南的吕锡琛教授还曾邀请我参与她的项目研究，我也只好婉拒。到去年为止，我们已向出版社提交了百分之九十以上的点校稿，基本完成项目工作。2017 年，在“《皇清经解》点校整理”项目基本完成的基础上，我提出“清人文集‘经义’整理与研究”的项目选题（自己作为首席专家申报成功），成为本所第一个自主的国家社科基金重大项目。同时，到 2016 年我辞职所长为止，先后引进和留用六个科研人员，使本所人员重新超过 15 人，并做到了全所老师人人有项目，个个有成果，在儒家经学、清代经学的研究大方向上，初步显示出特色与一致性。我个人十多年来也发表了 26 篇有关国学、儒学、经学的研究论文，并被选为中国孔子基金会学术委员。可以说，在清代经学研究这一领域，我们已经基本得到学术界承认，占有了一席之地。

现在回过头检视我离开道家研究方向十多年来所走过的路，一方面我感觉个人与文献所选择的发展方向没有错，取得的成果没有给熊门及恩师丢脸；另一方面我也认为，正是熊老师引领我走上了道家思想研究之路，使我在理论研究水平上有了长足的发展，我才有可能在最近十几年的经学儒学研究中取得一点成绩。

（作者单位：华中师范大学历史文化学院）

熊老师的故事

范　军

大凡历史稍长一点的学校，都有属于自己的“永恒的风景”。构成这道“风景”的，除了眼见为实、可以言之凿凿的校园建筑、图书设备、科研成果、名师高徒外，还有必须心领神会的历史传统与文化精神。介于两者之间，兼及自然与人文、历史与现实的，是众多精彩的传说。这段话是北京大学陈平原先生说的，笔者深以为然。

我们华师应该算得上“历史稍长一点的学校”，明年就是110周岁了。章开沅老师说它是“中国真正具有百年以上历史的少数知名大学之一”。这百余年的历史中，也有一些旧事、故事、逸事，成为桂子山永恒的风景，也折射出华师的风格与精神。业师熊铁基先生就以自己的故事、传说构成了书香桂苑独特的风景。我在华师三十年，认识熊老师二十多年，师从导师十多年，有关的真实故事、奇闻趣事，或耳濡目染，或道听途说，约略记之。

一

20世纪80年代初上大学时我就知道了熊老师的大名，但真正认识老师是在我1985年上研究生之后。当时我在中文系学的是中国文学批评史，对美学、哲学特别有兴趣。那时正是“美学热”，我也打算写古典美学方面的毕业论文。记得大约是1986年，熊老师给历史系研究生集体讲授中国思想史，我便去旁听。这是我研究生期间唯一一门从头至尾听完的课。

熊老师讲思想史是分专题讲的，比较自由。有一次，他大概是参加了全国一个有关老庄的学术讨论会，回来就给我们讲老子。他先在黑板上抄了“五色令人目盲”一节，就结合开会的情况海阔天空讲起来。那次，熊老师像往常一样也抱了一大摞书，一会儿翻一下这本，一会儿看看那本。老师说的几句话至今记忆犹新：“什么是做学问？做学问就是抄书。抄一本书是抄袭，抄十本书就是学问。”这其实是寓庄于谐的经典之言。传统的文史研究，没有积累何谈发展，没有总结又遑论创新。张舜徽先生把著述分为三种：著作、编述、抄纂。从创造性看，三种形式有高下，但都是学问。张先生的著述中属于抄纂的就不少，那毫无疑问也是大有学问的。

二

文学院戴建业老师在《张舜徽学术论著阐释》的后记中写了这样一段话：“桂子山上治文史哲的中青年学者对于熊先生，既敬佩其学，又敬重其人。至今犹记，几年前他让我、周光庆以及历史文化学院多名中青年教师聚在一起给他的一篇长文提意见，大家都坦率地和他交流对文章的看法，言谈之际没有半点客套和敷衍，先生的胸襟、气度与谦和，让每一个提意见的人都感动。此前我还没有亲历过像他这样的学者完全放下身架，如此真诚地请那么多学生晚辈给自己文章提意见的动人场面。”

这次小型的座谈会，我也是当事人之一，感同身受，记忆深刻。我相信，与会者对熊老师文章的题目、内容可能大多遗忘了，而这件事本身大家是会终生难忘的。

熊老师的《秦汉文化志》出版后，我写了一篇书评发表在学报上。老师看了觉得不错。后来他的老学史、庄学史刊行，他也鼓励我再写点文字，但我忙于杂务，主要还是因为对这些领域比较外行就一直没敢轻易下笔。其实这几年也陆续写过几篇书评，包括给老师的老朋友李老瑞良先生的《中国出版编年史》所写的评论，也深得作者首肯。记得《秦汉文化志》后来更名为《秦汉文化史》再版时，熊老师还曾想把我那篇书评附于书末，可能是鉴于丛书统一要求最后没能收录。老师的谦逊由此可见一斑。

三

熊老师是谦虚的，又是自信的。他常引用张老舜徽先生的话说："一经登台，便见分晓。"老师对自己在秦汉史学界的地位、老庄学界的影响是十分自信的。笔者也知道，熊师屡屡登台，都是为学校争得了荣誉的。以熊师之水平、成就和声望在华师列入资深教授行列应该是不为过的。可惜的是，领导怕矛盾，说"摆不平"，偌大一个华师只评了两个资深教授就再没敢突破。他曾说："华师要是再评资深教授，不是我还有谁呢！"传言，熊师去给当校长的马敏（也是熊老师的学生）讲："马敏，我是不退休的呀！"马校长唯有喏喏。其实，老师要的仅仅是一个工作的平台，是学术研究的更大空间。

学术上的成熟与政治上的"不成熟"在熊老师那里有趣地结合在一起了。熊老师的人生是为学术的人生，但研究历史却不懂"政治"。有关方面找了一批专家讨论领导人的"以德治国"思想，熊老师认真地引经据典，说这个思想古已有之，不是什么发明，如唐太宗就讲过，如此等等。在华师流传很广的一个故事这样说，一次全校开大会，领导在台上慷慨激昂地讲学校如何形势大好不是小好，熊老师举手发言说"我看不见得吧"。一时四座皆惊。

四

对待学生，熊老师是慈爱而尽责的长辈。师兄刘固盛刚留校时困难重重，老师亲自出面，到处帮他找人，为房子，为配偶调动，为孩子入学，等等。跑了一大圈，并不顺畅。我一个在机关的朋友说："熊老师，你傻呀，要这要那不如帮你的学生要个教授。有了教授职称，不是什么都解决了吗！"老师恍然大悟。刘兄固盛功力深厚，成果丰硕，加上熊师不遗余力，很快破格上了教授，房子有了，“面包”有了，一切都有了。

而那些秀外慧中的师妹如徐华、王丽英之属，每每到武汉开会或途经武汉，就把熊老师的家当旅馆了。老师经常给我打电话，说某某要来了，你派车接一下；某某要走了，你派车送一下。又说，我们在哪里吃饭，你忙就不来了吧。我说熊老师您不能这样呀！后来，我想派车都没有机会了，师兄郭君康松自告奋勇，常常亲自开车接送师姐师妹，乐在其中。

熊老师的故事还有很多。比如他还很有经济头脑，居然找道观化缘，弄了几十万出版一大套“道家道教文化研究书系”；比如他时常拿着美女处长的照片到行政楼不定期“巡视”；比如他坐长途汽车有晕车的毛病，但有出版社美女谢琴等同行，就一点也不晕；还比如他打乒乓球风雨无阻，但比赛却是老年组永远的亚军。

熊老师是幸福的，儿女双全，皆有出息。老伴李老师知书识礼，老两口相敬如宾。我每每喜欢和熊老师开点玩笑，师母在一旁总是一脸的慈祥，微笑不语。

2013 年 3 月于武昌桂子山

（作者单位：《华中师范大学学报》编辑部）

劳极乐极大先生

——记我的导师熊铁基教授

徐　华

熊铁基先生是我的博士导师，如今我已经毕业整整二十年了，熊老师也即将步入米寿之年。虽然光阴荏苒，如逝水流沙，但记忆之中那些师生相处的往事，就像珍珠贝壳，随岁月而沉积深藏，不时闪耀光芒。

熊老师家的客厅里，悬挂着一幅“劳极乐极”的大字，每次来到熊老师家，一抬头总会看见。后来才知道，这是刻在华山一个峰顶的摩崖石刻，意思是不经过辛苦劳极的努力，就体会不到登顶山峰的极致快乐。我感觉这四个字也恰是熊先生作为老一辈学者的生动风骨，那就是生命不息，学问不息，始终在攀登，始终在体味劳极乐极的快乐。

二十多年间，每回到熊老师家里拜访，谈论的话题，除了开始的问候和寒暄，很快就会转到学问上。除了我们汇报自己的学习情况，更多的是熊老师谈论他正在做的研究工作。他或者讲述自己手头正在进行的课题，或者拿出正在书写的论文手稿，描绘自己正在冥思苦想什么问题，有了什么新的发现、新的思考、新的收获。这个时候的熊老师，是眉飞色舞、神采飞扬的熊老师。2018 年 4 月，我赴两湖查阅资料，再到熊老师家里拜访，先生的身体大不如从前，肺部有了什么问题，会偶尔一阵咳嗽。但这些他似乎都是不在意的，熊师的态度是，人总是要老化的嘛！但转眼之间，话题又来到了正在写作的论文是清理道教的源头问题。过去学术界把道教的源头定在张道陵，但先生认为这是不合史实的。至少战国末年的方仙道、黄老道甚至王母道都带有本土宗教的性质，应该作为道教源头的一个部分呀！接下来又谈到前几天将《老子集成》又从头至尾翻阅了一遍，发现了一些问题，同时也从纵向的角度全面观察诸家注释，可以有很多新的看法，比如刚写的论文。说着，老师拿出他刚刚在《哲学研究》上发表的文章《抱道持身，履践三宝——如何解读〈老子〉六十七章及其他》，就是用了这么一种系统观察的方法……

而从熊老师的家里出来，我都会惭愧得无地自容。熊老师把学问一直沉淀到血液里、细胞里，内化为生命的一个部分，根本无关年龄，无关一切外在的因素，所谓“好之者不如乐之者”。再反省自己，我们更缺乏的实际上是这样一种投入的境界和始终燃烧不止的激情啊！

熊老师还是一位大先生。在带学生的过程中，他以博大的胸襟包容学生的过失与不足，也以细腻的心思体察学生的问题与困难。正如赵国华老师开玩笑地说：“熊老师带我们出去开会，就像一个老母鸡呵护他的小鸡仔一样。”的确，从购买车票到吃住一应事宜，事无巨细，必件件落实。甚至年过不惑的大弟子，也乐得被熊老师照顾。每年的毕业季，毕业的博士生和在读的几位，就可以享受到熊老师家宴的待遇。二老辛辛苦苦张罗一桌饭菜，学生们来了，熊老师总是笑吟吟地拿出他柜子里的半瓶白酒，然后假装严肃地告诉大家：“可不能喝多了呀！”可最后往往是有学生跟着熊老师到他的酒柜里，再源源不断地拿酒出来，然后尽欢方休。熊老师仍然是笑吟吟地在旁边看着这群兴高采烈的弟子。熊门师生间、弟子间的其乐融融，每每回想起来，都充满着温暖和色彩。熊老师的老友黄今言先生每次开会中见到熊老师，都要打趣地说：“熊老师来，色彩就来。”就是指每当熊老师出现，身边弟子环绕，色彩缤纷。

熊老师的包容我是体会最深的。先从入学风波说起。当初考博，成绩公布那一天，我知道考得并不是很理想，虽然已经达到分数要求，但因为名额的关系，不能被录取。这时候，我也已经做好了另谋他路的准备。万般忙碌之中，我却忽然接到熊老师的电话，大意是去争取了一个名额，他说“你可以来上学了。”此时的感受是，眼前的一列火车已经开动了，我还没上车，马上就要错过了，慌乱急迫之中，熊老师突然拉了一把，从此搭上了开往学术世界的列车。熊老师在电话里轻描淡写，但我实在想象不出，这么一件事的背后，熊老师费了多少口舌，花了多少时间为了我这样一个看不出来有什么特殊的学生。人生的道路曲折漫长，但决定命运的往往就是那关键的几步。从此我内心里不断坚定的一个想法是，一定要珍惜这来之不易的通往学术春天的车票，在这条路上坚实地走下去。

熊老师的包容，是耘苗育人的包容。熊老师本来是个急性子，但我印象最深刻的是，他极少跟学生发脾气，也很少当面批评学生，甚至学生犯了错误，也并没有受到严厉的批评，顶多委婉地点拨两句，有待学生自己省悟。读博期间，我怀孕生子，怀着惶恐的心情给熊老师写信，表达自己的愧疚和自责。因为这可能意味着不能按时完成学业。熊老师的回复没有一句责备的话。这个时候我也知道熊老师的不责备其实是用了多么大的耐心。我想，这种包容应该就是给予成长中的年轻人足够的空间，竭尽可能地为年轻人的成长提供各种有利的条件，而避免一切其他的干扰。

熊老师的包容，是启发自悟的包容。记得当初拿着毕业论文初稿来见熊老师，老师收下后认真地阅读批改，很快返回给我，就只说“写得还不错，不足之处我简单标示在论文上了”。仔细看老师的批改，是用铅笔标示，主要是“枝蔓”“可酌”“可删”之类，并没有更多具体的指导意见。拿回文本，我认真琢磨老师说的每一处，再进一步梳理资料，整理思路，全神贯注地修改论文，很多原来没有想通的，似乎也在这个过程中想通了。或许这就像孔老夫子所说的“不愤不启，不悱不发”吧。有一次旁听熊老师的讲座，别人都是坐着讲的，可八十多岁的熊老师是站在同学们的面前，没有任何讲稿，只是以生动的肢体语言和深入浅出的话语，讲述教育与治学的方法。其中记忆尤深的是，他化用了元好问的诗句，说元好问的“鸳鸯绣了从教看，莫将金针度与人”，应该改成“要将金针度与人”才行。当时我还没有特别明白老师的用意，过后才体会到，这是启发学生自悟，让学生在自悟中掌握学习的方法，这是一种多么高妙的教育，正如春风化雨，大象无形。

熊老师的包容，还是深期远待的包容。毕业若干年，有一次回去看熊老师，他说："在文史研究的领域中，真正能够取得大成就的女学者并不多，能够一直坚持到最后的女学者就更少了。"这些语重心长的话，虽然只有寥寥几句，但我能明白，老师希望他的女弟子也能成为有所成就的学者。就这样，即使后来毕业了，离开老师所在的城市了，渐行渐远，但我知道自己从没有走出老师路漫漫而修远的期待。

要说的话实在太多了。在我们这些弟子的心目中，熊老师像率真的顽童，但又是通透的长者，二者得以完美的结合，所以我们既感受不到师道威严所带来的距离感，又能感受到高山仰止的学术敬畏和追寻。熊老师的年龄比我的父母大些。这么多年，熊师二老似乎也将我视作远行的女儿。这份情谊，铭心难忘。孔子说："父母之年，不可不知也，一则以喜，一则以惧。"我心里的愿望是，米寿之期，我们这些弟子要再环绕在熊老师的身边，尽情地举觞痛饮。

（作者单位：华侨大学文学院）

漫读熊师卅八年

洪早清

我是1982年进入历史系学习的，第一次接触熊老师是1983年上半年。当时，他为我们讲授“中国古代史（中）”专业必修课程。自此迄今，我在学校学习、工作超过38年，熊老师对我的关心教导从未间断过，我对熊老师的认知和理解也随着岁月的积累与年龄的递增日渐全面深刻，对熊老师的尊敬与爱戴亦与日俱浓。就在述此之际，我曾与熊老师有一次电话叙谈，熊师反复告诫要说实话，不要夸大和溢美，文风要朴实。下面谨遵师教并结合个人的成长经历谈些熊师印象和熊师品格。

一、活出真性情

熊老师给我的第一印象是做人为人都很率真，从不虚伪矫饰。我感觉他一直是我说我思、我做我想的真人真学者。记得熊老师第一次给我们上课，抱了一大堆书走进教室，没有常规的导言程式，没有系统的内容铺叙，一会儿翻翻这本书，一会儿翻翻那本书，说说念念，每到激动处则手舞足蹈。两节课下来，好多同学不知他到底要讲什么，甚至有位同学当面提出抗议，说他这样会误人子弟。再后来，进入正式讲授，他也不大循规蹈矩，教材上的内容基本未讲。他喜欢介绍史学大师经历和与学者名家交往的故事，喜欢介绍史学著作和引导同学们读书，有时也向我们介绍介绍他的治学体会。当然，对一些历史趣闻，他也乐于在课堂上戏谈，如谢安游山玩水喜带歌女同行、杨贵妃帮安禄山洗澡（“洗儿”）等。这样的讲授以今天的评价标准肯定得不了高分，但从他那里，我们知道了更宽广的历史天地，我们不再拘泥于背诵教材。多年以后，同学们返校聚会，绝大多数第一个问起的老师就是熊老师。今天，大家都在乐道大学的“金课”与“水课”问题，其实，两者都是相对的，只有时间才是最好的证明，能够让学生久久地铭记在心自是有它的道理。

毕业留校工作后，我与熊师相处密切，对熊师的真性情时时处处都能感觉得到。熊师为人直率，他不喜欢做的事很难勉强他，他看不惯的事很难阻止他说出来，他曾自嘲这辈子当的最大的“官”是教研室副主任。知道他的人总是十分羡慕他这种嬉笑怒骂皆顺乎自然的个性。在我的印象中，他与领导相交不卑不亢，与同行相交大方有度，与同事相交不耍心机，与熟人相交随和可亲，与晚辈相交不以老自居，他没有一点架子，从学问大家到一般民工，他都能聊得来。他喜欢打乒乓球，只要在学校，他每天下午都到学院乒乓球室，老老少少打成一片，随便说笑调侃，彼此无所顾忌亦无所计较。他喜欢走近管理服务人员，不太忙或忙中休息时，他一般或到学院办公室、图书资料室，或到学校相关处室走走看看，东瞧瞧西问问，经常是很平易地和年轻人聊上几句，关心一下别人的工作和生活，没有一点学术大家的派头和训语。这种没有压力和功利目的的交流总是让人备感温暖，以至于有些管理干部几天没看到他不免要问问“熊爷爷这些天到哪儿去了”。“熊爷爷”逛行政楼已然成为一道校园文化风景。

人活一世，至道在真。熊师已届米寿，依然目不忌视、耳不忌听、行不拘向、乐天达观，得益于活出一个“真”字来。

二、追求真学问

熊师一辈子在做学问，一辈子追求真学问。以我之肤浅，尤感熊师对学问追求的妙道有四。一是善于发现真学问。他的研究方向最初发端于秦汉史，在这个前贤和近学不断建树的研究领域如何找到自己的“可耕之地”和学术位置？正是基于他的学养积累和学术耕耘的独到眼光，他大胆而又信心十足地将秦汉新道家作为自己的研究领域，率先在学界提出秦汉新道家的观点，并且很快地将自己严谨扎实的思考转化为系列学术成果，迅速产生了广泛的学术影响，同时也奠定了他在秦汉史学界的学术地位。正如刘固盛教授所言，熊先生秦汉新道家的提出与研究，不仅抓住了秦汉思想史上一个十分关键的问题，于道家学术的研究更是难得的创新，既弥补了秦汉史研究的重要一环，也为道家文化研究提供了新的视角。秦汉新道家的学术观点，反映了熊先生研治秦汉史和道家学术的真知，该观点已经过逾三十年的学术检验，堪称“成一家之言”。二是心无旁骛地执着于学术研究。熊师仿佛就是为学术而生的，一辈子读书不辍、思考不辍、研学不辍、笔耕不辍。几十年来，他经历风雨无数，经商潮、从政潮、转型潮等，都没有动摇他那颗孜孜于学术的心。对自己选择和认定的方向，他三十多年一以贯之，始终坚定学术初心和信念，聚焦中心，不畏艰难，勤恳拓展，不断创新。华中师范大学道家道教文化研究中心已成全国道家道教学术研究重镇，如果没有熊师的奠基肇创、筚路蓝缕地规划构筑和痴心不改、全心投入，是难以矗立起来的。而今，该中心一杆树立、枝叶扶苏。近年来熊师虽身体已不如前，但仍然思维敏锐活跃，依然坚持站在学术一线，足为年轻后学的风范楷模。三是在学问上求真较真。他乐于和同行交流学术、分享心得，对自己的研究成果抑或研究观点，他向来以海纳百川的胸襟面对各种学术批评，无论同辈后学，他都能一视同仁地交换学术意见，包容不同的学术争议。同时，他对学界不正常的学风及个别学人不够自觉的现象不愿作壁上观，一事当前则态度鲜明，哪怕是熟人弟子或领导暗示，他也决不因循苟同，不拿学术原则做人情，不屈从于权势。我曾亲见他对学术人情发出雷霆之怒，也曾听闻一些他维护学术尊严而得罪同行和同事的故事。四是在学术上不树门户。他胸怀开放，广结广纳，治史而不局限于史，他的研究领域及研究方法其实早就具有了跨学科特色。他对弟子怎么学向来严格，但对弟子将来想干什么则比较“放任”，弟子对学业的选择和未来发展向度他都能尊重其意愿，唯一不变的要求就是弟子不能满足于现状和自甘怠惰，要做点真事出来。

三、体现真关爱

熊老师对学生的关爱之真也是出了名的，融乐时则会心满意开怀谈笑，惦记处则大要无关絮絮叨叨，不满中则无所顾忌大声责骂。从学中乃有人戏曰：“没有被熊师骂过的不算是熊门真弟子。”实话说，熊师对学生的关心爱护真在真情真意，真在从心率性而为，哪怕是责骂，总能让学生心生暖意。他身上兼有严师与慈母合一之特性，即便随心交谈、叨叨絮语抑或大声责骂，都是他爱生之切的真情流露，饱含着他对学生的丝丝牵挂和无私大爱。以本人为例，熊师对我的关心激励始于我留在系里做教学秘书时。当时，他到办公室来转，除了闲聊，还时不时地问我有没有什么打算，有时甚至直接跟我说：“你不能一辈子这样做下去，做行政不带一点专业，到头来什么也不是。”随后也不时地拉着我帮他做点专业的事，大约是我觉得还过得去、靠得住、可塑造，他便不厌其烦地督促我要长进，还曾多次戏谑我：“三亩地，一头牛，老婆孩子热炕头。”说多了，自然有些逆耳，于是有一次在办公室，我居然很冲动地顶撞了他，事后又为自己的莽撞深感愧疚，心想熊老师不会再理我了，几次想道歉又张不开口。为此，师母李老师（本科时世界近代史任课教师）还提醒我，说熊老师对你的关心比较少见，你不要辜负了他的一片好心。现在想来，当时的我还是有些不更事，不善沟通。过了不久，还是熊老师若无其事地主动问我想通了没有，并用一些前辈的故事来有意无意地开导我。客观地说，在历史系工作那段时间，家庭负担确实较重，实际困难不允许我脱离工作，学校对管理干部在职读研卡得较死。我虽然心有所想，但较长时间未有行动，当然也不排除满足现状的思想作祟。调离学院以后，熊师仍然没有放弃我，依然不时地询问我的工作情况和个人打算。随着自己接触面的拓展、发展压力的增加、学校对行政干部考研政策支持力度的加大以及个人家庭生活逐渐转好，我也感觉再这么拖下去不行，于是毫不犹豫地实施起了自己的读硕、读博计划，并在熊师一路关心之下一气呵成，顺利获得硕士、博士学位，个人知识与学习能力借此得到进一步提升，为后来的发展奠定起了新的起点，同时也获得了更多的人生感悟。

熊师对我的关爱最为难得的是无私的包容。记得考博那年，他鼓励并接纳我考他的博士，甚至连未来的研究方向都帮我规划好了，但是我经过深度调研和慎重思考，怀着惴惴不安的心向他陈说了我的顾虑和难处，恳请他允许我转向明代政治史。说是说，其实内心也做好了他不同意的准备，即下决心啃硬骨头。没想到，不到两天，他欣然同意了我的请求，并向我谈了他的一些看法和指导建议。整个读博过程，熊师从未间断过问长问短，特别是关于做历史研究的方法和精神教诲尤多。他虽然不是专搞明史研究的，但我的毕业论文稿呈送给他后，他十分认真地从头到尾审阅了一遍，并指出其中的错漏及不当之处，提醒该加强的地方。其后，整个毕业论文答辩过程，他从头听到尾，末了，还认真地帮我分析答辩专家提出的问题和建议。说来遗憾，原本决心趁热打铁坚持做个业余史学研究者，未承想不久学校要我干教师教育工作，行有行规，行其是而不懂其道可乎？无奈，我忍痛割爱，再度转行，重新开始学习、理解教师教育，并在做研结合中亦渐渐小有所得。让我十分感动的是，熊师并未因我的“三心二意”而不满，反而劝慰我：“你的选择都是工作需要，工作是大局，你个人也左右不了，只要你有所寄托，能做点东西，莫荒废自己就行。”这几句朴实的话早已成为我的生活支柱，每每想起熊师所嘱，还真不敢随便浪费时间。真爱无疆，熊师虽已不能如前般疾步如飞、频繁走动，但对我现在做什么、想什么抑或写什么还在过问着，还在关心着。我曾数度反思，与熊师相遇真是我人生之大幸，我确无什么值得他看重，但熊师不以我之愚钝而弃顾，坚持以宽仁厚爱点化和鼓励我。没有熊师的持续烛照和点亮，没有熊师的谆谆教诲与循循善诱，我此生也许就会随波逐流、一无所展、疲沓空落地守到退休罢了。

四、展现真精神

人是靠精神活着的，活不出精神的生命很难彰显其积极意义。熊师一辈子自强不息、冲锋不止，追求生命的实在意义。在我看来，他是一座既非高不可攀、难以接近又非不可捉摸、缺乏血肉的生命丰碑，他把学术、生活、精神化作一团永远燃烧的烈火，他可敬、可亲、可道、可范，是一面现实生活中的人生旗帜。在学术上，他那咬定青山的学术信念和独立不移的人格魅力让多少人为之汗颜；在生活中，他顽强地面对生活，他关爱家人、同仁、弟子与同事的真情实意，他达观自在、乐做真人的生活态度让多少人深受感染；在做人做事中，他敢讲真话、不卑不亢、表里如一的个人风格让多少人自愧不如；在生命意志里，他没有止步、停歇、屈服的概念，他始终在用一种强大的精神力量不懈探寻和奋进，他追求生命存在的方式让多少人钦佩景仰。什么是真精神？那是历经世道沧桑、生命淬砺之后沉淀下来的人生真谛和精魂，是虽九死其犹未悔的执着和坚守，是完全融入血液而浑然于生命中的节操。大学人喜欢谈论大学文化，却常常忽略文化的承载者——真实存在的人。其实，在大学中，不是每个人都能够得上大学文化的一分子，有品位的大学文化常常是由大学中一代又一代卓越而有影响的人物锻造或折射出来的。大学文化的内核其实就是活的精神，是敬畏知识、诲人不倦、追求真理、坚守学术、富于批判、守正创新、奋斗不息的综合表征。在大学文化变得日渐虚浮、大学精神日渐式微的当下，像熊师这样富有文化意义或文化象征的老先生应该得到进一步尊重和崇敬，他们的精神价值和文化意义应该与学术一样得到进一步挖掘和阐扬。“苍龙日暮还行雨，老树春深更着花。”治学道学是熊师的生命底色，求真务实是熊师的精神品格，他的一句口头禅“一经登台，便见分晓”道尽了学问的本质。熊师如一壶清茶、一坛老酒，初抿难解其味，慢品则回味绵润悠长、泽惠终生。读熊师，能读不易，读懂更难。衷心祝愿熊师生活快乐！健康长寿！学术长青！

2020 年 12 月 6 日

（作者单位：华中师范大学教师教育学院）

经师易求　人师难得
——写在恩师熊铁基教授米寿之际

胡　军

我从2006年完成博士阶段的学习，阔别美丽的桂子山今已十五个春秋，虽与恩师同在一座城市，也时常聆听恩师的教诲，但在他的米寿来临之际，回忆起当年我在母校华中师范大学求学的点点滴滴，至今历历在目，思慕良多，聊记一二以表达对恩师的崇拜与感激之情。

我与恩师的相识可谓“道”缘。2002年11月，供职于武汉音乐学院的我参加组织武汉音乐学院中国道教音乐研究培训中心成立大会，时任全国政协常委、中国道教协会会长的闵智亭道长以及全国各地的道教文化学者和道教名山宫观代表莅临武汉音乐学院参加庆典。此前，我素仰恩师学识但一直未能谋面，只有冒昧拨打恩师电话邀请其与会。恩师的慷慨允诺和与刘固盛教授的到来令我们喜出望外，我也从此与恩师结缘。

2003年，母校华中师范大学迎来百年华诞。这一年，在恩师的关心和鼓励下，我在职考入学术氛围浓厚的百年学府攻读博士学位，受业于恩师和吴琦教授门下。此前，我的学术经历主要集中在中国传统音乐文化领域，有过一些道教音乐的实地考察和学习体验，虽也出版过几本著作，但在文、史、哲方面的基础仍较为薄弱，学术功力、思想深度、领域广度、理论高度均有待提高，这也更加激发了我继续求学的愿望。恩师渊博的学识、严谨的学风和平易近人的师德风范令我难忘。根据我的学习情况，恩师对我进行了悉心指导，无论是对我培养方案的制定，还是指定我所阅读的书目，以及创造条件让我参与的诸多学术会议和研究课题等，都凝聚着他的心血。

我在母校求学期间，正值华师道家道教文化研究的学科与平台建设步入黄金期。2002年11月，在学校领导和历史文化学院的支持下，经过恩师的统筹协调和刘固盛教授的有力推进，华中师范大学道家道教研究中心正式成立，并在专门史学科内设立道家道教方向招收博士和硕士研究生，我应该是这一学科建设成果的受益者。在随恩师学习的过程中，有两件事情令我记忆犹新，我也从中感受到他在道家道教研究中心学科建设上的远见卓识和辛勤付出。

一、“道家道教文化研究书系”的策划与出版

华中师范大学道家道教研究中心成立后，恩师作为创始人，在中心成立之初就开始酝酿一项庞大系统的学术计划，即希望依托道家道教研究中心的学术平台推出系列道家道教研究学术成果，以此打造中心学术品牌，培养专业领域人才。他时常对我们讲，道家道教研究中心的老庄学研究已经形成了自己的优势与特色，但在道教研究上还要大力发展，要注重道教历史、文化与思想方面的研究，要善于汇聚道教界的学术资源和加强对外学术交流。

恩师的叮嘱和期望深深触动了我们，也调动了师生为道家道教研究中心发展建言献策的积极性。由于我自1994年起就涉足江苏茅山道教音乐的学习和研究，多年来与江苏茅山道院杨世华会长及道众在道教音乐研究上长期合作，具有学术交流的前期基础，便在入学的第二年，向中心推荐将江苏茅山道院作为合作对象。得到恩师的首肯后，我于2004年专程赴江苏茅山道院，约见杨世华会长和郑志平、冯可珠副会长等道协领导商议此事。鉴于母校的学术影响和恩师的深厚学养，茅山道院欣然同意每年提供专项资金支持，由华中师范大学道家道教研究中心提供学术支持，共同开展道家道教文化研究和人才培养。2005年，在恩师和刘固盛教授的策划下，由

华中师范大学道家道教研究中心、茅山道教文化研究中心联合主办的“道家道教文化研究书系”，在华中师范大学出版社社长范军教授的大力支持下陆续推出。“道家道教文化研究书系”成立编委会，由恩师和杨世华会长担任主任，刘固盛教授担任常务副主任，并礼邀著名学者陈鼓应、唐明邦等担任顾问，编委会委员则由武汉大学、华中师范大学、武汉音乐学院、湖北道教协会、武汉市道教协会、江苏茅山道教协会的专家、学者组成①。恩师为“道家道教研究书系”撰写总序，在序中他对书系寄予了殷切期望：“希望这个书系能够坚持下去”，“希望这个书系在日后的实践过程中形成它自己的特色。”恩师曾对我们讲，这个书系一定要做好，要组织好的稿源，一本一本地做，以后摆在一起成系列就好看了。我理解他所言的“好看”是对书系学术成果的期盼，也是对书系出版质量的期望。多年来，在恩师和刘固盛教授、范军教授等统筹推进下，书系先后出版《老子其人其书及其道论》（詹剑峰著）、《道论》（［韩国］李顺连著）、《道教南传与岭南文化》（王丽英著）、《葛洪研究论集》（刘固盛、刘玲娣编）、《茅山道教志》（杨世华、潘一德编著）、《明清时期武当山朝山进香研究》（梅莉著）、《当代正一与全真道乐研究》（胡军著）、《葛洪研究二集》（杨世华主编）、《道家思潮与晚周秦汉文学形态》（徐华著）、《道教老学史》（刘固盛著）、《天师道传说汇考》（刘守华著）、《英语世界老学研究》（吴雪萌著）、《清代老学研究》（王闯著），《国家、宗教与社会：以近代全真宫观研究为中心的探讨（1800—1949）》（付海晏等著）等道家道教研究著作。其中，既有对道家道教经史典籍的研究，亦有道家道教文化研究新论，还包括五部博士学

① “道家道教文化研究书系”首届编委会编委（按姓氏笔画为序）：王平（湖北省道教协会、武汉市道教协会）、王玉德（华中师范大学）、史新民（武汉音乐学院）、刘守华（华中师范大学）、刘韶军（华中师范大学）、何春生（江苏茅山道教协会）、陈建宪（华中师范大学）、范军（华中师范大学）、胡军（武汉音乐学院）、萧汉明（武汉大学）、董恩林（华中师范大学）、潘一德（江苏茅山道教协会）。

位论文和博士后出站研究报告，彰显了“道家道教文化研究书系”在学术研究尤其在道家道教研究人才培养上的积极作用。

在“道家道教文化研究书系”的建设中，恩师坚持学术标准，积极鼓励推出新人新作，定期组织召开书系编委会学术会议，还不辞辛劳赴茅山道院进行实地调查和开展工作交流。正是在他的全力倾注下，华中师范大学“道家道教文化研究书系”在较短的时间内便在社会上产生广泛的学术影响，成为华中师范大学道家道教研究中心一张靓丽的学术名片。

二、《道教文化十二讲》的策划与出版

在积极加强华中师范大学“道家道教研究书系”建设的同时，恩师也十分重视中心的教材建设和文化推广。2003 年 4 月，恩师积极推动中心与湖北省道教协会在母校联合举办全省道教文化研习班，参训的学员主要为全省各地道教宫观的“当家”人。此举是高等学校科研机构与道教界学术合作的有益尝试。授课教师主要来自在汉高校和中国道教协会从事道家道教文化研究的学者，其中多位是华中师范大学“道家道教研究书系”的编委会成员。当时，道教文化研习班的教学活动没有统一使用固定教材，学习资料主要为授课教师的讲义和研究文稿。针对这一情况，恩师认为应该将学术资源的利用与中心教材建设和文化推广相结合。记得当时他曾对我们讲：“詹石窗教授撰有《道教文化十五讲》，我们也可以将道教文化研习班讲座成果形成特色，出版我们自己的《道教文化十二讲》。”根据他的动议，刘固盛教授积极组织道教文化研习班讲义作为《道教文化十二讲》稿源，形成系列十二讲。第一讲：《道藏》文化价值的多棱透视（唐明邦）；第二讲：道教经典略论（董恩林）；第三讲：《周易参同契》的易学思想（萧汉明）；第四讲：道教炼丹术对古代科技发展的影响（唐明邦）；第五讲：唐宋道教内丹学论纲（刘固盛）；第六讲：道教与民间文学——以八仙传说为例（刘守华）；第七讲：道教对中国神话的继承与发展（陈建宪）；

第八讲：道教音乐（胡军）；第九讲：庄子及其思想简论（刘韶军）；第十讲：“三玄”的生态观——兼论“三玄”生态观在道教建筑中的体现（王玉德）；第十一讲：道教神仙信仰的思想渊源（刘固盛）；第十二讲：人皆可以为神仙——葛洪神仙论的现代诠释（熊铁基）。2004 年，恩师和刘固盛教授主编的《道教文化十二讲》由安徽教育出版社出版。恩师在书序中对道教文化研习班主讲和编写人员做了介绍，也对该书的出版价值和学术意义进行了阐释：“一是可以供今后举办类似的研习班选用，二是为广大道教文化爱好者提供一个参考读物，或者可以说‘雅俗共赏’。”

《道教文化十二讲》的策划与出版是恩师在道家道教研究中心成立后，与华中师范大学“道家道教研究书系”同步推进的道家道教文化建设专项，这些工作为中心人才培养奠定了坚实基础，对中心的学科建设产生了积极影响。在这些专项策划与建设中，他始终淡泊名利，不计个人得失，体现了高风亮节的为师风范。

多年来，由于研究工作的需要，我曾造访过众多的道教名山和宫观，均得到众多经师和乐师的热情接待和帮助，对道乐共同探究的情形令人难忘。但能成为熊门弟子，则是我人生幸事。恩师甘为人梯、奖掖后学的师德令我敬仰和感激。经师易求，人师难得。我沐受师恩，蓄积于心。

在华中师范大学求学期间，恩师和师长们的“传道、受业、解惑”使我受益终身。在恩师、师长们的指导和帮助下，我的博士学位论文《当代正一与全真道乐研究》获评湖北省优秀博士学位论文，还入选华中师范大学“道家道教文化研究书系”出版，这些都体现了恩师、师长们对我的关爱。“博士论文得到肯定，现在又正式出版，是胡军学术生涯的一个里程碑。今后的学术之路还要走下去，希望有新的更大的里程碑出现”——每当我看到恩师对我鼓励和鞭策的文字，心中无限温暖又深感不安，唯有努力做出更多成绩，才能不负恩师的厚爱与期望。

近日，我拜读了 2020 年 6 月 27 日《光明日报》上的恩师大作《孔子问礼于老子再议》，米寿之师依然笔耕不辍，令我感慨、敬佩又汗颜。在此，敬祝“天真烂漫”的恩师百岁青春！福寿无量！吉祥安康！

（作者单位：武汉音乐学院教务处、中国道教音乐研究中心）

“了得”熊师

王丽英

熊师“了得”，引人注目，我三进熊门，拜师求学，都是仰慕熊师的“了得”而去的。

一

熊师的学问了得，是有目共睹的。早在20世纪80年代初，熊师已经在秦汉史、隋唐史、军事史、思想文化史等多个领域成绩斐然，蜚声学界，作为当今名师，“熊粉”自然不少，我算是其中一个。1987年9月，我第一次前往华中师范大学就读中国古代史助教进修班，就是听说这个班由熊师主讲才报的名。后来，听班上的一些同学说，他们也是慕熊师之大名而来的。熊师讲课与常人不同，他不带书本，也不用讲稿，满腹经纶，脱口而出，引经据典，滔滔不绝，纵论古史，褒贬人物，声如洪钟，气势如虹。讲到兴起，熊师会把袖子卷起来，把双手分按在讲台上，摆出一副“大师”的架势，悠然自得的样子。应该说，听熊师讲课是一种享受。因为仰慕熊师的高深学问，1998年9月，我作为高级访问学者再次走进华中师范大学，这次从真正意义上成为熊师的入室弟子。高访一年，在熊师的悉心指导下，我起早贪黑，连写带发了四篇C刊论文，明确了我后来的研究方向，我为自己的收获而欣慰，熊师也为我的成绩而高兴。不过，我也因此没少挨熊师的批评。有一次，熊师发狠话了，说：“你呀，不能再这样搞了，天天做到深更半夜，通宵达旦，不要命了呢?!短平快不行的，以后不能这样干了。”那声音近乎吼，我本想解释几句，看他通红的脸，吓得连忙把话吞回去了。随着接触的增多，我发现熊师不但学识渊博，而且深不可测，为了跟从熊师学到更多的学问，我于 2000 年 9 月第三次来到华中师范大学，再次走进熊门，拜师读博。坦白地说，正是因为仰慕熊师的学问了得，我才走上了学术这条不归之路的。

二

熊师的记忆了得，也是众所周知的。记得当年我们助教班共有十五名同学，来自全国各地高校，大家都互不相识，但就在第一天上课时，熊师竟然叫出每位同学的名字，还说得出来自哪里，谁成家了，谁有孩子，甚至爱人干什么工作的，他都能一一道出，大家都瞠目结舌：熊师怎么知道的呢？熊师的记忆实在太惊人，也太吓人了，以至于有些同学私下相互问道：“熊师跟你是老认识?”大家都说不是，这就奇哉怪哉了。后来，我问起熊师究竟怎么回事。熊师说：“这有什么呢！我是在给你们上课的前一个晚上，看了一遍你们的简历而已。”看来处处留心皆学问一点不假。熊师记人厉害，记书也忒好。他家原来书房不太大，但藏书特别多，一屋子都是书，书柜放得满满的，桌面摆得满满的，就连地上也堆得满满的，一不留神脚随时会踢到书。就是在如此纷乱之下，熊师可以不假思索地在顷刻间找到他要的书，或者你要的书，叫人折服。我问熊师有什么记忆诀窍，熊师说：“用多了自然就记住了。”这大概就是熊师常说的熟能生巧吧！

三

熊师的为人了得，更是有口皆碑的。熊师向来与人为善，不与世争，淡泊名利。他常常说，官可以不做，学问不能不做。他以身作则，“官”最大也是做到教研室副主任和道家道教研究中心主任、名誉主任，也是与学术密切关联的。熊师从不沽名钓誉，他跟当今的一些“老板”不一样，不轻易叫学生干活，也不侵占学生成果，他不要学生发文时加上他的名字，哪怕那文章经他悉心指导和凝聚他的心血。记得有一次，我主动提出在文章中署上他的名字再投稿，熊师说：“不要署我的名，你要评职称，发一篇是一篇，越多越好。我呢，不用评职称，多发一篇少发一篇，问题不大。”他不让我署上他的名字，所以迄今我都没有一篇文章是与熊师联名发表的。现在回想起来，总觉得是一种遗憾。熊师关心学生，不以为报，我是到熊师家“蹭饭”“蹭汤”较多（最多）的人。每次，要不就是李老师提前到菜场备料，要不就是我和李老师一块去菜场采购，回家一起做。熊师呢，有时会帮忙剥剥豆子，择择菜，较多时候是拿上两个碗到食堂打两三个菜回来，说是要给我们加菜。我和李老师一边说着相同的“鸟语”，一边尝着美味的粤菜，嘻嘻哈哈，笑声不断，在一旁的熊师也会跟着痴痴地笑。我问熊师：“您知道我们在讲什么吗?”熊师答：“听不大懂。”我说：“那您笑什么?”熊师说：“看你们高兴，我也开心啊。”李老师接过话茬说：“不对，他听得懂的，我们不能说他的坏话，不然，他会不高兴的。”饭后洗碗的活基本上是熊师包的。有一次，我想接手洗碗，但熊师不让，他说：“李老师皮肤不好，不能接触洗洁精，尤其冬天手长冻疮，不能沾水，所以我都习惯了洗碗，你过去陪李老师聊天，逗她开心就好了。”哈哈，好一个知妻莫如夫的典范。熊师还一再感谢我经常跟李老师聊天，解她的乡愁，其实这又何尝不是慰我的乡思呢。熊师扶掖学生不遗余力，我天生愚笨，加上异地求学，一路走来，磕磕碰碰，幸有熊师的指引和帮扶。熊师经常跟我说：“做学问要脚踏实地，尤其做史学研究，马虎不得，一定要细读元典，别人引的那句话，不一定引对，可能前一句，或后一句更好，学问往往就在字里行间。”我谨遵师训，每当写完论文，我都会核实原文。记得有一次，我到熊师家取论文，看到熊师站在小梯子上翻书，人在半空，那个危险啊，快把我吓死了。我问他干吗，他说，我先前要你核实文章中每条史料，我要抽查几条，看看你有没有照我说的去做。哦，原来熊师是担心我偷懒。我想幸亏我之前核实多次，不然又要挨批了。我问熊师抽查结果怎么样，熊师说还好，都没问题。经这次抽查后，我发现熊师对我比较放心了。我博士毕业不久，熊师就把我的学位论文纳入了“道家道教文化研究书系”予以出版，这为我后来晋升职称提供了便利。熊师以他博大的胸襟关心和帮助他的学生。前几年的一天，我的同学来电告诉我一个喜讯，说他的博士论文也出书了。我祝贺他之余，问他怎么出的，他说是熊师帮忙出的。熊师说“当年帮了王丽英出书，后来也陆续帮其他一些同学出书了，也应该帮你出的，这才公平，只是你的书与她们的不是同一类，要等机会”。原来，这些年来熊师一直没有忘记帮这位同学出书一事，这次正好有机会就把他的学位论文推荐出版了。时隔十多年了，熊师说到做到，感人至深啊！熊师心中装的都是学生和学生的事情。前两年，熊师利用到广州参加学术会议的机会，专门安排了一个晚上召见在广州的熊门弟子。在饭桌前，熊师打开随身的一袋东西，从中拿出好几个小包裹，嘴中说道：“这是你的，这是他的，这是她的”。然后把一个个小包裹一一分派给我们。我打开一看，那是我历次求学期间留在熊师家中的读书札记、论文手稿，还有借书条、书信、照片等等。看着那一沓已经发黄但又保存完好的纸张和照片，我惭愧难当，我自己的东西都没有保存得如此完好。今年 4 月 20 日熊师生日那天，我在微信上向他祝寿时，熊师说又找到我当年的一份手稿，问我发了没，我说发了。熊师说那就好，继续写。那份手稿是我读博期间撰写的，当时熊师和李老师要外出参加会议，就叫我过去他们家小住几天，帮忙看家。由于得到熊师和李老师的信任和特许，我得以随意翻看熊师的藏书，读书之余，我写下了这篇小文。熊师回来看完后，评价蛮高，提了修改意见让我改，后来投出去，很快就刊发了。没想到，快二十年过去了，熊师还收藏着、惦记着。更难得的是，熊师还鼓励我继续写。熊师语重心长，我瞬间泪目了。

近日，看到已近米寿之年的熊师依然笔耕不辍，在高端刊物上发表大作，这又是何等的了得！熊师尚且不言退，我等又岂敢封笔。

最后，借此向一直关心扶掖我的熊师致以衷心的感谢！祝熊师生日快乐，身体健康，寿比南山，笑口常开。

2020年7月1日写于广州金桂园

（作者单位：广州大学人文学院）

师之楷模
——吾师熊铁基先生

罗　米

恩师熊铁基先生今年米寿，他从事历史学研究已近七十年了，但至今依然坚持不懈地进行科研和教学工作。正如他所说的："学历史、教历史、研究历史已经是我生活的一部分，也成了我的一种习惯。"2016 年 9 月，我有幸进入华中师范大学跟随先生读书，其后所学使我受用一生。

2013 年 9 月，我刚开始学习秦汉史，最早看的秦汉史相关的书就是钱穆先生所著的《秦汉史》和熊先生与安作璋先生合著的《秦汉官制史稿》，也由此吸引我又找来先生所著的《汉唐文化史》认真研读，心中更加敬仰。后来跟随先生读书，才了解他和安先生合著《秦汉官制史稿》的详情以及他和安先生的友谊。2015 年 11 月，我怀着忐忑又激动的心情联系先生说想要考他的博士，想着这样的学界泰山北斗定是很威严，不会轻易回复陌生号码的短信和电话的，没想到先生回复了我的信息，还接通了电话。一听先生很和蔼，我便傻傻地问："熊先生，您有没有想要招的学生了？是不是优先要本校考博的学生？是不是优先要男生？"对我的冒昧和莽撞，先生和蔼地回答："不会有提前定下的，不会优先本校学生，也不会优先男生，我们是很公平的。你想读就认真准备，好好看书。我们是公平公正的，公平竞争。"挂了电话，我才突然意识到自己太过激动，不该这样说话。所幸后来真的进入先生门下。

恩师熊先生在学术上严谨认真、精益求精，让我受益终身。只要有稿子交与先生指导，每每朝送而暮返，必提出宝贵意见，屡次修改。尽管拿去的稿子拙劣鄙陋，先生都会认真地看，并多次提出修改意见。曾有一稿子，先生指导我修改了七遍之多，加上最后一次，共帮我看了八遍。再如学位论文在写作过程中先生一遍遍地指导和督促，时时关心写作进度和质量，稿子写作和修改过程正值江城天气多变之时，先生数月身体不适，多次在校医院输液，但只要一听说要请他帮忙看稿子，必然让送去。我好几次要请先生看稿子，打通电话才知道他正在输液，但他都坚持让立马送去校医院。每遇先生身体不适却还不厌其烦地帮我修改稿子，往往痛惜自己才薄，让他操劳。先生还让我们要多请教不同的老师，并帮忙联系好。我的毕业论文修改时，先生多次联系赵国华老师和李晓明老师，请他们帮忙审稿，从不同角度提出不同的问题。先生说："学习要懂得'学''问''思'，要会学习，会思考，会提出问题，会和老师交流解决疑问。"所以每个星期，先生都会了解我们的学习情况，问我们有什么疑问需要他解答。基本上我们一个星期没去找他，他便找我们了。尽管先生对我们学习上要求严格，若是稿子写得不好，定当场批评并提出问题，但我从未觉得有很大压力，因为问题指出完毕，放下稿子他便又是和颜悦色的。

先生平日对我们的关心，是我在读博三年中未觉压力还有些许轻松的重要原因。每当听到其他同学感叹压力之大，我更感激自己有一位好导师。每次去见先生，他都会拿一些零食、水果和牛奶让我们带回。先生家就在图书馆后边，好几次我正在图书馆，被叫去询问近日读书情况，回来时满载好吃的，一起学习的同学见状都羡慕地笑说："你们熊爷爷太好了，每次去都给你拿各种吃的，把你当小孩子看呢。"我读博一时，先生的在读学生不少，但在校的只有我和师兄两人。每个周末，熊老师都会叫我到他家去拿一大袋子水果和零食给我们两人。第一次叫我去时，我心想刚刚见过两天还没有看什么书，没有什么学习心得，没想到一开门先生却说："你把这袋水果拿去消灭了，没有其他事。"到了寒暑假，哪天我们要回家了，先生都会提前提醒我们要早点出发，不要误车。如 2017 年 7 月初，学校刚放暑假，我和师兄订了同一天的票，要回家的当天不到八点，先生就打电话问："还没起床？早点准备，要早点出发，别去晚了赶不上车。"到十点时，先生又打电话确认我们是否按时坐上车，为拖延症的我们时时操心。去武汉站途经“铁机路”地铁站时，我们笑说：“每次到这个站就想到咱老师，像是以老师的名字命名的一样。”先生不仅关心自己带的学生，对其他学生也同样关心，所以我的同班同学常有人让我带他们去向先生请教。每天早上十点多和下午四点，熊老师都会到学院转一圈，或是聊聊天，或是打几场乒乓球，也常带零食去给资料室的学生和在办公室的助管学弟学妹们。同学们私下都喜欢叫他“熊爷爷”。

除了学习的指导和生活的关心，先生还教我说话做事。他知我一向不善言辞，要去请教其他老师，他都会告诉我注意说话，有时候他发现我说错了，会暖心地提醒：应该这样说，这样说更好。我到昆明理工大学面试前夕，先生还特意嘱咐：“胆子大一些，放心地讲，不会有什么问题。”如今我也即将要带研究生了，先生是我的楷模，我也希望在工作和学习中遇到像先生这样的良师益友。

得遇良师，终生之幸，怀念在校期间先生对我谆谆教诲的日子。2019年6月毕业到现在快两年了，我不能常回去看望先生。平时联系，他也是说自己很好，反倒更关心我们的生活和工作。我便常联系在校的师弟师妹了解先生的状况。今年是先生米寿之年，祝福先生松鹤长春，健康长乐！

（作者单位：昆明理工大学中国近现代社会发展教学研究中心）

难忘的游学

刘付靖

我是“文化大革命”后恢复高考的第一届本科生，对汉朝时期的匈奴民族产生兴趣，本科毕业论文以此为题。毕业后，我在一个社会科学研究机构工作。当时，我看了很多小说。恰逢刘亚洲出版了一本长篇小说《陈胜起义》，我也打算写一本汉朝匈奴人的小说。写了大纲和第一章、第二章之后，我寄给出版社。有两家西北地区的出版社回信说完稿后可以寄给他们看看。我大受鼓舞，继续写作，但逐渐感到参考资料不足。由于匈奴的历史是在西北，我就萌生了考到西北地区院校读研究生的想法。有个当地同事是北京一所大学毕业的，说我们南方人适应不了北方的面食，当时南方的大米在北方是珍稀物品。又有一个当地同事是武汉一所大学毕业的，说武汉的主食是大米，冬天不是太冷，南方人可以适应。我是在海边长大的，喜欢游泳和吃鱼，熟知毛泽东的那句诗词“才饮长沙水，又食武昌鱼”，因此决定报考华中师范大学熊铁基老师名下的秦汉史硕士研究生。

1984 年至 1987 年的读研经历非常宝贵，导师熊铁基先生和师母李雪松老师堪称为人师表的典范。他们夫妇两人对待学生如同子女，我们铭记于心。能够成为他们的学生，加入熊门这个多达百余人的学术大家庭，是我人生中的一大幸运。前几年有位同学建立了熊门微信群，熊师也在群里。

去年我退休了，有空就参加群里的互动，在这里能够与师友们聊聊天，重温当年的校园美好时光。

读研的经历扭转了我的职业方向，本来我只是想做一般的文化工作，但是获得硕士学位以后就在一所大学里教书和做民族学研究。去年我的职业生涯结束了，我盘点了一下，我读了十多年书，写了两本学术小书和十多篇学术文章，指导过二十多个硕士研究生，自觉人生圆满，没有遗憾，但都只是稻粱谋而已，真正让我觉得最有价值的还是读研后期走了几千里路的学术游历。

当时每个研究生有一笔 100 元左右（具体数字不清楚）的社会考察经费。当时的平均月薪是几十元，1990 年至 1991 年我请个小保姆照顾孩子，要支付其月薪 30 多元。近十多年以来，很多大学的文科硕士研究生每人的社会考察经费是 1000 至 3000 元不等。今年国家人力资源和社会保障部公布的全国各地最低工资收入数字，最高的是北京市和深圳市，月最低工资标准为 2200 元；最低的是安徽省，为 1180 元。今年 5 月 28 日，国务院总理李克强在记者会上说，“有 6 亿人每个月的收入也就 1000 元”。由此可见，三十多年前的研究生教育是很受重视的。读研期间，我用这笔经费与赵国华师兄和桑士显同学一起到咸阳、西安、敦煌、吐鲁番、乌鲁木齐、呼和浩特、太原、大同、北京等地游学，其中新疆是我独自前往的。将近一个月的游学，我们看到了很多秦汉时期的历史古迹和人文风情，基本上都是原始风貌，印象深刻难忘。十多年以后，我重游了其中的几个地方，商业化发展很快，已经看不到当年的原始风貌了，非常遗憾。此后，我再也不到这些地方旧地重游，以免破坏了当年的美好记忆。

特此谨记。

祝敬爱的导师熊铁基先生安好！祝同学们安好！

2020年5月31日于广州

（作者单位：广东技术师范学院民族学研究所）

师道有常　润物无声
——熊门问学感悟录

张亚群

在个体成长过程中，教育与环境的影响无所不在，师者之地位与作用不可移易。好的老师，不仅传道、受业与开发心智，也改变求学者的命运。社会环境不断变化，教育的目标、内容、方式和场域与世推移，而师道有常，不绝如缕。从韩愈阐释的“道之所存，师之所存也”，到梅贻琦倡言的“所谓大学者，非谓有大楼之谓也，有大师之谓也”，古今大家所论，无不凸显师道之恒常价值。人生幸事，莫大于知遇良师，良师教诲，如春风化雨，润物无声。“师有四术”，“弟子通利则思师”。离开桂子山，不觉已逾二十八载，昔日的学习生活记忆犹新。今逢熊铁基先生米寿之际，回顾师门问学之路，师恩博厚，感念不已。

初入师门

熊门弟子众多，我是前期的一名小硕士。1989 年，我考入熊老师门下，学习汉唐文化史，同届入学的还有定芳师弟。当时研究生招生人数很少，这届历史学硕士生中，除了中国古代史专业的我们两人，还有近代史研究所的张继才同学。报考过程中得到师门关怀，使我备感温暖。

当年参加研究生复试途中，正赶上一场政治风波。我第一次来武汉，下了江轮，坐轮渡到武昌。询问路线，上了武汉长江大桥（那时候没有二桥，更没有三桥)，准备乘车去华师，只见武珞路上都是学生，公共交通中断。无奈之下，我只得乘坐私人摩托车（当地俗称麻木）赶到华师。在文史楼见到赵国华老师，他带我去见梅林师兄，安顿下来。次日参加面试，三位老师和蔼可亲。熊老师问我一些个人情况后，开始问些专业问题，为何报考，看了哪些专业书，书里讨论什么问题等。记得当时我回答读过《盐铁论》，并谈了其中有关治国问题的讨论。当然，对一个尚未入门研究的考生来说，回答这些问题难免浅薄，但熊师和其他几位老师并未深究。复试在轻松的氛围中通过了。

返回工作单位后，等待招考结果。按照规定，在正式录取之前，还需要单位出具政审材料。不久，华师寄来了一封通知政审的信件，因为是平信，被收发人员扔进了废纸篓。也许是预感到报考学校会有来信，那几天我不时去办公室查询。说来也巧，竟然当场发现并捡回了这封信，当即交给学校负责人办理政审证明。这算是幸运地避免了一次意外的曲折。

当我最终收到华师寄来的研究生录取通知书时，喜悦和感激之情溢于言表。在基层工作六年之后，终于获得继续深造、从事学术研究的机会。又一个金秋时节，我走进桂子山，伴随满园飘香的桂花融入师门，开始了新的学习生活。

学术引路人

读研之前，尽管我受过大学系统、严格的专业知识学习和学术训练，但毕竟学术积累不够，也缺少专门的研究锻炼，至多是个“游击队员”，并不真正懂得如何做专业研究。研究生教育期间，在熊师的悉心指导和学术垂范下，我才逐渐走上科研之路。如果说恢复高考招生制度改变了本为田舍郎的命运，那么读研则是我人生的又一转折点。

熊师将我们领进文化史研究殿堂，指导读书作文，启发学术路径。

文化史研究有多种路径，熊师为弟子指明的是一条实学路径。凡有所论，皆有所本；资料来源，当有可证。为了拓宽学术视野，他要求我们广泛涉猎文化研究的论文、著作和成果，了解文化史研究的前沿问题；指导我们阅读《汉书·艺文志》《隋书·经籍志》等有关文化史著作；还推荐阅读张舜徽先生主编、熊师等参编的《中国史学名著题解》（中国青年出版社，1984 年）等目录学著作。

老一辈先生经常在家中书房里给研究生上课，熊师和吴量恺先生都是如此。熊师授课的方式和内容别具一格。记忆中，老师在专业课上很少有长篇大论，也不拘教学形式，多是现场教学，提纲挈领，举一反三。我们到熊师家中上课，除了一间书房，客厅就当作教室。熊师搬出一摞书，指点如何读书。他拿出一本《东晋门阀政治》（北大田余庆先生的赠书），点评其中的精彩内容和独到方法。说来也巧，田先生乃是我一位同学的岳丈。看到这本书，我想起大学期间，我同学还提过“王与马，共天下”的典故。熊师又拿出另一本书教诲我们，有的老先生引用古籍，会节略文字，我们再阅读、引用时，需要查阅原著才能知晓全文。他还指出，即使是一些大媒体发表的文章，也难免有文献错漏之处。这说明做学问需过文献关，作文应踏实，不要写空话。

熊师布置我们读汉唐时期的文化经典。我领了一个任务，就是读《颜氏家训》，读的是王利器所撰《颜氏家训集解》。这是我在专业学习阶段的入门功课，也是跟随熊师研究最多的一本书。因为有王利器的集注，书读起来难度不大，但要读出自己的心得，写出像样的论文，诚非易事。研究颜之推的学者很多，不同学科已发表了一些相关成果。另一方面，文化史论文怎么写，对于初学者的我来说，还在摸着石头过河。

经过一段时间的研读思考，并查阅相关资料，我终于写出作业初稿，交给熊师审阅。老师阅后，特地来研究生宿舍反馈论文。稿中有问题处，老师只用铅笔画线标识，提示需斟酌，此外并未着一字。熊师没有评论，也没批评，只说需要再改。如此反复，不下三次。现在想来，真是难为熊师了，十分感谢老师的耐心和包容！多次修改后，论文逐渐通顺。最后一次，熊师终于说可以了，试投稿。此刻，我稍微松了一口气，但又面临困惑，怎么投稿？投到哪个刊物？这个问题老师也不会提供答案。因这篇作业研究颜之推思想，与儒学有关，颜氏祖先来自鲁国，我就斗胆投稿《齐鲁学刊》，并附信做自我介绍，提及是熊老师的硕士生。这是我第一次投稿。一两个月后，收到该刊编辑部杨朝明编辑回复的录用函。我真是无比高兴。论文发表在该刊1994年第4期，当时我已走上工作岗位。收到样刊后，我当即给熊师寄去一本。每当看到手边保存的这本已经发黄的《齐鲁学刊》，我就不由得想起恩师，想起在华师的学习生活。

求学期间，熊师几次带我们参加秦汉史学术研讨会，接触学术前沿，广结学缘。1990年6月，我和定芳随熊师赴西安临潼秦兵马俑博物馆，参加秦文化学会成立暨秦俑研究第三届学术研讨会，会上聆听来自复旦大学、中国科学院、陕西师大、秦兵马俑研究所等名家的精彩报告；会后近距离参观举世闻名的秦兵马俑，见证《秦始皇陵铜车马》特种邮票首日封，游览骊山烽火台、兵谏亭、华清池。后来，我们又赴宝鸡扶风、岐山参观法门寺和周原遗址，一睹周文化风采。

次年9月初，我们又随熊师“出征”，赴泰安参加中国秦汉史研究会举办的泰山文化暨秦汉史国际学术研讨会。途径徐州师大，我们在熊师友人陪同下，参观狮子山汉兵马俑（西汉第三代楚王刘戊陵墓），领略汉代雕塑艺术精华。参会期间，我们听海内外名家报告，开阔了学术视野。会议结束后，我们还登临泰山，体验“一览众山小”的感觉。后经青岛海行至上海，我和定芳赴华东师大，拜见师祖吴泽先生。吴先生精神矍铄，在家中热情接待我们。询问学业情况后，为我们解答史学理论、文化研究问题，侃侃而谈近两个小时，其大家风范，令人钦佩，我们深受教益。

在撰写毕业论文阶段，熊师为我们的论文选题和写作把关。在学习过程中，我萌发了做区域文化研究的想法，选了“永嘉乱后中国区域文化发展”的题目。这个题目很大，足以写出一篇博士论文。在熊师指导下，我查阅大量资料，对研究范围有所限定，最终达到了硕士论文的研究目标。

在查阅资料过程中，我曾赴武汉大学中国三至九世纪研究所，以熊师弟子身份拜见过朱雷先生。有一篇相关资料还是去朱先生家查阅到，朱先生还对我的论文写作提出了建议。这件小事，既反映出朱雷先生平易近人、乐助后学的学者风范，也折射了熊师在“朋友圈”的影响力，惠泽弟子。我的毕业论文在答辩过程中，得到了答辩委员会主席徐扬杰先生、邹贤俊先生的指导和肯定，我顺利获得了硕士学位。

硕士论文写作是研究生教育的重要环节，也是此后学术研究的起点。能入熊门学习、研究文化史，实为幸运。以南北朝时期区域文化发展作为学位论文研究主题，既是兴致，亦是机缘。这些研究为我后来从事华侨华人文化研究奠定了重要基础。

毕业选择

计划内全日制研究生毕业后可以自主选择工作单位。不过，读研期间，受整体环境影响，硕士生找工作选择余地并不大。1992 年春节后返校，我为找工作发愁，熊师也急我之所急，帮我介绍武汉几所高校的应聘工作。乘着邓公南方之行的春风，我们这届毕业生找工作的机会大增。在毕业去向选择上，熊师帮我参考，呵护有加。

经我联系，有多家单位可供选择。老家省城有高校要招教师，广东岭南一所高校也来学校要人。华师研究生处负责毕业工作的书记介绍我去雷州，风趣地说，那里无非就是雷声大点，其他都是很好的。机缘巧合，不久我收到来自福建泉州华侨大学的接收函。我从未去过泉州，正如读研之前从未来过武汉一样。犹豫之际，熊师鼓励我去南方工作，并帮我联系到一位该校工作的年轻老师，让我了解学校情况。最后我决定赴泉州工作。

离开华师当晚，熊师特地来到我的宿舍，了解出行准备情况。他亲自试背我的挎包，看看是否沉重，来回走了几步，说没问题。次日办完托运，我坐上开往东南的列车，想象未知的工作单位，心情颇为复杂。到达新的学校后，办完报到手续，我就回家度暑假了。

工作初定后，忙于杂事，那几年我与熊师联系不多，但一直惦记着恩师。调入厦大工作后，我与熊师见面机会逐渐增多。偶尔在《光明日报》发表小文，也得到熊师的鼓励，增加了我的信心与力量。

2002 年 4 月，熊师七十华诞、从事研究生教育二十年之际，恩林、国华二位师兄主编出版一本纪念论文集，将我整理加工的硕士论文的一部分收入。2003 年春，时值华师百年校庆，我回到桂子山，见到老师、同学，格外开心。熊师领着我到利群书店，买了一套华师校史丛书。这期间，熊老师携师母李老师和刘固盛师兄来厦门讲学，熊师和师母不嫌简陋，就住在寒舍，我们倍感荣幸。李老师还给我女儿买了一件漂亮的衣服，全家喜气洋洋！受詹石窗教授的邀请，熊师还来到人文学院为博士生、硕士生讲解老学，我陪同聆听。此后，熊师来厦门参会，或是我出差武汉，不时都能见到老师，关注和阅读老师的最新成果。

悟教师门

毕业不久，获悉熊师开始招收博士生，定芳弟还关心、询问我是否报考。因工作环境所限，我未报考。几年后，我在职考入厦门大学，读教育学博士。这一选择虽属跨学科——从历史学转向教育学，却也在情理中，我大学、研究生读的都是师范院校，毕业后也未离学校，与教育结缘颇深，更何况研究方向为高等教育史，一半是教育，一半还是历史，尤其是文化史。如今虽从师门毕业多年，但向老师问学之路仍在延续，只是所问的内容、方式和场所有所变化而已。熊门之教，无疑是一笔珍贵的教育财富，时有感悟，在此略做记录。

熊师学术渊源有自，其学术与人生折射了 20 世纪中国高等教育变革与学人成长的历程。熊师的研究路径、方法、风格和学术成就与其大学教育、研究生教育密切相关，也是与时俱进的结果。说来也巧，我指导一位博士生研究新中国成立初期研究生教育问题，去年 11 月，赴华师参会。我带学生登师门求教，熊师欣然接受访谈，回顾当年赴华东师大读研究生的历程，包括招生、培养等情况。访谈为这项研究提供了难得的实证资料，熊师的读研经历成为这一时期研究生教育的案例。

熊师育人，简约精要，清静无为，行无言之教；熊门之道，不唯官而唯道，不唯名而唯实，以立学而立身。熊师从教五十多年，招收、培养研究生近四十年，诲人不倦，桃李芬芳。熊门弟子大多从事教育与学术研究工作。熊师研究领域包括秦汉史、汉唐文化史诸多领域，精研道家道教，开创独具特色的老学史研究。熊师治学，执一御多。《淮南子·诠言训》曰："夫无为则得于一也。一也者，万物之本也，无敌之道也。"其学术品格，犹如《淮南子·说山训》所言："兰生幽谷，不为莫服而不芳；舟在江海，不为莫乘而不浮；君子行义，不为莫知而止休。"这就是自然之道、人文之道，也是熊门之教的风格和传统。

熊师崇尚司马迁的通史研究精神，传"通识"之教。熊师不仅是秦汉史、老学研究的专家，亦是学术研究的通人。《淮南子·泰族训》曰："天不一时，地不一利，人不一事，是以绪业不得不多端，趋行不得不殊方。"又曰："六艺异科，而皆同道。"熊师的学术研究，贯穿"道"的主线。师门有道，熊门之学，如受光于宇宙，"所受者大，则所照者博"，"通于学者，若车轴转之中，不运于己，与之致千里，终而复始，转无穷之源"。信哉，斯言！

就个人学术体会而言，我获益于熊师"通识"之教颇多。在学术研究中，我将文化学理论和文化史知识运用于教育史研究，拓展学术视野和研究范围，取得了一些成果。文化史研究还可加强与海外学者交流。如 2018 年 7 月，我赴美国加州参加博雅教育会议"全球通识教育和亚洲文本：学生应该阅读什么"，我撰写"颜之推的家庭教育理念"，推荐《颜氏家训》的阅读。今年 8 月，我收到美国友人寄来的新著 *Invention: The Art of Liberal Arts* 及芝加哥大学原校长赫钦斯 1936 年的经典著作 *The Higher*

Learning in America，前者收录了我的译文《大学院校中的核心文本——柏拉图的〈斐德罗篇〉与孔子的〈论语〉》。可见，文化史研究的作用已跨越时空与学科的界限，发挥广泛而独特的作用。

学海无涯，道术可寻。熊师以耄耋之年，笔耕不辍，硕果频见报端，弟子当学而不已，循道前行。《淮南子·泰族训》云："人之所知者浅，而物变无穷，曩不知而今知之，非知益多也，问学之所加也。"回顾师门问学之路，熊师泽被弟子，师之道存焉。

2020年教师节前夕于厦门大学寓所

（作者单位：厦门大学高等教育发展研究中心）

师恩琐忆

刘庆华

己亥年末，范军、董恩林老师在师门群中发布公告，说准备在熊师米寿之际出版《熊铁基的学术人生》纪念文集，急性子的我立马举手赞成，过后一看征稿启事，才发现熊师等身的大著中我只认真拜读过《汉唐文化史》，看来自己是没法谈先生的学术思想了，只能拉杂往事，写几行受学的感悟。

我有幸于1984年进入华中师范大学历史系，当年之所以选择该校该专业，一是因为我们中学历史老师是地道的武汉人，武汉大学毕业的，被打成“右派”，下放到湖南岳阳，他有意无意中培养了我们对武汉这座大城市的向往；二是因为那时毕业包分配，没有就业的考虑，主要看哪个专业强，哪里有名家大家，当时张舜徽先生、章开沅先生就是华师的名片。刚到华师报到不久，就从师兄师姐那里听说了历史系的一些基本情况，尤其是某某老师的逸闻趣事传得特别广，其中就有熊师，说他上课很随性，抱一摞书到讲台，一会儿翻这本，一会儿翻那本；又说他好斗，可对着校长拍桌子。百闻不如一见。所以同学们对熊师上课也就有了一种期待，想一睹其风采。有幸的是大学一年级我们就在教学楼101大课室看到了抱着一大摞书上讲台的熊师，他随兴而发的讲课印证了民间传闻。尽管有人对此非议，但我却非常喜欢这种不拘一格的讲课风格，一来因为有与中学老师上课完全不同的新鲜感，二来这种天马行空的发散性思维对于培养学生的思考能力、质疑能力远比照本宣科的知识讲授重要得多。因为喜欢熊师天马行空的风格，我选择了熊师作为本科毕业论文的指导老师。考研时，我原本打算选择中国近代史，主要原因是那时思想极其单纯，特别爱国，每次上近代史课都是热血喷涌、义愤填膺，深感百年屈辱之痛。然而在临考前一个月，我突然感悟到中国近现代史有太多的禁区，而这禁区似乎是个人无法改变的。当然，更主要的原因是20世纪80年代“文化热”的影响，很多高校和科研院所都开设了文化史方向，熊师也刚好在1987年设立了汉唐文化史专业方向，于是我临时抱佛脚，突击了一个月的中国古代史。研究生学习阶段，熊师延续了开放式教学风格。他一般会给我们开个书单，并不限制我们的读书范围。每周，熊师指导的八六至八九级的几个学生在教学楼二楼最东头的教研室集中向老师汇报读书心得，讨论各种学术问题。也许正是先生这种任凭学生兴趣所致，没有门户之见的开明学术氛围，使得熊门几十个硕士、博士毕业后只有少数学生一直跟随先生的研究范围做学问，而大多向其他各种专业发展，做各种工作的都有。我本人也得益于这种广博、开明的读书、思考、讨论的学习氛围，因而毕业论文倾向于文学艺术方面，并使之成为自己一辈子教学和科研的方向。虽然工作后交往的多是中国古代文学圈内的人，但有次与一个20世纪90年代毕业于南京大学中文系的杜姓同事聊天时，他竟然说他的学位论文就参考了熊师的《秦汉新道家略论稿》和《汉唐文化史》，这让我很是惊讶于熊师学问的跨界性和影响力。去年，我工作单位美术学院的朴老师即将退休时将自己的藏书送人，其中居然也有一本熊师1993年于湖南出版社出版的《汉唐文化史》，我如获至宝地珍藏了。至于熊师拍校长桌子的传闻，我未曾亲见，也不敢胡乱猜测，但先生的仗义执言却是有口皆碑的。我想，不管有没有拍桌子这回事，至少说明熊师为人的正直和为学的敢于创新，这在我有幸参与的几个学术会议中即可见一斑。记得1989年春天，我和师兄冯正安跟随熊师去山东开秦汉史的学术会议，熊师在会上就发人之所未发，当场和人辩论得热火朝天。

毕业转瞬三十年，直面而来的2020年真是个值得记起的一年。早在是年春节远未到来时，民间就有各种对庚子年的预测，随之而至的一场新冠肺炎疫情将全国十几亿人困在家里，多事之秋的说法似乎得到印证。武汉作为疫情的中心自然凶险得多，群里同门首先就是担心熊师的安全，得知先生的公子、女儿都在家过年陪伴先生，才稍稍放下心来。本来先生的米寿是值得高兴的事，但在这种蜗居的心境之下写这篇类似回忆录的琐忆难免会有一种淡淡的伤感，这种伤感源自人类生命“奄忽若飙尘”，不能如金石般坚固的共同悲哀。想当年第一次在教学楼 101 大课室看到熊师抱着一大摞书在讲台上随兴而发时，那时的先生还是个年富力强的中年人，转眼之间就到了米寿，的确让人悲喜交集。喜的是先生有长寿的身体基因和心理、精神状态。2018 年国庆节，八四级同学回母校庆祝毕业 30 周年，看到先生依然精神矍铄、思路清晰，不禁感慨三十年过去，学生老了，先生依旧当年。依旧当年的不仅有先生的精神状态，更有先生的学术生命。而今已届米寿的熊师不仅一直未退休，担负培养硕士、博士研究生的重任，而且还在权威期刊上发表高质量的长篇学术论文，这种长青的学术生命是驽钝如我感佩不已的。伤感的是逝水流年，人终究逃不过自然规律，不免要老去、故去。2017 年，慈惠的师母李老师仙逝，亦师亦母的李老师待我们如亲人的点点滴滴常萦绕于学子心头。李老师是知识女性，本来不太擅长厨艺，但在 20 世纪八九十年代之交，穷得肚子里没油水的我们却好几次享受了师母亲自操刀的饕餮大餐。等到自己也成为“家庭煮妇”后，才知道每一顿饭的来之不易。想当年，李老师为了招待我们这些穷学生是怎样勉为其难。2018 年初，熊师来广州开会，我们同门小聚接风，熊师感慨地说这也许是最后一次来广州了，说师母的去世让他惘然若失，手足无措。先生的话颇让人意外，也特别伤感。在我们眼里，先生是个特别开朗、乐观旷达的人，师母的病程也持续了好几年，本以为熊师有了心理准备，没想到他却如此黯然。我想，这种感伤也许是几十年相濡以沫、朝夕相守却突然失却的茫然与无奈，是对生命终究不能如自然万物循环往复的感伤。庄子一死生、齐物我的超然，在其之后的两千多年里一直是个遥远的绝响，连陶渊明、苏轼也未必能达到，凡身肉体如我们就更没有鼓盆而歌的超然了。岁月易逝，师恩常在，但愿先生健康长寿，永葆学术青春。先生在，根在。

2020 年 5 月庚子年宅家追记

（作者单位：广州大学人文学院）

熊门辱教记（两则）

梅　林

熊师米寿，我不敢怠慢。随忆随写，特别杂乱。兹挑出两则，都曰《熊门辱教记》。

其　一

时下做大学老师的很少骂自己的研究生了，因为不敢，怕出意外。可是回忆几十年前我做学徒的80年代，老师骂学生是家常便饭，而且骂得那个狠哪！听者狂乐、受者愧惧。

通例，导师学问大，脾气也大。骂研究生往往在入学第一年，号称杀威棒、下马威。

熊老师？当然骂人，不然就不是他老人家了。

“你想干什么？你能干什么？”厉声质问，一声比一声高。

这是我读研时（1987—1990年）熊老师骂我的话。那会儿，我二十出头，不知天高地厚，经常挨老师的板子。但我不长记性，骂完就忘，唯独这两句话记到现在。

不记得因何事而起了，应该是专业上不收心吧。1987年开始，熊老师在中国古代史专业下新开了一个研究方向——汉唐文化史，我是第一个进门的学生，而先前的师兄师姐都是念秦汉史的。

联系当年的“文化热”，不能不佩服熊老师转向之快。而且根据他自身的治学经历，定位于汉唐也极其精准。只是在武汉地区，汉唐无感，很不活跃，搞不过明清（晚清）；要交道友，我只能打打时髦的文化学牌子。

熊老师道席所在，是中国秦汉史研究会。哦，一说这个我就记起来了，那年秋天，徐州开年会，我违抗师命，死活不愿去，所以被骂了个狗血喷头，当中便夹杂这两句。当时没想到熊老师会发那么大的脾气，第一反应懵了，接着完了，伤自尊了——从小到大，还没有这样被人骂过！

唉，年轻就是不懂事，由着性子来，丝毫体会不到老师的用心，更想不到“逆龙鳞”的后果。不知不觉我也到了熊老师教我的年纪，换位思考一下，如果有个学生不落教，我会怎么样？恨不能一脚踢出门去！骂你？那是轻的！总之，未必能比熊老师做得更好。

幸亏熊老师后来消了气，大人不记小人过。风波过后，我们师徒的日子继续往前过，谁也没有再提此事。

有没有留下后遗症呢？熊老师那里我不好猜度，我这里则是百分之百。

我毕业后乞食远方，先后换了三家单位，每到一处都得面临新的挑战，不免焦虑紧张。一旦焦虑，老师的责骂就像鬼神附体一般。最厉害的一次是工作后头两年，在敦煌，我半夜被“骂”醒了，还是“你想”“你能”那两鞭。一摸枕头，全汗湿了。

人过五十岁心境自不同。某一天，忽然发现想做的事多，能做的事少，人生太短促了，还没做什么便到了退休的边缘。于是我再次想起老师的责骂，不禁一声长叹——简直圣人，骂得太对了！

人生一辈子，能把一件事情做好，就很不错了。前辈大先生常常这么说。可是过来人的教导对年轻人不起作用，骂也没有用，除了伤肝伤肺。年轻就是资本，只有到了输不起的年龄才懂得守拙之道。熊老师是不是也这样走过？我看是的。他老人家以做秦汉新道家成名，年未五十。成名以前也是到处觅食，一会儿明清，一会儿隋唐。但有一条他把握得贼棒：成名以后，不管学问上如何开疆拓土，始终牢牢守住秦汉地盘。这才有了晚年的另一高峰之作《汉代学术史论》。

不知道我理解得对不对，但我知道，错了也不会再挨板子了。

N年之前，熊老师在电话里埋怨我，说我老躲着他，跟他不亲。我有些诧异，支支吾吾。事后反省，第一，确实失礼，疏于问候，事实俱在，不容狡辩；第二，师父老了！在我印象里，老师是个不喜欢啰唆的人，有事说事，没事走人，不拉家常，熊师家的板凳我屁股从没坐热过。人只有上了年纪才会思念亲情，而我没想过师父也会老。

最近几年，我们见面的机会比以前多了。每次见面，熊老师都很慈祥，慈祥得像个老父，更像尊佛。可是于我，不挨骂总好像少点什么，不够真实，这应该是落下病根了！

说来奇怪，"骂人"这个东西会遗传。父母骂孩子，孩子也会骂他们的孩子；师父骂徒弟，徒弟也会骂他们的徒弟。有样学样，我带研究生好多年了，可以为证。

"我的师父怎么教我，我也怎么教你们!"脾气上来的时候，我会拉个"死人脸"。

"听说熊师爷是个爱修理人的老头儿。"如果你问我带的这些毛猴子，八成都会如是说。

其　二

2017年，我们历史系八三级同学举行毕业30周年聚会，我从广州赶到武汉，专门去看望了熊老师。事先，廖林子捎来熊老师的话，说翻出了我当年的一篇作业，要我去拿。

去的那天，先只有师母李老师在家，坐在轮椅上。熊老师参加华师某人的新书座谈会去了，很晚才回。我一边陪着师母聊天，一边东瞅西瞅，很快发现沙发边的茶几上摆着一份发黄的手稿，打开一看，正是熊老师要我取的东西。

1989年上半年，官方隆重纪念五四运动七十周年，向各地征文。熊老师让我联系室友饶东辉（中国现代史专业），看看能不能写点东西。我一听，当即毛遂自荐，我能写呀。五四不是德先生和赛先生吗？关于赛先生我有话说。于是，如此如此，这般这般。熊老师听了表示认可。结果草成了一篇史学史论文，讨论中国现代史学的转型现象，即从传统的“政治-伦理型”（资政、泛道德化）向“科学型”（求真求实）转变。但是，很遗憾，没有中标。熊老师后来告诉我，华师只有章开沅、罗福惠合写的文章入选了。我一听，服气，也不得不服啊！

熊老师开会回来，顺口问我这篇文章发表没有，我摇摇头，笑了笑。

他老人家可能忘了，当初为文末的一个论点——史学要不要为现实服务，我们师徒之间起了争执。熊老师的看法是，不存在要不要，只存在如何为现实服务的问题。这也是他老人家一贯的看法。我则认为，如何服务不好界定和操作，最好还是切割。

熊老师好辩，我不是对手。但此文的立场就是捧科学反实用的，不易让步。老师一看我死脑筋，肝火都上来了。我见势不妙，赶紧投降，心里却不情不愿。这是后来稿子搁置的原因之一。

今天回头去看，这篇小文不过是80年代改革大潮扬起的一朵浪花。因为意识形态僵化，所以我们强调科学的批判精神；因为价值观先行扭曲历史真相，所以我们愿意回到民国“史料学”去。殊不知，实证主义也好，马克思主义也好，都是19世纪科学主义的产物，我们在肯定其历史贡献的同时，应该用20世纪人文主义的理念对治其病。简单地说，就是张扬人的主体创造性，反对异化和“工具理性”，这样才能冲破教条主义的桎梏，为改革开放鼓与呼。可惜，我当时没想明白这个理儿，主张往回走，很没有出息。熊老师毕竟吃的盐多，过的桥多，不同意我太正常了。确实，与其逃避现实问题，不如像熊老师那样坦然面对。史学与现实的关系，剪不断理还乱，不管你喜不喜欢，它就在那里。

时过境迁，我也不知道当初哪来的胆子，敢跟师父叫板。搁到现在一百个不敢，除非有人花大钱雇我（笑）。

如果得空，我打算把旧作的第三部分，即现代史学转型的得失部分再修改一下，届时再请老恩师过目把关。

平生一次，也是唯一一次跟导师合作，对熊老师来说算不了什么，对我而言，则特别值得纪念。

（作者单位：广州美术学院人文学院艺术学研究所）

仰望桂子山上松柏
——恩师熊铁基先生言传身教杂记

冯正安

人道桂子山因桂树众多、桂花飘香而得名，而我以为，桂子山因有一群高大挺立的“松柏”而扬名天下。这些“松柏”就是那一代代、一位位学问盖世、德行天下、诲人不倦的大师、名师。他们敢于开山立宗、著书立说，他们善于言传身教、哺育桃李，他们长于发明创造、造福苍生……从而共同成就桂子仙山、华中师大之盛名。我的导师熊铁基先生，就是其中一棵参天“松柏”。

三个故事，让我踏雪拜在熊师门下

我寒窗苦读十四年半，终于盼到能拿工资生活了。工作三个月才发现，这手头的工资没法改变我的生活，没法改变家庭经济状况，没法报答养育我长大、支助我读完大学的亲人。就像大约一年后，大街小巷流行的一首歌曲《一无所有》一样。

我总是坚信读书改变人生，故决定去考研究生。但当时的武汉教育学院（后被合并成新江汉大学）有条不成文的规定，新分配来的教师必须工作满三年后才让报考研究生。因为深爱中国文化史，这期间我就一直寻找相关专业的硕士生导师、名师。

师生间也有缘分。从华师毕业的谢双林（现供职于湖北省委网信办），与我同在武汉教育学院历史系工作，他虽无意间谈起母校历史系老师种种趣闻，却让我越来越关注一个响亮的名字——熊铁基。其中，有三件事让人难忘——

上课不带讲义的熊先生。华师历史系好几届本科生都记得，有位老师上课从不带讲义，也不愿遵从系里对授课教师讲义的机械性检查规定。有次系领导抽查时问这位老师："你的讲义在哪里？"

"有呀，在我肚子里呀，你是看不到的，但我自己心知肚明。你要不信的话就来听听我的课，自然会知道我肚子里到底有没有讲义。"

这位老师就是熊铁基先生。因为先生讲课很受学生欢迎，系里检查后挑不出他的课程有什么毛病，从此就没人再来检查先生的讲义了。

先生上课虽不带所谓的讲义，但常常会带一大摞史料书籍上讲台。在讲台上，他从不照本宣科，讲起课来海阔天空、纵横四海，内容由古及今、由中到外，史册资料随心翻开，现实事例信手拈来，知识面收放轻松，兴奋点开关自然……

我一读研究生就领略了"熊式课程"风味。有一次，八六级、八七级、八八级三个年级（秦汉史、汉唐文化史、中国体育史）三个专业的研究生在一起上课。先生讲着讲着突然提问："《红高粱》里，'我爷爷''我奶奶'那样在高粱地里一滚就爱上了，哪有爱情？"

这可把我们听课的研究生问得面面相觑，都不知如何回答。《红高粱》是一部中国首次获得国际大奖的影片，在国内公映时获取好评一片。我们几个师兄弟姐妹特别喜欢这部电影，当时也不大认同先生"那是动物本性的冲动"的结论。但私下讨论后，我们都明白先生本意是：学术要有独立观点，不能随波逐流，而且学术观点要经得起时间考验。

桂子山上"铁鸡（基）公"。好几届的华师历史系本科学生，都私下称先生"铁鸡（基）公"。他们这么叫是绝无贬义的，相反是对先生的褒称，一是指先生为人正直、坚守原则，二是指先生不畏权贵、不平则鸣，三是指先生大胆创新、善于发声。

据传，1980年代洪山区选人大代表时，先生倡导"人大代表人民选"，并自告奋勇去竞选区人大代表。这件破天荒的事情一时轰动校园，越来越多的华师人也因此赞叹先生的胆量和气魄。后来事实也证明，中国人大代表选举制度确实进行了许多重大改革，百姓话语权不断加大。

在华师历史系，只要先生知道哪位本分善良的老师受了委屈、被人欺负，那他一定会正气凛然地主动找相关人员辩理，且辩论起来不分场合、不讲情面，直到对方认输、承诺改正为止。从此，许多人尤其是年轻老师喜欢找先生诉苦、求助，而先生也乐此不疲。华师历史系学风端正、正气不倒，许多师生认为这莫不与“铁鸡（基）公”有关。

敢于自嘲也善于自省的熊老师。“我高考时原本就想报北京大学考古专业，一锄头挖出个‘金娃娃’，一下成名该多好呀。可后来才知道，搞历史专业哪有那么容易呀，所以老老实实选择了华师历史系。”这是先生在给本科生授课时的自嘲与自省。

1980 年代桂子山有道这样的风景：一位个子瘦小的中年老师，骑着一辆高大自行车，总在校园道路上燕子般飞来飞去。这位老师就是先生熊铁基。

有一次，先生下课后骑自行车回家，突然重重地摔了一跤，衣服摔破了，车子也摔坏了。刚下课的学生们围了一大圈，看见老师摔得那么惨，都不知所措，那场面一时十分尴尬。而就在众人注目里，先生慢慢地从地上爬起来，整了整衣服，找到眼镜戴好，然后微笑着立在自行车旁，一边手指着自行车，一边摇头晃脑地问：“你怎么就把我摔了呢?”忍俊不禁的学生边笑边赞叹：“好可爱的老师!”

听了这么多先生的传奇故事后，我一口气找来他所有的论著，边学习边品味。其中那本《秦汉新道家略论稿》，读来让人拍案叫绝、爱不释手……1987 年冬天一个大雪飘飞的日子，我从汉口过轮渡，然后乘坐 15 路公交车前往华师。公交车因雪大，行至大东门停运，我便从大东门步行到桂子山，敲开了熊先生家门。

三次拒“礼”，让我仰视熊师门下

因为对师门心驰神往，但又听闻先生门下历来考研竞争激烈，所以第一次叩响熊先生家门时，我特地提了两瓶上好的白酒，一来这算作是有点拜师礼在手，二来有酒在手敲门胆子壮些。

"哪一位?"熊先生一边问，一边开了家门。见我一身风雪，立即把我请进家里。听了我也在讲授中国古代史、学习中国文化史的介绍，熊先生表示欢迎报考，同时嘱咐我也要充分备考政治和英语两门课。

师生首次见面交流顺畅，我正开心起来时，先生突然指着我手上的两瓶白酒认真地说："考我研究生肚子有货就行，白酒一定得拿回去!"这让我又一时脸红起来，师母李老师见状连忙解围说："熊老师不喝酒。"

酒提回武汉教育学院，被我几个男学生撞见了："哎呀，冯老师今天请客呀!"五六个男生，从食堂里一人多打了一份菜，围坐在我办公室里，三下五除二后把两瓶白酒干掉了，差不半个月工资就这样进了我们这群师生肚皮里。然而，熊先生的形象却在我心中变得高大起来，超过他矮小身材无数倍。

1991 年，我研究生顺利毕业，一时不知道如何报答师恩，思来想去后拟好一副对联"走东南西北路不改一身正气　讲秦汉隋唐史总是满腹学问"，横幅"一代师表"，特地请荣获全国书法比赛一等奖的杨忠茂先生题写，并把对联装裱起来，同时还特地买了一只鲜活的老母鸡，高高兴兴地送到先生家里。

"这副对联好，我乐意收下，因为符合我要努力的方向。但这只鸡子，你一定得拿回去。"师母连忙解释说他们不吃鸡子，更不会杀鸡，并笑着说："你下次送花，我一定收!"

2003 年先生七十华诞，华师历史系主任赵国华老师是熊铁基学术座谈会的召集人，我们众多师兄弟给他建议每人出份子钱，合送一个大红包给恩师。熟知先生习性的赵主任连忙说："不慌不慌，我先试着问下熊老师。"果然，先生坚决拒受弟子们的礼金，还先行支付了座谈会餐费。

后来，当把我参与主编的《武汉湖泊》《城市记忆：记者镜头里的武汉》《茶画中俄：两国外来的湖北见证》等书先后送给先生时，他总是满脸笑容地迅速收下，边翻阅边肯定地说："这个好！这个好!"

这就是桂子山上的“铁鸡（基）公”。

三次批评，让我在学术面前总是低头

我们好几届研究生都有一个共同感受，作为熊门弟子既幸福无比，也有时痛苦万分。

幸福的是，在华中师范大学里，对熊先生的研究生经费，谁都不敢克扣、不敢挪用，因此我们读研期间至少可以到全国去参会、考察三次。这可让全校甚至全国不少研究生羡慕不已（这状况完全可用今日流行语“羡慕嫉妒恨”）。而在全国秦汉史、汉唐文化史学术界，学者们对熊先生的敬佩之情溢于言表，这又总让跟在先生后面的弟子们自豪不已，大有“生以师贵”的错觉。当弟子们在生活上、家庭上、就业上遇到什么困难，先生知道后总会不动声色地去努力加以帮扶或解决，这更让弟子们深信，一日为师，终生如父。

但是，如果先生布置的史书史料没有按时读完读懂，上课检查时又被他老人家发现，往往就会被他训得颜面无存，上天无路、入地无门。

我读研期间正好结婚生子，先生训我时还多少留了些情面，但仍然有三次批评给我留下了难忘记忆。

“读研快一年了，冯正安怎么一篇论文都不交呀？你将来只搞教学不搞科研吗？你毕业后这样下去不参评副教授、教授吗？”

先生这“三问”过去一周后，我把一万多字的《也论秦始皇帝》论文交给了先生。先生快速阅读一遍后说道：“这像论文又不像论文，像散文又不像散文，像人物传记又不像人物传记，哪家期刊会发呢？你倒是写得又快又长。”

我本是尽量研读了有关秦始皇帝的主要史料和论著，且有意尝试改变下史学论文文风，被先生这“三像三不像”说得坐立不安。两三年后，我反复修改，先后在《江汉论坛》《史学月刊》上发表了《晚年秦皇心理分析》《从开明到专横：秦皇历史演变跟踪》两篇论文。其中一篇获得“中国八五科研成果奖”，一篇被《新华文摘》摘录。

读研时每逢周日回到家里，我总要尽点为夫为父的职责，晚上总会主动给儿子冲奶粉、端屎尿，这自然就让我睡眠不足，周一再回学校上课时难免会打瞌睡。一次上吴量恺先生“史学理论”课，我听着听着就止不住入睡了，还打起鼾来，后来又被师兄妹笑醒。这事不知怎么就传到先生那儿去了。

“你下次睡足了再来上课，不能再在上课时睡觉！”

虽然先生语气不重，但这样的批评还是让我羞愧。为此，上课前我往往先用凉水冲下头或者洗把脸，这样就可以避免上课打瞌睡了。

有次儿子生病住院，我没来得及给先生请假，整整一个星期都守在医院里。回到学校后，同室师兄弟急忙告诉我要挨训了。原来，先生见我几天没上课后，就悄悄来到我寝室，先用右手两根指头在我的书桌上一擦，然后非常生气地说：“这么多灰，都可以把书埋起来了，怎么读的书！”

这事过去两周后，我才向先生解释检讨，同时上报了我的硕士论文题目——“从秦皇到汉武：论中国文化主体建构”。先生说，这个题目很好，但难度很大，可得要好生经营。

论文答辩时，真的有导师提出了不少质疑，在我一一解答后，先生又做了圆满补充。毕业后，我把硕士论文拆解成四篇论文先后公开发表。

1996年，我从教育界考入新闻界，先后在《楚天都市报》《湖北日报》《楚天金报》《城市情报》《三峡晚报》《党员生活》等报刊工作。尽管从记者先后做到了部门主任、副总编辑、总编辑，我却总不敢轻易到先生家里去，主要是因为评上副教授后就没再做历史学问。直到有一次先生说：“我并没要求你们一定得做学问，你搞新闻也蛮好呀，你在‘都市报’我订了‘都市报’，你在‘金报’我就订了‘金报’。”

这就是我的导师，他训你是因为爱护你，要让你在学术面前静得下心、沉得住气，然后才会有所成就。

后来，我总对师兄梅林说：“师兄被训得最多，就因为先生爱你最深。果然，师兄也成为学问做得最好的弟子之一。”

虽然先生今年八十有八，已入米寿之年，但先生的气节、德行、学问依然如桂子山上苍松劲柏屹立不老，浩然之气存于天地之间。我们深以为熊门弟子荣耀自豪，也将会一生努力，不负先生垂教。

（作者单位：湖北日报传媒集团）

老师如同老父亲

熊　英

时光不能倒流，韶华容易飞逝，去华中师大为熊铁基老师八十华诞凑热闹好像就发生在昨天，不久又将迎来他老人家的米寿。受同学之托，要我为熊老师写点什么以表心意。因为自己长期在地方高校从事中国近代史的研究和教学，所以跟熊老师学术有关的文章我是无能为力，于是就写点私交和观感以表达我对他老人家的敬意。

一、同姓、同乡、同校——特殊关系再添师生缘

1984 年 9 月，我在父亲的远送和同学的陪伴下来到了丹桂飘香的桂子山求学。因为初次离开父母，我特别想家，内心十分渴望认识来自家乡的师友。据说当时华师历史系来自湖南的老师中有两位比较有名气，一位是沅江人张舜徽先生，另一位就是常德人熊铁基老师。因为张先生只给硕士、博士生上课，我是无缘见到。与熊老师相识则是当年他给我们上了一门选修课“汉唐文化史”。他上课的特点是语言通俗幽默，诸如“做学问就是抄书，抄一本书是抄袭，抄十本书就是学问”，“我在‘文革’期间之所以没有被打成‘右派’，就是因为自己不懂政治”，等等。他那一口带有较浓常德地方腔的普通话引起了我的注意。课后，我大胆地跟熊老师交流，竟然得知他就是我们常德人。更巧的是，他与我中学同校，他是 1945—1948 年入读常德县隽新小学，我是 1982—1984 年就读常德县一中（原为隽新中学）。而正是这种同乡、同校、同姓的关系，我跟熊老师的交往才有了后

续，直到现在。

20个世纪80年代末，熊铁基老师应邀到常德师专讲学。他特意来到我工作的常德六中看望我，询问起我的工作和生活，鼓励我考研，硬是让我感动不已。2019年元月，熊老师在失去老伴后，以八十六岁高龄回到家乡常德，想在有生之年看一看昔日求学的桃源芦花潭乡的老师和隽新中学校址。来之前，他要求我帮忙打听他的同学和老师的情况。到常德后，熊老师与住在东门的兄弟家人一起驱车到了桃源母校访友，只让我陪他重上白鹤山母校。当时他老人家因为回家不适应严寒天气感冒了，后转成慢性支气管炎，走路多了就会有些哮喘，至今都在服药。学校坐落在白鹤山上，我牵着熊老师的手在一中校园里漫游。他走走停停，不时地向我介绍昔日学校的布局与场景。我们俩还留下了一张珍贵的合影。他饱含游子之心回味当年求学轶事的场景令我感动不已。

二、感恩、感念、感怀——无私关照如同父女情

1988年夏天，我在毕业分配期间遇到了麻烦。母校考虑到我在校的表现和成绩，便将我直接分配到了益阳师专历史系。我拿着派遣单跌跌撞撞赶到益阳师专报到，该校人事部却因我是女性而拒绝接收。一气之下，我索性直接回到老家常德找工作。常德师专历史系因为三年制改为两年制压缩教师编制，系领导要求我缓一两年再来这里工作。正好在此期间我认识了现在的丈夫，我们一起努力找到了在常德六中工作的机会。常德教委需要我的档案，那个时候电话不好用，于是我和男友便起身前往益阳以及省教育厅追寻个人档案。在寻找无果的情况下，我们不得不前往华师打探。因为是暑假，酷热难当，不便在历史系找人，那时我首先想到的是找熊老师帮忙。当我和男友出现在熊老师家门口的时候，就如同见到了亲人一般。熊老师、李老师夫妇俩热情地招呼我们进屋坐，又是端茶又是拿西瓜。闲聊中，熊老师得知我的分配波折后，建议我干脆不回去了，就留在武汉，且反问我："为什么一定要回常德呢?"至今我还记得李老师微笑着对熊老

师说了一句："老熊真是不懂事，你没看见人家小熊旁边的小伙子吗？"熊老师顿时似乎明白了我要回家找工作的原因了，笑着让我不着急，答应帮我联系系里查询档案。当时天色不早了，因为男友急着想看看华师校园，我们很快就告别熊老师、李老师夫妇俩。丈夫现在还经常对我说："看得出熊老师夫妻俩很喜欢你，真的想留你在武汉呢。要是那样，我就惨了。"这让我有一种自豪感。

1997 年 5 月，我报考了复旦大学历史系中国近现代史方向的研究生，考点设在武汉大学。赴考前一天，因为抵达武汉晚，我便带着公婆一起在同学寇富安的安排下住在华师桂苑招待所。晚饭后，我跟熊老师通了电话，告诉他我考完后来看他。第二天，我们便住进了武大珞珈山宾馆。我考试那两天，公婆外出游玩。考完后，我就即刻赶往华师，在校门口的一个公用电话亭给熊老师打电话，结果拨了几次都没拨通。我与电话主人因为费用问题发生了小争执，对方把我的眼镜搞掉在地上，镜片碎了，我怎么都不肯退一步，结果在母校门口我伤心地流下了眼泪。因为要重新配镜验光，我失去了好心情，没有跟熊老师说再见就沮丧地离开了华师，回到武汉大学跟公婆相聚珞珈山了。之后，我特意为此写了一封长信给熊老师，向他报告我不辞而别的原因。这封信被熊老师一直珍藏着，直到去年我们见面后，他老人家又转给了我保存。后来听留校的寇富安同学说，熊老师为这事还蛮不讲道理地直接找他的麻烦，说堂堂寇书记没有照顾好老同学，把我搞丢了，弄得老寇同学哭笑不得。

2007 年深秋，女儿因为在武汉音乐学院进修声乐，刚好晋升为教授的我有闲暇时间陪读。为了让女儿有机会参观我的母校，我便带女儿来华师看望熊老师夫妇。两位慈祥的老者把我们母女俩视为家人，在桂子山的一个小餐馆热情地接待了我们。我至今还记得餐桌上有一道湖北名菜，也是我女儿的最爱莲藕排骨汤。2008 年是我们大学毕业二十周年，这年的国庆节我们同学聚会在华师一号教学楼的阶梯教室。熊老师作为老师代表在台上发言的时候，当着同学的面表扬我为母校输送优秀研究生，还说每次见到我的学生都会询问我的情况，当时他还特地点名要我代表湖南籍同学发言。如此种种，无不渗透着熊老师对我的特意关照和善待。

三、学者、学业、学术——高深造诣收获学界赞

我们一起闲聊时得知在1945—1948年间，熊铁基老师是在家乡常德隽新私立小学读书，之后考入省城长沙熊希龄创办的兑泽私立中学，新中国成立后又考入华中大学师范学院读本科，随后进入华东师范大学读研直至1958年毕业。长达二十多年的求学经历加上率直的个性，使得他一直在教学和学术研究道路上前行。熊老师虽不曾有为官的经历，但是堪称母校华师育人和学术的典范，被誉为著名历史学家，享受国务院特殊津贴的学者。只要是华师历史系毕业的学生，没有一个不认识熊老师的，没有一次同学聚会少得了熊老师的。在长达六十二年的教学生涯中，他先后为国家培养了本科生、硕士研究生、博士研究生、博士后等弟子无数，其中大有成就者比比皆是，我们历史八四级杨松鹤、刘庆华等同学就是他的得意弟子。他的研究方向主要是中国古代思想文化史，尤其以秦汉史方面的成果最为丰硕，代表性的成果有《汉唐文化史》《秦汉文化志》《秦汉新道家》《中国老学史》《中国庄学史》《传统文化与中国社会》等。直到现在，他每年还在国家CSSCI核心期刊上发表2至3篇高水平论文，科研斗志不减当年，胜过我们年轻人无数，这也是最令我们汗颜的地方。多年来，他被邀请到全国各地讲学。他的观点听起来很特别，现在重温起来也很有意思，譬如他说一个人必须有信仰，自己在1956年就入党了，应该是信奉马克思主义。但是自从潜心研究道家老庄学说后，他希望所有没入党的12亿中国人也应该有自己的信仰和精神家园，那就是中国传统文化中的老庄道家思想。这无异于给自己的研究打广告。多年前，熊老师甚至希望我也能加入道家思想研究阵营里面来，为此还特地给我寄来一份出席武当山道家文化学术研讨会的邀请函。我因为毫无研究，没法交差而无言以对。每次聚会，他都会给予我学习与工作上的希望，告诫我学无止境，教亦无止境。此时的熊老师又多了一份学者和老师的关怀，着实令我难忘。

“莫道桑榆晚，为霞尚满天。”最后，我衷心祝愿和希望敬爱的熊老师身体健康，百岁在堂！那个时候，我们能再聚桂子山，重温师生情。

（作者单位：湖南文理学院文史与法学学院）

追求学术之真　永葆赤子之心

——贺熊铁基先生米寿

肖海燕

熊铁基先生是我的“师爷”，大家都叫他“熊老师”，我们这些晚辈也跟着喊他“熊老师”。从2001年在“中华元典导读”课上第一次见到熊老师，到现在已经二十年了。二十载时光荏苒，桂子山上的树木更加葱茏，已经步入米寿之年的熊老师依然鹤发童颜、精神矍铄，对道家道教文化研究满怀热忱，并将道家道教的精神融入自己对生命的体悟当中。

一

熊老师的学术研究主要集中在秦汉史研究和道家道教研究两个领域，道家道教研究以《秦汉新道家略论稿》（上海人民出版社，1984年）为开端，至今已近四十年。四十年来，熊老师精研覃思，不断开拓新的研究方向，在老庄学史研究、黄老学研究、早期道教史研究等方面均有创获，在学术界产生了很大的影响。

回顾我自己的学术之路，从接触道家文化，到进入道家道教研究的殿堂，我一直都在熊老师开辟的研究领域中，跟随着师长们的脚步前行。

我是华中师范大学历史文化学院九九级的本科生。大学四年，给我们上课的老师们大多是熊老师的学生辈，常常会在课堂上提到华师历史系的老先生们，除两“zhang”（张舜徽先生、章开沅先生）外，还有涂厚善、王瑞明、吴量恺、刘望龄、戴绪恭、谭克绳等先生，当然也包括熊老师。历史九九级的同学们至今还对熊老师给我们年级上的专业选修课“中华元典导读”第一课记忆犹新。记得那是2001年的春天，一位头发花白的老先生抱着一摞书快步走进教室。在简单的自我介绍之后，熊老师就开门见山地讲起了《老子》(《道德经》)。熊老师以“治大国若烹小鲜”为切入点谈老子的“无为”，并由此发散开去，讲了老子之“道”的内涵、老子创立的道家在中国历史上的地位及其现代价值等。老子“治大国若烹小鲜”的比喻生动形象，加上熊老师挥洒自如的讲解，给同学们留下了深刻的印象，也在我心中种下了道家文化研究的种子。2002年，我在基地班导师董恩林老师的指导下，以“《论语》的君子观与《老子》的圣人观之比较”作为学年论文的选题。通过阅读相关论著和写作，我对道家文化有了进一步的了解。

2003年本科毕业之后，我进入历史文献学研究所攻读硕士学位，成为刘固盛老师的开门弟子。在刘老师的指导下，我完成了硕士学位论文《论王安石学派的庄学思想》。2006年，我继续跟随刘老师攻读博士学位，论文的研究对象由王安石学派的庄学思想扩展至整个宋代的庄学思想。老庄学是熊老师继秦汉新道家之后在道家道教研究领域的重要开拓。在1995年出版的《中国老学史》结束语中，熊老师对老学研究的进一步深化提出了展望：

> 对于老学史的研究，可以从更加广阔的方面展开。例如，分专题对老子思想进行阐释，如政治的、哲学的、伦理的等方面的专题；分宗派研究老学史，如道家、儒家、佛家对老子思想的不同解释，以及老子思想与三教思想的汇通，与三教人士的关系，在道家文化中的地位等；也可以断代进行研究，侧重阐明老子思想与不同时代的社会、老子理想与社会现实的关系等；还可以断代与专题结合研究，如唐、宋、明、清四皇帝的《老子注》就是一个题目；此外，《老子》书文献学的研究，也是一个不可忽视的课题，如《老子》的版本、校勘、训诂、考证等研究。总之，深入、全面地进行老学研究，是大有可为的。

熊老师指导博士研究生开展断代老学史的研究，如《宋元老学研究》《唐代老学：重玄思辨中的理身理国之道》《明代老学研究》《汉魏六朝老学研究》

等。刘老师也指导硕、博士研究生从断代、地域、个案等多个角度进行老庄学史的研究，如《近代老学研究》《英语世界的老学研究》《清代老学研究》《明代官员群体老学研究》《近代湖湘老学研究》等。我的博士学位论文《宋代庄学思想研究》，从整体来看属于断代庄学史的研究。但从宋代注《庄子》者的身份来看，既有儒家学者，也有道教人士；从宋代《庄子》注的思想内容来看，既有哲学之道的阐发、治世之道的发挥，也有庄子思想与三教思想的汇通，体现了分专题、分宗派研究的思路，可以说是熊老师提出的老学史研究思路在庄学史研究中的应用。

我的论文是分两个阶段进行的。第一阶段是宋代庄学研究个案的写作，完成后收入熊老师主编的《中国庄学史》（增订本）宋元时期的庄学部分。第二阶段是在个案研究的基础上进行专题研究。由于补充了很多宋人文集中的资料，按新的提纲开始撰写的时候，离学校规定的盲审送审日期只有不到两个月的时间了。为了提高效率，我一般都是下午和晚上写论文，上午休息。一天中午，我醒来后打开手机，发现有十多个未接来电，都是熊老师打来的。我赶紧回复，熊老师听了我的解释，没有丝毫责怪，反而安慰我说："你不要太过紧张，如果担心没有时间修改，可以把写好的部分先发给我，我帮你看看。"我习惯边写边改，而且当时确实没有时间细细打磨，只能按计划一章一章地整理、撰写，每写好一章就遵嘱发到熊老师的邮箱。提交论文盲审稿之后，我怀着忐忑的心情去见熊老师。论文稿是熊老师用废弃稿纸的背面打印出来的，上面除了批注，还有不少圈圈点点。熊老师说他戴老花镜时间长了眼睛会不舒服，因此大部分论文稿都是用放大镜看完的。拿着这份沉甸甸的论文稿，感动之情无以言表，我深知自己的成长倾注了刘老师的心血，也离不开熊老师无微不至的关心和帮助。

二

2009 年博士毕业后，我有幸留在熊老师和刘老师身边工作，也有了更多向熊老师问学的机会，印象最深的是跟随熊老师出去参加各种学术活动。

熊老师特别重视学术交流与合作。华中师范大学道家道教研究中心的成立，即是在陈鼓应先生的推动下，与台湾三清道教基金会合作的结果。之后，熊老师又和刘老师四处奔走，获得了香港青松观和江苏茅山道教文化研究中心的支持，并开展了一系列影响较大的学术活动，如与青松观联合举办三次“全真道与老庄学国际学术研讨会”，与茅山道教文化研究中心联合主办“道家道教文化研究书系”，承担国家宗教局重大项目“《老子集成》整理与研究”等，为道家道教研究中心的发展可谓倾尽心力。

熊老师不仅自己积极与学术界、道教界互动、合作，还经常“创造”机会带我们这些晚辈出去参加学术活动。熊老师不喜欢坐飞机，因此只要时间和行程允许，一般都是坐火车出行。一路上，熊老师思维活跃，时而回顾或展望道家道教研究中心的发展，时而谈论学术界重要的人与事，有时也会发表对某个学术问题的看法，有时则聊聊他的学生们。这些看似“闲聊”却蕴含着丰富学术信息的谈话，让我们获益良多。

在很多人的印象中，熊老师平时有点“不修边幅”。但是只要出去开会，熊老师都要认真“打扮”一番，会议发言也会反复思考。他常常提醒我们，发言要抓住要害、控制时间，否则别人不愿意听。熊老师的会议发言幽默风趣，而且富于启迪，因此往往能引得满堂笑声，令人印象深刻。有几次会议发言甚至成为熊老师学术研究转向的重要契机，对此，熊老师曾多次谈道：

> 至于老庄学的研究，这倒是一个转移，向老庄学转移的原因有一些偶然因素。1993 年，我应西北大学张岂之先生的邀请，赴西安参加一个有关老子思想的学术研讨会。但我那时还没研究过老子，于是把两千年来老子思想的传承发展轨迹做了梳理。这是西安举行的第二次老子思想研讨会，在第一次会上就有学者提出要写老学史。我在会议上的发言得到张岂之先生的肯定，我建议他组织写一部老学史，当时他没表态。我回武汉后找到马良怀和刘韶军两位学者合写《中国老学史》，这本书于 1995 年出版。这就是我转向老学史研究的偶然性。到 2000 年，第三届庄子国际学术研讨会在北京召开，我梳理了庄学史的

> 发展脉络，会上中国社科院余敦康先生问我是不是打算写一本庄学史，我回来后立即着手准备，最后完成《中国庄学史》。所以只是偶然的因素让我进入了新的学术领域——老庄学。[①]

可以看出，熊老师是因会议发言受到关注，看到了老庄学研究这个过去长期被忽视的学术领域的重大价值和发展前景，从而开拓出了一片新的学术天地。

熊老师还强调“读万卷书，不如行万里路”，他常常鼓励我们借参加学术会议的机会四处看看。出去开会之前，熊老师都会想一想当地有哪些熟人，并事先联系好。会议间隙，师生相聚，老友重逢，留下了很多温暖的记忆。

2011 年 10 月，参加完在衡山举行的“第二届国际道教论坛”后，我陪熊老师去看望在衡阳师范学院工作的范正娥（赵国华老师指导的 2005 届硕士研究生）。范正娥师姐带我们参观了当地有名的石鼓书院。吃完饭，熊老师提出去学校看看。看到她所在的学校环境很好，同事之间关系融洽，孩子活泼可爱，熊老师很高兴，鼓励她好好工作，将来有机会继续深造。

2017 年 9 月，在淄博参加“2017‘齐文化与稷下学’高峰论坛”的间隙，熊老师又带着刘老师和我去看望在山东理工大学工作的卜祥伟（熊老师指导的 2014 届博士研究生）。在与卜祥伟所在的齐文化研究院的老师们座谈之后，熊老师为他的成长感到高兴，同时也提醒他要多关注学术动态，坚持学术理想。

2012 年 12 月，我随熊老师、刘老师赴广州参加“道教与星斗信仰学术研讨会”。熊老师有不少学生在广州，但他们平时忙于工作，见面的机会也不多，听说熊老师来广州了，当晚就组织了师门聚会。聚会上，大家谈各自的近况，聊学生时代的趣事，一片欢声笑语。熊老师除了偶尔插上两句话，大部分时间都在一旁静静地看着他们，脸上洋溢着幸福的笑容，仿佛

---

① 叶秋菊、占勇光：《勤治史与时俱进 著文章历久弥新——访熊铁基先生》，《中国史研究动态》2019 年第 5 期。

也回到了当年。分别时，大家都有点依依不舍。一群人簇拥着熊老师走到门口，一位早年毕业的学生突然拉住熊老师，说要跪谢师恩。他历数自己当年少不更事，总是惹老师生气，说着说着就泪流满面，在场的人无不为之动容。我也被这浓浓的师生情感染了。平时听熊老师说起他的学生，相比赞扬，批评似乎更多一些，所谓“爱之深，责之切”，不论赞扬还是批评，都蕴含着老人家对学生的关爱和牵挂。

2011 年 9 月在杭州召开的“葛洪与魏晋道教文化研讨会”和 12 月在香港召开的“香港道教学院成立二十周年庆典暨‘道教教育的理论与实践学术研讨会’”，也是我陪熊老师参加的。参会期间，在熊老师的鼓励下，我“逃会”出去和高中同学、大学室友在西湖边畅叙友情；和从深圳赶来的妈妈、弟弟登上太平山顶，俯瞰香港全景。现在回想起来，仍倍感温馨。

三

有人问熊老师有什么长寿秘诀，熊老师总是回答：“没有秘诀，顺其自然就好。”这份对生命的体悟实际上体现了一种道家精神。道家的思想体系以“道”为核心，但其基本精神却体现在“自然”二字。老子提出“道法自然”，主张追求“顺其自然”“自然而然”的境界。熊老师研究道家思想，也将道家精神融入自己的生活当中。

“俭”乃老子“三宝”之一，也是熊老师崇尚的生活信条。有的衣服穿了十几年，都磨破了洞，他也舍不得扔，还常常穿着去打乒乓球，以至于给人留下“不修边幅”的印象。在饮食方面，熊老师说他从小受长辈的影响，牛肉、羊肉、鸡肉、鸭肉等都不吃，一日三餐以清粥小菜为主，偶尔吃点鸡蛋和瘦肉，十分清淡。但有一点例外，熊老师爱吃甜食。李老师在世时，总是劝他不吃或少吃。每当这个时候，熊老师都会说：“爱吃甜食说明身体缺少某些东西，还是顺其自然吧，想吃就吃，只要不过量就行了。”知道熊老师爱吃甜食，我们去熊老师家时，偶尔会带上一些小甜点，他总是笑呵呵地嗔怪：“把我当小孩。”我们离开的时候，他又会拿出早就准备好的巧克力或点心，让我带给家里的小朋友。

熊老师对新事物总是怀着一种特别的好奇心。他主动适应时代的发展，先后学会了用电脑，发电子邮件，用智能手机、微信。2018 年 11 月，我随熊老师、刘老师到昆明参加“第三届昆仑高峰论坛”。熊老师事先联系了云南省公安厅反邪教总队的副总队长盛勇（历史系八四级本科生）。会议期间，盛勇老师带我们参观了滇池和太和宫金殿。金殿坐落在昆明东郊鸣凤山，始建于明万历年间，是仿照湖北武当山天柱峰太和宫及金殿建设的。听说鸣凤山不算高，熊老师提出自己走上去。一路走走看看，很快就到了山上。俗话说“上山容易，下山难”，看着熊老师疲惫的样子，我们不敢再冒险让他走下山。我们正在想办法时，熊老师突然发现了滑道。滑道和过山车有点类似，时急时缓，只是坡度没有过山车那么大。我觉得不太安全，但熊老师坚持要试一下，认为自己坐滑道下山没有问题。盛勇老师常常带岳父母出游，比较有经验，景区工作人员也确认问题不大，我们只好让熊老师试一下。我本来就害怕玩这类游乐项目，加上担心熊老师的安全，紧张得手心都是汗，感觉那十几分钟的路程特别漫长。下来后，熊老师却笑呵呵地说：“哈哈，这个蛮好玩！”一副童心未泯的模样。

2019 年初，熊老师在家人的陪同下回湖南常德探亲，不小心受了风寒，回到武汉之后一直咳嗽，绵延难愈。治疗一段时间后，可能是药物产生的副作用，熊老师的听觉、味觉先后受到影响。病情不见好转，反而有恶化的倾向，熊老师一度有些悲观。一天，我在办公室桌上看到一封打印出来的信，是熊老师写给医生的，大意是他会积极配合医生的治疗，希望能再坚持一两年，如果能坚持三五年最好，就可以将在读的几位博士研究生都顺利送毕业。想到熊老师在这种情况下还在为学生着想，我心中涌起一股难以抑制的悲伤。

2019 年 6 月的一天，熊老师像往常一样到院里来“视察”。他非常高兴地告诉我们，虽然最近上楼还是有点喘，但是味觉和听力都恢复了。他笑称自己从小体弱多病，年轻时曾得过一场大病，有人预测他活不过五十岁，但是现在八十多岁了，不是还好好的吗。因此，他认为有些人是被医生的话吓病的。他还说，尽管身体逐渐老化的自然规律不可逆转，但我们也要相信人的身体有一定的自我调节能力。接着，熊老师又开始信心满满地展望他的研究计划，并打算 9 月赴兰州参加“第四届昆仑高峰论坛”（后因临行前几天摔伤而未成行）。

最近几年，熊老师主要关注道教起源问题，几乎每天都坚持思考和写作，发表了多篇相关论文。道教起源问题由于资料缺乏，一直悬而未决，近年来成为学术界讨论的焦点之一。熊老师主张将道教起源的时间提前至战国时期，甚至更早，往往有了很多想法，却找不到足够的资料支撑。面对重重困难，他从未想过放弃，家里的茶几上总是布满摊开的各种书和资料。平时我看到相关的信息，都会发给熊老师。有时他会吃惊地问我怎么知道他需要这些资料。张舜徽先生曾说熊老师“每有所得，辄奔走相告”，其实这种习惯至今未变。熊老师在写作过程中常常和刘老师、王闯交流，我也有幸得闻其中一二。

对学术之真的执着追求似乎已经融入熊老师的生命之中。有熊老师在前面引路，我们这些晚辈岂敢轻言止步，唯有沿着熊老师开创的道路继续前行。在熊老师米寿之际，衷心祝福老人家健康长寿，永葆赤子之心！

（作者单位：《华中师范大学学报》编辑部）

慈爱的熊老师

涂立贤

2010年，我考入华中师范大学历史文化学院，跟随刘固盛老师读硕士研究生。在师生见面会上，我首次见到熊老师。面对师公，一群新生还是很拘谨的，但熊老师毫无“大家”架子，笑眯眯地挨个问我们的姓名，每问一个就重复一遍，努力记住。因见面机会不多，下次见面，熊老师忘了我们的名字，又会再问一遍。重复几次后，熊老师就把我们的名字都记住了。

2014年，我继续跟随刘固盛老师读博，经常在道家道教研究中心的办公室学习。熊老师基本上每天上午十一点左右，下午四点左右，都会来学院办公楼，到各个办公室串门聊天，下午还会去一楼的活动室打乒乓球。因为这个原因，我与熊老师接触多了，越发为熊老师的慈爱所打动。

熊老师对自己的教师身份非常重视。他与学生相处，毫无架子，且始终保持对新鲜事物的好奇心。学生与熊老师聊天时，毫无距离感，有时会亲昵地称呼他“熊爷爷”。这时候熊老师会提醒，不要叫“爷爷”，要叫“老师”。“桃李不言，下自成蹊”，以老师的身份面对学生，熊老师从来不会板着面孔说教，而是注重身教，他以自己“活到老，学到老”的态度，无声地传递着学习应有的态度。每次去熊老师家，客厅的桌子上总是摊开放着正在读的书、报纸、打印的论文，我问熊老师：“您每天都看书，没有休息天吗？”熊老师说：“看书就是我的生活。”在熊老师看来，读书、科研已经是生活的一部分，而不是谋生或被迫的工作。正是抱着这样的态度，熊老师耄耋之年，仍然思想活跃，学术成果不断。熊老师的这种治学态度，成为我一直为之努力的方向。

熊老师虽然不让我们叫他“熊爷爷”，但平时生活中却像一位“爷爷”一样关心我们。熊老师来办公室时，有时会给我们带些零食，带得最多的就是巧克力。过中秋节，他也会叫学生去家里一起吃月饼。在我博士毕业找工作的过程中，熊老师多次为我解惑。我曾经向熊老师抱怨，女博士毕业之后要兼顾学术与家庭，很难。熊老师以自己的优秀学生为例，告诉我学术是一辈子的事情，不要因为一时的困难就放下了，一旦放下再捡起来就难了，可以慢一点，但不要放下。我曾恐惧于工作之后的论文、职称压力。熊老师认为，学术应该是一件纯粹的事情，做学术的过程中不要抱着功利的想法，不要想着得奖、争荣誉之类，学术做好了，这些都是水到渠成的事情。“听其言而观其行”，熊老师以其立身处世的态度，比他传达的道理更加可信。

“无情未必真豪杰，怜子如何不丈夫。”熊老师与李老师相濡以沫的感情，让我看到了爱情最美的样子。我见到李老师的时候，李老师已深受病痛折磨。熊老师每天来办公室，到了李老师要吃饭的时间，一定准时离开，回家陪李老师吃饭，“哄”她吃药。有时他有事需要离开稍微久一点，也会让我们去陪李老师说说话。在熊老师的精心照顾下，我们见到的李老师即使在病中，也始终开朗、优雅。她会给我们看她和熊老师年轻时的照片，讲述照片里的故事。陪李老师去医院检查时，她会很开心地用英语和医生打招呼，表示感谢。李老师用她的开朗让我们忘掉她是一位受病痛折磨的老人。对一位爱美、活泼的女士而言，失去自我意识、生活不能自理，是一件很痛苦的事情，但是因为熊老师，她愿意与疾病斗争。李老师曾说她恨不得早点离去，就是舍不下熊老师。如今，李老师已经离开三年了，这句话始终印在我的脑海里，她和熊老师的真挚感情也让我始终对爱情抱有美好的期待。

对待陌生人，熊老师也保持着慈爱之心。有一次，熊老师来到办公室，让我帮忙打印一封回信。原来是一位陌生人向熊老师寻求解惑。这位陌生人学历不高，人到中年一事无成，接触道教知识以后，有出家的意愿，遂来信向熊老师述说苦闷。熊老师回信鼓励他，并附上自己的电话及住址，殷殷嘱咐，恐回信说不清楚，让他可电话详聊或者来家里。对一位没见过面的陌生人，熊老师毫不敷衍，本着对生命的重视，践行着道家的慈爱精神。

我离开桂子山已经三年，虽不能时常与熊老师见面，但偶尔电话联系仍能感受到熊老师的关心与帮助。明年即将迎来熊老师米寿，借此文祝熊老师健康长寿！

2020 年 10 月

（作者单位：上海政法学院马克思主义学院）

学高为师　身正为范

——我的师公熊铁基先生

汪玉玲

熊铁基先生是我的师公，也是我人生路上的指导老师。先生笃志前行的毅力和淡泊名利的精神，是我在工作中追求的价值方向。

初识先生是在2014年秋季“中国史专题”的第一节课上，他自由的授课方式、幽默的语言风格令我印象深刻。后因在道家道教研究中心查阅资料，与先生日渐熟悉。每日申时前后，先生皆会前往研究中心，与我们后辈交流学习方式和日常事务，便为一号楼的快乐时光。古语有云：“言传不如身教。”先生用自己的“春夏秋冬”，激励后辈们做一个“逍遥”的有用人。

先生的学识是渊博的。先生常来研究中心查阅资料，撰写论文并前往各地参加学术会议。一位“80后”的老教授，应该享受着自己安逸的晚年时光，怎么还有精力去做学问？我想这是学者对于学术的毕生追求，是自我的内心信仰，这种信仰伴随着岁月的流淌而日益坚定。先生家里的茶几上摆放着不同的专著和学生论文，与博士生在家里谈论研究方法和学术思想也是常有的事情。先生不仅对自己的博士生细心培养，对我们后辈的学业指导也毫不吝啬。我的硕士论文是关于齐云山道教的，由于对文献的理解不够深刻，屡遭困境。曾经有一段时间，我的论文进度停滞不前，我常在电脑前对着文献资料独自发呆。他了解到情况以后，为我提供分析文献资料的方法，并每日督促我提笔撰写正文内容。毕业前，他还鼓励我在今后的工作过程中，多忙都要记得多看书、写文章，时刻保持着学习的能力和习惯。毕业三年多了，先生的教导依然回响在耳边，恍如昨日，也激励着我不断往前走。

先生的人生观是逍遥的。庄子说，“乘天地之正，而御六气之辨，以游无穷者”，是为逍遥。先生淡泊名利，笑对生活百态，亦为逍遥。先生的学术造诣高，在道家道教文化研究中成果丰硕，为后继学者所敬仰。但先生素来淡泊名利，不求过多的荣誉和头衔，一心耕耘自己的学术百花园，坚定内心的信仰，享受着内心的逍遥。朴素的外套、简单的家具陈设、粗茶淡饭，这是他的生活。在华师的校园里，常有一个自由的身影和阵阵欢笑声，这是他的日常恬静时光。“逍遥”是大多数人一生追求的目标，先生却用学术和生活诠释了“逍遥”的本真意义。

“经师易遇，人师难遭。”我很幸运在华师遇到了熊铁基先生。离开华师后，我在自己的工作岗位上一直未能忘记他对我的教诲和勉励。如今我也成了一名教师，我也努力给学生传递这种潜移默化并代代相传的精神密码——笃志前行、淡泊名利，这种精神密码亦将成为我一生的精神追求。在熊铁基先生米寿来临之际特撰写此短文，愿先生健康长寿、平安顺遂！

2020 年 8 月 29 日于徽州

（作者单位：黄山学院经济管理学院）

附 录

《秦汉新道家略论稿》题辞

张舜徽

熊君铁基，好读书，喜博涉，能为深沉之思。始治本国古代史实，多所辨证；后乃廓其封域，以及周秦两汉诸子。于《吕览》《淮南》，治之三反。持以上衡先秦百家言，时有不合，比其异同，校其趣向，始悟秦汉道家之论与先秦道家之论，相因而实不同。因揭橥“新道家”之义，扬榷古今，论说益广。每有所得，辄奔走相告，因与赏奇析疑，有朋友讲习之乐。余虽未尽究其义，而深叹君新意创见层出迭起之为不可及也。顷裒其所为文十余篇，都为一集，题曰《秦汉新道家略论稿》。君年未五十，而所学专精至此，继自今以往，恢弘其志业，精进不已，其所诣殆未可量。余虽老，愿观其成也。一九八二年十一月五日。

铁基和老安

安作璋

今年是熊铁基先生八十华诞，为了对老朋友表示祝贺，总得要说几句话。为帮助记忆，我翻箱倒柜，拣出他历年寄给我的厚厚的几十封信，如果再加上不慎遗失的一些信件，可能有近百封之多。值得注意的是，第一封信开头的称呼是“作璋同志”，第二封信就改称“老安同志”，到第四封信开头就直呼“老安”了。这几种称呼都是社会上流行的敬称，并没有什么不同，但仔细推敲起来，似乎其中就有点庄重和亲热之分了。我习惯称他为“铁基”，也喜欢他称我为“老安”，所以这篇小文的题目就写作“铁基和老安”了。

我和铁基相识已有三十多年了。记得是 1980 年 11 月间，我们第一次见面，是在烟台教育部组织的朱绍侯先生主编的《中国古代史》审稿会上。会后他回武汉时又路经济南舍下，我们一见如故，无话不谈，可谓相见恨晚，以后又多次共同参加学术会议和学术合作，有时还讨论一些工作上和生活上的问题。此外，我们两个家庭成员之间也有相互接触。如此频繁的多方面的一来一往，遂成莫逆之交。

学界大都知道，我们曾合作写过一部《秦汉官制史稿》。先是在烟台会议以后，我们就曾商量过写一部秦汉史，后来经了解，林剑鸣教授已出版《秦史稿》，并且还准备再出版一部《秦汉史》，因此作罢。好在当时我手头还有一部秦汉官制史的书稿，虽然比较简陋粗糙，但已有一定的规模。同时铁基也说他编写过秦代官制的资料，这样经过我们两人商量，遂决定在原来书稿的基础上再加深加广，既要详细占有资料，又要有深度的研究。从1981年开始到1984年，经过三年多的时间，我们终于扩写成一部70余万字的大书，这就是1984年、1985年由齐鲁书社陆续出版的《秦汉官制史稿》(上下册)。此书出版后，不断听到或从报刊上看到学界的好评。如郑州大学袁祖亮教授在《社会科学评论》(1986年第8期) 上发表评论文章，称此书“不仅填补了断代官制史方面的空白，而且在许多方面又有新的开拓，它的出版在中国官制史研究的漫长进程中树立了又一块新的里程碑”。山东大学孟祥才教授也曾对他的学生说：“研究秦汉官制史，这本书是不应该绕过的。”当然，这些话都是对我们的一种鼓励和鞭策之辞，但我们的合作和成功，的确也成了学界流传的一段佳话，并曾被著名学者、河北大学教授漆侠先生所一再称道。说到这里，还有几句插话，就是在我们合作之初，铁基曾收到另一位著名学者、首都师范大学教授宁可先生的来信，信中说：“安作璋同志是熟人，他学风朴实，为人正派，你们合作，定能有好的结果。”当时铁基为了表示他合作的诚意，就把原信转给了我，并在来信中说：“这准确地表达了我对你的看法。”此外，铁基还十分坦率地自陈其优缺点，以便增进相互了解。说来也巧，我们两人合作，恰好能扬长避短、优势互补，既能按时完成计划，又可保证书稿的质量，事实也是如此，而且最值得欣慰的是我们没有辜负老朋友的殷切期望。以后，我们在几十年的交往过程中，彼此都能够做到推心置腹、相待以诚、互敬互助、互谅互让，这是我们之间友谊所以长存的根本原因。

《秦汉官制史稿》出版后，1985年荣获山东省社科优秀成果一等奖，1995年被列入《二十世纪中国学术要籍大辞典》。2007年齐鲁书社再版，将其合订为一巨册。这中间相隔了二十多年，经过时间的检验，证明该书还是有一定的学术价值并为学者所需要参考的一部书。

《秦汉官制史稿》完成后，本来我们还有继续合作写书的打算，先是酝酿编写一部秦汉兵刑史。古代兵刑合一，班固《汉书》即未专设兵志，而并入刑法志。因为秦汉的军事制度和刑法制度也是一个很重要而且值得研究的课题，但是由于我们的研究视野和方向开始有所转移，再加上时间和精力都很有限，只好作罢。但我们“心有灵犀一点通”。后来铁基写了一部《秦汉军事制度史》（广西人民出版社，1990年），我和我的研究生陈乃华写了一部《秦汉官吏法研究》作为《秦汉官制史稿》的姊妹篇或续篇（齐鲁书社，1993年）。这样也可以说是对以前合作的继续。

此后，由于我们的研究领域都在逐步转移，铁基的重点是在他原来写的《秦汉新道家略论稿》（上海人民出版社，1984年）的基础上向思想文化领域发展，尤其是老学、庄学的研究，先后出版了《中国老学史》（福建人民出版，1995年）、《中国庄学史》（湖南人民出版社，2003年），在道家和道教文化研究方面可以说是独树一帜，独步学林，有着独特的贡献。我除了继续研究秦汉史外，研究范围则在不断扩大，向着中国通史、山东通史、齐鲁文化通史以及中国历史文献学等领域发展。

但是我们的合作并未因此中断，仍然继续发展，不过内容和形式有些改变而已。例如我们经常一起参加有关秦汉史研究的学术活动，共同参加过著名学者、中国社会科学院研究员林甘泉先生主编的《中国历史大辞典》（秦汉卷）的编审工作，又如华中师大的职称评审、博士学位点的申请，山东师大和华中师大硕士生、博士生论文的评审、答辩等等，则经常通过信件或电话联系，共同商量意见或处理办法。正如开头所说，三十年的学术交往，约有100封信，这在同道中恐怕是很罕见的。

最后，我还要提到，我们两家人的来往、联系也是很多的。首先铁基老伴李雪松老师和我的老伴陈有今老师两人经常陪同我们一起参加一些学术会议，她们是同年同月出生，李比陈大十几天，她们每次见面都是嘘寒问暖，谈笑风生，亲如姊妹。现在她们虽然年事已高，不常见面，但彼此仍然念念不忘。再就是铁基的一对儿女，女儿嘉慧有一次来山东泰山旅游，曾在舍下住过，真是人如其名，聪慧伶俐，活泼可爱，后来听说她跟爱人侨居美国，1998年一胎就生下三位千金，可喜可贺。十多年过去了，如今恐怕已是绿树成荫子满枝了。祝愿她一生幸福快乐。儿子嘉忠1986年考入山东大学，在学习上比较努力，学习成绩优良；在生活上要求不高，简单朴素；为人心地善良单纯，沉稳有度。在1989年那场政治风波期间，铁基和我都不放心，我曾嘱托熟悉的山大老师对他多予关照。幸好他平安无事，于1990年顺利毕业。嘉忠后来到深圳工作，靠着自己的勤奋、刻苦、努力，现在已是一个部门的经理了。拉拉杂杂写了这些，无非在说明，我和铁基不仅是金石之交，而且也是通家之好。

孔子论交友之道，认为“益者三友，友直、友谅、友多闻”。对我们来说，还可以再加一句，即“友好合作”，也就是今日提倡的团结协作精神。

最后，祝老朋友健康长寿，永葆学术青春！

（原载《熊铁基八十华诞纪念文集》，作者单位：山东师范大学历史系）

贺熊铁基教授八十华诞

周立升

（一）

武陵熊氏出高贤，荆楚之邦执教鞭。
秦汉道家君论著，汉唐文化汝亲编。
精研庄老疏玄理，探究全真索本然。
媲美夕阳无限意，遐龄福寿贺翁仙。

（二）

风尘物表赋英才，养性修心豪气来。
文冠九州传四海，道通天地达瑶台。
真常应物从不惑，动静随时总别裁。
福地洞天由此始，人皆可以为仙哉！

（原载《熊铁基八十华诞纪念文集》，作者单位：山东大学哲学与社会发展学院）

贺铁基先生八十华诞

王树人

（一）

熊公八十正当年，史海破浪再扬帆。
心系天道行无惧，笔底千秋放真言。
扬子江涌淘陈沙，桂子山灵聚世贤。
百岁但看腰脚健，坐忘思飞自由天。

（二）

学海有幸识熊公，论道体道总相通。
逢会谈笑多真意，别后思之仍动容。
八十不老青春岁，九旬百寿祝心童。
桂子山幽藏浩气，元阳自固驭飞龙。

（作者单位：中国社会科学院哲学研究所）

贺熊铁基教授八十华诞

丁原明

熊教授及其引领的华中师范大学道家道教研究中心，为当今道学文化的繁荣做了重要推动。值熊铁基先生八十华诞之际，笔者谨向他深表敬意和祝贺。

我与熊先生在学术上结缘，始于1981年他在《文史哲》第2期所发表的《从〈吕氏春秋〉到〈淮南子〉》的论文，此文将秦汉间的道家思潮冠名为“新道家”。此观点在当时学界可谓振聋发聩，使人耳目一新，笔者读后更是备受启迪，帮助我厘清了许多感到困惑的学术问题，因为那时我也正在研读《管子》《吕览》《淮南子》等书。后来，我又认真拜读了熊先生于1984年出版的《秦汉新道家略论稿》一书，这本书对我有醍醐灌顶之效，并成为我撰写《黄老学论纲》的指南。

但是，由于受史志等传统说法的影响，我也曾对熊先生《从〈吕氏春秋〉到〈淮南子〉——论秦汉之际的新道家》论文所提出的新道家观点产生过怀疑或动摇，并在《文史哲》1982年第4期刊登的拙文《论〈吕氏春秋〉及其历史作用》中做了商榷，仍坚持《吕氏春秋》为杂家类著作的观点。熊先生无论在年龄还是本科毕业时间上都长我十余年，他应是我的师辈。然而，他对我与其商榷的论文不仅安然处之，而且还表现出了师辈的大度风范。例如，当我的《黄老学论纲》于1997年出版时，正值熊先生《秦汉新道家》初稿全部完成时。他从《文汇读书周报》看到拙作的出版信息后，随即向山东大学出版社现任总编辑马新教授索取我的《黄老学论纲》阅读。熊先生在其《秦汉新道家》的前言中说笔者的拙作“有几次提到我的《秦汉新道家略论稿》，有同意也有不同意我的观点，其所不同意的，我在本书中加强了论述”[①]。熊先生才思敏捷，学问深厚，他能如此重视拙作，足见其谦逊、包容的心境何等清亮。

我与熊先生的面交，是在2000年后所参加的多次道家、道教学术会议上，他能言善辩，待人诚恳，给我留下了和蔼可亲的学者形象。老子说："知常容，容乃公，公乃全，全乃天，天乃道，道乃久。"鄙人借《道德经》这句话，祝愿包容大度的熊先生在生命与学问的征程上，像大道、天地一样长久！

（原载《熊铁基八十华诞纪念文集》，作者单位：山东大学哲学与社会发展学院）

① 熊铁基：《秦汉新道家·前言》，上海人民出版社，2001年，第3页。

我与熊铁基先生的交往

黄留珠

知道熊铁基先生的大名，是在20世纪60年代初读大学的时候，当时报刊上常常出现两个姓“熊”而名字最后一字均为“基”的先生，一曰熊铁基，一曰熊德基。最初，我误以为是同一个人被印错了名字；后来才知道，这是不同单位的两位学者。

与熊先生的学术交往，始于20世纪70年代末。原来《华中师院学报（哲学社会科学版）》1979年第4期刊发了熊先生题为《评项羽的功过是非》的文章，我对其中的一些观点不太赞成，那时自己不到四十岁，尚属年轻气盛一族，于是便起草了一篇商榷小文，寄给了《华中师院学报》，不想很快就发表出来。一天，林剑鸣先生非常认真地对我讲：“华中师院（即今华中师大）熊铁基先生代问你好，并向你表示衷心的感谢。”我听后知道这是那篇商榷小文有了回应，但令我没有想到的事，熊先生竟如此大度地坦然面对学术批评。这着实让我很感动！因为当时熊先生已经是颇有影响的学者，而我仅仅是位名不见经传的小人物。

1981年后秋，在西安举行的中国秦汉史研究会成立大会上，我第一次见到熊先生。他瘦瘦的，个子不高，但精神抖擞，充满活力，而且积极进取，敢说敢为，给我留下了深刻印象。后来事有凑巧，我与熊先生都参加了由中国秦汉史研究会组织的1982年暑期丝路考察活动，共同生活了一个多月时间。如此长时间的朝夕相处，彼此间相互了解自然就深入多了。熊先生时任考察队副队长，在考察中的很多关键时刻，他都发挥了重要的作用。关于这些情况，我在已发表的《丝路考察日记摘抄》中有详细记述

（载《周秦汉唐文化研究》第五辑，三秦出版社，2007年）。这里仅摘引一例如下：

> 1982年7月29日 星期四 晴（张掖—酒泉）
>
> 今天从张掖去酒泉……到酒泉后，住在地区招待所，条件好多了……经与地区交涉，基本达成协议，由地区提供一辆日本空调车送我们到额济纳旗（汉代称居延）考察。因去该地区要办边境手续，每人都填了表，交了照片，看来还真像那么回事呢！据叶庆雨讲，在这次与地区的交涉中，熊先生发挥了很大作用，动用了两张王牌：一是甘肃省朱副省长的指示，再是要把丝路研究的中心争回到中国。结果地区只好点头答应了。

上引日记，从一个侧面叙述了考察队到酒泉后向地区领导部门请求支持考察活动的简单经过。当然，这类事如果放在今天已经完全没有必要。一个学术团体组织的考察活动，只要经费充足，一切问题似乎都可以迎刃而解。但在那样一个计划经济时代，资源全掌握在政府手里，即使是联系一辆汽车，也需要得到政府的批准。这样，才有了考察队与酒泉地区政府部门的交涉活动。日记中提到的叶庆雨，为考察队成员，当时任职于中国社科院历史研究所，以前在《人民日报》工作十多年，曾是位叱咤风云的人物，具有丰富的外联工作经验，也有相当的人脉。可能正因为如此，他虽非考察队领导，却也常常参与一些对外交涉活动。他所说的关于熊先生的事，当有所据，应该是可信的。

由于有了这样一种经历，我与熊先生可以说是相当熟悉了。大凡我去武汉开会，或者出差路过武汉，熊先生总是热情地在家中设宴款待，先生夫人精心烹制的美味佳肴，每次都令人回味无穷。熊先生有事来西安，我们也总要聚会。他关心陕西秦汉史学界动态，关心年轻一代学人的进步，体现出一位长者特别的爱护之心。

1999年冬，我又有幸与熊先生同去台北中国文化大学，参加那里举行的第一届简帛学术讨论会。在这次赴台的大陆学者中，熊先生年龄最长，但精力之旺盛远远超过许多年轻人。积极主动，遇事不推诿，有一种当仁不让的气势，这是他一贯的作风。记得会议结束后的告别宴会上，由熊先生代表大陆学者致谢词。只见他从容地走上讲台，声情并茂地说："今天我想讲三句话，第一是感谢，第二是感谢，第三还是感谢!"结果获得了满堂喝彩。当时我就想如果像熊先生这样奋进而有才干、有能力的人再多一些，恐怕世上的事情要好办得多了。

关于熊先生的学术成就，大家有目共睹，这里就不需要我再啰唆了。但有一点应该提及的是，像熊先生这样已经著作等身的学者，却始终保持着一种孜孜以求的向上的精神。这非常令人感动和敬佩。大概是前几年吧，我参加一个国家项目的评审工作，当时采取的是匿名评审，但熊先生的申报材料我一眼便看出来了。全国搞秦汉史的就那么一些人，彼此路数都清楚，再怎么匿名实际上也是匿不住的。面对熊先生的申请材料，我感慨万千。我比熊先生要小将近十岁，是一代人的差距。我六十岁以后虽然没有退休，但已经不再申报任何项目，若干年后，甚至还产生了"金盆洗手，退出江湖"的打算。而熊先生以七十多岁的年纪，仍在积极奋力拼搏，参与激烈的项目竞争，两相对比，令人好不惭愧也！后来我又接受并主持某些项目，除了客观难以推辞的原因外，与熊先生榜样的影响是有关系的。

2012 年将迎来熊先生的八十华诞，先生门人拟编辑出版《熊铁基八十华诞纪念文集》，以示庆祝。这是很有意义也很有价值的事情。承蒙文集编写组盛情，邀我为文集撰稿，于是糅杂写了如上一些与熊先生交往的往事，一则为先生八十华诞祝贺，再则也借此机会表达我对这位良师益友的感谢之情。曹孟德诗《龟虽寿》，是老年人用以励志的上品之作，兹将全诗录于本文之末。愿八十翁与七十叟及普天下老者相互共勉：

神龟虽寿，犹有竟时。
螣蛇乘雾，终为土灰。
老骥伏枥，志在千里；
烈士暮年，壮心不已。
盈缩之期，不但在天；
养怡之福，可得永年。
幸甚至哉，歌以咏志。

祝尊敬的熊先生健康长寿！

2011年国庆长假草于西北大学桃园区锵音阁

（原载《熊铁基八十华诞纪念文集》，作者单位：西北大学历史学院）

为熊公寿序及俚语十六句

张文立

往事如烟，往事又不如烟。有些过往的人和事，常常清晰如工笔画在眼前过，在脑中刻；有些过往的人和事，过也就过了，连烟也没有。熊铁基先生便是前者，这是他人格魅力所在。

我知道熊先生是在 1980 年前后，记得是从《社会科学战线》《光明日报》上看到熊先生写的关于秦文化及秦汉新道家的言论。当时，一是熊公的名字与众不同，二是新道家的提法新颖，使我记住了这位学者。我见到熊先生是 1984 年在四川成都召开的中国秦汉史研究会第二届年会上。我记得那时，一位身材矫健、富有活力、面孔和善的中年文人，使我感到这是一位有个性而且随和的性情中人。会上，这位先生十分活跃，常有同行向他开玩笑和祝贺，听其因，是这位先生不久前新出了一本书。这本书叫“秦汉新道家”之类。我向同学林剑鸣先生打听了一下，原来这位成为各位学者一时热议焦点的先生便是熊铁基先生，我大有闻名早而见人迟之感。这次会议很快结束，我认识了熊先生和其他许多同行，在以后几次秦汉史年会上，便由通名报姓到熟识了。

1990 年，我在筹备秦俑研究第三届学术讨论会时想，秦兵马俑及秦陵文物的研究如何深入，其中一点便是与秦汉史研究及秦汉文化研究结合起来，这便需要更多研究秦汉史的专家参与。我利用机会参加了几次中国秦汉史研究会的年会，认识和熟悉了一些对秦汉史研究颇有成就的学者，并邀请他们来参加会议，熊先生自然在邀请之列。于是，以后的秦俑学术讨论会邀请他和其他学者参加，成了惯例。熊先生和其他学者来参会，我还给他们安排了另外的任务，这便是在会议的晚饭后，请他们给我馆的青年学子（主要是新来的大学生和宣教部的青年人）做治学报告。熊先生欣然承担。那时人们普遍认为，文人清高，口不言钱，所以熊先生的演讲是无报酬的。熊先生任劳任怨，每次两个多小时，认真细致，诲人不倦。

我与熊先生的学术往来多在信件中，熊先生将他先后出版的专著《秦汉军事制度史》《秦汉文化志》《秦汉新道家》《中国老学史》《汉唐文化史》等都寄给了我。我得到朋友的寄书都会先睹为快，对熊先生寄的书，自然都仔细学习了。《秦汉新道家》是熊先生对1984年出版的那本《秦汉新道家略论稿》，也就是前面提到的那本书的改写。《秦汉新道家》增加的篇幅超过了原来的一倍，而其论述也更深刻了。我读过后还写了一篇小稿，认为秦汉新道家之新是秦汉文化整合的体现，在《中国秦汉史研究会通讯》上刊出。2007年，熊先生来西安参加关于道教的一次会议，会议组织参观兵马俑，熊先生告诉了来馆时间，我得以在他参观完后与他匆匆一晤。他说他们在武汉有一个关于秦汉军事史的小型学术会，叫我去一下。后来，因为他事我未成行，让研究室参会的卢建华先生带去问候。2009年，秦俑研究第七届学术讨论会，也请了熊先生。我希望我们能在会上见面，结果熊先生因忙未莅会。我和熊先生相别已好几年了，思兹念兹。

2011年，接到熊先生高足叶秋菊、肖海燕诸位函示，2012年为熊先生八十华诞，将举行纪念活动。2009年以后，我已不问外事，混混沌沌几于不知今夕何年了。见到此文，恍然有感：噢，我们都老了！二十七年犹如电光石火，岁月催人呀！我想，熊先生的高足此举，应是一个见贤思齐薪火相传颇有卓识的美事善举。借此盛事，有几句俚语为熊公寿，可谓借花献佛耳尔。

一

熊公荦荦天地间，秋去冬来八十春。
静观白云苍狗变，安渡赤马红羊津。
无畏无私安学府，不阿不屈傲侯门。
学通古今存忠恕，气动人天有热心。

二

扬子江畔勇弄潮，课徒为文兢出新。
创论秦汉新道家，金声玉振著宏文。
长安论道追三洞，秦俑讲学演一音。
薪火滔滔高徒众，暇时当养期颐身。

（原载《熊铁基八十华诞纪念文集》，作者单位：秦始皇帝陵博物院）

感谢·感动·感激

——系情熊铁基先生八十寿辰

葛立斌

作为一名比晚辈还要晚辈的学生，尽管我与熊先生相识、相熟只有短短的十二年，但这看似短暂的师生情谊，却融浓着深厚的温暖，常常涌动在我的心间。现在的我，身在遥远的广州，每每想起先生与师母热情、和蔼甚至带有很多可爱的面容，内心总有一种难以言说的情感涌在心头。这种情感，我一直在想用什么词语能涵盖、能诠释、能描摹，却全然找不到这样一个词语，埋藏在心间的，只有无言的感谢、无限的感动与无尽的感激。

一

初次拜访熊先生，是在1999年桂花飘香的日子。那年，我打算报考熊先生的博士研究生，在马良怀先生的引荐下，我去桂子山上先生的住所拜访先生。第一次接触史学界的大家，作为一名既过于年轻，又不谙世事，学识也无所长的我来说，十分忐忑不安。那时候的我，特别担心自己既不懂得如何表达自己的意愿，又没有过人的学识向先生展示，更没有镇定自若的态度和语言向先生对答如流，现在回想起来，有的可能只是战战兢兢的心情和闪烁不安的眼神。但是熊先生却什么都没有问，只是慈祥地和我聊了几句家常，并鼓励我努力复习，准备考试。言谈中，熊先生把一瓶可乐打开，替我插好吸管，还笑着对我说：“这个时候正是武汉的‘秋老虎’，可要注意避暑。”十二年前的见面，到底聊了什么家常早已记不太清楚，只记得熊先生慈祥的眼神和爽朗的笑声让我温暖、让我心安。

只是，这么好的一个机会，一个跟随熊先生求学的机会，后来却被我错过了，不，应该说是放弃了。那年，由于身体的原因，我放弃了考试，其实拷问当时的心灵，更多的是因为我对自己学业的怀疑和彷徨，让我在犹疑、徘徊和怯懦中放弃了这次跟随熊先生求学的机会。在接下来近六年的时间里，我几乎断了与熊先生的任何来往。作为一名晚辈来说，其实我做得已经很出格、很过分了。

再次鼓起勇气打算报考熊先生的博士研究生，已经是2006年的春天了。那时候，攻读博士研究生成为全国各高校教师炙手可热的求学行为，考取博士研究生的难度可想而知。当我浪费了整整六年的时光，再重新想在学术上有所收获的时候，我开始慎重考虑。可是，那时候我的内心更加忐忑不安，六年前，我和先生仅有一面之缘；六年来，我从来没有和先生有过任何联系，熊先生还能记得我、接纳我、认可我吗？记得那时候，想着如何给先生打电话表达自己的意愿，我几乎连续几天焦虑不眠。继续研读博士研究生的渴望，对自己多年来未和熊先生联系的愧疚，如何与熊先生解释我这六年的“失踪”，等等，让我每每拿起电话又放下，渴望与希望、愧疚与不安交织在一起，让我度过了几个不眠之夜。

最后，我终于鼓起勇气，拨通了熊先生的电话。记得，那时正是一个周日的上午十点左右，电话拨通了，我听到了熊先生爽朗的声音：“哪一个？”在电话的周围有小孩子的嬉闹声和熊先生一连串的“别跑，别跑”的笑呵呵的附和。我忐忑地对电话那端的熊先生说：“熊老师，您可能已经不记得我了，我以前曾经报考过您的博士研究生……”“葛立斌！”我的话还未说完，熊先生竟然一下子叫出了我的名字，接下来第二句话便是：“你上次的准考证还放在我的书架上咧！”我一时惊呆在电话这头。六年了，熊先生竟然还记得我，竟然还能听出我的声音，甚至还把我第一次报考的准考证留在自己的身边，我有何德何能让熊先生如此宽容地对待和记挂！无以言表的愧对之情，让我几乎没办法再表达下去。我调整了自己的情绪用极其愧疚的语气对熊先生说："熊老师，我还想报考您的博士研究生……""欢迎你!"话还未说完，熊先生马上说了这句话，我的眼泪一下子流了下来，之前所做的一切一切的准备，所打的一切一切的腹稿，都在这简单的三个字中化成了无以言表的感谢。熊先生的宽容、率真与理解如此真实地震撼着电话这头的我。当时的我，在工作了六年后，在亲历了许许多多的世俗冷暖后，第一次感受到了来自一位并不熟识的著名的学者、老师的简单却深厚、直接却温暖的接纳的力量。

二

在华中师范大学历史文化学院，尤其是在熊先生的门下攻读博士学位是我一生的幸事，在这里我遇到了很多学识渊博却极其谦逊、宽容、平等待人，且能予人以最大程度的理解的学者与老师。一个师者给予人的力量往往并不仅仅是他的学识，更多的是其在生活中所透露出来的点点滴滴的做人的魅力与人格修养。2006年至2007年，在华中师范大学历史文化学院与熊先生朝夕相处的这一年，让已经是成年人的我依旧学到许多为学、做人的道理，是让我在做学术与做人方面迅速成长的一年。说句真心话，这让我一生都受益匪浅。

由于我是从先秦文学研究转入秦汉史研究的，所以，刚刚入学时，熊先生便给我确定了一个看似很小的方向进行研究，题目是"汉兰台令史考"，研究的方向似乎很狭窄，不过就是一个在汉代几乎名不见经传的小职官。在撰写这篇论文的几个月的时间里，越是系统深入地累积史料、考溯源流、缜密论证，我便越是明白了熊先生对我的训学苦心。这几个月中，为了弄清楚汉兰台令史的渊源、职官功能的变迁、职官的地位以及对汉代经籍整理的作用等诸多问题，我几乎反复遍读了《史记》《汉书》《后汉书》等许多基础文献，又查阅了大量后代对汉兰台令史一职及其任职者的考证与评述。说实话，尽管已经是一名研究先秦两汉文学史方向的教师，但这样系统地对汉代文献典籍的阅览与研读，对史料的析离与积累，对后代学者考述的查阅与取用，对学术论文撰写的缜密构思与严密述证，是在我之前的学习过程中从未进行过的。熊先生实际上是以“小题目”来完善我知识架构中的“大问题”，即弥补我薄弱的史学基础，从而为进行下一步深入的研究打下更厚重一些的史学知识基础，训练出良好的史学研究习惯。

那段日子是我工作以来最充实、最快乐的时光，每每某个问题考虑不下去了，我便不管不顾地给熊先生打电话，倾诉自己无法考证下去的苦恼，熊先生总是耐心地听我说完，然后给予我建设性的意见。还记得有一次，我拿着写得逻辑混乱的初稿直接奔到熊先生家里，指出几个问题我实在不能自圆其说，熊先生想了一想，在他书房西面一排书柜里拿出《文献通考》，准确无误地翻开其中的一页，指给我看我能用得上的史料。这让我非常惊讶，这么小的一则史料，先生竟然能记得如此清楚，让我在钦佩之余更有了要像先生一样能精熟史学文献的决心。

武汉的冬天特别冷，但是那天阳光却特别好，透过先生的阳台，从先生大大的书房的落地窗里斜射进来。阳光细碎地洒在熊先生堆满书籍的案几上、满是典籍文献的书柜上，熊先生站在书柜的旁边，在洒落的阳光中为我翻查《文献通考》，这又何尝不是先生传道、受业、解惑中最美的一道风景呢！

在与熊先生朝夕相处的那一年中，我在知识上表现出来的匮乏与不成体系，在做人方面偶尔冒出的一些鲁莽与不识大局，熊先生一定是时时看在眼中的。但是，先生从来都没有给予我直接、严厉的指摘和批评，他常常微笑着婉转地指出我的不足，或是仅仅用一个眼神，点到为止，既让我知道错了，又顾及了我的颜面。譬如，我在撰写完《汉兰台令史考》的初稿后，放在先生那里三五日由其评阅，熊先生让我再去取时，我看到初稿本上已经用红笔画、圈、点、写了许多密密麻麻的符号和文字。先生对我说：“这篇文章还有待修改，拿回去看看我的意见，重新来过怎么样？压力大不大？有没有问题？”要“重新来过”，文章写得很不好不言而喻，先生非但没有指责我费了这么多时间到底干什么了，反而婉转地劝导我不要有压力，让我在愧疚、感动的同时也不由得增添了几许决心和信心，不好好地将时间和精力投入在学业上，实在愧对先生。

还有一次，记得是2007年寒假后回学校，我去熊先生家坐坐。那段时间我正在为发表学术论文发愁，于是在熊先生那里发牢骚："现在发表论文这么热门，不如毕业以后想办法调到一个学术期刊去做编辑得了！"话说完了，没有得到先生的回应，抬头看看熊先生，他正用另外的一种眼光看着我，完全没有了以前对我的信任和喜爱的神色。那眼神中分明有讶异、不满和失望，我立刻知道自己错了，噤了声，马上岔开话题。熊先生却没有再以片言只语批评我，沿着我的新话题继续聊天。熊先生对学生的期望，是希望我们能在学术研究方面踏踏实实地在某一个领域稍有建树。现在想想，我已经是一个成年人了，却还说出那些让他老人家失望的话，的确不像样子。

熊先生在为学、做人方面对我们的教诲，从来没用过训导之语，说应该这样，或不应该那样，常常是在聊家常的过程中以片言只语给予我们他的希望。譬如2007年那年冬天，我们坐在先生家里客厅的藤椅上和先生聊天，聊到学术研究能给我们带来什么的时候，先生对我们说："许多物质的东西再多又有什么用呢？房子再大，也就坐一个人的地方，有时候甚至还会觉得空旷。"熊先生是在婉转地告诉我们，在人的一生里，不要因物质上的一些追求和享受而放弃对学术的钻研，对正直人格的秉承。离开熊先生回到广州后，我在学术、工作和生活中难免会有"心战"的时候，每每想起先生的这句话，心便会沉静下来，安心地看看书、写写文章，而不至于去戚戚于贫贱、汲汲于富贵。

三

由于我是在职攻读博士学位，真正和熊先生朝夕相处的时间很短，仅仅有一年的时间。但是，我却觉得，无论是在先生与师母身边的那一年，还是离开先生与师母回到广州的这许多年，我从先生与师母那里得到的关爱却并不少。这主要是因为在先生与师母身边的时候，他们把我们当成自己的孩子来看待；远离先生与师母的时候，他们对远方的我们依然心存惦念。

在武汉的那一年，先生对我们学习和生活方面的关心可谓事无巨细。先生几乎每天一个电话："在哪儿呢？在干什么呢？其他人在干什么呢？"遇到学院组织讲座，先生就会追问："去听讲座了没有？听到些什么？有哪些感想？"上了某些专业课后，先生也会打电话问："老师讲些什么？你们听了些什么？记笔记了没有？"偶尔先生还会大老远跑到学生宿舍，看我们在忙些什么，有没有看书，看的是什么书。先生的这些关心不仅仅对自己的学生，对别的老师的博士研究生他也一视同仁，嘘寒问暖，好似自己的孩子一般。有一次寒假结束，第一节专业课上课前，先生温和地询问另外一名家在恩施的学生："假期回家了没有啊？回来坐的什么车子啊？是火车还是客车？"那名同学回答说："是坐飞机回来的。"先生惊喜道："呵，坐飞机好啊，上次你说坐客车回恩施还有那么远，坐了五六个小时，坐飞机好！"

身在广州的我每每给先生打电话，常常聊着聊着，就发现先生会话锋一转："你脸上的疙瘩好点了没有？"（因为广州水土热气，我们几个在广州生活的女学生往往脸上会长疙瘩，熊先生记在心里，常常想起来便会询问一下）或是询问："和同学们还有没有联系啊？都和谁联系了？都聊些什么了？"熊先生非常看重我们同学之间的友谊，大概他是觉得同学之间友情的深厚与否是我们为人的一个标准，同时也是学业发展的一个重要方面吧。

很多人会认为，都是博士研究生了，甚至许多人都是快到四五十岁的半大老头子、老太婆了，熊先生还像对小孩子一样对待这些学生，是不是有点太过了？可是，我们却很受用，在熊先生乐呵呵的关心下也乐呵呵着，内心加倍温暖。在武汉的时候，常常有同学亲切地称熊先生为"熊爹爹"。这说明老师已不单纯是老师，学生也已不单纯是学生，在师生情谊中更有一种亲情在维系着，这也常常让同宿舍的其他学院的同学羡慕不已，觉得有这样的导师真是人生的一大幸事。

与先生、师母交往这么多年，我更感怀于师母对我生活上的点滴关爱。

先生和师母对我们的关怀，往往是先生在明处，师母在暗处；先生唱主角，师母唱配角。在武汉的时候，每每到先生家去坐，常常聊着聊着，师母就会把一盘削好的梨子送到我们的嘴边。后来一位师兄和我聊天，常常跟我大叹“不公平”，他说：“去先生家，我们男孩子去，先生就问：‘写文章了没有？给我看看？’你们女孩子去，先生就问：‘吃不吃梨子？喝不喝水？’不公平！”听着让人忍俊不禁。能听出来，师兄“不公平”的幽默下，满心装着的是对先生的尊敬和惦念。

在先生家聊天久了，到了晚饭时间，先生便会留我们吃饭，往往是师母煮饭炒菜，却不肯让我们进厨房帮忙，这简直让我坐立不安。想想师母已经是七十多岁高龄的老人了，我们却闲坐着让师母为我们做饭吃，这让我坐也不是，站也不是。但是两位老人却决不肯让我们插手，先生让我做我的事，师母继续煮我们的饭。记得有一次，师母给我煮面吃，把自己亲手做的辣椒酱拿出来给我吃，我连连称赞：“好吃！好吃！”当和老师道别的时候，师母拿出一瓶辣椒酱对我说：“你喜欢吃，就带宿舍去吃。食堂也没什么好吃的，带瓶辣椒酱回去送饭吃。”拿回到宿舍，同宿舍的同学们感慨不已：“你怎么有这么好的老师和师母呢！”

我常常感叹先生和师母之间的感情，那是一种一起经历了无数风雨与苦难、幸福与快乐的历久弥坚的爱。先生常说：“以前出去开会，常常把李老师一个人丢在家里，现在年纪大了，走到哪都要两个人一起，相互有个照应。”先生说这话的时候，我感动得差点流下了眼泪。只有在先生和师母的身上，我们才能深深地体会到“执子之手，与子偕老”的真正含义。

先生和师母已经是八十岁之高龄了，可是却也有小孩子一般淘气的爱。记得 2007 年跟随先生去长春参加秦汉史研究会的时候，我陪师母从外面回来，到酒店的房间里去找先生，走到房间门口，师母对我说：“你先进去，我藏起来。”我推门走进房间，先生问我：“李老师哪里去了？”我说：“不知道啊，师母不是自己回来了吗？”先生正想说话，师母一下子从门后跳了出来，“嘿”的一声，我和师母顿时开怀大笑起来。在先生和师母那像小孩子般特别可爱的表情里面，蕴藏着的是极其感染人的爱，让我羡慕不已。

在先生和师母身边的那一年，还记得每次日落时分，从先生家里出来，走在校园的那条林荫道上，我常常在渴望如果能一辈子就这样留在老师和师母身边该多好。这仅仅是渴望，因为毕竟要回到自己工作和生活的地方。

因为曾经失去过，因为以后也不可能，所以才倍加珍惜与先生、师母的这份师生情缘。

细细碎碎说了这许多，自己回头看来，都是一些家长里短、闲杂小事。可是，就是这许许多多与先生、师母交往的点点滴滴、琐琐碎碎的小事，让我抱以一种“仰之弥高，钻之弥坚”的无比敬仰的情怀。我想这情感，也只有有这样一位尊师的学生才能体会得到吧！六年以来，我的学业尚未完成，这是我最愧对先生的地方，当初进入先生师门时的雄心壮志与旦旦誓言，在工作、生活中的世俗小事中逐渐被消磨着。但是，无论怎样，我都谨记先生在身体力行中给予我的教诲：踏踏实实地读书、做学问，老老实实地做人、做自己，然后有一份自己的“执子之手，与子偕老”的爱。

值此先生八十大寿之际，祝先生与师母永远健康、幸福、快乐，好人一生平安。

（原载《熊铁基八十华诞纪念文集》，作者单位：广东第二师范学院中文系）

熊铁基先生的直率与风趣

蒋　波

南方多丘陵，就连各大城市中也时常有小山点缀。武汉就是如此，因而谈起某高校往往会提到校园中的“名山”，比如武大的珞珈山、华中理工(即现在的华中科技大学）的喻家山、华中师大的桂子山等。我读大学那会儿初次踏上桂子山，除对山上的一草一木感到新鲜外，也惊奇于校园里的人与事。比如历史文化学院的墙上赫然写着“1 号楼”，学校早期的公共办公用房竟是我们这幢楼，它与社会上谈论专业的热与冷并不相同。

更令人惊奇的还在于，教学楼里走廊与主教室墙上挂了几幅曾在此任教或仍健在的老先生们的生活像或“名言”。因为我们习惯了高中宿舍里贴的港台明星照，以及教室里世界各国科学家的励志名言，而这里全都与“历史”有关，一股浓郁的专业氛围油然而生。这也算人生中的一种财富吧，何况我们不仅观其言，还闻其声，有幸聆听过老先生们的教诲，见识过他们的风采。熊铁基先生便是其中一位。

当时熊先生已年近古稀，但仍很“活跃”，做学问，带研究生，下班后呼呼作响地打乒乓球，让人佩服他瘦小身材中蕴含的大能量。而且更难能可贵的是，他坚持给本科生开课，比如与其他老师合开过元典导读课。熊先生对道家文化研究颇深，《秦汉新道家略论稿》是其代表作，但在讲道家类典籍时，他并不经常提自己的作品，而让我们平时多翻翻《老子》《庄子》，哪怕是一些古籍出版社出的横排简体本。他十分强调这一点，大概意思是本科阶段要重视基础，路没走稳先别急着跑，反复诵读经典很有必要，任何学派的精髓首先蕴藏于经典之中，等等。总之，上课之外多读元典总比单纯听课好。现在想来熊先生的话十分中肯，文史哲需要步步为营，这也是民国时期“大家”们强调“经典常读”的主要缘由吧。

我后来重回桂子山读研，还见识过熊先生的直率。当时因为是工作以后考的研，所以很珍惜机会，在二楼走廊上等待面试时不免忐忑。一会儿，熊先生上来了，他主动询问我们都报考了什么方向（院里几个方向的考生同时在几间相邻的办公室进行复试，所以在一起候考），大家分别回答过后，熊先生很自然又很认真地说，报考中国古代史特别是秦汉史方向的还应多点，你们怎么不报考，这个方向有那么多优秀的老师。结果办公室里的老师和外面的学生都不由自主地笑出声来，我紧张的心情一下放松了好多，也全然忘了自己其实并没报考这个方向。熊先生的话并不幽默，但他那童心般的率性、对所从事专业的执着与热爱，是另一种风趣。

前不久在一次学术年会上，我正好碰上了熊先生。他快 85 岁高龄了，身体已不如十多年前硬朗，但仍坚持从外地赶来参会，而且期间生活起居自行打理，浑身一股不服老的精神。会议闭幕式上，熊先生做了简短发言，他说自 1981 年学会成立三十多年来未曾落下一次年会，话音未停下面掌声雷动。接着说期待下次年会，并对此“信心十足”，但“把握不大”，意思说没有理由不去参加，但身体状况自己控制不了，只能“听天由命”，先不去管它。老先生的风趣，让人再次感受到他看待生活的云淡风轻，以及将学术视为生命中一部分的深情。

（原载《中国社会科学报》2018 年 1 月 29 日“学林”版，作者单位：湘潭大学碧泉书院历史系）

《中国古代历史文化研究论集——熊铁基先生七十华诞纪念》前言

赵国华

铁基先生作为我们的老师，是我们的骄傲。

今年 4 月 20 日是铁基先生 70 岁生日。

这七十年间，中国社会飞速发展，抗战的胜利，新中国的成立，社会主义改造的实现，“文化大革命”的冲击，拨乱反正，改革开放，真可谓日新月异。铁基先生的人生旅途，与许多知识分子一样，既有风雨的洗礼、困苦的磨砺，也有成功的愉悦，终归还比较顺利。而与有的知识分子不同，他能够跟随时代前进，且不愿甘居中游。从学习和宣传马列主义，到参与各种批判活动；从研究历史为现实服务，到对传统文化的深切关注。这些做法、想法尽管有是有非，但体现着一种人生理念：与时俱进，永不落伍。

正因为这一理念，铁基先生对待人生，把适乎社会的潮流，合乎人群的需要，当作做人的基本准则。少说一些空话，多做一点实事。从生活主流出发，来品味他个人的生活，可以概括出八个字：乐观、热情、积极、进取。在不太顺利的时候，他能够保持乐观、积极的态度；在取得成绩的时候，他总是感到不满足，而继续努力进取。

正因为这一理念，铁基先生待人处世，具有高度的自律：诚恳、忠实、讲信用、重友谊。他经常解剖自我，“为人谋而不忠乎，与朋友交而不信乎”，因而在日常生活里，能跟大家“玩”在一起，保持着友好的关系。同时，作为一名教育工作者，他在教学实践中间，也经常跟学生讲做人的道理，对那些“为人不正”者，难免有点义愤和批评，但到冷静下来，又会给予关心和帮助。这些行为留给他的，是“热心快肠，助人为乐”的评价。

正因为这一理念，铁基先生对待事业，可以说极为勤奋。他认真地对待工作，严格地要求自己，只要是认准的事情，就一定要把它做好，并且尽量提前做好。他不断地追求新东西，调整知识结构，扩大学术视野，提高认识水平。他在研究某项课题时，总是一如“平常”，无所谓严寒酷暑，无所谓节日假期，只有必要的工作、交往和生活，才会暂时搁下笔杆。在并不优越的条件下，他不知疲倦地工作着，写下了一部部学术著作。

铁基先生曾经说：“青年人相信许多假东西，老年人怀疑许多新东西，但愿都不犯这样的错误。”这是值得大家注意的。

今年也是铁基先生从事历史研究五十年。

这五十年间，华中师范大学从数校合并定型，到列为部属重点大学，发生了巨大的变化。特别是近些年来，办学条件不断改善，师资队伍不断加强，教学质量不断改进，科研水平不断提高。历史学作为龙头学科，经过几代人的努力，也取得了长足的进步，在史学界占据一定的地位。伴随着这一成长过程，铁基先生以其学术成就，为中国古代史、历史文献学两个学科的发展，做出了重要的贡献。

铁基先生的学术研究，主要集中在秦汉史领域，上溯先秦，下迄唐宋，内容涉及制度、思想文化、学术三个层面。

秦汉制度史，是铁基先生最先着力的层面。这个层面的学术著作，包括《秦汉官制史稿》(与安作璋先生合著)、《秦汉军事制度史》。《秦汉官制史稿》以断代史的形式，论述了中央、地方行政机构的设置，各种官吏的配置、职责及其演变，以及官吏的选用、考课和其他各项制度，揭示了秦汉官制的特殊地位，为进一步开展秦汉史研究，奠定了坚实的学术基础，因而得到史学界的高度评价。作为《秦汉官制史稿》的姊妹篇，《秦汉军事制度史》对秦汉时期的兵役制度、军队的构成、武器装备、后勤供给以及军法、兵法等问题，都进行了较详细的论述，是研究秦汉军事史的重要成果。

秦汉思想文化史，是铁基先生用力最深的层面。这个层面的学术著作有《秦汉新道家略论稿》《汉唐文化史》《秦汉文化志》《秦汉新道家》。《秦汉新道家略论稿》以论文集的形式，集中讨论秦汉新道家的思想和理论，揭示它与先秦道家“相因而实不同”的特征，曾经引起学术界的广泛关注。作为《秦汉新道家略论稿》的增订本，《秦汉新道家》分历史和思想两编，从纵横两方面，对秦汉新道家的发展过程、主要代表人物和代表作，进行了较全面的论述，从而构筑起一个较完整的认识体系。《汉唐文化史》分综论和分论两编，着眼于精神文化，对汉唐文化的重大问题，进行了较深入的讨论。综论就汉唐文化的轨迹和特点，进行了规律性的探讨；分论则从家庭、经学、社会思潮、文学艺术、风俗习惯等方面，做出了较具体的阐述。《秦汉文化志》概述秦汉文化的历史背景，讨论与文化相关的制度和政策，对秦汉文化的重要方面：社会思潮、学术、文学艺术、礼仪风俗以及中外文化交流等，进行了较系统的论述。

中国学术史，是铁基先生最近发力的层面。这个层面的学术著作，主要是《中国老学史》(合著)、《二十世纪中国老学》(合著)。《中国老学史》是一部专门讨论老子学说史的著作，在考证老子其人其书的基础上，从分析时代特点入手，综述每个时期的老学概况，阐发老学发展的内在规律，评介有代表性的老学成果，确立老学的历史地位。作为《中国老学史》的续篇，《二十世纪中国老学》对20世纪老学的发展历程，分阶段进行了较系统的总结。而在完成这两部著作后，他又开始撰写《中国庄学史》，来论述历代文化人物对庄子思想的理解和阐发。从这里可以看出，对中国学术史的研究，铁基先生所追求的目标显然不局限于秦汉史，而是横跨整个中国历史来俯瞰中国学术的过去和未来。

铁基先生觉得学无止境，对自己的学术著作，他总是说“下一本最好”。我们愿他在古稀之年，写出更好的学术著作，以嘉惠学术同仁。

今年还是铁基先生从事研究生教育二十年。

这二十年间，研究生教育异军突起，成为高等教育的重要支柱。华中师范大学历史学科拥有两个“基地”、两个博士点、四个硕士点，在国内享有较高的声誉。从1983年起，铁基先生在中国古代史专业，先后在秦汉史、汉唐文化史两个方向，培养过8届硕士生，而从1994年起，又在历史文献学专业，先后培养过6届博士生。目前还有10人正在攻读学位。

在培养研究生方面，铁基先生根据历史学科的特点，结合学生的学术志趣，运用了一系列有效的方法。

博通和专精，关乎学术研究的基础。铁基先生认为，没有广阔的基础建不起高楼大厦，没有广博的知识做不到专精深刻。况且做学问与建楼房还有一点不同，即知识的关联性更为复杂巧妙。所以，对于浩瀚的历史典籍，既要博览，又要精读，还必须由博返约，才能做出学问来。博览的要求，不一定涉及所有学科，但必须掌握与历史学相关的知识；精读除死记硬背外，更重要的是推敲琢磨，这样才能读出点名堂来。

学习和思考，属于学术研究的方法。铁基先生认为，学问的关键在于提出问题，问题把学习和思考联结起来，“学而不思则罔，思而不学则殆”，学习、思考都是为了认识和解决问题。历史研究绝不能说空话，也不能没有理论，因而必须以史实为根据，做出合乎理论的思考。从书本中可以学习，从实践中也可以学习。对于历史研究来说，最重要的是阅读原著，借此产生思想火花，通过深入的思考，得出科学的结论。

求实和创新，作为学术研究的价值取向，是历史学科的终极目的。铁基先生就此指出：“创新必须求实，求实才能创新。”历史研究领域的创新，主要包括新材料的发现和研究、对旧材料的新解释、新问题的提出和探讨以及新观点和方法的运用。在具体的研究工作中，老实的态度、扎实的功夫是学术创新的前提。只有老实的态度，才能充分了解研究状况，不做重复劳动；只有扎实的功夫，才能做到言之成理，持之有故。

现在，我们作为铁基先生的学生，有的在高等学校执教，有的在企业集团任职，有的在新闻媒体就业，有的在行政部门工作，也都做出了一定的成绩。我们相信，有这么一批学生，对铁基先生来说，也应该是一种快慰。

祝愿铁基先生健康长寿！

2002 年 3 月 26 日

（作者单位：华中师范大学历史文化学院）

《熊铁基八十华诞纪念文集》前言

赵国华

今年4月20日是铁基先生80岁生日。

记得十年前，我们庆贺铁基先生七十华诞，编辑出版过一部论文集，论及铁基先生的人生理念、学术贡献。此番言犹在耳，却又倏忽十载。铁基先生历经“从心所欲不逾矩”的阶段，即将迎来八十华诞。

这十年间，铁基先生一如既往徜徉在秦汉史园地，进行着精耕细作。经过深入的思考，铁基先生对秦汉新道家生发许多新的认识，撰写出版了《秦汉新道家》。这部专著作为《秦汉新道家略论稿》的增订本，较之前者篇目增加一倍，字数增加两倍。如果说前者只是对秦汉新道家的形成和特点做出理论概括的话，那么，后者则是对秦汉时期道家思想的源流及其与现实政治关系的系统论述。诚如论者所云，这部专著在对秦汉时期道家代表人物和著作的属性做出深入探讨并补充以往不足的同时，注重对秦汉新道家演变的历史进程及其原因、特点进行分析，从而构成一个完整的学术体系。

在新道家研究结束后，铁基先生转入汉代学术史领域，先后发表了一系列论文。其中，《汉代学术的历史地位》一文明确指出，中国学术史上经学时代的形成，既有社会政治方面的原因，也有学术自身的内在逻辑，即各个学派从“同源异流”“其务为治”到“相生相灭”“相反相成”，再到“兼综”他家的自我调适，最后形成新的学术整合。群经诸子的传世文本，大多经过汉人不同程度的整理和改造，汉代学术可以称为“新学术”，是中国传统学术的实际源头。《刘向校书详析》一文重新审视刘向校书的意义，认为西汉后期刘向、刘歆父子组织一批学者，对当时所存图书逐本予以定著，并且分类编目和保存，不仅仅是对各种典籍进行简单的集中和抄录，还适应当时的主流思潮，按照整理者的认识和理解对所有图书进行整理和改造，流传至今的先秦和西汉典籍经过这次校订，都打上了时代的烙印。这些论文已结集为《汉代学术史论》一书，不久就会正式出版。

这十年间，铁基先生继续拓展学术空间，着力于老庄学研究，已经取得丰硕成果。2003 年 10 月，继《中国老学史》出版之后，铁基先生又出版了《中国庄学史》。这部专著运用历史文献与哲学思辨相结合的研究方法，在充分利用原始材料的基础上，对中国庄学从先秦至清代的发展和演变进行了系统的总结，不仅勾勒出中国庄学发展的主要线索，而且阐述了庄子的生平、著述和思想及秦汉、魏晋南北朝、隋唐、宋元和明清时期有代表性的《庄子》注本，说明各个时期对庄子思想的学术创新。这部专著深得学界的好评，被认为是一部真正意义上的专门思想史，为中国哲学与道家文化研究开辟了一片新天地。从《中国老学史》问世到《中国庄学史》的完成，铁基先生奠定了老庄学研究在道家文化研究领域的重要地位。

为了开展道家道教研究，铁基先生老当益壮，经常奔走于海峡两岸及香港，参与各种学术活动，或发表学术演讲，或引领集体讨论，都备受大家关注。特别是承担国家项目，与中华宗教文化交流协会合作，主持编纂出版了《老子集成》。这部丛书共有 15 卷 1100 万字，收录自战国至 1949 年有关《老子》的传本和注疏本 265 种，全部加以标点、校勘和整理，被誉为中国老学研究史上的一座里程碑。这部里程碑式的学术丛书，凝结着铁基先生的智慧，饱含着熊门师生的辛劳。

师生是一种缘分，也是一份情感。忆往昔负笈桂子山，铁基先生正当知命之年，先生指点学术门径，解答学术问题，总使人铭记于心，历久难忘。怎奈弹指之间，三十载时光飞逝，而今学生如我辈，已至先生教我之年，两鬓间早生华发。纵然是事业有成，学界有名，仍不免心怀忐忑，感念万千。在这多情的时刻，面对无情的岁月，我们又能做些什么呢？

记得一年前，学院在龙湾度假村举行“十二五”规划会议，借着这样一个机会，我与固盛教授详细谈及庆祝铁基先生八十华诞之事，还整理出一个活动方案。原拟把这个庆典作为院方活动来筹办，但因为铁基先生的低调而作罢；原拟借此举办一场学术研讨会，也因为铁基先生的谦卑而取消。我们深知铁基先生的心意：只为师生一聚，不愿劳烦别人。于是参照学界的惯例，我们决定编辑出版一部纪念文集，来庆贺铁基先生的生日。

在做出这个决定后，我与固盛教授各赴境外工作，因为都不在学校，就委托历史系学工主任、秋菊博士和文献所海燕博士寄发邀约函，接收各位前辈和同仁发来的大作。直到春节期间，所有诗文、论文收齐，我们依照庆贺诗文、秦汉史研究、道家道教研究与后秦汉史研究四个部分加以编辑，编成这部文集。固盛教授身在海外，但始终关心此事，并且多方出谋划策，使这部文集顺利出版。

最后，作为这部文集的主编，我们要感谢所有提供大作的诸位前辈和同仁，感谢华中师范大学出版社的鼎力相助，感谢诸位朋友与我们一道工作，谨将这部文集献给铁基先生八十华诞。

祝愿铁基先生健康快乐！

2012年3月18日

（作者单位：华中师范大学历史文化学院）

后　记

范　军

今年是敬爱的熊铁基先生米寿之年。两年多前，我与同门几个师兄吴琦、刘固盛、赵国华等酝酿为老师米寿做点事，形成的共识是出版一套多卷本《熊铁基文集》，另编一本纪念性集子，届时再开一个出版座谈会。文集之事，熊老师亲自选篇、打印、编目和分册，固盛、国华二兄从旁协助，出力尤多。后一方面的工作主要由我来张罗，熊师再传弟子肖海燕副教授后期帮忙做了大量整理与编排的琐碎工作。

现在呈现在诸位面前的这本《熊铁基的学术人生》分为上、中、下三篇，上篇“学术春秋”对先生一生史学研究进行了多角度、全方位的解读，其中既有对先生秦汉史、老庄学、道家道教研究诸方面学术成就的综合性探讨，也有若干相关学术书评，同时还收录了几篇访谈性文章。中篇“师友漫话”的近三十篇文章，关涉熊老师学术活动与日常生活的方方面面，作者既有本校文史专业的教师，也有校外的专家学者；既有校部与院系党政干部，也有出版社编辑朋友。这组文章与下篇的“师门忆旧”共同展现了熊老师丰富多彩的人生“风景”。下篇文章的作者都是熊老师的博士、硕士，还有再传弟子。学生们抚今追昔，无不饱含深情，文章大多写得真挚感人，朴实生动，充分展示了铁基师为师、为人、为学的风范和影响。

再过两年就是我们学校一百二十年华诞了。作为“华大学人研究书系”之一的《熊铁基的学术人生》，也算是我们为学校双甲子提前所做的一点准备吧。章开沅先生在为上述书系撰写的“总序”中曾特别强调“延续学脉与传承精神”的极端重要性，指出：“学脉是学科孳生繁衍的谱系，精神是众多学科群共生互动焕发的校园神韵，而兼任两重载体且流光溢彩于百年岁月之间的则是那一代又一代的杰出学者。”就我校历史学科来说，张舜徽、钱基博、章开沅都是百年历史上非常杰出的学者，熊铁基老师无疑也是目前还在世的最杰出的历史学者之一。我们编选这本集子的目的和意义，确实更在于弘扬学术精神，传承百年学脉。

这本纪念集的策划与组编，从一开始就得到学校领导和有关部门，特别是熊老师所在的历史文化学院的重视，彭兄南生副校长作为熊师的学生和同事，又是分管出版工作的校领导，欣然提笔撰文以示大力支持。学校出版社、学报诸位同仁始终关心集子的进展，及时安排打印、编校、设计，落实生产进度，使得出版计划得以如期完成。最后，我们再次感谢为本书编写、出版付出辛勤劳动的各位朋友，也祝福熊师铁基先生健康长寿。“岂止于米，相期以茶。”待到熊师白寿、茶寿之日，我们再出《熊铁基的学术人生》第二版、第三版。

2021 年 6 月 17 日于武昌桂子山